国家社会科学基金项目资助（项目编号：18CJY015；鉴定等级：良好）

中国城市问题研究：
规模、政策与趋势

ZHONGGUO CHENGSHI WENTI YANJIU:
GUIMO, ZHENGCE YU QUSHI

邓忠奇◎著

西南财经大学出版社

中国·成都

图书在版编目(CIP)数据

中国城市问题研究:规模、政策与趋势/邓忠奇著.—成都:西南财经大学出版社,2021.9
ISBN 978-7-5504-4983-1

Ⅰ.①中… Ⅱ.①邓… Ⅲ.①城市管理—研究—中国
Ⅳ.①F299.23

中国版本图书馆 CIP 数据核字(2021)第 143431 号

中国城市问题研究:规模、政策与趋势

邓忠奇　著

责任编辑:李晓嵩

助理编辑:杜显钰

责任校对:雷静

封面设计:墨创文化

责任印制:朱曼丽

出版发行	西南财经大学出版社(四川省成都市光华村街 55 号)
网　　址	http://cbs.swufe.edu.cn
电子邮件	bookcj@swufe.edu.cn
邮政编码	610074
电　　话	028-87353785
照　　排	四川胜翔数码印务设计有限公司
印　　刷	四川五洲彩印有限责任公司
成品尺寸	185mm×260mm
印　　张	22
字　　数	612 千字
版　　次	2021 年 9 月第 1 版
印　　次	2021 年 9 月第 1 次印刷
书　　号	ISBN 978-7-5504-4983-1
定　　价	98.00 元

前言

2007 年 3 月和 5 月，诺贝尔经济学奖得主迈克尔·斯宾塞（Michael Spence）等组织了几场关于城市和住房问题的研讨会。与会学者一致认为，在城市化过程中政府必须应对有关拥挤、区域差异及土地和住房价格偏高的挑战。这些挑战的存在使得城市治理总是陷入两害相权取其轻、两利相权取其重的纠结中。在学术界，城市问题也存在"公说公有理，婆说婆有理"的现象，很难像其他学科一样就一个问题达成共识，这就导致关于城市问题的研究存在各种争论。本书的写作初衷是对这些老生常谈的城市问题和学术争论进行探讨，以便为我国城市化更高质量的推进建言献策，为此作者已经做好了被学界前辈批评的准备，毕竟本书以一些城市问题的争论为切入点，难免要质疑争论的至少一方。

尽管在国际上，城市经济学已经是非常成熟的学科，但国内只有中国人民大学等少数高校明确设立了城市经济学专业，且在应用经济学中常见的十大二级学科里也没有城市经济学。总体来看，国内对城市经济学的研究还不够充分，基本上只是将其作为区域经济学的一个研究方向而已。不过，国家社会科学基金采用中华人民共和国国家标准《学科分类与代码》（GB/T13745—2009）的标准，设有城市经济学学科。尽管我在博士阶段的研究方向和毕业论文都是关于反垄断问题的，与城市经济学关系不大，但我在 2017 年申请国家社会科学基金时，还是毅然选择了城市经济学。从严格意义上讲，我研究城市问题并不算"半路出家"，因为我在攻读博士学位阶段曾在宋顺锋老师的指导下学习了城市经济学的一点皮毛，而且我攻读硕士和博士学位时，专业都是产业经济学，而产业经济学的一个重要研究方向就是城市化。随着时间的推移，在写作本书的过程中，我越发相信城市经济学的微观基础就是产业经济学，至少新经济地理学是脱胎于产业经济学的。

从获批国家社会科学基金之日起到 2019 年 6 月，已经过去近一年的时间。这一年里，我一直思考着本书的撰写，但苦于没有新意而未敢动笔，直到 2019 年下半年，在《财贸经济》《中国社会学科报》和《中国经济评论》（China Economic Review）上发表了四篇有关城市问题的文章后，才有了动笔的勇气。2020 年在新冠肺炎疫情期间，居家隔离正好给我充足的时间让我将本书的初稿一气呵成，也算是没有辜负韶华。

关于城市集聚，有一个著名的争论——到底是城市集聚导致了企业效率提升，还是高效率的企业本身更愿意往大城市集聚①。如果城市集聚真能提升企业效率，那么明智的企业家就会不遗余力地寻找最佳集聚位置。这就导致城市集聚的技术提升效应很难被真正识别出来。为了解决这一内生性问题，研究者努力寻找各式各样的工具变量（比如，各城市的矿产资源、自然环境舒适度以及中华人民共和国成立前城市是否通铁路）。从最新的研究进展来看，研究者对城市集聚具有技术提升效应的结论基本达成共识，只不过这种效应的大小很难被准确估计。正因为存在城市集聚的技术提升效应，企业更倾向于往大城市集聚，进而带动人口向大城市集聚，尤其是当这些城市还提供了优越的引进条件时，所以大城市的集聚程度越来越高。人口流动尤其是人才流动失衡，加剧了区域发展的不平衡，甚至导致城市发展出现"马太效应"。特大和超大城市一方面苦于治理"城市病"，另一方面又不愿意大规模向外转移产业（实际转移的主要是污染型产业）。正如迈克尔·斯宾塞所说，比起把产业转移给竞争对手，大城市似乎更愿意治理"城市病"。本书认为，站在全社会效用最大化的角度，放任城市格局的市场调节和生产要素的完全自由流动很容易导致市场失灵，政府尤其是中央政府出台适当的空间平衡和绿色一体化政策具有重要意义。

在本书看来，不能以"存在即合理"的观点看待城市发展，对于用历史数据得出的经验结论，不管怎样分析，基本都是发展大城市更好，毕竟单看统计数据确实如此，但是这种逻辑不严密，因为不发展中小城市永远不知道这些城市能不能发展好。与此类似，产业发展也是一样，只坚持发展所谓的具有比较优势的劳动密集型产业，就永远不会知道我国在发展芯片等高新技术产业上能否形成比较优势。这就好比自然界中的蜂王和工蜂，两者的幼虫并无区别，只不过蜂王食用了更多的蜂王浆。用"存在即合理"的观点看，如果给蜂王喂食蜂王浆是明智之举，那么从一开始就给工蜂幼虫喂食蜂王浆，工蜂幼虫也能变成蜂王。这种"蜂王效应"在城市、区域与产业发展中也存在，从渔村变成一线城市的深圳就是一个例子。在信息技术时代，自然区位对城市发展的影响越来越小，那么选择部分中小城市（如雄安新区）实现跨越式发展并以此减小区域差异未必不可行；反之，如果总是以"存在即合理"的观点看待城市发展，那么不合理的城市格局将难以扭转，且发达城市的优势和欠发达城市的劣势会不断地自我强化。因此，相关部门在制定城市政策时，必须以发展的眼光看待城市发展问题。

然而，一项城市政策的出台，牵一发而动全身，弄不好甚至事与愿违。比如，本书第2章举的一个例子："某村庄只有一条进出通道，经常发生拥堵，导致村民

---

① 有一个非常类似的争论——到底是好学校培养出了好学生，还是好学生本身就会往这些学校集聚。

的生活很不方便，因此政府出资把道路修宽。可是不久之后就发现道路更为拥堵，因为外面的人和车辆也进来了。"因此我们在分析城市问题和政策时必须以动态视角进行，而且要进行系统性分析，避免"头痛医头、脚痛医脚"的做法。正因为城市政策几乎不存在帕累托改进的可能，所以我们就需要进行利弊权衡，有所取舍。明朝刘基在《郁离子》中讲述了一个"赵人患鼠"的寓言故事。赵国有一户人家苦于鼠患，于是到中山国借了一只猫。这只猫很会捉老鼠，可是也喜欢捉鸡。一个月以后，这户人家家里的老鼠被捉干净了，但鸡也被吃光了。儿子认为这只猫是个祸害，建议父亲把猫除掉，可是父亲却对他说："我们家的祸患在于有老鼠，而不在于没有鸡吃。老鼠偷吃粮食，咬烂衣物，破坏墙壁，啃烂家具，长此以往我们就要挨饿受冻，这比没有鸡吃更加糟糕！"除了利弊权衡之外，也要避免"治不病以为功"和"好心办坏事"的情况。比如，为了鼓励某些行业的发展而采取大量的扶持措施，可能导致企业骗取补贴和恶性市场竞争；增加妇女产假、哺乳假的时间，看似对哺乳期妇女有利，但很可能导致妇女群体更难就业；类似的购房摇号政策也是一样，在看似公平的制度下，几年摇号不中的情况并不少见，这可能降低部分人的生活满意度。

此外，城市政策也容易导致"预期自我实现"现象。《韩非子》中讲了一个"卫人嫁女"的故事。卫国有个人在嫁女儿时对她说："自己一定要多积攒财物。做别人家的媳妇而被休弃是常事，终生不离不弃的只是少数。"听了父亲的建议，女儿在婚后私自积攒了许多财物，后来她因私攒财物太多而被婆家休弃了。故事中的卫女因为预期会被休弃而积攒财物，进而导致了预期的实现，这种现象在金融市场也屡见不鲜①。与此类似，当大家都看好一座城市的发展前景时，资本、劳动等要素及企业和企业家都倾向于往该城市集聚，那么该城市即使发展前景不佳也会被推动发展；相反，当大家都不看好一座城市时，该城市单靠政府政策很难扭转发展趋势，而且一些时候政府越是出台倾向性政策，就越可能让人觉得该城市的前景不佳。在人民日益增长的美好生活需要和不平衡不充分的发展之间的矛盾成为我国社会主要矛盾的背景下，如何促进城市平衡发展、扭转北方尤其是东北地区的不利局势是值得深入研究的问题。

上文提到了一些城市集聚、城市政策和城市发展的问题，本书也正是按照此逻辑展开的，分为上中下三篇。上篇研究城市规模（第1章至第3章），中篇研究城市政策（第4章至第6章），下篇研究发展趋势（第7章至第10章）。这三部分的逻辑关系如图1所示。

---

① 产业发展中也存在一种"预期自我破灭"现象。比如，林毅夫等提到的"潮涌现象"：当众多企业都看好一个行业的发展前景时，这些企业纷纷进入该行业，结果供过于求，反而导致该行业的产能过剩，前景不佳。

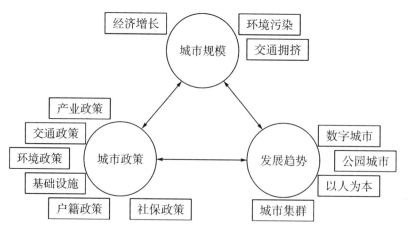

图1　城市规模、城市政策与发展趋势的逻辑关系

城市规模、城市政策与发展趋势相互影响，这体现在以下几个方面：第一，城市政策通过经济增长、环境污染和交通拥挤等方面，从供给侧影响城市人口承载力，从需求侧影响人口和产业在城市集聚的动力。同时，城市政策也直接影响城市格局演变和发展趋势。比如，近几年大量推动数字城市、公园城市、以人为本和城市集群建设的政策将直接引导发展趋势。第二，城市规模的大小直接制约了城市产业建设和发展趋势，因此反作用于城市政策。换言之，城市政策的制定需要差异化对待不同规模、不同区域、不同产业基础的城市。第三，城市规模和发展趋势相互影响，人口、企业、技术既是城市发展的推动力，也在不断追逐发展的城市。例如，2013年以来，南北经济差距扩大，劳动力、企业、资本、技术等微观要素大量流向东南沿海城市，进而导致中国经济地理格局出现变化，这些就是城市规模和发展趋势相互影响的体现。正因为城市规模与发展趋势相互作用，所以城市政策的制定必须考虑这一作用的影响。第四，从行文逻辑看，本研究将城市政策放在城市规模和发展趋势中间，是因为城市政策具有承上启下的作用，通过对城市政策的探讨，一方面可以引导城市规模合理演变，另一方面有助于推动城市发展朝着更高质量的方向进行。

本书写作于国内新冠肺炎疫情暴发期间，笔者深切感受到了疫情对城市发展的影响。著名城市经济学家格莱泽（Glaeser）教授也曾多次提到城市传染病问题，但本书并未深入探讨这一问题，这是本书的重要不足，也是在进一步的研究中需要完善之处。希望随着本书的完结，疫情也能完全消散！在本书写作过程中，宋顺锋、陈甬军、庞瑞芝、赵茜宇、余川江、高廷帆、孙文斌、杨尚林等学者和学生提供了帮助，笔者在此表示衷心感谢！

总览全文，倚楼纵眺寻佳句，不及王维画里诗。本书虽然耗费了笔者大量心血，但是与众多城市经济学经典文献相比，仍微不足道，笔者只希望本书能够带给读者些许启发。

作者

2020年6月

目录 CONTENTS

上篇　城市规模研究

中篇　城市政策研究

下篇　发展趋势研究

上篇

城市规模研究

改革开放以来，中国经济的高速增长在很大程度上得益于快速的城市化与工业化，这一点已成为学界共识。从城市经济学角度看，城市化最主要的表现是城市规模扩张。伴随城市规模的扩张，规模经济效应与规模不经济效应同时存在。因此，研究城市规模问题就是要尽量释放城市集聚的规模经济效应，减弱规模不经济效应。从规模经济的角度看，城市集聚有众多好处，比如要素集聚、企业规模化运作、技术协作与外溢、摊薄基础设施建设成本。从规模不经济的角度看，交通拥挤、环境污染、生活成本高等问题都可能随城市规模的扩张而加剧。遵循传统研究范式，本篇也从集聚经济与集聚不经济的角度研究中国城市规模问题。不同的是，本篇更重视城市人均效用水平而非城市总收入或人均产出的变化，也更重视城市异质性。

第1章 中国城市规模之谜

1.1 本章概述

目前，与中国城市规模相关的主要争论可以简要概括为以下三点：一是城市规模的大小之争。欧等（Au et al., 2006）、邓等（Deng et al., 2020a）及徐（Xu, 2009）通过定量分析发现，中国绝大部分城市规模偏小，城市人口集聚还需进一步推动。然而，梁婧等（2015）、李等（Li et al., 2014）却指出中国城市规模不存在普遍偏小的问题，甚至还有学者指出，中国部分城市出现了过度城市化现象（李强，2006）。二是城市优先发展之争。在城市化过程中，对于先发展谁后发展谁的问题，一直存在较大争议，这直接影响到制定城市政策的思路。陆铭（2016）、王小鲁等（1999）主张优先发展大城市，以便利用大城市的集聚经济和规模效应，而邓忠奇等（2019）、魏守华等（2015）及王俊等（2014）却主张优先发展中小城市，以便缓解大城市的"城市病"，促进区域平衡、协调发展，毕竟人民日益增长的美好生活需要和不平衡不充分的发展之间的矛盾已经成为我国社会的主要矛盾。三是城市发展政策之争。陆铭（2016, 2017a, 2017b）、欧等（Au et al., 2006）主张人口自由流动而反对限制人口流动的政策；相反，魏守华等（2015）、魏后凯（2014）却主张实施差别化的城市人口政策。从已有文献看，以上三点争论目前尚无定论，邓忠奇等（2019）将之称为"中国城市规模之谜"。为消除这一困惑，本书在第3章提出新的分析框架并进行实证研究。在这之前，本章首先通过文献梳理和数据整理对以上三点争论进行简述。其次，为方便后文建模，本章将对本书重点参考的几个经典理论模型进行介绍。

1.2 城市规模大小之争

关于中国城市规模的大小之争，学界长期存在一种"公说公有理，婆说婆有理”的讨论，是要大国大城还是要城市均衡发展成为争论的焦点。尽管持中国城市规模总体上偏小观点的学者占多数（Au et al.，2006；Deng et al.，2020a），但不可否认，北上广深的"城市病"已经比较严重（肖挺，2016；王书斌 等，2017）。因此，中国城市规模普遍偏小的结论是否能推广到一线城市还需要进一步讨论（邓忠奇 等，2019）。

为了论证清楚中国城市规模是否偏小，首先需要对城市规模本身进行合理的界定，这是分析有关城市规模问题的起点（Krugman，1996；Rozenfeld et al.，2011）。从土地规划与开发的角度来界定城市规模并不恰当（一方面土地面积与当地自然环境密切相关，另一方面土地城市化与经济学中城市化的概念并不一致），而且由于土地测绘的困难，实际上这种测度方式很少被经济学者使用。更为普遍的做法是以城市总人口度量城市规模。

一方面，从统计口径看，中国至少存在年末人口、年平均人口、户籍人口以及常住人口四种城市人口统计指标，前三个指标的数据主要是从我国公安机关的户籍系统中获得的，因此这三个指标没有考虑城市流动人口。另一方面，从行政区划角度看，城市人口又可以分为市辖区人口和全市人口，那么度量城市规模的指标就有八种（如市辖区常住人口、全市户籍人口）。欧等（Au et al.，2006）采用了"市辖区年末人口"这一指标，李等（Li et al.，2014）采用了"全市常住人口"这一指标，而邓等（Deng et al.，2020a）及邓忠奇等（2019）采用了"市辖区常住人口"这一指标。用全市常住人口度量城市规模并不准确，因为只有市区勉强算是城市化区域，市级行政单位下辖的县和县级市中有很大一部分区域是农村，甚至其部分市区都不是严格意义上的城市化区域，毕竟尚未开发（江曼琦 等，2015）。另外，中国人口具有流动性大的特点，全市常住人口和全市户籍人口存在较大差异，尤其是在超大城市，落户的限制导致全市常住人口可能远多于全市户籍人口。全市常住人口中的流动人口给当地经济建设做出了突出贡献（蔡昉 等，1999），因此我们在分析城市集聚的经济增长效应时应当考虑这部分流动人口（Goodkind et al.，2002）。这部分流动人口每年在城市居住六个月以上，广泛活跃在城市的各行各业，因此在分析城市集聚的交通拥挤效应和环境污染效应时，这部分人口也必须加以考虑。

为了论证清楚中国城市规模是否偏小，还必须构建一个统一的分析框架，将问题限定在该框架下解决。具体来说，首先，本书将构建一个全新的、综合的城市规模与城市政策分析框架，该框架可兼顾城市集聚的经济增长效应、环境污染效应和交通拥挤效应。其次，考虑到城市异质性的存在，全国层面的分析缺乏实际意义，因此本书会具体研究哪些城市规模过大（小），以及哪些因素制约了城市实现其最优规模。再次，要分析城市规模的大小问题，就不能忽略地理学、人口学特征，不能跳出宏观经济环境。最后，城市规模演进是一个动态过程，以前规模偏小的城市可能今后规模偏大，以前规模偏大的城市也可能因为人口的流出而变得规模偏小。

1.3　城市优先发展之争

从城市层面来看，发展不平衡不充分的矛盾已较为突出。一线城市基本进入后工业化阶段，而部分中小城市还处于工业化中期。超大和特大城市在经济建设和城市建设等方面都较为领先，但与此同时也承受着房价较高、交通拥挤和污染严重的各种压力，不断上演着"围城"现象。

从地理区位来看，我国东西部城市的发展并不平衡，东部城市的发展较快而西部城市的发展相对滞后，客观上存在"胡焕庸线"的分布规律。为了研究东西部城市的发展不平衡现象，必须首先回答需不需要破除"胡焕庸线"，如果需要，那么研究如何破除的问题才有意义。给定"第一自然"的不变性，本书认为完全破除"胡焕庸线"虽然没有必要，但对"胡焕庸线"的两侧进行合理的产业布局，使东部过剩产能惠及西部则值得一试，或许可以提升社会总福利水平。另外，2013年后，南北经济差距问题成为中国经济地理的新情况新问题。南方城市的经济增长势头强劲，城市集聚和集群明显，珠三角和长三角的城市群发展较为成功，而北方地区的城市格局相对零散，城市经济增长乏力，南北城市之间的发展差距越来越大（申兵 等，2016；盛来运 等，2018）。

从城市化进程来看，21世纪以来，中国的大城市发展迅速而中小城市发展滞后，存在邓等（Deng et al.，2020a）提出的"马太效应"。近几年，我国甚至出现了"收缩型"城市。一方面，中央政府和地方政府出于不同的目的，对人口流动采取一定的引导和限制策略；另一方面，企业和个人出于自身利润或效用最大化的考虑，也有不同的迁移决策。因此，从城市演进来看，城市发展可能出现有的快、有的慢的不平衡现象。表1-1展示了2018年和2019年中国主要城市的人口吸引力指数。该指数由百度地图慧眼等平台联合发布，其中，城市的人口吸引力指数＝该城市新流入常住人口÷全国所有城市新流入常住人口均值。根据表1-1，在2019年中国主要城市的人口吸引力指数中排前十位的城市为广州、深圳、北京、上海、东莞、成都、苏州、郑州、杭州和重庆，集中于珠三角、长三角和成渝地区。总体来看，特大和超大城市，尤其是东南沿海城市的人口吸引力更强。

表 1-1　中国主要城市的人口吸引力指数（2018 年和 2019 年）

编号	城市	2018 年		2019 年		编号	城市	2018 年		2019 年	
		指数	排序	指数	排序			指数	排序	指数	排序
189	广州	10.224	1	10.527	1	192	珠海	1.490	60	1.629	51
191	深圳	8.791	3	10.001	2	6	邯郸	1.689	50	1.596	52
1	北京	9.917	2	9.381	3	125	赣州	1.828	45	1.528	53

表1-1（续）

编号	城市	2018年 指数	2018年 排序	2019年 指数	2019年 排序	编号	城市	2018年 指数	2018年 排序	2019年 指数	2019年 排序
68	上海	7.838	4	8.175	4	136	潍坊	1.497	58	1.523	54
205	东莞	6.406	8	7.505	5	196	湛江	1.683	51	1.515	55
227	成都	7.279	5	7.120	6	35	大连	1.731	48	1.510	56
73	苏州	6.181	10	6.510	7	149	洛阳	1.501	57	1.498	57
147	郑州	6.584	7	6.150	8	195	江门	1.313	69	1.461	58
82	杭州	5.141	12	5.788	9	179	衡阳	1.742	46	1.459	59
226	重庆	6.718	6	5.732	10	153	新乡	1.591	55	1.437	60
164	武汉	6.367	9	5.237	11	135	烟台	1.448	62	1.381	61
194	佛山	4.175	16	5.050	12	142	临沂	1.419	63	1.371	62
259	西安	5.505	11	4.888	13	232	绵阳	1.465	61	1.337	63
176	长沙	4.841	13	4.744	14	193	汕头	1.266	72	1.337	64
69	南京	4.560	14	4.011	15	197	茂名	1.647	52	1.327	65
2	天津	4.341	15	4.003	16	137	济宁	1.339	66	1.327	66
199	惠州	3.083	21	3.618	17	77	盐城	1.495	59	1.323	67
93	合肥	3.351	17	3.267	18	224	海口	1.350	65	1.320	68
249	昆明	3.282	18	3.247	19	198	肇庆	1.339	67	1.283	69
83	宁波	2.796	23	3.208	20	11	沧州	1.267	71	1.234	70
210	南宁	3.256	19	3.105	21	4	唐山	1.357	64	1.221	71
130	济南	2.957	22	2.945	22	115	漳州	1.121	77	1.202	72
84	温州	2.437	30	2.867	23	204	清远	1.099	79	1.199	73
70	无锡	2.612	27	2.844	24	237	南充	1.325	68	1.162	74
131	青岛	2.732	24	2.829	25	7	邢台	1.149	75	1.154	75
85	嘉兴	2.049	40	2.621	26	78	扬州	1.140	76	1.107	76
245	贵阳	2.470	29	2.618	27	212	桂林	1.198	73	1.078	77
88	金华	2.255	35	2.610	28	79	镇江	1.057	82	1.051	78
110	福州	2.722	25	2.535	29	143	德州	1.069	80	1.040	79
206	中山	2.187	37	2.505	30	211	柳州	1.066	81	1.031	80
119	南昌	3.207	20	2.432	31	25	呼和浩特	1.190	74	1.009	81
114	泉州	2.223	36	2.426	32	76	淮安	1.101	78	0.999	82
3	石家庄	2.694	26	2.376	33	239	宜宾	0.925	86	0.988	83
14	太原	2.414	31	2.344	34	282	银川	0.981	83	0.987	84
8	保定	2.319	33	2.340	35	138	泰安	0.977	84	0.934	85
34	沈阳	2.365	32	2.314	36	75	连云港	0.974	85	0.910	86
111	厦门	2.078	39	2.206	37	281	西宁	0.846	87	0.910	87
56	哈尔滨	2.534	28	2.188	38	9	张家口	0.827	89	0.907	88
12	廊坊	2.098	38	2.124	39	132	淄博	0.846	88	0.821	89
74	南通	1.916	43	2.055	40	225	三亚	0.804	90	0.790	90

表1-1(续)

编号	城市	2018 年		2019 年		编号	城市	2018 年		2019 年	
		指数	排序	指数	排序			指数	排序	指数	排序
48	长春	2.279	34	2.010	41	13	衡水	0.744	91	0.724	91
72	常州	1.735	47	1.831	42	236	乐山	0.714	94	0.688	92
87	绍兴	1.611	54	1.830	43	190	韶关	0.725	93	0.686	93
91	台州	1.637	53	1.826	44	5	秦皇岛	0.730	92	0.669	94
86	湖州	1.276	70	1.756	45	257	大理	0.525	97	0.607	95
159	南阳	1.894	44	1.751	46	15	大同	0.556	96	0.596	96
71	徐州	1.975	41	1.747	47	209	云浮	0.639	95	0.581	97
269	兰州	1.931	42	1.692	48	258	拉萨	0.508	99	0.570	98
262	咸阳	1.568	56	1.677	49	207	潮州	0.511	98	0.514	99
287	乌鲁木齐	1.698	49	1.654	50	16	阳泉	0.254	100	0.262	100

数据来源：百度地图慧眼公布的《2019年度中国城市活力研究报告》。城市编号见附表1-1。

如前所述，中国到底应该要大国大城还是要城市均衡发展，这个问题一直是有争议的。以王小鲁等（1999）、陆铭（2016）为代表的学者，主张优先发展大城市，以更好地利用集聚经济；而以孙三百等（2014）、邓等（Deng et al.，2020a）为代表的学者，主张优先发展中小城市，以促进城市均衡发展。陆铭认为，将这一问题归结为优先发展谁不恰当，中国的大城市尤其是超大城市的人口和土地长期受到严格管制，因此中国城市发展问题的本质是政府要不要进行严格的政策干预。图1-1梳理了1959年以来我国有关城市规模的政策。

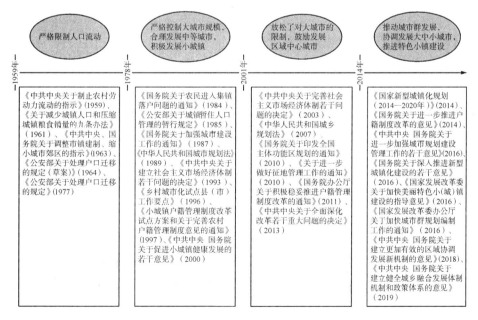

图1-1 我国有关城市规模的政策（1959年至今）

　　1958 年，全国人民代表大会常务委员会通过了《中华人民共和国户口登记条例》，明确了户籍管理制度的细则（如登记、注销、迁移），这标志着中华人民共和国户籍制度的形成。1959 年到改革开放前（1959—1977 年），政府对人口流动的限制相对严格，大城市和小城市的发展都受到严重制约；20 世纪八九十年代（1978—2000 年），政府开始转变态度，虽然仍严格控制大城市规模，但鼓励合理发展中等城市，积极发展小城镇；2001—2013 年，政府鼓励发展区域中心城市，虽然在土地和人口层面对特大和超大城市的管制并未明显放松，但事实上，对大城市的投资和基础设施建设却相对放宽，因此促进了大城市的发展；2014 年后，政府提出发展城市群的思路（关于城市群的研究在第 7 章展开），协调发展大中小城市，同时推进特色小镇建设，这是一种均衡发展的思路。可见，我国政府针对城市格局问题的干预是在摸索中进行的，那么目前对特大和超大城市相对严格的人口管制政策以及均衡发展大中小城市的思路是否合理？第 3 章将对此进行探讨。

1.4　城市发展政策之争

　　关于城市发展政策，历来争议较大。到底要不要对一线城市实施比较严格的土地和人口管制政策？这个问题是城市发展政策争论的焦点。有关于此，学界形成两派观点，其中以陆铭为代表的学者主张要素自由流动。比如，陆铭等（2019）指出由于对地理因素缺乏重视，2003 年之后，中国的区域发展政策主要将资源引至地理劣势地区，这一政策虽然带来区域间人均 GDP 差距的缩小，但也伴随着资源的空间配置效率下降，沿海地区的生产成本上升，以及地理劣势地区的投资回报减少且债务负担高企。但是，本书认为完全的要素自由流动必将导致城市极化发展，不利于区域经济高质量协调发展，对全体居民的生活幸福感的提升也未必是好事，应该坚持市场在资源配置中起决定性作用，同时发挥中央政府在区域布局中的重要功能。

　　根据邓忠奇等（2019）的研究，城市发展政策可以粗略地分为供给侧政策和需求侧政策两类。其中，供给侧政策主要通过增加城市公共品供给，改善城市基础设施和环境质量等方式来提升城市人口承载力；需求侧政策主要通过人口、房价和土地管制等方式直接影响人口进城的需求。常见的城市发展政策有户籍政策、产业政策、购房政策、交通政策、环境政策、人才引进政策、土地政策和财税政策等，为了简化分析，本书将以上政策归并为四类，即产业政策、交通政策、环境政策和户籍政策。这四类城市发展政策既可同时使用，也可着重使用其中一两种。本书认为，政策分析的目的就在于明确城市发展的短板，从而使用适宜政策来达到事半功倍的效果。本书的第 4 章和第 6 章将对城市发展政策进行进一步分析，表 6-1 还归纳了部分城市的人才引进政策。近几年，各城市从落户条件、住房补贴、创业扶持等方面加大了对人才和创新型企业的引进力度，这一方面有助于城市发展和人力资本集聚，但另一方面也可能会导致城市发展不平衡并加重城市财政负担，因此需要进一步的研究。

1.5　经典城市规模与政策分析模型

本书关于城市规模、政策以及相关问题的理论分析主要建立在新经济地理模型的基础之上。为方便后文的推导，本节对几个经典模型进行简要介绍。此外，近年来，城市经济学的发展吸收借鉴了众多其他学科的方法，如国际贸易学尤其是新新贸易理论、区域经济学、新实证产业组织理论、资源与环境经济学、计算机大数据处理技术等，这些内容虽不在本节展开介绍但在后文可能用到。

1.5.1　DS-FKV 模型

在众多城市经济学和新经济地理学模型中，本书使用最多的是 DS 模型（Dixit et al.，1977）和 FKV 模型（Fujita et al.，1999），本书称之为 DS-FKV 模型。第 3 章、第 7 章、第 8 章等部分将反复使用该模型的有关结论，因此这里有必要对该模型进行简单介绍。

考虑一个两部门的科布-道格拉斯型效用函数：

$$U = M^{\mu} A^{1-\mu},\ 0 < \mu < 1 \tag{1-1}$$

其中，M 表示几种工业品的组合消费量，A 表示农业品的消费量，μ 为工业品的支出份额。工业品内部满足常替代弹性（Constant Elasticity of Substitution，CES）型偏好，即

$$M = \left[\int_0^n m(i)^{\rho} \mathrm{d}\iota \right]^{1/\rho},\ 0 < \rho < 1 \tag{1-2}$$

其中，$1/\rho$ 为工业品的价格-边际成本加成率（Dixit et al.，1977；Melitz，2003）。令 $\sigma \equiv 1/(1-\rho)$，则 σ 表示工业品内部的替代弹性，σ 越大表示工业品彼此之间的替代性越强。由 $0 < \rho < 1$，可知 $\sigma > 1$。由价格-边际成本加成率为 $1/\rho$，易知勒纳指数（Lerner Index）为 $1-\rho$。又由勒纳等式可知，勒纳指数等于需求价格弹性的负倒数，因此工业品的需求价格弹性为 $1/(\rho-1)$，即 $-\sigma$。求解如下支出最小化问题：

$$\min \int_0^n p(i)m(i)\mathrm{d}i,\ \text{s.t.}\ M = \left[\int_0^n m(i)^{\rho}\mathrm{d}i \right]^{1/\rho} \tag{1-3}$$

可得

$$m(i) = \frac{p(i)^{1/(\rho-1)} M}{\left[\int_0^n p(i)^{\rho/(\rho-1)} di\right]^{1/\rho}} \tag{1-4}$$

因此，总支出为

$$\int_0^n p(i)m(i)di = M \left[\int_0^n p(i)^{\rho/(\rho-1)} di\right]^{(\rho-1)/\rho} \equiv MG \tag{1-5}$$

其中，$G \equiv \left[\int_0^n p(i)^{\rho/(\rho-1)} di\right]^{(\rho-1)/\rho} = \left[\int_0^n p(i)^{1-\sigma} di\right]^{1/(1-\sigma)}$ 为工业品价格指数。根据科布-道格拉斯型效用函数的性质，假设工业品和农业品的总支出为 Y，那么工业品的支出为 μY，因此

$$MG = \mu Y \tag{1-6}$$

将（1-6）式代入（1-4）式中可得

$$m(i) = \mu Y \frac{p(i)^{-\sigma}}{G^{1-\sigma}} \tag{1-7}$$

假设有 R 个区域，将产品从区域 r 运到区域 s，工业品和农业品的萨缪尔森冰山成本分别为 T_{rs}^M 和 T_{rs}^A。考虑对称情况，此时每个地区的每种工业品的离岸价格相同，记为 p_r^M。根据萨缪尔森冰山成本的含义，到岸价格为 $p_{rs}^M = p_r^M T_{rs}^M$。因此，区域 s 的价格指数为

$$G_s = \left[\sum_{r=1}^{r=R} n_r (p_r^M T_{rs}^M)^{1-\sigma}\right]^{1/(1-\sigma)} \tag{1-8}$$

为方便推导，这里将连续情形变为了离散情形。由（1-8）式和（1-7）式可知，地区 s 对地区 r 所生产的产品的需求为

$$\mu Y_s \frac{(p_r^M T_{rs}^M)^{-\sigma}}{G_s^{1-\sigma}} \tag{1-9}$$

加总所有地区对地区 r 所生产的产品的需求，可得地区 r 面临的总需求（总销售）

$$q_r^M = \sum_{s=1}^{s=R} \left[\mu Y_s \frac{(p_r^M T_{rs}^M)^{-\sigma}}{G_s^{1-\sigma}} T_{rs}^M\right] = \mu \sum_{s=1}^{s=R} [Y_s (p_r^M)^{-\sigma} (T_{rs}^M)^{1-\sigma} G_s^{\sigma-1}] \tag{1-10}$$

其中，$[T_{rs}^M]^{1-\sigma}$ 为贸易自由度，通常用字母 φ 表示，所以有时也被叫作 φ 自由度。

假定生产工业品只使用劳动力投入，其中固定投入为 F（以劳动力表示），边际投入为 c^M，那么，生产 q_r^M 单位工业品的劳动力总投入为 $F + c^M q_r^M$。给定劳动力的名义工资水平为 w_r^M，则地区 r 的每种工业品的利润为

$$\pi_r^M = p_r^M q_r^M - w_r^M (F + c^M q_r^M) \tag{1-11}$$

如前所述，工业品的价格-边际成本加成率为 $1/\rho$，即 $\sigma/(\sigma-1)$，那么

$$\frac{p_r^M}{c^M w_r^M} = \frac{1}{\rho} = \frac{\sigma}{\sigma-1} \tag{1-12}$$

将（1-12）式代入（1-11）式中并施加垄断竞争市场的长期零利润条件（Break-even Condition），可得

$$q_r^{M*} = (\sigma - 1)F / c^M \tag{1-13}$$

相应的均衡劳动力为

$$l_r^{M*} = F + c^M q_r^{M*} = \sigma F \tag{1-14}$$

产品多样性为

$$n_r^{M*} = \frac{L_r^M}{l_r^{M*}} = \frac{L_r^M}{\sigma F} \tag{1-15}$$

由于（1-13）式和（1-14）式的右侧与地区 r 无关，因此不妨把下标 r 去掉；由于只分析工业部门，因此上标 M 也可以去掉，那么 $q_r^{M*} \equiv q^*$。根据（1-10）式，市场出清要求总需求等于总产出，即

$$q^* = \mu \sum_{s=1}^{s=R} [Y_s (p_r^M)^{-\sigma} (T_{rs}^M)^{1-\sigma} G_s^{\sigma-1}] \tag{1-16}$$

利用（1-16）式和（1-12）式，可得工资方程

$$w_r^M = \frac{\sigma - 1}{\sigma c^M} \left\{ \frac{\mu}{q^*} \sum_{s=1}^{s=R} [Y_s (T_{rs}^M)^{1-\sigma} G_s^{\sigma-1}] \right\}^{\frac{1}{\sigma}} \tag{1-17}$$

根据藤田等（Fujita et al., 1999）的定义，工业品和农业品的复合价格指数 $G_r^\mu (p_r^A)^{1-\mu}$ 表示生活成本，因此地区 r 的制造业工人的实际工资为

$$\omega_r^M = \frac{w_r^M}{G_r^\mu (p_r^A)^{1-\mu}} \tag{1-18}$$

通过人为设定工业品的计量单位，可以实现

$$c^M = \frac{\sigma - 1}{\sigma}$$

通过人为设定厂商多样性（数量）的计量单位，可以实现

$$F = \frac{\mu}{\sigma}$$

根据以上设定，（1-13）式至（1-15）式分别变为

$$p_r^M = w_r^M \tag{1-19}$$

$$q^* = l^* = \mu \tag{1-20}$$

$$n_r = \frac{L_r^M}{\mu} \tag{1-21}$$

因此，价格指数和工资方程可以化简为

$$G_r = \left[\frac{1}{\mu} \sum_{s=1}^{s=R} L_s^M (w_s^M T_{sr}^M)^{1-\sigma} \right]^{1/(1-\sigma)} \tag{1-22}$$

$$w_r^M = \left\{ \sum_{s=1}^{s=R} [Y_s (T_{rs}^M)^{1-\sigma} G_s^{\sigma-1}] \right\}^{\frac{1}{\sigma}} \tag{1-23}$$

考虑只有两个地区的情况，根据（1-22）式和（1-23）式可得

$$G_1^{1-\sigma} = \frac{1}{\mu} [L_1 w_1^{1-\sigma} + L_2 (w_2 T)^{1-\sigma}] \tag{1-24}$$

$$G_2^{1-\sigma} = \frac{1}{\mu}[L_2\, w_2^{1-\sigma} + L_1\, (w_1 T)^{1-\sigma}] \qquad (1-25)$$

$$w_1^{\sigma} = Y_1 G_1^{\sigma-1} + Y_2 G_2^{\sigma-1} T^{1-\sigma} \qquad (1-26)$$

$$w_2^{\sigma} = Y_2 G_2^{\sigma-1} + Y_1 G_1^{\sigma-1} T^{1-\sigma} \qquad (1-27)$$

考虑对称性均衡，即 $L_1 = L_2$、$Y_1 = Y_2$，那么，由（1-24）式至（1-27）式可知，至少存在一组解使 $G_1 = G_2$、$w_1 = w_2$。在此对称性均衡位置附近，其他条件不变，一个地区的某一变量的增加将引起另一个地区相应变量的减少，因此，$\mathrm{d}G_1 = -\mathrm{d}G_2$、$\mathrm{d}L_1 = -\mathrm{d}L_2$、$\mathrm{d}w_1 = -\mathrm{d}w_2$、$\mathrm{d}Y_1 = -\mathrm{d}Y_2$。令 $\mathrm{d}G = \mathrm{d}G_1$、$\mathrm{d}L = \mathrm{d}L_1$、$\mathrm{d}w = \mathrm{d}w_1$、$\mathrm{d}Y = \mathrm{d}Y_1$，根据（1-24）式可得

$$G_1 = \mu^{\frac{-1}{1-\sigma}} (L_1\, \omega_1^{1-\sigma} + L_2\, \omega_2^{1-\sigma} T^{1-\sigma})^{\frac{1}{1-\sigma}}$$

因此，在对称性均衡位置附近

$$\mathrm{d}G_1 = \frac{1}{1-\sigma} \frac{G_1}{L_1\omega_1^{1-\sigma}+L_2\omega_2^{1-\sigma}T^{1-\sigma}} [\omega_1^{1-\sigma}\mathrm{d}L_1+(1-\sigma)\omega_1^{-\sigma}L_1\mathrm{d}\omega_1+T^{1-\sigma}(1-\sigma)L_2\omega_2^{-\sigma}\mathrm{d}\omega_2+T^{1-\sigma}\omega_2^{1-\sigma}\mathrm{d}L_2]$$

$$= \frac{1}{1-\sigma} \frac{G_1}{L_1\omega_1^{1-\sigma}+L_2\omega_2^{1-\sigma}T^{1-\sigma}} [(\omega_1^{1-\sigma}-T^{1-\sigma}\omega_2^{1-\sigma})\mathrm{d}L+[(1-\sigma)\omega_1^{-\sigma}L_1-T^{1-\sigma}(1-\sigma)L_2\omega_2^{-\sigma}]\mathrm{d}\omega]$$

$$= \frac{1}{1-\sigma} \frac{LG_1\omega^{1-\sigma}}{L_1\omega_1^{1-\sigma}+L_2\omega_2^{1-\sigma}T^{1-\sigma}} (1-T^{1-\sigma}) \left[\frac{\mathrm{d}L}{L}+(1-\sigma)\frac{\mathrm{d}\omega}{\omega}\right]$$

所以

$$(1-\sigma)\frac{\mathrm{d}G}{G} = \frac{L}{\mu}\left(\frac{G}{\omega}\right)^{\sigma-1}(1-T^{1-\sigma})\left[\frac{\mathrm{d}L}{L}+(1-\sigma)\frac{\mathrm{d}\omega}{\omega}\right] \qquad (1-28)$$

同理，根据（1-26）式可以推出

$$\sigma\frac{\mathrm{d}w}{w} = \frac{Y}{w}\left(\frac{G}{w}\right)^{\sigma-1}(1-T^{1-\sigma})\left[\frac{\mathrm{d}Y}{Y}+(\sigma-1)\frac{\mathrm{d}G}{G}\right] \qquad (1-29)$$

根据（1-28）式和（1-29）式，藤田等（Fujita et al.，1999）得出了一系列有意思的结论（如国内市场效益），此处不再赘述。

1.5.2 AH 模型

欧等（Au et al.，2006）声称他们的文章是首次使用计量方式来评估净城市集聚效应的。利用新经济地理模型，他们的文章论证了城市实际人均产出与城市规模的倒"U"形关系，并且进行了实证分析，属于实证新经济地理学的重要成果，已经被国内外学者广泛引用。尤其是，该文章研究的是中国城市问题，比较具有参考价值，因此这里给出 AH 模型的简要介绍。

假定城市的代表性消费者具有 CES 型偏好，即

$$U = \left[\int y(i)^{\frac{\sigma-1}{\sigma}}\mathrm{d}i\right]^{\sigma/(\sigma-1)}, \quad \sigma > 1 \qquad (1-30)$$

其中，$y(i)$ 为对产品 i 的消费；与 DS-FKV 模型一样，σ 为替代弹性。根据大量国

际贸易和新经济地理学的研究（Overman et al.，2003；Head et al.，2004），也可以通过类似（1-7）式的证明过程进行推导，城市 j 生产的产品 y 的反需求函数为

$$p_{y,j} = \mathrm{MP}_j^{1/\sigma} \, (y - c_y)^{-1/\sigma} \tag{1-31}$$

其中，c_y 为产品 y 的固定成本；MP_j 表示城市 j 面临的市场潜力（market potential），即

$$\mathrm{MP}_j = \sum_v (E_v I_v \, \varphi_{jv}) \,, \quad I_v = \Big(\sum_u s_{y,u} \, p_{y,u}^{1-\sigma} \, \varphi_{vu} \Big)^{-1} \tag{1-32}$$

其中，E_v 为城市 v 的总支出，I_v 为城市 v 的一个价格指数，φ_{jv} 为城市 j 到城市 v 的贸易自由度。（1-31）式和（1-32）式的推导比较烦琐，可参考第 3 章中命题 3-1 的类似推导。给定如下嵌套科布-道格拉斯型生产函数：

$$y - c_y = A(\cdot) \, k_y^\alpha l_y^\beta \left[\int_1^{s_x} x(i)^\rho \mathrm{d}i \right]^{\gamma/\rho} - c_y \tag{1-33}$$

其中，k_y、l_y 和 $x(i)$ 分别表示资本、劳动和中间品的投入，中间品的多样性为 s_x；$A(\cdot)$ 为全要素生产率，考虑到城市集聚有助于提升技术水平，因此欧等（Au et al.，2006）假定 $A(\cdot) = AL^\varepsilon$，$L$ 为城市总的有效劳动力（扣除通勤成本之后的劳动力），类似设定也见于瑟尔瓦尔（Thirlwall，2014）和邓等（Deng et al.，2020a）的研究中。进一步，欧等（Au et al.，2006）假定了规模报酬不变，因此 $\alpha + \beta + \gamma = 1$。根据 CES 函数的性质，$1/\rho$ 为中间品的价格-边际成本加成率。

假定劳动力均匀地分布在单中心城市中，那么分布密度为 1。记城市总劳动力为 N，城市半径为 R，那么 $N = \int_0^R 2\pi x \mathrm{d}x$，因此 $R = \sqrt{N/\pi}$。记单位距离的往返通勤成本为 t，那么城市有效劳动力为

$$L = N - \int_0^R 2t\pi \, x^2 \mathrm{d}x = N - \frac{2}{3} t\pi^{-1/2} \, N^{3/2} \tag{1-34}$$

根据（1-31）式和（1-33）式，可得利润最大化问题：$\max \{ p_y(y - c_y) - \int_1^{s_x} p_x(i)x(i)\mathrm{d}i - wl_y - rk_y \}$ 的一阶条件为

$$\mathrm{MP}^{1/\sigma} \, (y - c_y)^{-1/\sigma} \frac{\sigma - 1}{\sigma} \beta \frac{y}{l_y} = w \tag{1-35}$$

$$\mathrm{MP}^{1/\sigma} \, (y - c_y)^{-1/\sigma} \frac{\sigma - 1}{\sigma} \alpha \frac{y}{k_y} = r \tag{1-36}$$

$$\mathrm{MP}^{1/\sigma} \, (y - c_y)^{-1/\sigma} \frac{\sigma - 1}{\sigma} \gamma \frac{y}{s_x x} = p_x \tag{1-37}$$

此处假定了中间品满足对称性。将（1-35）式至（1-37）式代入利润函数并施加长期零利润条件和规模报酬不变条件，可得

$$y = \sigma c_y \tag{1-38}$$

假定中间品的生产过程只需要投入劳动力，固定投入和边际投入分别为 f_x 和 c_x，那

么生产 X 单位中间品的劳动力投入为

$$l_x = f_x + c_x X \tag{1-39}$$

如前所述，$1/\rho$ 为中间品的价格-边际成本加成率，因此

$$p_x = w c_x / \rho \tag{1-40}$$

由（1-40）式和长期零利润条件 $p_x X = w f_x + w c_x X$，可得

$$X = \frac{f_x}{c_x} \frac{\rho}{1-\rho} \tag{1-41}$$

$$l_x = \frac{f_x}{1-\rho} \tag{1-42}$$

施加劳动力市场出清条件和中间品市场出清条件，即

$$s_x l_x + s_y l_y = L \tag{1-43}$$

$$X = s_y x \tag{1-44}$$

注意，（1-44）式的右侧是 s_y 而非 s_x，因为对每种中间品而言，每种最终品都需要 x 的投入，而总共有 s_y 种最终品。

用（1-35）式比（1-37）式，可得

$$\frac{\beta}{\gamma} \frac{s_x x}{l_y} = \frac{w}{p_x} \tag{1-45}$$

利用（1-40）式、（1-41）式和（1-44）式变形（1-45）式，可得

$$l_y = \frac{\beta}{\gamma} \frac{f_x}{1-\rho} \frac{s_x}{s_y} \tag{1-46}$$

将（1-45）式和（1-42）式代入（1-43）式，可得

$$s_x = \frac{\gamma}{\gamma+\beta} \frac{1-\rho}{f_x} L \tag{1-47}$$

根据（1-44）式和（1-41）式，可得

$$x = \frac{f_x}{c_x} \frac{\rho}{1-\rho} \frac{1}{s_y} \tag{1-48}$$

将（1-36）式、（1-46）式、（1-47）式和（1-48）式代入生产函数，并结合长期零利润条件（1-38）式，可得

$$y = A L^\varepsilon \left(\mathrm{MP}^{1/\sigma} (y-c_y)^{-1/\sigma} \frac{\sigma-1}{\sigma} \alpha \frac{y}{r} \right)^\alpha \left(\frac{\beta}{\gamma} \frac{f_x}{1-\rho} \frac{1}{s_y} \right)^\beta \left(\frac{f_x}{c_x} \frac{\rho}{1-\rho} \frac{1}{s_y} \right)^\gamma (s_x)^{\beta+\frac{\gamma}{\rho}}$$

因此

$$(s_y)^{1-\alpha} = A L^{\varepsilon+\beta+\frac{\gamma}{\rho}} \mathrm{MP}^{\alpha/\sigma} \left(\frac{\alpha}{r} \right)^\alpha \beta^\beta \rho^\gamma (\gamma+\beta)^{-\beta-\frac{\gamma}{\rho}} (f_x)^{\gamma-\frac{\gamma}{\rho}} (1-\rho)^{\frac{\gamma}{\rho}-\gamma} \sigma^{-1}$$

$$(\sigma-1)^{\alpha(1-1/\sigma)} c_y^{\alpha\left(1-\frac{1}{\sigma}\right)-1} c_x^{-\gamma} \gamma^{\frac{\gamma}{\rho}}$$

令 $Q_0 \equiv \sigma^{-1} (\sigma-1)^{\alpha\left(1-\frac{1}{\sigma}\right)} c_y^{\alpha\left(1-\frac{1}{\sigma}\right)-1} \alpha^\alpha \rho^\gamma c_x^{-\gamma} \gamma^{\frac{\gamma}{\rho}} \beta^\beta (\gamma+\beta)^{-\beta-\frac{\gamma}{\rho}} \left(\frac{f_x}{1-\rho} \right)^{\gamma-\frac{\gamma}{\rho}}$，则

$(s_y)^{1-\alpha} = Q_0\,\mathrm{MP}^{\alpha/\sigma}\,r^{-\alpha}AL^{\varepsilon+\beta+\frac{\gamma}{\rho}}$，因此最终品的多样性为

$$s_y = Q_0^{\frac{1}{1-\alpha}}\,\mathrm{MP}^{\frac{\alpha}{\sigma(1-\alpha)}}\,r^{\frac{-\alpha}{1-\alpha}}\,A^{\frac{1}{1-\alpha}}L^{\frac{\varepsilon+\beta+\gamma/\rho}{1-\alpha}} \tag{1-49}$$

城市净产出为 $[p_y(y-c_y)-r\,k_y]\,s_y$，即扣除了资本投入的机会成本，那么人均净产出为 $\Omega \equiv [p_y(y-c_y)-r\,k_y]\,s_y N^{-1}$。利用（1-31）式、（1-36）式和（1-38）式化简 Ω，可得

$$\Omega = \mathrm{MP}^{1/\sigma}(1-\alpha)\left[(\sigma-1)c_y\right]^{1-1/\sigma}s_y N^{-1}$$

令 $Q_1 \equiv (1-\alpha)\left[(\sigma-1)c_y\right]^{1-1/\sigma}$，那么 $\Omega = Q_1\,\mathrm{MP}^{1/\sigma}s_y N^{-1}$，将（1-49）式和（1-34）式代入其中，可得

$$\Omega = Q_1\,Q_0^{\frac{1}{1-\alpha}}\,\mathrm{MP}^{\frac{1}{\sigma(1-\alpha)}}\,r^{\frac{-\alpha}{1-\alpha}}\,A^{\frac{1}{1-\alpha}}\left(N-\frac{2}{3}t\pi^{-1/2}N^{3/2}\right)^{\frac{\varepsilon+\beta+\gamma/\rho}{1-\alpha}}N^{-1}$$

令 $a_0 \equiv \dfrac{2}{3}t\pi^{-1/2}$，则

$$\Omega = Q_1\,Q_0^{\frac{1}{1-\alpha}}\,\mathrm{MP}^{\frac{1}{\sigma(1-\alpha)}}\,r^{\frac{-\alpha}{1-\alpha}}\,A^{\frac{1}{1-\alpha}}\left(N-a_0 N^{3/2}\right)^{\frac{\varepsilon+\beta+\gamma/\rho}{1-\alpha}}N^{-1} \tag{1-50}$$

因此，由（1-50）式不难得出，Ω 与城市规模 N 呈倒"U"形关系，最优城市规模为

$$N^* = \left\{\frac{\varepsilon+\gamma(1-\rho)/\rho}{a_0\left[(\varepsilon+\gamma(1-\rho)/\rho)+(\varepsilon+\beta+\gamma/\rho)/2\right]}\right\}^2 \tag{1-51}$$

以上是 AH 模型的核心，从中不难看出，AH 模型得出倒"U"形关系的本质在于，技术层面的集聚经济和交通拥堵层面的集聚不经济相互作用。那么，只要能在人口集聚的同时显著改善城市交通状况，城市最优规模就会提升，这就是前文提到的通过供给侧政策增加城市承载力的体现。进一步，欧等（Au et al., 2006）在（1-50）式的基础上构建了实证模型，从而可以不必求解（1-51）式，而是直接通过估计（1-50）式来估计城市最优规模。该实证模型设定的核心在于，利用关于 N 的多项式来逼近（1-50）式中含 N 部分的对数，即 $(\varepsilon+\beta+\gamma/\rho)\ln(N-a_0 N^{3/2})/(1-\alpha)-\ln N$（Li et al., 2014），但是这种做法必然会导致城市最优规模的异质性大打折扣（因为不管如何考虑城市异质性，都为各城市外生设置了相同的多项式类型）。有关 AH 模型的拓展请见第 3 章的分析，此处不再展开。

1.5.3　BO 模型

在考虑企业异质性的条件下，鲍德温等（Baldwin et al., 2006）基于新经济地理模型研究了两座城市（中心和外围）之间的企业迁移问题，发现了两个重要的效应——选择效应（selection effect）和群分效应（sorting effect）。选择效应表明传统的实证测算方法可能高估城市集聚效应，因为在某种程度上，并不是城市集聚导致了技术提升，而是高生产率的企业更愿意往中心城市集聚。该效应也被维纳包斯

（Venables，2010）、拉加科斯等（Lagakos et al.，2018）从人口迁移的角度进行了进一步研究。群分效应表明政府的区域政策可能导致高生产率的企业越发往中心城市集聚，而低生产率的企业越发往外围城市集聚。BO 模型有助于解释我国城市集群和城市南北经济差距问题，在本书的第 7 章和第 8 章将会被推广使用，因此这里也对其进行简要介绍。

与 DS-FKV 模型和 AH 模型一样，给定 CES 型偏好：

$$\left(\int c_i^{\frac{\sigma-1}{\sigma}} \mathrm{d}i\right)^{\sigma/(\sigma-1)}, \ \sigma > 1$$

假定企业生产产品需要 1 单位资本和 a 单位劳动（a 的倒数可以近似表示生产率水平），a 具有异质性，服从帕累托分布：

$$G[a] = \frac{a^\rho}{a_0^\rho}, \ 1 \equiv a_0 \geqslant a \geqslant 0, \ \rho \geqslant 1 \tag{1-52}$$

其中，a_0 为规模参数，ρ 是形状参数。由于我们可以人为选择产品数量的测度单位，因此可以把 a_0 标准化为 1，即令最无效率的企业生产 1 单位产品需要 1 单位劳动。因此，$G[a] = a^\rho$，概率密度函数为 $G'[a] = \rho a^{\rho-1}$。

假定只有两座城市，分别为北方城市和南方城市。为了以示区别，南方城市或企业对应的变量加上标"$*$"。记北方和南方的工资水平分别为 w 和 w^*。根据 CES 函数的性质可知以下两个结论：

结论 1：一家生产参数为 a 的北方企业在北方城市的定价为 $aw/(1 - 1/\sigma)$，在南方城市的定价为 $aw\tau/(1 - 1/\sigma)$，τ 为萨缪尔森冰山成本；同理，一家生产参数为 a 的南方企业在北方城市的定价为 $aw^*\tau/(1 - 1/\sigma)$，在南方城市的定价为 $aw^*/(1 - 1/\sigma)$。

结论 2：根据性质 1 和 DS 模型的结论，一家生产参数为 a 的北方企业在北方城市面临的需求为 $[aw/(1 - 1/\sigma)]^{-\sigma} sE^w/\int p(i)^{1-\sigma}\mathrm{d}i$，在南方城市面临的需求为 $[aw\tau/(1 - 1/\sigma)]^{-\sigma}(1 - s)E^w/\int [p(i)^*]^{1-\sigma}\mathrm{d}i$。同理，一家生产参数为 a 的南方企业在北方城市面临的需求为 $[aw^*\tau/(1 - 1/\sigma)]^{-\sigma} sE^w/\int p(i)^{1-\sigma}\mathrm{d}i$，在南方城市面临的需求为 $[aw^*/(1 - 1/\sigma)]^{-\sigma}(1 - s)E^w/\int [p(i)^*]^{1-\sigma}\mathrm{d}i$。其中，$E^w$ 为南北两地的总支出，s 为北方的支出份额，$1 - s$ 为南方的支出份额；假定北方为中心城市，因此 $s > 1/2$。注意，$\int p(i)^{1-\sigma}\mathrm{d}i$ 和 $\int [p(i)^*]^{1-\sigma}\mathrm{d}i$ 的积分区间不同，前者是对北方城市的所有产品价格进行积分，从而算出一个价格的复合指数；后者是对南方城市的所有产品价格进行积分。

根据以上两点结论，生产参数为 a 的北方企业在北方和南方获得的总利润为

$$\pi(a) = \frac{1}{\sigma}\left[\frac{aw}{1-1/\sigma}\right]^{1-\sigma}\frac{sE^w}{\int p(i)^{1-\sigma}\mathrm{d}i} + \frac{1}{\sigma}\left[\frac{aw\tau}{1-1/\sigma}\right]^{1-\sigma}\frac{(1-s)E^w}{\int[p(i)^*]^{1-\sigma}\mathrm{d}i}$$

$$(1-53)$$

同理，生产参数为 a 的南方企业在北方和南方获得的总利润为

$$\pi^*(a) = \frac{1}{\sigma}\left[\frac{aw^*\tau}{1-1/\sigma}\right]^{1-\sigma}\frac{sE^w}{\int p(i)^{1-\sigma}\mathrm{d}i} + \frac{1}{\sigma}\left[\frac{aw^*}{1-1/\sigma}\right]^{1-\sigma}\frac{(1-s)E^w}{\int[p(i)^*]^{1-\sigma}\mathrm{d}i}$$

$$(1-54)$$

其中

$$\int p(i)^{1-\sigma}\mathrm{d}i = \int\left(\frac{aw}{1-1/\sigma}\right)^{1-\sigma}\mathrm{d}KG[a] + \int\left(\frac{aw^*\tau}{1-1/\sigma}\right)^{1-\sigma}\mathrm{d}K^*G[a]$$

$$= K^w\lambda\left(\frac{1}{1-1/\sigma}\right)^{1-\sigma}[s_K w^{1-\sigma} + (1-s_K)\varphi(w^*)^{1-\sigma}]$$

$$\int[p(i)^*]^{1-\sigma}\mathrm{d}i = \int\left(\frac{aw\tau}{1-1/\sigma}\right)^{1-\sigma}\mathrm{d}KG[a] + \int\left(\frac{aw^*}{1-1/\sigma}\right)^{1-\sigma}\mathrm{d}K^*G[a]$$

$$= K^w\lambda\left(\frac{1}{1-1/\sigma}\right)^{1-\sigma}[s_K\varphi w^{1-\sigma} + (1-s_K)(w^*)^{1-\sigma}]$$

其中，K^w 为南北地区的总资本，s_K 为北方资本份额，$1-s_K$ 为南方资本份额，$\lambda \equiv \rho/(1-\sigma+\rho) > 0$。标准化工资水平为 $w = w^* = 1$。化简（1-53）式和（1-54）式可得

$$\pi(a) = a^{1-\sigma}\left[\frac{s}{\Delta} + \frac{\varphi(1-s)}{\Delta^*}\right]\frac{E^w}{K^w\sigma} \qquad (1-55)$$

$$\pi^*(a) = a^{1-\sigma}\left[\frac{\varphi s}{\Delta} + \frac{1-s}{\Delta^*}\right]\frac{E^w}{K^w\sigma} \qquad (1-56)$$

其中，$\Delta \equiv \lambda[s_K + \varphi(1-s_K)]$，$\Delta^* \equiv \lambda(s_K\varphi + 1 - s_K)$。

假定两座城市的其他要素禀赋比例与资本比例一样，则 $s = s_K$（因为支出份额等于要素收入份额）。那么，对于生产参数为 a 的企业，其位于北方和南方的利差为

$$\pi(a) - \pi^*(a) = a^{1-\sigma}(1-\varphi)\left[\frac{s}{\Delta} - \frac{1-s}{\Delta^*}\right]\frac{E^w}{K^w\sigma} \qquad (1-57)$$

根据贸易自由度的含义，$1-\varphi > 0$；而且 $\frac{s}{\Delta} - \frac{1-s}{\Delta^*} = \varphi\frac{2s-1}{\lambda[s+\varphi(1-s)](s\varphi+1-s)} > 0$，所以，$\pi(a) - \pi^*(a) > 0$。由此可见，生产参数为 a 的企业在北方获利更大，那么它会倾向于往北方迁移或直接选址于北方。越有效率的企业，a 越小，（1-57）式的利差越大，其迁移动力也越强，这就是选择效应的核心所在。不断的迁移会达成一个均衡，此时迁移所获取的利得正好等于迁移成本。有关于此的进一步讨论将在第 8 章进行，此处不再展开。

需要指出的是，BO 模型仅仅通过不同效率企业的分布来解释城市间的生产率差异，没有考虑企业集聚也会产生相应的技术提升效应，而后者已经被许多有关产业集聚的文献所证实（如 Fujita et al.，2002；范剑勇 等，2014）。正因为如此，BO 模型虽然提出了选择效应，但是很难回答"到底是企业集聚经济导致了城市生产率水平的提升，还是城市高生产率水平仅仅归因于高效率企业聚在这里"这一经典疑问。在本书看来，这两种效应都是存在的，一方面，企业集聚有助于技术溢出和协同，有助于降低交易成本，有助于灵感和创新的产生，从而会产生集聚经济，提升城市生产率水平；另一方面，企业的存在与发展离不开良好的产业生态，高生产率水平的城市也会吸引高效率企业进入（由于进入门槛的存在，低效率企业相对不容易进入），即便这些企业各自不联系，只是单纯地聚在这里，但只要这些企业的技术水平相对较高，城市生产率水平也会相应提升。从实证经济学回归分析的角度来看，如果以企业集聚程度为核心解释变量，以城市生产率水平为被解释变量，那么内生性问题明显存在，导致集聚效应很难被准确识别出来。这就需要选取适当的工具变量，如刘修岩（2009）所采用的工具变量是 1933 年该城市是否通铁路这一虚拟变量。

1.6　本章小结

城市问题是经济学研究的重要内容，与城市规模相关的问题更是研究热点与争论焦点。从基本国情和已有研究成果出发，本章归纳出与中国城市规模问题相关的三点争论，即"中国城市规模之谜"——中国城市规模的大小之争、中国城市优先发展之争以及中国城市发展政策之争。从这三点出发，本章进行了文献和数据描述。总体来看，中国城市规模普遍偏小的观点占据主流，但也有不少学者认为一线城市可能规模偏大。关于城市优先发展的问题，学界基本形成了两派，一派认为要大国大城，进一步促进大城市发展，不能为了区域平衡而扭曲市场在资源配置中的作用；另一派则认为要优先发展中小城市，避免城市发展失衡，强调中央政府在宏观调控方面的重要性，从而减少要素自由流动导致的市场失灵。关于城市政策，本章从供给侧和需求侧进行了政策区分。

本书认为，城市政策对城市规模和城市发展至关重要，在城市问题上必须坚持市场配置和政府调控的"两手抓"，不能完全依靠市场调节机制，不能以一种"存在即合理"的观点来看待城市空间格局。此外，本章也对中华人民共和国成立以来的城市政策和发展思路进行了简要梳理和比较。总体来看，目前城市群建设和大中小城市协调发展的思路比较符合城市演进规律，但是也需要认识到南北经济差距拉大的新情况、新问题。事实上，关于城市问题，习近平总书记（2020）在《国家中长期经济社会发展战略若干重大问题》一文中有一锤定音的指示："我国城市化道路怎么走？这是个重大问题，关键是要把人民生命安全和身体健康作为城市发展的基础目标。目前，我国常住人口城镇化率已经达到 60.6%，今后一个时期还会上升。要更好推进以人为核心的城镇化，使城市更健康、更安全、更宜居，成为人民群众高品质生活的空间。"概言之，城市建设要"以人为核心"，这也是本书研究中国城市问题的指导思想和核心主张，因此"中国城市规模之谜"也需要从"以人为核心"的角度来破解，放弃片面强调经济效益、高增长、为了集聚而集聚的做法，更加关注城市居民的幸福指数、生活水平、身心健康以及自我价值的实现等。

最后，本章对后文可能用到的三个经典模型进行了简单介绍，它们分别是 DS-FKV 模型、AH 模型和 BO 模型。

第2章 中国城市规模演进

2.1 本章概述

分析城市规模问题必须以动态的视角进行。只有明确了以往的城市规模演进特点，才能更好地指导未来城市发展。21世纪以来，中国城市化进程加快，城市规模明显扩大，尤其是特大和超大城市。人口大量向城市集中，极大地带动了城市自身及周边区域的经济发展。北京、上海、广州和深圳作为公认的一线城市，近二十年来成为流动人口的重要集中地。与此同时，在一些省会城市和区域中心城市，近年来的人口规模增加趋势也非常明显。第一财经从商业资源集聚度、城市枢纽性、生活方式多样性、城市人活跃度、未来可塑性五个方面综合评选出新一线城市。2020年新一线城市包括成都、重庆、杭州、武汉、西安、天津、苏州、南京、郑州、长沙、东莞、沈阳、青岛、合肥和佛山。

21世纪以来，在城市人口规模大幅增加的情况下，城市人口集聚表现出三个特点：一是城市人口集聚存在不平衡性，二是城市人口集聚与城市群的发展密切相关，三是城市新职业的从业人口异军突起。需要注意的是，在城市规模扩张的同时，环境和交通问题也开始显现。比如，一些城市出现雾霾现象，一些城市的上下班高峰期拥堵严重。因此，在分析城市集聚的经济性时也需要对城市集聚的不经济性进行考察，对于这部分内容，第3章将进行理论分析。在此之前，本章简要地对城市规模变化进行描述分析，同时也对城市环境、交通状况以及生产率水平进行考察。

2.2 城市规模变化

图2-1展示了中华人民共和国成立以来，城镇人口与乡村人口的变化趋势。从该图中可以看出，改革开放以来城镇人口大幅增加，尤其是1995年以后。2011年，城镇人口占比超过乡村人口占比，2018年城镇人口占比达到60%（共8.3亿

人），可见我国城市化建设取得显著成效。伴随着城镇人口数量的增加，大量的农村剩余劳动力转移出来，为我国城市建设做出重要贡献，形成了二元结构下特定历史时期的人口红利（蔡昉，2020）。与此同时，农村人口进城导致城市常住人口规模的扩大，这是城市化的必经阶段。正是因为城市常住人口规模的扩大，城市集聚的规模经济效应和技术溢出效应才能发挥出来。当然，在城市供给能力有限的条件下，人口规模过度扩张也会产生规模不经济的问题，比如鲍莫尔提出的"城市病"及房价居高不下等问题（邓忠奇 等，2019）。

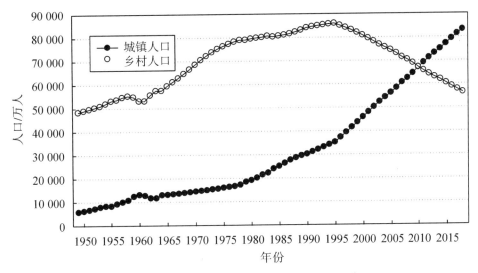

注：1981 年及以前年份的数据来源于户籍人口资料；1982 年、1990 年、2000 年、2010 年的数据来自相应的全国人口普查资料；其他年份的数据是抽样调查的结果。

图 2-1　中国城镇人口与乡村人口（1949—2018 年）

资料来源：历年的中国统计年鉴。

附表 1-1 展示了 2009 年到 2017 年中国主要城市市辖区户籍人口的变动情况，其中，北京市市辖区户籍人口从 1 170 万人左右增加到 1 360 万人左右，增加了约 16%；上海市和广州市分别增加了约 9.5% 和 36%。总体来看，从 2009 年至 2017 年，中国主要城市市辖区户籍人口增加比较明显，平均增加了约 31%。当然，不排除个别城市市辖区户籍人口有缩减的情况，比如辽宁的本溪市，市辖区户籍人口规模缩减了约 5%。图 2-2 更直观地展示了 2009 年和 2017 年中国主要城市市辖区户籍人口的变动情况，从中可以看出，市辖区户籍人口的扩张比较明显。由图 2-1 可知，2009 年至 2017 年是中国城市化进程比较快的阶段。城市人口规模扩张正是城市化的主要表现之一。事实上，一线城市的人口规模扩张过快，导致一些户籍限制政策先后出台，这在很大程度上抑制了一线城市市辖区户籍人口的增加，使户籍人口和常住人口的规模相差明显。比如，北京对积分落户、投靠落户、人才引进落户、商人和留学回国落户等落户方式都有严格规定。"一户难求"成为众多毕业生放弃北京的重要原因。

需要说明的是，图 2-2 和附表 1-1 中的城市人口数据基于户籍统计数据得到，并非基于市辖区常住人口数据得出。如果要获得更为准确的市辖区常住人口数据，则需要在全国人口普查分县资料中一一整理，但目前最近一次公布的人口普查数据只到 2010 年。

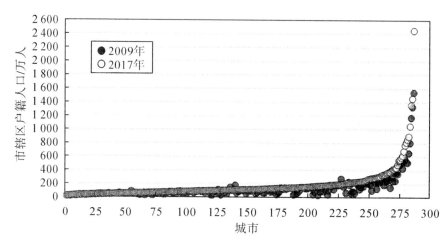

注：数据为年末户籍人口数。

图 2-2　中国主要城市市辖区户籍人口（2009 年和 2017 年）

资料来源：《中国城市统计年鉴 2010》和《中国城市统计年鉴 2018》，详见附表 1-1。

一般而言，用户籍人口规模来测度城市规模是不太准确的，特大和超大城市中有大量的流动人口，这些人口虽然不具有所在城市的户籍，但是每年在该城市居住六个月以上，为这些城市的经济建设和社会发展做出了重要贡献（蔡昉 等，1999；Goodkind et al.，2002），因此这部分人口应该算入居住地人口（邓忠奇 等，2019）。相反，一些户籍在中小城市的人口由于外出务工等原因，并不在户籍所在地长期居住，因此这部分人口不应算入户籍所在城市或农村。为了获得主要城市市辖区常住人口的数据，本书通过查阅第五次全国人口普查（2000 年）和第六次全国人口普查（2010 年）分县资料，整理出图 2-3 和附表 1-2。

从附表 1-2 可以看出，东部沿海城市的常住人口的增加非常明显，这在很大程度上是因为流动人口尤其是农民工的大量迁入。20 世纪 90 年代以后，我国政府转变了城市发展思路，使人口流动的限制逐渐被打破，以前的"暂住证"制度也名存实亡，大量人才和劳动力纷纷向东南沿海城市迁移，形成了人口红利，这种现象被形象地称为"孔雀东南飞"现象。目前，"孔雀东南飞"现象尤其是人才"东南飞"现象并无根本性改变。东北和西部城市的人才外流情况仍然比较严重，甚至成为阻碍这些地区发展和拉大南北经济差距的主要因素之一。为了应对这一问题，2019 年中共中央办公厅和国务院办公厅还专门下发文件，要求发达地区不得片面地通过高薪酬高待遇竞价的方式"抢挖"人才，特别是从中西部地区和东北地区"挖"人才。关于城市人口规模的测度，第 3 章还将进行更详细的说明。

与图 2-2 类似，从图 2-3 中可以看出，从 2000 年到 2010 年，中国主要城市市辖区常住人口的增加非常明显，尤其是在沿海城市和区域中心城市。其中，北京、上海、广州和深圳作为一线城市，在常住人口基数本身就比较大的情况下还分别增加了 64%、56%、30% 和 48%。截至目前，这一情况仍然没有得到根本性改变。根据百度地图慧眼利用大数据技术测算的结果，2020 年 1 月 1 日迁入热度排名前十的城市是广州、北京、深圳、东莞、成都、上海、佛山、郑州、苏州和西安。可见，沿海城市和区域中心城市仍是流动人口的青睐之地。

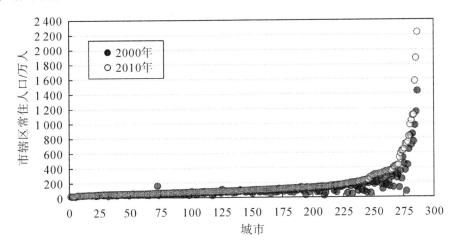

图 2-3　中国主要城市市辖区常住人口（2000 年和 2010 年）

资料来源：第五次全国人口普查资料和第六次全国人口普查资料，详见附表 1-2。

2.3　城市新职业人群

基于人力资源和社会保障部、国家市场监督管理总局及国家统计局在 2019 年与 2020 年发布的 3 批共计 38 类新职业信息，结合各大招聘网站对新职业的需求信息和市场调研结果，本书将这 38 类新职业整理为六大类、共计 50 个新职业岗位，包括工程技术研发类涉及的 10 个岗位、工程技术操作类涉及的 11 个岗位、工程技术辅助类涉及的 12 个岗位、管理运营类涉及的 7 个岗位、康养医疗类涉及的 6 个岗位、新兴社区服务类涉及的 4 个岗位。成都新经济发展研究院公布的数据显示，"十三五"期间全国新职业人群需求规模实现了爆发式增长。2016 年全国新职业人群需求总量还不到 60 万人，至 2019 年，全国新职业人群需求总量已达到 566.22 万人。至 2020 年 7 月，全国新职业人群需求总量突破 700 万人，较 2016 年增长 1 097.70%。

从 2020 年 1—7 月的样本数据来看，如图 2-4 所示，广州新职业人群需求规模增量排名居全国首位（18.73 万人），上海（18.24 万人）、成都（16.33 万人）、深圳（14.68万人）、北京（13.75万人）紧随其后。从具体的新职业类型来看，全国新职业人群中占比超过2%的九大新职业岗位依次为网约配送员（43.19%）、全媒体运营师（13.23%）、健康照护师（9.38%）、高铁线路综合维修工（7.07%）、大数据工程技术人员（5.76%）、人工智能工程技术人员（2.92%）、连锁经营管理师（2.76%）、虚拟现实工程技术人员（2.65%）、信息安全测试员（2.38%）。

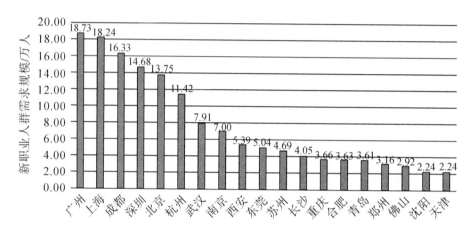

图2-4 全国新职业人群规模增量排名（2020年1—7月）

资料来源：成都新经济发展研究院。

总体来看，随着现代城市发展的演进，新的、适应城市发展需要的职业会不断涌现。这些新职业及其从业者在一定程度上反映了城市的发展方向，推动城市向前。与此同时，随着工作性质和方式的变化，新职业也对城市治理提出了新要求。因此，在研究城市问题时需要考虑到城市职业的变化。比如，直播类职业的从业者一般在家办公即可，对交通负荷的影响相对较小，那么传统城市理论认为的从业人口增加倾向于提升通勤成本的观点就需要被重新认识。

2.4 齐普夫定律

提到城市规模分布，就不得不提到著名的齐普夫定律（Zipf's Law）。齐普夫定律本身是用来研究词频分布规律的，后来用以分析城市规模分布和研究其他众多领域。该定律认为城市规模和位次存在幂律分布的特点。这一观点被后来的学者进行了大量的验证和拓展。众多学者对齐普夫定律进行了定量检验，有的证实了该规律，有的则证否了该规律（Krugman，1996；Gabaix，1999；Gabaix et al.，2004；Gabaix et al.，2011；Eeckhout et al.，2014），此处不再展开介绍。

奥尔巴赫（Auerbach）发现城市规模服从近似的帕累托分布，即

$$R_i = K P_i^{-q} \qquad (2-1)$$

其中，P_i 是将城市按规模从大到小排序之后城市 i 的规模，R_i 是相应的位次；K 为常数项，q 为齐普夫指数。q 越接近 1，城市规模分布就越接近齐普夫定律的理想状态。此时城市规模与位次之积近似为常量，排名第二的城市的规模相当于排名第一的城市的一半。如果 $0 < q < 1$，表明城市规模分布较为集中，大城市突出但中小城市发育不足；如果 $q > 1$，表明城市规模分布较为分散，大城市不突出但中小城市发育较好（王乾 等，2019）。

为了修正 OLS 估计的不足，加贝克斯等（Gabaix et al.，2011）提出了改进的估计方法，即引入一个 1/2 的偏移量：

$$\ln(R_i - 1/2) = \ln K - q \ln P_i \qquad (2-2)$$

如前所述，用市辖区常住人口规模测度城市规模更为合理，因此这里利用 2000 年和 2010 年中国主要城市市辖区常住人口数（见附表 1-2）对（2-2）式进行回归分析。回归结果由表 2-1 给出。从表 2-1 可以看出，2000 年和 2010 年，齐普夫指数（q）的估计值分别为 1.273 和 1.173，均显著不为零，但是也没有通过 $q = 1$ 的 F 检验，表明 $q > 1$ 的情况更接近中国城市规模的分布，这与王乾等（2019）的估计结果近似。因此，表 2-1 的结果表明，相对于理想的齐普夫定律，中国城市规模的分布相对分散，大城市不突出而中小城市发育较好。从这里也可以看出，陆铭等学者提出的大国大城观点有一定的道理。

表 2-1　中国城市规模的齐普夫检验结果（2000 年和 2010 年）

2000 年				2010 年				
参数	估计值	标准误	置信区间		变量	估计值	标准误	置信区间	
q	1.273***	0.020	1.313	1.232	q	1.173***	0.016	1.205	1.141
$\ln K$	10.245***	0.092	10.063	10.427	$\ln K$	10.133***	0.077	9.982	10.284
H0：$q = 1$；Prob $> F = 0.0000$					H0：$q = 1$；Prob $> F = 0.0000$				

注：最后一行表示对 $q = 1$ 进行 F 检验，*** 表示在 1% 的统计水平上显著。

2.5　城市规模与城市环境

2015 年 12 月，时隔 37 年，中央再次召开城市工作会议。这次会议指出，要着力解决城市病等突出问题，不断提升城市环境质量、人民生活质量、城市竞争力，建设和谐宜居、富有活力、各具特色的现代化城市。可见中央对治理城市病的决心与态度，而"城市病"的主要表现之一就是本节涉及的城市环境问题。

随着城市规模的持续扩张，城市污染可能会加重，因此会降低城市的环境质量，这是城市集聚不经济的重要表现之一（Zhou et al., 2004；Mcdonnell et al., 2016；Deng et al., 2020a）。正如肖挺（2016）实证研究发现的，北上广城市的污染问题在很大程度上导致了逃离北上广现象。但是，需要认识到，人口集聚也有可能会减弱单位工业增加值的污染物排放强度，因为人口集聚有利于工业集约生产（陆铭 等，2014）。不管怎么说，研究城市问题都必须对城市环境进行考察。联合国人居署（United Nations Human Settlements Programme）在 2011 年警告说，未来城市化过程中伴随的全球气候变化将威胁人类社会的稳定。陈玉宇等学者甚至发现，在淮河以北的地区，城市供暖所导致的雾霾显著缩短了北方地区人口的寿命（Chen et al., 2013）。在中国的一些大城市，如北京、上海、广州、南京和成都，这种威胁已经成为最严重的问题之一。根据世界卫生组织 2014 年的报告，北京的平均空气污染水平为 53，洛杉矶为 20，纽约为 14。为解决这一问题，北京在通州设立行政副中心，以缓解主城区压力。即使是洛杉矶，科学家也发现，与城市化有关的气候变暖阻碍了低云的形成，这是一个严重的生态问题（Carswell, 2015）。

图 2-5 展示了北京近几年的平均空气质量指数（AQI）。该指数由 PM2.5、PM10、SO_2、CO、O_3 和 NO_2 的指数复合而成，指数越小表示空气质量越好。从目前公布的各项污染物数据来看，AQI 数据是比较好的反映城市空气质量的一个指标。从图 2-5 可以看出，近年来，北京的空气质量有所改善，当然这与北京市下大力气治理城市环境不无关系。2017 年以前，北京的平均空气质量基本都位于"轻度污染"区间内；而 2017 年后，北京的平均空气质量主要位于"良"区间内。参照北京，也可以分析其他城市的空气质量变化情况，此处不再展开。根据中国空气质量在线监测分析平台公布的数据，附表 1-1 给出了各地级市 2017 年的平均空气质量指数。

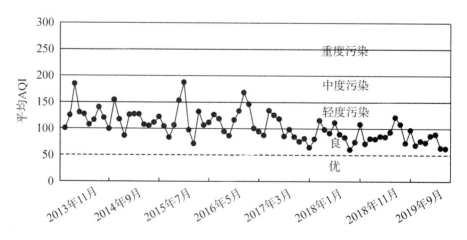

图 2-5 北京的平均空气质量指数（2013 年 12 月—2020 年 4 月）

为了观察城市规模与城市环境的关系，图 2-6 给出了 2017 年城市户籍人口与空气质量的相关关系。由于常住人口数据尤其是市辖区常住人口数据难以准确获取，因此图 2-6 以市辖区户籍人口测度城市规模[①]。从图 2-6 可以看出，随着城市规模的提升，城市空气质量指数倾向于上升，即空气质量下降。当然，图 2-6 中 AQI 的增加趋势并不明显，正因为如此，一些学者认为城市环境与城市人口集聚的关系不大，主要受到城市产业结构的影响。事实上，从城市层面横向来看城市规模与城市环境的关系并不严谨，应该从城市个体的时间变动趋势来看。但是，在随时间变动的过程中，城市也出台了许多环境治理政策，部分或完全抵消了人口集聚的环境负效应，甚至可能出现环境质量改善的情况。本书认为，在其他条件不变的情况下，城市环境质量是倾向于随城市规模的集聚而下降的。之所以现实中下降的趋势不明显，是因为当地政府出台了许多环境治理政策，当然，这些政策本身是存在显性或隐性成本的。正是因为这些政策的作用，库兹涅茨倒"U"形曲线才得以产生，但是我们在进行城市问题分析时，不能认为该倒"U"形关系会自发地出现，必须要意识到城市集聚的环境负效应。

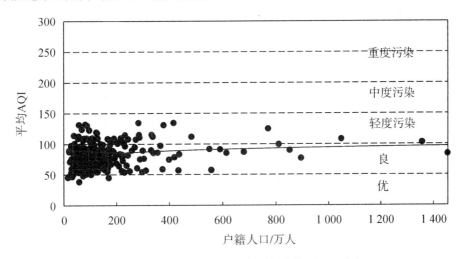

图 2-6　城市户籍人口与空气质量指数（2017 年）

资料来源：附表 1-1。

为了改善城市环境质量，近几年中央和各地方政府陆续出台了许多政策和规制措施，党的十八大还将生态文明建设提到"五位一体"的高度，十九大之后的环保督查更是空前严格，在此背景下城市环境得到了明显改善。图 2-5 中，北京的空气质量提升就是政策效果的体现。后文的第 3 章、第 4 章和第 5 章在分析城市规模和政策时还将对城市环境政策进行详细分析。

---

①　中国城市统计年鉴和中国人口和就业统计年鉴不公布城市常住人口数，仅有部分省市的统计年鉴公布了所辖城市常住人口数，但没有指明是否是针对市辖区的统计。

2.6 城市规模与城市交通

传统城市经济学学者在研究城市规模问题时，往往将通勤成本的增加作为最重要的城市集聚负效应（Duranton et al.，2004；Au et al.，2006；Baum-Snow，2007；Deng et al.，2020a）。因为通勤成本增加，有效劳动力（effective labor），即扣除通勤时间成本和金钱成本之后的劳动力，可能会减少。延续这一思路，第3章在构建理论模型时也以有效劳动力的方式来考虑城市交通效应，从而简化理论模型构建。

从时间层面看，随着城市轨道交通等基础设施的日渐完善，通勤压力有所缓解，但是，城市人口和私家车数量的增加又加重了交通拥堵。有学者曾讲了一个有意思的故事："某村庄只有一条进出通道，经常拥堵，导致村民的生活很不方便，因此村民集资把道路修宽了。可是不久之后就发现道路更为拥堵，因为外面的人和车辆也进来了。"这个故事其实就反映了城市交通情况，有时候政府为了缓解城市压力，修建了连通附近城市的高铁，结果附近城市的人口大量流入，使城市压力更大。如果不考虑与城市外围的关系，只考虑城市本身的集聚，结论也是一样。随着城市人口规模的扩张，如果土地规模也相应扩张，则到城市中心的平均通勤时间增加；如果土地规模不变，那么人口密度增加，交通拥挤程度提高，平均通勤成本也会增加。

根据邓等（Deng et al.，2020a）的测算，2010年中国城市的单程平均通勤时间为26分钟。《2010中国新型城市化报告》对我国主要城市的上班单程时间进行了排名。其中，上班单程时间最长的城市为北京（52分钟），其次为广州（48分钟）、上海（47分钟）和深圳（46分钟）。2015年百度公司利用百度地图大数据发布的一份全国50座城市上班距离及时间排行榜显示，我国上班族的平均通勤时间为28分钟（约9.18千米）。总体来看，特大和超大城市的通勤成本较高，造成了巨大的浪费，生活压力加大，因此我们研究城市问题时需要对此进行高度关注。

2020年1月9日，百度地图联合清华大学数据科学研究院交通大数据研究中心、东南大学交通学院、中国社会科学院财经战略研究院以及赛文交通网等单位发布了《2019年度中国城市交通报告》。该报告利用大数据技术，获取了中国主要城市的交通拥堵情况，详见附表1-3和图2-7。

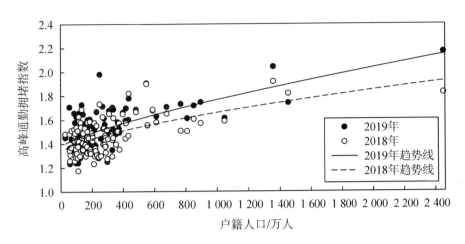

图 2-7　城市户籍人口与交通情况（2018 年和 2019 年）

数据来源：附表 1-3。

从图 2-7 和附表 1-3 中可以直观看出，2019 年相比 2018 年，交通拥堵程度明显提高，平均提高了 4%。同时还可以看出，随着城市规模（户籍人口测度）的增加，城市交通拥堵指数有上升趋势，即城市规模越大的城市，其交通问题可能越严重。虽然这只是直观结论，但是足以表明一个重要信息，就是在分析城市规模问题的时候，我们需要重点关注城市交通，因为较长的通勤时间会导致较高的通勤成本（包括通勤费用带来的显性成本及通勤时间带来的隐性成本），进而造成巨大的浪费。

表 2-2 利用百度地图等联合发布的《2019 年度中国城市交通报告》展示了2019 年中国主要城市的高峰通勤速度。平均速度为 31.69 km/h，相对来说是比较低的。北京、重庆等地的高峰通勤速度在 20 km/h 左右，仅仅相当于普通人骑自行车的速度。相比之下，在一些相对较小的城市，通勤状况要好很多。目前，国家正在大力推进智慧城市和数字城市建设，交通领域的共享出行和绿色出行也取得显著进展。未来，城市交通问题预计可以得到较好的解决。

表 2-2　中国主要城市的高峰通勤平均速度（2019 年）　　　单位：km/h

排名	编号	城市	平均速度	排名	编号	城市	平均速度	排名	编号	城市	平均速度
1	226	重庆	23.64	35	205	东莞	32.93	69	237	南充	32.66
2	1	北京	25.12	36	147	郑州	31.82	70	239	宜宾	32.12
3	245	贵阳	25.79	37	190	韶关	29.34	71	85	嘉兴	34.52
4	56	哈尔滨	23.08	38	257	大理	28.88	72	282	银川	33.18
5	48	长春	26.69	39	131	青岛	30.13	73	87	绍兴	34.38
6	189	广州	29.89	40	199	惠州	29.58	74	125	赣州	32.05

表2-2（续）

排名	编号	城市	平均速度	排名	编号	城市	平均速度	排名	编号	城市	平均速度
7	68	上海	25.56	41	8	保定	35.54	75	132	淄博	33.36
8	259	西安	28.13	42	193	汕头	26.54	76	135	烟台	36.21
9	25	呼和浩特	28.83	43	212	桂林	26.34	77	138	泰安	36.35
10	164	武汉	27.08	44	269	兰州	28.86	78	159	南阳	31.06
11	93	合肥	27.18	45	232	绵阳	31.01	79	83	宁波	34.20
12	69	南京	27.51	46	224	海口	27.78	80	15	大同	33.32
13	11	沧州	30.12	47	142	临沂	29.67	81	195	江门	39.91
14	4	唐山	30.42	48	210	南宁	30.85	82	209	云浮	33.45
15	194	佛山	29.65	49	14	太原	34.69	83	262	咸阳	37.49
16	176	长沙	28.89	50	71	徐州	28.84	84	136	潍坊	35.65
17	130	济南	29.09	51	287	乌鲁木齐	31.82	85	76	淮安	30.94
18	34	沈阳	26.10	52	207	潮州	28.75	86	281	西宁	39.02
19	249	昆明	28.99	53	206	中山	34.30	87	198	肇庆	36.82
20	111	厦门	29.80	54	7	邢台	32.83	88	115	漳州	32.32
21	35	大连	26.32	55	13	衡水	33.60	89	91	台州	35.60
22	12	廊坊	31.68	56	119	南昌	30.54	90	74	南通	40.34
23	236	乐山	27.55	57	6	邯郸	33.82	91	78	扬州	35.40
24	192	珠海	31.96	58	211	柳州	27.77	92	75	连云港	34.09
25	5	秦皇岛	30.84	59	204	清远	29.55	93	153	新乡	35.67
26	82	杭州	28.16	60	73	苏州	35.94	94	77	盐城	36.50
27	179	衡阳	27.77	61	197	茂名	27.51	95	143	德州	38.38
28	110	福州	30.79	62	149	洛阳	27.68	96	79	镇江	34.34
29	2	天津	32.07	63	196	湛江	31.30	97	72	常州	38.82
30	227	成都	32.70	64	114	泉州	34.72	98	86	湖州	45.08
31	137	济宁	26.08	65	258	拉萨	29.56	99	88	金华	33.12
32	9	张家口	32.43	66	70	无锡	37.20	100	225	三亚	43.50
33	191	深圳	32.96	67	16	阳泉	29.18				
34	3	石家庄	35.23	68	84	温州	32.27			平均	31.69

注：城市编号请见附表1-1。

2.7　城市规模与生产率水平

　　研究城市规模问题，最重要的一点是应该明白城市集聚具有技术溢出、规模经济以及降低交易成本的好处，这是众多学者提倡城市化的主要依据之一，也是城市化带动经济发展的主要原因之一（Jacobs，1969；Henderson，1974；Duranton et al.，2001；Behrens et al.，2014；Eeckhout et al.，2014）。不仅如此，城市本身把各种要素集聚起来，也会有利于新技术的产生。正如卢卡斯所说：城市是增长的发动机，创新孵化、精湛技能的培育，无不在城市进行。技术的产生与溢出以及规模经济效应在很大程度上体现在城市生产率水平上，因此，众多学者把城市生产率水平作为城市技术水平的测度指标。

　　在早期实证研究方法有限的情况下，测算生产率水平并不容易，因此劳动生产率指标被广泛使用。比如，鲍莫尔（Baumol）在提出服务业"成本病"的时候，主要就针对的是劳动生产率。近 20 年来，劳动生产率指标已经逐步被全要素生产率（Total Factor Productivity，TFP）指标所替代，主要是因为三点：首先，劳动生产率没有考虑生产过程中其他要素的投入和使用情况，劳动生产率可能很低但资本利用效率却很高，因此劳动生产率不能反映生产率的全貌；其次，劳动力投入具有很大的黏性，劳动生产率低可能是为了维持就业，而不是因为低效率；最后，劳动生产率与行业特性、地区资源结构等因素相关，在可比性方面有一定的不足。

　　随机边界分析（SFA）法是目前主流的测算 TFP 的四类方法之一，除此以外，OP/LP/ACF 法（Olley et al.，1996；Levinsohn et al.，2003；Ackerberg et al.，2015）、数据包络分析（DEA）法（Chambers et al.，1996；Färe et al.，2013；Zofio et al.，2013；Lee，2014；Feng et al.，2014；Atkinson et al.，2016；Krüger，2017；Deng et al.，2021b）、指数累乘法（郭庆旺 等，2005）也是比较常用的方法。其中，OP/LP/ACF 法主要用于测算企业层面的 TFP，难以用来测算城市或区域层面的 TFP，因为这类方法的核心是要考虑企业的决策行为（如投资、投入中间品）受生产率的影响。

　　数据包络分析（DEA）法是非参数方法，即利用投入产出数据包络出生产可能性曲线，不需要外生给定生产函数，避免了希克斯技术中性和规模报酬不变的新古典假定。DEA 法看上去比较简便，但实际上这类方法对数据质量的要求较高，不能排除随机因素和异常值的干扰。当样本数据存在异常值时，包络出的生产可能性曲线可能被极大地扭曲，那么基于这一扭曲后的生产可能性曲线很难得出准确的TFP 估计值。当然，大量实证研究表明，基于这类测算方法获得的生产率估计结果与 SFA 法测算的结果在趋势上具有一致性（邓忠奇 等，2015）。

　　指数累乘法的思想是先测算出 TFP 增长指数，再在给定基期 TFP 水平的条件下，通过指数累乘来反推 TFP 水平。具体来看，根据郭庆旺等（2005）的研究，指数累乘法又可以被归纳为索洛残值（SR）法、代理变量（LV）法、潜在产出（PO）法（Fuentes et al.，2011）。这些参数方法也存在一定的不足，尤其是对 TFP 滞后效应和状态方程的设置可能过于严格。

　　相比之下，SFA 法属于半参数方法，虽然也设定了生产函数的参数形式，但是对 TFP 却没有特别严格的设定，仅仅施加了截断正态分布的限定条件，因此更加可信（Kumbhakar et al.，2015）。SFA 法的重要不足是，当样本数量较少时，施加截断正态分布的条件可能过于严格。除了以上提到的几点外，SFA 法还有一个重要优势，即可以在测算 TFP 的同时研究 TFP 受其他因素的影响情况；如果采用 DEA 法分析 TFP 的影响情况，则只能采用两阶段法（在第一阶段测算 TFP，在第二阶段利用 Tobit 模型等参数或非参数方法分析 TFP 的影响情况）。关于 SFA 法的优势，王等（Wang et al.，2002）进行了详细说明，同时西玛等（Simar et al.，2000，2011，2016）、卡扎尔斯等（Cazals et al.，2002）也对两阶段 DEA 法的偏误进行了证明，此处不再赘述。

　　考虑到以上几种方法的优劣，本部分以 SFA 法测算城市全要素生产率。本书第 6 章还将详细论证 SFA 法的内生性问题。具体地，根据贝泰斯等（Battese et al.，1992）提出的面板数据 SFA 模型，此处进行如下设定：

$$\ln Y_{it} = \beta_0 + \beta_1 \ln K_{it} + \beta_2 \ln L_{it} + v_{it} - u_{it}, \quad i = 1, \cdots, N, \quad t = 1, \cdots, T \quad (2\text{–}3)$$

其中，$\ln Y_{it}$ 表示城市 i 在年份 t 的实际地区总产值（以 1995 年为基期进行物价调整），$\ln K_{it}$ 表示城市 i 在年份 t 的实际固定资本存量（以 1995 年为基期进行物价调整），$\ln L_{it}$ 表示城市 i 在年份 t 的从业人数。$v_{it} \sim N(0, \sigma_v^2)$ 为经典的随机扰动项；$u_{it} = u_i \exp[-\eta(t-T)]$，其中 $u_i \sim |N(\mu, \sigma_u^2)|$；$v_{it}$ 和 u_{it} 不相关。在利用极大似然法估计时，为了迭代过程方便，本章定义 $\sigma^2 \equiv \sigma_v^2 + \sigma_u^2$，$\gamma \equiv \sigma_u^2/(\sigma_v^2 + \sigma_u^2)$。

　　在测算 TFP 之前，首先需要估算各城市的固定资本存量，因为固定资本存量是最重要的投入要素之一。为此，本书利用永续盘存法对地级市的固定资本存量进行估计，类似方法可见柯善咨等（2012）、刘常青等（2017）的研究。需要说明的是，本部分重点测算市辖区的 TFP，因为只有市辖区才算作城市化的区域（Au et al.，2006）。但是 2018 年后的中国城市统计年鉴不再公布市辖区的全社会固定资产投资额，且地方统计年鉴也不公布该数据，因此市辖区固定资本存量数据目前只能估算到 2016 年。市辖区固定资本存量估算结果见附表 1-4，均以 1995 年为基期进行物价调整。

　　关于劳动力投入，中国城市统计年鉴公布了市辖区当年年末的单位从业人员数及市辖区的城镇私营和个体从业人员数，但是后者的误差较大且数据缺失严重，因此本章在 TFP 的测算过程中只使用了前者（市辖区当年年末的单位从业人员数）。

除了资本和劳动力投入之外，大量文献也考虑了能源投入。本书第 3 章、第 6 章和第 8 章在进行有关分析时也将对此进行考虑，故本章不做过于复杂的分析。

利用极大似然法，（2-3）式的估计结果见表 2-3。资本和劳动产出弹性的估计值分别为 0.590 和 0.266，参数 γ 和 μ 的估计值显著异于零，这表明 SFA 法的估计结果是恰当的。各城市的 TFP 详细估计结果见附表 1-5。

表 2-3　随机边界分析估计结果（2000—2016 年）

参数	估计值	标准误	t 值
β_0	1.925	0.056	34.217
β_1	0.590	0.006	107.070
β_2	0.266	0.011	24.304
γ	0.827	0.006	143.949
μ	0.829	0.050	16.525
η	0.000	0.001	0.091

各城市的 TFP 详细估计结果显示，东部沿海城市（尤其是珠三角和长三角地区）的 TFP 水平相对较高，而中西部城市的 TFP 水平相对较低。由于东部沿海城市的城市集聚程度较高，人力资源相对充足，因此 TFP 水平相对较高是合乎经济学理论逻辑的。总体来看，TFP 在地理空间上的分布有"胡焕庸线"的规律，这与东部地区相对较快的城市化进程不无关系。进一步，将 TFP 水平与城市人口规模进行比较，可以发现，两者呈现出高度显著的正相关性，这表明城市集聚确实有一定程度的技术外溢性。这为在第 3 章构建理论模型时，设定技术外溢性提供了支撑。

2.8　本章小结

在分析城市规模与政策问题之前，本章简要地描述了城市规模及其相关问题的演进。总体来看，21 世纪以来中国城市化进程快速推进，绝大部分城市的规模显著扩大，特大和超大城市成为人口流动的青睐之地。与理想状态的齐普夫定律下的城市规模相比，中国城市规模的分布相对分散，大城市不突出而中小城市发育较好。由于城市（尤其是市辖区）常住人口的数据不易获取，因此城市人口规模问题的研究存在一定的困难。但近年来，大数据技术的发展提供了新的解决这一问题的思路。通过大数据技术搜集的从业人口信息显示，城市新职业人群异军突起，这是未来城市从业者的职业变化方向。

在城市规模不断扩张的同时，城市的环境问题和交通问题也不断演变。虽然部分城市的环境质量有所改善，但是这主要是因为城市加大了环境治理力度。在其他条件不变的情况下，本书认为城市环境可能随城市人口的集聚而恶化，不会自发改善，因此在城市集聚的过程中，我们必须充分认识到环境因素的重要性，并给出相应的环境保护措施。从交通层面看，目前一些特大和超大城市的通勤成本较高，拥堵情况比较普遍，而且规模越大的城市，其交通问题越严重。因此在分析城市规模问题的时候，我们同样需要重点关注城市交通问题。

为了验证城市集聚在带动技术进步方面的效应，本章利用随机边界分析方法对2000年至2016年地级市的全要素生产率进行了测算。测算结果表明，东部沿海城市（尤其是珠三角和长三角地区）的TFP水平相对较高，而中西部城市的TFP水平相对较低；从空间趋势上看，规模越大的城市，其TFP水平倾向于越高。这表明城市集聚很可能有一定程度的技术溢出性。

第3章 最优城市规模分析

3.1 本章概述

  如果说以改革开放推动的过去四十多年成就了中国经济的高速增长，那么靠城市化推动的未来四十多年或更长时间的中国发展不能再以经济增长为唯一目标。经济增长由高速度向高质量转型是新时代的大势所趋。首先，资源环境问题成为制约城市生产和生活的硬约束，部分城市的极端天气已经严重影响宜居程度；其次，一二线城市的房价居高不下，交通严重超负荷和限行管制，给全社会带来巨大生活压力与较高通勤成本，与此同时，一些小城镇却出现"空城""鬼城"现象，土地资源配置扭曲；最后，早期的城市规划不合理、不具有前瞻性，导致基础设施建设不能适应日益扩大的城市规模，而重建基础设施成本过高，因此"拆了修、修了拆"的资源浪费现象时有发生。基于以上三点，本书认为对中国城市规模及政策的分析，不能再单纯地从产出最大化或效率最大化的角度进行，已有文献（Henderson，1974；Fujita et al.，1999；O'Sullivan，1999；Duranton et al.，2001；Au et al.，2006）所提出的城市人均净产出随城市规模的倒"U"形变化规律需要被重新认识。本章立足我国基本国情，力图构建一个能兼顾经济增长、减少环境污染和交通拥挤的"三重效应"的城市规模分析框架，以消除我国城市规模问题带来的相关困惑。第4章还将在此框架的基础上对城市政策进行探讨，以期城市规模更加趋于合理化。

  本章的研究有助于理解城市集聚产生正外部性或负外部性的经济学本质，为后文城市政策的分析提供理论支撑。联合国经济和社会事务部（2015）预测，到2050年全球城市人口将增加25亿。可以说，对大多数国家尤其是欠发达国家而言，城市化是不可避免的过程。因此，揭示城市集聚的外部性及相应的规模经济和不经济效应具有重要的研究价值。在此背景下，本研究具有一定的理论和实践意义。首先，从方法论的角度看，本章发展了一个新的理论模型，该模型直接推导出城市集聚的外部性，兼顾了经济增长、减少环境污染和交通拥挤的"三重效应"。

该模型也尽可能充分地考虑了城市异质性，包括异质的产业结构、生产率、劳动产出弹性、环境偏好程度、污染系数等；放松了传统分析中所设定的规模报酬不变（CRS）、希克斯技术中性等新古典条件。其次，从实证研究的角度看，本章放松了劳动力均匀分布假定（Au et al.，2006），使之更具一般性；对城市人口规模进行了更加合理的界定，并考虑了环境承载力对城市规模的制约作用。

本章3.2节介绍有关城市规模问题的已有研究基础；3.3节从城市集聚的向心力和离心力的角度对本章理论模型的经济学逻辑进行解释；3.4节构建本章的核心理论模型，从数理角度推导有关结论；3.5节利用全国人口普查数据基于中国城市样本进行分析；第3.6节为本章小结。

3.2 已有研究基础

总体来看，城市规模问题的研究主要集中于对集聚经济和集聚不经济的权衡（Mashall，1890；Glaeser，2011），通过这一权衡将城市集聚的净效应最大化。根据第1章的介绍，关于集聚经济（Jacobs，1969；Duranton et al.，2001，2004；Au et al.，2006；Batty，2013；Desmet et al.，2013；Behrens et al.，2014；Eeckhout et al.，2014）和集聚不经济（Zhou et al.，2004；Bettencourt，2013；Chen et al.，2013；Mcdonnell et al.，2016）的研究数不胜数、源远流长。具体来看，大量文献从技术溢出的角度来刻画规模经济无可厚非，但是忽略规模报酬递增（IRS）的作用可能严重低估城市集聚的好处；可以说，规模报酬递增是空间经济学和迪克西特-斯蒂格利茨-克鲁格曼模型的基石（安虎森 等，2006）。同理，大量文献从交通成本的角度来刻画规模不经济也无可厚非，例如迪朗东等（Duranton et al.，2004）、鲍姆-雪（Baum-Snow，2007）的研究，但是忽略环境因素可能产生误导性结论。毫无疑问，对于目前的中国而言，环境质量是研究城市问题所必须关注的方面（肖挺，2016；Zhou et al.，2004；Chen et al.，2013；Deng et al.，2020a）。北京市人民政府迁往通州在很大程度上就是为了缓解首都的环境和交通压力。

关于城市规模的分布问题，众多学者关注齐普夫定律和吉布拉定律（沈体雁等，2012；Eeckhout，2004；Gabaix，1999；Gabaix et al.，2004；Krugman，1996；Levy，2009；Rozenfeld et al.，2011）。正如克鲁格曼（Krugman，1996）指出的，齐普夫定律是经济学领域最引人注目的实证规律之一。然而，这类研究存在一定的局限性。首先，城市规模本身是在不断演进的，随着城市政策的干预和城市生产和生活方式的变化，未来这些规律未必适用。其次，这些规律仅仅在统计意义上成立，并不代表所有地区都有类似规律，规律背后更有价值的经济学含义目前还没有得到公认的解释，因此规律背后的经济学理论基础显得非常薄弱。最后，随着城市融合和城市群的建设，城市边界越来越模糊，单纯研究城市之间的分布规律并没有多少现实意义，因此符合 Zipf 法则的城市分布未必就好，不符合的也未必就需要加以引导。

关于中国的城市规模问题，大量文献集中于对户籍制度的讨论，如杰斐逊等（Jefferson et al.，1998）、古坎德等（Goodkind et al.，2002）、华里等（Whalley et al.，2007）、亨德森（Henderson，2010）、阿弗里迪等（Afridi et al.，2015）的研究。户籍制度确实是中华人民共和国成立后很长一段时期内制约中国城市化的重要因素，不过随着户籍制度的不断改革①，目前除了一二线城市外，绝大部分城市的户籍制度对人口流入的限制已经非常弱，甚至众多中西部城市鼓励人口流入。国家统计局公布的数据显示，2019 年年末国内流动人口总数达到 2.36 亿人，可见人口流动是非常普遍的。也正是因为这个原因，使用户籍人口测度城市规模是不恰当的，而使用常住人口（在当地居住 6 个月以上）指标更为合理。

在城市规模的研究方法上，从产业经济学和新经济地理学着眼的研究更偏好使用垄断竞争模型和国际贸易模型（Au et al.，2006；Duranton et al.，2004；Fujita et al.，1999）。从城市经济学着眼的研究，则更偏好使用个体效用最大化理论（Combes et al.，2014；Desmet et al.，2013；Gubins et al.，2014；Tabuchi，1998）。事实上，这两类分析并不矛盾，前者相对宏观，后者相对微观；前者往往侧重于产出（或人均产出）最大化，后者往往侧重于效用（或人均效用）最大化。由于效用主要是通过消费多少商品来测度的，因此从一般均衡的角度看，基于消费的均衡和基于产出的均衡具有一致性，因为在预算约束的条件下，生产产品并销售出去才能获得收入以购买商品。正是基于这一逻辑，众多讨论城市规模问题的研究通过城市人均产出最大化来构建模型，如 Henderson 系列模型。

3.3　城市集聚的向心力与离心力

一定程度的城市集聚可以发挥出众多优势，这是学界公认的；但反过来，城市过度集聚又可能产生不利影响。这就导致在城市集聚过程中出现向心和离心两种无形的力量。关于向心力，首先，规模经济实现更高的劳动生产率和要素报酬，这是传统城市经济学强调的观点（Henderson，1974，2010；Fujita et al.，1999）。其次，城市集聚可以摊薄基础设施建设成本（Desmet et al.，2013），因此城市的基础设施和公共服务一般好于农村地区，这是人口大量流向城市的重要向心力。再次，根据

---

① 例如，《国务院关于进一步推进户籍制度改革的意见》（国发〔2014〕25 号）提出，取消农业户口与非农业户口性质区分。这标志着农业户口退出历史舞台。

经济学家卢卡斯的观点，城市集聚有助于产生新的观点、新的思想，因此容易提升技术创新水平，同类企业的技术也更容易被相互借鉴从而产生溢出效应。大约2 700 年前，管仲在向齐桓公提出"四民者，勿使杂处"的时候就论证了人口和产业集聚的这一好处。此外，从本质上看，城市集聚是微观要素（人口、资本、技术、企业等）集聚所呈现出的结果，除了少数行业外，大部分行业的企业选址在靠近市场的区位更容易获利，因此从这个角度看企业也具有向城市集聚的向心力。

关于离心力，首先，20 世纪五六十年代比较流行的拥挤理论强调城市集聚可能导致城市交通条件恶化（Tiebout，1956；Alonso，1964；Vickrey，1969），增加通勤成本。与传统文献一致，21 世纪后城市经济学领域仍然重视城市集聚的通勤成本问题（Au et al.，2006；Baum−Snow，2007；邓忠奇 等，2019；Deng et al，2020a）。其次，近几年众多经济学者也研究了城市集聚可能带来的环境污染问题（肖挺，2016；Zhou et al.，2004；Chen et al.，2013）。一方面，政府为了治理环境而加强了规制，提高了企业合规成本，因此企业不得不思考重新选址的问题[1]，这成为企业迁出城市的重要离心力；另一方面，城市污染问题降低了城市居民的生活质量，也可能减弱人口进城的动力，从而形成离心力。最后，新冠肺炎疫情给城市集聚带来重要启示，即城市人口集聚可能增加传染病蔓延风险和疫情防控难度。其实，关于城市集聚可能带来的传染病蔓延问题，曾被众多著名经济学家提到过，如马克思[2]和格莱泽（Glaeser）[3]，只不过近几年被学界忽视了。

总的来看，城市集聚的向心力和离心力受多种因素影响，而且这些因素本身也是不断变化的。目前，最主要的向心力仍然是集聚效应带来的经济增长，这可以给劳动者带来更高的回报率，给企业创造更高的利润率；最主要的离心力是交通拥挤和环境污染。据此，本章从经济增长、交通拥挤和环境污染三个角度构建城市集聚问题的分析框架。基于这一分析框架，其他向心力和离心力也可以被类似地加以考虑。

---

[1] 比如，著名的"污染天堂"假说（pollution haven hypothesis）认为环境规制会迫使企业选址于环境规制相对宽松的地方。夏皮罗等（Shapiro et al.，2018）指出，美国 1990 年至 2008 年空气质量大幅改善的一个重要原因就是环境规制使高污染行业转移到了国外；沈坤荣等（2017）利用中国数据的研究也发现环境规制确实引发了污染企业就近转移现象。

[2] "在现代农业中，也和在城市工业中一样，劳动生产力的提高和劳动量的增大是以劳动力本身的破坏和衰退为代价的。"（《资本论》第一卷第 579 页）"（城市工厂）这些房子大都是些阴暗、潮湿、污秽、发臭的洞穴，根本不适合人住，这还用得着说吗？这里是散布疾病和死亡的中心。"（《资本论》第一卷第 764 页）

[3] 但城市经济优势往往被犯罪、交通拥堵和传染病等长期困扰城市的问题所弱化。（But urban economic advantages are often offset by the perennial urban curses of crime，congestion and contagious disease.）

3.4 理论模型构建

3.4.1 效用函数

本章定义一个国家或地区的所有城市集合为 Φ，因此该地共有 $\mathrm{card}\{\Phi\}$ 座城市；定义城市 i 所生产的最终产品的集合为 φ_i，因此城市 i 共生产 $\mathrm{card}\{\varphi_i\}$ 种最终品，即产品多样性为 $\mathrm{card}\{\varphi_i\}$。参考夏皮罗等（Shapiro et al., 2018）的研究，代表性城市 v 的效用函数可以由（3-1）式给出，即部门内为常替代弹性（CES）型偏好，而部门间为柯布-道格拉斯（Cobb-Douglas）型偏好。

$$U_v = \left\{ \min\left[(S_v)^{\delta_v},\ \overline{S}^{\delta_v} \right] \right\} \left\{ \int_{i=1}^{\mathrm{card}|\Phi|} \int_{\zeta=1}^{\mathrm{card}\{\varphi_i\}} \left(\frac{C(v,\ i,\ \zeta)}{N_v} \right)^{(\sigma-1)/\sigma} \mathrm{d}\zeta \mathrm{d}i \right\}^{(1-\delta_v)\sigma/(\sigma-1)}$$

$$(3-1)$$

其中，$C(v,\ i,\ \zeta)$ 表示城市 i 生产的被城市 v 消费的产品 ζ 的数量。σ 为最终产品之间的替代弹性，且 $\sigma > 1$，即最终产品彼此相互替代。S_v 表示城市 v 的环境质量。参考阿西莫格鲁（Acemoglu et al., 2012）的研究，假定 $S_v \geqslant 0$，$v \in \Phi$。$\overline{S}$ 定义最优的环境质量，反之，$S_v = 0$ 定义最不适宜人居住的环境质量。N_v 表示城市 v 的人口数量，即城市规模。（3-1）式中环境质量对应的指数 $\delta_v \in (0,\ 1)$ 表示当地对环境质量的偏好程度，δ_v 越大，偏好程度越高。与（3-1）式的效用函数相比，欧等（Au et al., 2006）完全没有考虑环境质量的影响，因此可能高估最优城市规模。然而，（3-1）式仅仅考虑了人口增加而人均消费降低的情况，没有体现出城市拥挤对环境效用的负向影响。人口增加导致人均享受的清洁资源和生活设施变少，还可能加速城市传染病蔓延（Glaeser, 2011），因此人口增加对环境质量应该有负向的抵消作用，据此本书将（3-1）式改写为（3-2）式。事实上，后文的实证分析表明，基于两种效用函数所得出的主要结论基本一致。

$$U_v = \left\{ \min\left[\left(\frac{S_v}{N_v} \right)^{\delta_v},\ \left(\frac{\overline{S}}{N_v} \right)^{\delta_v} \right] \right\} \left\{ \int_{i=1}^{\mathrm{card}|\Phi|} \int_{\zeta=1}^{\mathrm{card}\{\varphi_i\}} \left(\frac{C(v,\ i,\ \zeta)}{N_v} \right)^{(\sigma-1)/\sigma} \mathrm{d}\zeta \mathrm{d}i \right\}^{(1-\delta_v)\sigma/(\sigma-1)}$$

$$(3-2)$$

3.4.2 需求函数

定义城市 v 的总支出为 E_v，城市 i 生产的产品 ζ 的离岸价格（free-on-board price）为 $p(i,\ \zeta)$。那么，根据安特拉斯（Antràs, 2003）的研究，城市 v 的预算约束可以表示为

$$\int_{i=1}^{\mathrm{card}|\Phi|} \int_{\zeta=1}^{\mathrm{card}\{\varphi_i\}} C(v,\ i,\ \zeta) p(i,\ \zeta) \tau_{iv} \mathrm{d}\zeta \mathrm{d}i \leqslant (1-\delta_v) E_v \qquad (3-3)$$

中国城市问题研究:规模、政策与趋势

其中,τ_{iv} 表示从城市 i 运送一单位商品到城市 v 的萨缪尔森冰山成本(iceberg cost),那么 $\tau_{iv}^{1-\sigma}$ 即为著名的贸易自由度。

命题 3-1

城市 j 生产的产品 ζ 的反需求函数如下:

$$p(j,\zeta) = \mathrm{MP}_j^{1/\sigma} \, Y_{j\zeta}^{-1/\sigma}, \tag{3-4}$$

其中,变量 $\mathrm{MP}_j \equiv \int (1-\delta_v) E_v I_v \tau_{jv}^{1-\sigma} \mathrm{d}v$ 在国际贸易领域被称为市场潜力(market potential)(Overman et al., 2003; Head et al., 2004, 2006; Mayer et al., 2014); $I_v \equiv \left\{ \int [p(i,\zeta)\tau_{iv}]^{1-\sigma} \mathrm{card}\{\varphi_i\} \mathrm{d}i \right\}^{-1}$ 是一个价格指数;$Y_{j\zeta}$ 为产出数量。

证明:假定 $S_v < \bar{S}$,即环境质量没有达到最优。在满足(3-3)式的条件下最大化(3-2)式,可得一阶条件为

$$\frac{1-\delta_v}{N_v} S_v^{\delta_v} \left\{ \iint C(v,i,\zeta)^{(\sigma-1)/\sigma} \mathrm{d}\zeta \mathrm{d}i \right\}^{(1-\delta_v\sigma)/(\sigma-1)} C(v,i,\zeta)^{-1/\sigma} = \lambda p(i,\zeta)\tau_{iv} \tag{3-5}$$

即

$$C(v,i,\zeta)^{-1/\sigma} = \frac{N_v}{1-\delta_v} \frac{\lambda p(i,\zeta)\tau_{iv}}{S_v^{\delta_v} \left\{ \int_{i=1}^{\mathrm{card}\{\Phi\}} \int_{\zeta=1}^{\mathrm{card}\{\varphi_i\}} C(v,i,\zeta)^{(\sigma-1)/\sigma} \mathrm{d}\zeta \mathrm{d}i \right\}^{(1-\delta_v\sigma)/(\sigma-1)}} \tag{3-6}$$

$$\frac{C(v,i,\zeta)}{C(v,j,\zeta)} = \left[\frac{p(j,\zeta)\tau_{jv}}{p(i,\zeta)\tau_{iv}} \right]^{\sigma} \tag{3-7}$$

因此,$C(v,i,\zeta)p(i,\zeta)\tau_{iv} = C(v,j,\zeta)[p(j,\zeta)\tau_{jv}]^{\sigma}[p(i,\zeta)\tau_{iv}]^{1-\sigma}$,由(3-3)式可得

$$\int_{i=1}^{\mathrm{card}\{\Phi\}} \int_{\zeta=1}^{\mathrm{card}\{\varphi_i\}} C(v,j,\zeta)[p(j,\zeta)\tau_{jv}]^{\sigma}[p(i,\zeta)\tau_{iv}]^{1-\sigma} \mathrm{d}\zeta \mathrm{d}i = (1-\delta_v)E_v \tag{3-8}$$

$$C(v,j,\zeta)[p(j,\zeta)\tau_{jv}]^{\sigma} \int_{i=1}^{\mathrm{card}\{\Phi\}} [p(i,\zeta)\tau_{iv}]^{1-\sigma} \mathrm{card}\{\varphi_i\} \mathrm{d}i = (1-\delta_v)E_v \tag{3-9}$$

$$C(v,j,\zeta) = \frac{(1-\delta_v)E_v[p(j,\zeta)\tau_{jv}]^{-\sigma}}{\int_{i=1}^{\mathrm{card}\{\Phi\}} [p(i,\zeta)\tau_{iv}]^{1-\sigma} \mathrm{card}\{\varphi_i\} \mathrm{d}i} \tag{3-10}$$

由 I_v 的定义可知 $C(v,j,\zeta) = (1-\delta_v)E_v I_v[p(j,\zeta)\tau_{jv}]^{-\sigma}$,因此

$$\int_{v=1}^{\mathrm{card}\{\Phi\}} C(v,j,\zeta)\tau_{jv} \mathrm{d}v = \int_{v=1}^{\mathrm{card}\{\Phi\}} (1-\delta_v)E_v I_v (\tau_{jv})^{-\sigma}\tau_{jv} \mathrm{d}v [p(j,\zeta)]^{-\sigma}$$

$$= \int_{v=1}^{\mathrm{card}\{\Phi\}} (1-\delta_v)E_v I_v (\tau_{jv})^{1-\sigma} \mathrm{d}v [p(j,\zeta)]^{-\sigma} \tag{3-11}$$

定义 $\mathrm{MP}_j \equiv \int_{v=1}^{\mathrm{card}\,|\,\Phi\,|} (1 - \delta_v) E_v I_v(\tau_{jv})^{1-\sigma} \mathrm{d}v$，则

$$\int_{v=1}^{\mathrm{card}\,|\,\Phi\,|} C(v,j,\zeta)\,\tau_{jv}\mathrm{d}v = \mathrm{MP}_j\,[p(j,\zeta)]^{-\sigma} \tag{3-12}$$

由 $\int_{v=1}^{\mathrm{card}\,|\,\Phi\,|} C(v,j,\zeta)\,\tau_{jv}\mathrm{d}v = Y_{j\zeta}$，即消费和运输消耗等于产出的出清条件，可得 $Y_{j\zeta} = \mathrm{MP}_j\,[p(j,\zeta)]^{-\sigma}$，所以，$p(j,\zeta) = \mathrm{MP}_j^{1/\sigma} Y_{j\zeta}^{-1/\sigma}$。证毕。

由以上证明过程可知，当效用函数为（3-1）式时，命题 3-1 依然成立。

3.4.3 生产函数

根据命题 3-1 可知，需求函数中涉及产出 $Y_{j\zeta}$。因此，与 AH 模型一样，本章假定其为如下 Cobb-Douglas 型函数：

$$Y_{j\zeta} = A_{j\zeta}(\cdot)\,k_{j\zeta}^{\alpha} l_{j\zeta}^{\beta} \left(\int x_{j\zeta}(i)^{\rho}\mathrm{d}i \right)^{\gamma/\rho} \left(\int e_{j\zeta}(i)^{\theta}\mathrm{d}i \right)^{\vartheta/\theta} - c_{j\zeta} \tag{3-13}$$

其中，参数 α、β、γ 和 ϑ 分别表示资本、有效劳动力（扣除通勤成本之后的劳动力）、中间品和资源品的产出弹性，均大于 0；$A_{j\zeta}(\cdot)$ 表示技术水平，即 TFP。考虑城市集聚的技术溢出效应（第 2 章已对此进行了初步验证），本书假定 $A_{j\zeta}(\cdot) = A_{j\zeta}L_j^{\varepsilon}$，$L_j$ 为城市 j 所提供的总有效劳动力。根据技术溢出的特点，在其他条件不变时扩大城市规模倾向于提高 TFP，这一点要求 $\varepsilon > 0$。$x_{j\zeta}(i)$ 表示城市 j 生产产品 ζ 时所需要的第 i 种中间品。为了简化处理，参考欧等（Au et al.，2006）及邓等（Deng et al.，2020a）的研究，本章假定中间品为当地第三产业所提供的生产性服务。类似地，$e_{j\zeta}(i)$ 表示城市 j 生产产品 ζ 时所需要的第 i 种资源品。阿西莫格鲁（Acemoglu et al.，2012）和邓等（Deng et al.，2020a）还进一步区分了污染资源和清洁资源，本章虽然不进行区分，但是在后文会通过污染系数的概念来加以体现，因为使用不同资源所产生的污染系数不同。$c_{j\zeta}$ 为固定耗损。$0 < \rho < 1$ 表示中间品可以相互替代，$0 < \theta < 1$ 表示资源品可以相互替代。如前所述，规模报酬不变（$\Gamma \equiv \alpha + \beta + \gamma + \vartheta = 1$）的假定太过严苛且不符合实际，因此本书不要求 $\Gamma \equiv 1$。

3.4.4 利润函数

结合需求函数和生产函数可以获得利润函数，即城市 j 生产产品 ζ 的利润：

$$\pi(j,\zeta) = p(j,\zeta)Y_{j\zeta} - \int p_{x,j}(i) x_{j\zeta}(i)\mathrm{d}i - \int p_{e,j}(i) e_{j\zeta}(i)\mathrm{d}i - \omega_j l_{j\zeta} - r_j k_{j\zeta} \tag{3-14}$$

其中，产品价格 $p(j,\zeta)$ 满足（3-4）式，产品数量 $Y_{j\zeta}$ 满足（3-13）式。p_x 和 p_e 分别表示中间品和资源品的价格，ω 为每单位有效劳动的工资水平，r 为单位资本的成本。

3.4.5 产品多样性

命题 3-2

城市 j 的产品多样性满足：

$$\text{card}\{\varphi_j\} = Z_0^{\frac{1}{\beta+\gamma}} Z_1^{\frac{-1}{\beta+\gamma}} g_j (\gamma + \beta g_j)^{\frac{-\beta-\gamma/\rho}{\beta+\gamma}} c_{j\zeta}^{\frac{-1+(\alpha+\vartheta)(1-1/\sigma)}{\beta+\gamma}} s_{e,j}^{\frac{\vartheta(1-\theta)}{\theta(\beta+\gamma)}} p_{e,j}^{\frac{-\vartheta}{\beta+\gamma}} \text{MP}_j^{\frac{\alpha+\vartheta}{\sigma(\beta+\gamma)}} r_j^{\frac{-\alpha}{\beta+\gamma}} A_j^{\frac{1}{\beta+\gamma}} L_j^{\frac{\varepsilon+\gamma/\rho+\beta}{\beta+\gamma}}$$

$$(3-15)$$

其中，g_j 是城市 j 的服务业中生产性服务业的占比，$Z_0 \equiv (1 - 1/\sigma)^{\alpha+\vartheta} \alpha^\alpha \vartheta^\vartheta \beta^\beta \gamma^{\gamma/\rho} f_x^{-\gamma/\rho}$ $\rho^\gamma (1 - \rho)^{\gamma/\rho-\gamma} c_x^{-\gamma}$，$Z_1 \equiv [\Gamma(1 - 1/\sigma)]^{(\alpha+\vartheta)/\sigma} [1 - \Gamma(1 - 1/\sigma)]^{-1+(\alpha+\vartheta)(1-1/\sigma)}$，$f_x$ 和 c_x 为中间品生产商的固定成本和边际成本（均为排除价格因素后的实际成本），$s_{e,j}$ 和 $p_{e,j}$ 分别为资源品的种数和平均价格。

证明：假定中间品和资源品内部满足对称性，那么由最大化（3-14）式的一阶条件可得

$$\alpha \frac{\sigma - 1}{\sigma} p(j, \zeta) \frac{Y_{j\zeta} + c_{j\zeta}}{k_{j\zeta}} = r_j \qquad (3-16)$$

$$\beta \frac{\sigma - 1}{\sigma} p(j, \zeta) \frac{Y_{j\zeta} + c_{j\zeta}}{l_{j\zeta}} = \omega_j \qquad (3-17)$$

$$\gamma \frac{\sigma - 1}{\sigma} p(j, \zeta) \frac{Y_{j\zeta} + c_{j\zeta}}{s_{x,j} x_{j\zeta}} = p_{x,j} \qquad (3-18)$$

$$\vartheta \frac{\sigma - 1}{\sigma} p(j, \zeta) \frac{Y_{j\zeta} + c_{j\zeta}}{s_{e,j} e_{j\zeta}} = p_{e,j} \qquad (3-19)$$

假定城市 j 的中间品生产商的成本函数为

$$\omega_j l_{x,j} = \omega_j f_x + \omega_j c_x X_j \qquad (3-20)$$

由迪克西特-斯蒂格利茨（Dixit-Stiglitz）模型可知，中间品的需求价格弹性为 $1/(\rho - 1)$，因此根据勒纳（Lerner）等式可知 $(p_{x,j} - \omega_j c_x)/p_{x,j} = 1 - \rho$，$p_{x,j} = \omega_j c_x/\rho$。那么，由中间品生产商长期均衡的零利润条件可知

$$X_j = f_x \rho / [(1 - \rho) c_x] \qquad (3-21)$$

将以上条件代入实际成本函数 $l_{x,j} = f_x + c_x X_j$，可得生产 X_j 的均衡劳动力投入为

$$l_{x,j} = f_x / (1 - \rho) \qquad (3-22)$$

将（3-16）式至（3-19）式代入（3-14）式，并施加零利润条件，可得

$$Y_{j\zeta} = \Gamma(1 - 1/\sigma) c_{j\zeta} / [1 - \Gamma(1 - 1/\sigma)] \qquad (3-23)$$

用（3-17）式除以（3-18）式并将结果代入 $p_{x,j} = \omega_j c_x/\rho$，可得

$$x_{j\zeta} = \rho \gamma l_{j\zeta} / (\beta s_{x,j} c_x) \qquad (3-24)$$

由中间品市场出清条件可知

$$g_j X_j = \text{card}\{\varphi_j\} x_{j\zeta} \qquad (3-25)$$

由劳动力市场出清条件可知

$$s_{x,j}\, l_{x,j} + \mathrm{card}\{\varphi_j\}\, l_{j\zeta} = L_j \tag{3-26}$$

由（3-21）式、（3-24）式和（3-25）式可知

$$l_{j\zeta} = \beta\, g_j\, f_x\, s_{x,j} / [\,(1-\rho)\gamma\,\mathrm{card}\{\varphi_j\}\,] \tag{3-27}$$

由（3-22）式、（3-26）式和（3-27）式可知

$$s_{x,j} = \gamma(1-\rho) L_j / [\,f_x(\gamma + \beta\, g_j)\,] \tag{3-28}$$

将（3-16）式至（3-28）式代入（3-13）式可得

$$Y_{j\zeta}^{(\alpha+\vartheta)/\sigma}\, (Y_{j\zeta} + c_{j\zeta})^{\,1-\alpha-\vartheta} = Z_0\, g_j^{\beta+\gamma}\, (\gamma + \beta\, g_j)^{-\beta-\gamma/\rho}$$

$$s_{e,j}^{\vartheta(1-\theta)/\theta}\, p_{e,j}^{-\vartheta}\, \mathrm{MP}_j^{(\alpha+\vartheta)/\sigma}\, r_j^{-\alpha}\, A_{j\zeta}\, L_j^{\varepsilon+\gamma/\rho+\beta}\, \mathrm{card}\{\varphi_j\}^{-\beta-\gamma} \tag{3-29}$$

其中，$Z_0 \equiv (1-1/\sigma)^{\alpha+\vartheta}\, \alpha^\alpha\, \vartheta^\vartheta\, \beta^\beta\, \gamma^{\gamma/\rho}\, f_x^{-\gamma/\rho}\, \rho^\gamma\, (1-\rho)^{\gamma/\rho-\gamma}\, c_x^{-\gamma}$。根据（3-23）式可知，（3-29）式左侧等于 $c_{j\zeta}^{1-(\alpha+\vartheta)(1-1/\sigma)}\, [\Gamma(1-1/\sigma)]^{(\alpha+\vartheta)/\sigma}\, [1-\Gamma(1-1/\sigma)]^{-1+(\alpha+\vartheta)(1-1/\sigma)} \equiv c_{j\zeta}^{1-(\alpha+\vartheta)(1-1/\sigma)}\, Z_1$。令 $A_{j\zeta} = A_j$，因此，化简上式可得

$$\mathrm{card}\{\varphi_j\} = Z_0^{\frac{1}{\beta+\gamma}}\, Z_1^{\frac{-1}{\beta+\gamma}}\, g_j\, (\gamma+\beta\, g_j)^{\frac{-\beta-\gamma/\rho}{\beta+\gamma}}\, c_{j\zeta}^{\frac{-1+(\alpha+\vartheta)(1-1/\sigma)}{\beta+\gamma}}\, s_{e,j}^{\frac{\vartheta(1-\theta)}{\theta(\beta+\gamma)}}\, p_{e,j}^{\frac{-\vartheta}{\beta+\gamma}}\, \mathrm{MP}_j^{\frac{\alpha+\vartheta}{\sigma(\beta+\gamma)}}\, r_j^{\frac{-\alpha}{\beta+\gamma}}\, A_j^{\frac{1}{\beta+\gamma}}\, L_j^{\frac{\varepsilon+\gamma/\rho+\beta}{\beta+\gamma}} \tag{3-30}$$

证毕。

3.4.6　人均净产出

命题 3-3

城市 j 的人均净产出满足：

$$\Omega_j = Z_3\, g_j\, (\gamma+\beta\, g_j)^{\frac{-\beta-\gamma/\rho}{\beta+\gamma}}\, c_{j\zeta}^{\frac{\Gamma(1-1/\sigma)-1}{\beta+\gamma}}\, s_{e,j}^{\frac{\vartheta(1-\theta)}{\theta(\beta+\gamma)}}\, p_{e,j}^{\frac{-\vartheta}{\beta+\gamma}}\, \mathrm{MP}_j^{\frac{\Gamma}{\sigma(\beta+\gamma)}}\, r_j^{\frac{-\alpha}{\beta+\gamma}}\, A_j^{\frac{1}{\beta+\gamma}}\, L_j^{\frac{\varepsilon+\gamma/\rho+\beta}{\beta+\gamma}}\, N_j^{-1} \tag{3-31}$$

其中，$Z_3 \equiv Z_2\, Z_0^{1/(\beta+\gamma)}\, Z_1^{-1/(\beta+\gamma)}$，$Z_2 \equiv [\Gamma(1-1/\sigma)/[1-\Gamma(1-1/\sigma)]]^{1-1/\sigma}\, \Gamma^{-1}(\Gamma-\alpha)$。

证明：由（3-4）式和（3-16）式可知，城市 j 的净产出 $\Omega_j^T \equiv [p(j,\zeta)Y_{j\zeta} - r_j k_{j\zeta}]\mathrm{card}\{\varphi_j\}$ 为

$$\Omega_j^T = [Y_{j\zeta} - \alpha(1-1/\sigma)(Y_{j\zeta}+c_{j\zeta})]\, Y_{j\zeta}^{-1/\sigma}\, \mathrm{MP}_j^{1/\sigma}\mathrm{card}\{\varphi_j\} \tag{3-32}$$

又由（3-23）式可知

$$[Y_{j\zeta} - \alpha(1-1/\sigma)(Y_{j\zeta}+c_{j\zeta})]\, Y_{j\zeta}^{-1/\sigma} = c_{j\zeta}^{1-1/\sigma}\, Z_2 \tag{3-33}$$

其中，$Z_2 \equiv [\Gamma(1-1/\sigma)/[1-\Gamma(1-1/\sigma)]]^{1-1/\sigma}\, \Gamma^{-1}(\Gamma-\alpha)$。因此，$\Omega_j^T = c_{j\zeta}^{1-1/\sigma}\, Z_2\, \mathrm{MP}_j^{1/\sigma}\mathrm{card}\{\varphi_j\}$，城市 j 的人均净产出 $\Omega_j = \Omega_j^T / N_j$ 满足

$$\Omega_j = c_{j\zeta}^{1-1/\sigma}\, Z_2\, \mathrm{MP}_j^{1/\sigma}\mathrm{card}\{\varphi_j\}\, N_j^{-1} \tag{3-34}$$

将（3-15）式代入（3-34）式可得

$$\Omega_j = Z_3\, g_j\, (\gamma+\beta\, g_j)^{\frac{-\beta-\gamma/\rho}{\beta+\gamma}}\, c_{j\zeta}^{\frac{\Gamma(1-1/\sigma)-1}{\beta+\gamma}}\, s_{e,j}^{\frac{\vartheta(1-\theta)}{\theta(\beta+\gamma)}}\, p_{e,j}^{\frac{-\vartheta}{\beta+\gamma}}\, \mathrm{MP}_j^{\frac{\Gamma}{\sigma(\beta+\gamma)}}\, r_j^{\frac{-\alpha}{\beta+\gamma}}\, A_j^{\frac{1}{\beta+\gamma}}\, L_j^{\frac{\varepsilon+\gamma/\rho+\beta}{\beta+\gamma}}\, N_j^{-1} \tag{3-35}$$

其中，$Z_3 \equiv Z_2 Z_0^{1/(\beta+\gamma)} Z_1^{-1/(\beta+\gamma)}$。证毕。

3.4.7 非期望产出与环境质量

根据夏皮罗等（Shapiro et al., 2018）、邓忠奇等（2019）的研究，本书假定非期望产出等于总净产出 Ω_j^T（即 $\Omega_j N_j$）乘以城市层面异质的污染系数，则

$$BY_j = Z_{4j} \Omega_j N_j = Z_{5j} L_j^Y N_j^{-1} N_j = Z_{5j} L_j^Y \tag{3-36}$$

其中，$Y \equiv (\varepsilon + \beta + \gamma/\rho)/(\beta+\gamma) > 1$，$Z_{5j} \equiv Z_{4j} Z_3 g_j (\gamma + \beta g_j)^{\frac{-\beta-\gamma/\rho}{\beta+\gamma}} c_{jg}^{\frac{\Gamma(1-1/\sigma)-1}{\beta+\gamma}} s_{e,j}^{\frac{\vartheta(1-\theta)}{\theta(\beta+\gamma)}}$ $p_{e,j}^{\frac{-\vartheta}{\sigma(\beta+\gamma)}} MP^{\frac{\Gamma}{\sigma(\beta+\gamma)}} r_j^{\frac{-\alpha}{\beta+\gamma}} A_j^{\frac{1}{\beta+\gamma}}$。参考阿西莫格鲁（Acemoglu et al., 2012）的研究，环境质量取决于非期望产出的数量，即

$$S_j = \bar{S} - BY_j = \bar{S} - Z_{5j} L_j^Y \tag{3-37}$$

3.4.8 有效劳动力

根据本书的定义，N 表示城市人口，令 ψ 表示城市劳动力占总人口的比重，那么城市劳动力为 $\tilde{N} = \psi N$。关于城市劳动力，欧等（Au et al., 2006）假定其服从均匀分布，那么由 $\tilde{N} = \int_0^R 2\pi x dx$ 可得模型化的城市半径为 $R = \pi^{-0.5} \tilde{N}^{0.5}$，因此城市的有效劳动力为 $L = \tilde{N} - \int_0^R t 2\pi x^2 dx = \tilde{N} - (2/3 \, \pi^{-1/2} t) \tilde{N}^{3/2}$，$t$ 为单位距离的往返通勤成本（包括时间成本和货币成本）；迪朗东等（Duranton et al., 2004）假定其服从线性分布，那么城市半径为 $R = \tilde{N}/2$，有效劳动力为 $L = \tilde{N} - 2 \int_0^R tx dx = \tilde{N} - t \tilde{N}^2/4$；邓等（Deng et al., 2020a）假定其服从负指数分布，即在与中央商务区（CBD）的距离为 x 的点处的劳动力密度为 $B\exp(-bx)$，B 和 b 为参数，那么可以求出 $L = \tilde{N} - 2tB\pi b^{-3} [2 - R^2 b^2 \exp(-bR) - 2Rb\exp(-bR) - 2\exp(-bR)]$。

本章不给定劳动力的具体分布，以 $f(x)$ 定义与中央商务区的距离为 x 的点处的劳动力密度，则城市总劳动力为 $\tilde{N} = \psi N = \int_0^R f(x) 2\pi x dx$。城市有效劳动力为

$$L = \psi N - \int_0^R t f(x) 2\pi x^2 dx = \int_0^R f(x) 2\pi x dx - \int_0^R t f(x) 2\pi x^2 dx \tag{3-38}$$

进一步，根据积分的导数运算法则可得

$$\partial L / \partial(\psi N) = (\partial L / \partial R) [\partial R / \partial(\psi N)] = 1 - tR \tag{3-39}$$

3.4.9 假设条件

前文的分析给定了效用函数和生产函数，从而得到了（3-31）式。但实际上，给出效用函数和生产函数的具体形式没有必要，只要人均净产出服从（3-40）式的设定，本章主要结论就不变（后文将对此进行分析）。

$$\Omega_j = Z_{6j} L_j^Y N_j^{-1} \tag{3-40}$$

即 $\Omega_j^T = Z_{6j} L_j^Y$。这一设定并不严格，我们可以将其看作（3-31）式的一般化形式，将 Y 视为有效劳动力的产出弹性即可。类似设定可见邓忠奇等（2019）的研究。

除此以外，本章理论模型的假设条件只有两个：

假设 3-1：$R < 1/t$。

假设 3-2：$0 < \delta_j < \min(1 - Y^{-1}, 1 - \mathrm{BY}_j / \bar{S})$。

说明：对于处于城市边缘的 1 单位劳动力，其能提供的有效劳动力为 $1 - tR$，因此如果假设 3-1 不成立，则该劳动力不能到中央商务区就业，这就违背了单中心城市模型的内在要求。至于假设 3-2，$\delta_j > 0$ 表示城市 j 不能只关注环境质量；$\delta_j < \min(1 - Y^{-1}, 1 - \mathrm{BY}_j / \bar{S})$ 是为了保证最优城市规模的存在，换言之，城市 j 也不能过度关注经济增长而忽视环境质量。这是因为，当假设 3-2 的第二个不等式不成立时，最优城市规模为 0（这一点由命题 3-4 的证明得到），即城市不再适宜人居住，如一些环境被极度破坏以至于成为荒漠的地区。从现实背景来看，由于本书要研究中国城市规模问题，因此假设 3-1 和假设 3-2 并不是太严苛的条件。

3.4.10　最优城市规模

命题 3-4

在假设 3-1 和假设 3-2 的条件下，城市 j 的最优城市规模 N_j^* 满足如下隐函数关系：

$$\psi_j N_j (1 - t_j R_j) / L_j = Y_j^{-1} \frac{\bar{S} - \mathrm{BY}_j}{(1 - \delta_j) \bar{S} - \mathrm{BY}_j} \tag{3-41}$$

证明：由（3-36）式和（3-40）式可知

$$\partial \ln \Omega_j / \partial \ln N_j = Y \partial \ln L_j / \partial \ln N_j - 1 \tag{3-42}$$

$$\partial \ln \mathrm{BY}_j / \partial \ln N_j = Y \partial \ln L_j / \partial \ln N_j \tag{3-43}$$

根据欧等（Au et al., 2006）的研究，要将效用最大化问题转化为人均净产出最大化问题，则需求解

$$\max (S_j / N_j)^{\delta_j} \Omega_j^{1-\delta_j} = \max \Omega_j^{1-\delta_j} \left(\frac{\bar{S} - \mathrm{BY}_j}{N_j} \right)^{\delta_j} \tag{3-44}$$

（3-44）式的一阶条件为

$$(1 - \delta_j) \Omega_j^{-\delta_j} \left(\frac{\bar{S} - \mathrm{BY}_j}{N_j} \right)^{\delta_j} \frac{\partial \Omega_j}{\partial N_j} + \delta_j \Omega_j^{1-\delta_j} \left(\frac{\bar{S} - \mathrm{BY}_j}{N_j} \right)^{\delta_j - 1} \left(-\frac{\bar{S}}{N_j^2} - \frac{1}{N_j} \frac{\partial \mathrm{BY}_j}{\partial N_j} + \frac{\mathrm{BY}_j}{N_j^2} \right) = 0 \tag{3-45}$$

将（3-42）式和（3-43）式代入（3-45）式并化简，可得

$$(1 - \delta_j)(\bar{S} - BY_j) BY_j^{-1} (Y\partial\ln L_j/\partial\ln N_j - 1) = \delta_j\left(\frac{\bar{S} - BY_j}{BY_j} + Y\partial\ln L_j/\partial\ln N_j\right)$$

$$(3\text{-}46)$$

再化简，即

$$\partial\ln L_j/\partial\ln N_j = Y^{-1}\frac{\bar{S} - BY_j}{(1 - \delta_j)\bar{S} - BY_j} \tag{3-47}$$

由（3-39）式可知 $\partial\ln L_j/\partial\ln N_j = \psi_j N_j(1 - t_j R_j)/L_j$，将其代入（3-47）式可得

$$\psi_j N_j(1 - t_j R_j)/L_j = Y^{-1}\frac{\bar{S} - BY_j}{(1 - \delta_j)\bar{S} - BY_j} \tag{3-48}$$

考虑到在城市异质性的条件下，参数 Y 很可能是异质的，因此放松（3-48）式，得到

$$\psi_j N_j(1 - t_j R_j)/L_j = Y_j^{-1}\frac{\bar{S} - BY_j}{(1 - \delta_j)\bar{S} - BY_j} \tag{3-49}$$

证毕。

需要说明的是，如果效用函数采用（3-1）式的形式，那么（3-41）式变为

$$\psi_j N_j(1 - t_j R_j)/L_j = Y_j^{-1}(1 - \delta_j)\frac{\bar{S} - BY_j}{(1 - \delta_j)\bar{S} - BY_j} \tag{3-50}$$

有关证明过程不再给出。令 $EC(N_j) \equiv \psi_j N_j(1 - t_j R_j)/L_j$，$EE(N_j) \equiv Y_j^{-1}\frac{\bar{S} - BY_j}{(1 - \delta_j)\bar{S} - BY_j}$，那么命题 3-4 中的最优城市规模由隐函数 $EC(N_j) = EE(N_j)$ 决定。根据变量的含义，$EC(N_j)$ 主要反映城市的交通外部性，而 $EE(N_j)$ 主要反映城市的经济和环境外部性。进一步，可以证明在满足假设 3-1 和假设 3-2 的条件下，$EC(N_j)$ 和 $EE(N_j)$ 具有如下性质：

命题 3-5

性质 1：$\partial EE/\partial\delta > 0$，$\partial EE/\partial Z_5 > 0$，$\partial EE/\partial Y < 0$，$\partial EC/\partial t < 0$。

性质 2：$EE(N)$ 是关于 N 的增函数，而 $EC(N)$ 是关于 N 的减函数。

证明：为了表述的简便，命题 3-5 中删掉了变量的脚标 j。在假设 3-1 和假设 3-2 的条件下，$EE \equiv Y^{-1}(\bar{S} - BY)/[(1 - \delta)\bar{S} - BY]$，因此易证 $\partial EE/\partial\delta > 0$ 且 $\partial EE/\partial Y < 0$。此处忽略了 Y 变动对 $(\bar{S} - BY)/[(1 - \delta)\bar{S} - BY]$ 的影响，因为：①即使 Y 的变化会影响 BY，这种影响也不大，而且根据经济学逻辑，Y 升高时 BY 倾向于降低，$\partial EE/\partial Y < 0$ 仍然成立；②根据假设 3-2，δ 不会太大，$\partial\{(\bar{S} - BY)/[(1 - \delta)\bar{S} - BY]\}/\partial Y$ 比较小。

另外，$\partial EE/\partial Z_5 > 0$，因为 $\partial BY/\partial Z_5 > 0$ 且 $\partial EE/\partial BY > 0$。由于 $EC \equiv \psi N(1 - tR)/L = \partial\ln L/\partial\ln N$，而 t 越大，弹性 $\partial\ln L/\partial\ln N$ 倾向于越小，因此 $\partial EC/\partial t < 0$。

关于 $EE(N)$ 的增函数性质：由于 $\partial EE/\partial N = (\partial EE/\partial BY)(\partial BY/\partial N)$ 且

$\partial EE/\partial BY > 0$，再由 (3-43) 式可知 $\partial \ln BY/\partial \ln N = Y\partial \ln L/\partial \ln N > 0$，因此 $\partial EE/\partial N > 0$。

关于 $EC(N)$ 的减函数性质：不妨令 $\psi N(1-\iota R) \equiv \psi N(1-t^e)$，$L \equiv \psi N(1-t^n)$，其中 t^e 和 t^n 分别表示在劳动力服从外围分布[1]和真实分布下的平均通勤成本。那么，$EC = (1-t^e)/(1-t^n)$。根据外围分布的定义，可知 $(\partial t^e/\partial N)/(\partial t^n/\partial N) > 1$，因为外围分布下平均通勤成本的增加更快速；同时，还可以得到 $(1-t^e)/(1-t^n) < 1$，因为外围分布下有效劳动力相对较少。据此，可以证明 $\partial[(1-t^e)/(1-t^n)]/\partial N = (1-t^n)^{-2}[-(1-t^n)\partial t^e/\partial N + (1-t^e)\partial t^n/\partial N] < 0$，即 $EC = (1-t^e)/(1-t^n)$ 是 N 的减函数。这种构建虚拟劳动力分布的方式也可以用来更为严谨地证明 $\partial EC/\partial t < 0$。证毕。

命题 3-6

在假设 3-1 和假设 3-2 的条件下，命题 3-4 中的最优城市规模具有存在性和唯一性。

证明：根据命题 3-4，可知最优城市规模 N^* 由 $EC(N) = EE(N)$ 决定。根据命题 3-5，可知 $\partial EE/\partial N > 0$，$\partial EC/\partial N < 0$。进一步，根据洛必达法则，可知 $\lim_{N\to 0} EC = 1 > \lim_{N\to 0} EE = 1/[Y(1-\delta)]$，$\lim_{N\to N^m} EC = 0 < \lim_{N\to N^m} EE$，$N^m$ 定义极限人口。因此，EE 曲线和 EC 曲线在 $(0, N^m)$ 有且仅有一个交点。证毕。

3.4.11 关于函数设定的说明

命题 3-4 得出的最优城市规模建立在常替代弹性型效用函数和柯布-道格拉斯型生产函数的假设基础之上，这些函数的假设条件可能比较严苛，导致本章的主要结论不具一般性，因此本节讨论更具一般性的情况。根据前文假设部分的说明，对于主要命题，不需要设定特殊的函数形式，只需进行以下相对常规的假设：

与前文的变量符号一致，此处记城市人口为 N、总劳动力为 ψN、有效劳动力为 L、人均净产出为 Ω。

第一，记城市非期望产出为 BY，且 $BY = \xi_1 \Omega N$，即非期望产出等于总净产出（ΩN）乘以异质的污染系数 ξ_1，这种设定与夏皮罗等（Shapiro et al., 2017）的研究一致。

第二，环境质量（S）取决于非期望产出，即 $S = \bar{S} - BY$，$\bar{S}$ 为最优环境质量，因此非期望产出越多则环境质量越差，这种设定与阿西莫格鲁（Acemoglu et al., 2012）的研究一致。

第三，t 为单位距离的交通成本，包括时间成本和金钱成本。R 为城市半径，是

---

[1] 本书定义外围分布（periphery distribution）为所有劳动力都位于城市边缘时的分布。为了与统计学中的边缘分布（marginal distribution）相区别，此处将之称为外围分布。在外围分布之下，城市劳动力的总通勤成本最高，因为所有劳动力均处在城市最边缘的位置。另外，随着城市规模扩大，在这种假想的外围分布之下，城市有效劳动力的增加比较有限，因为新增劳动力在通勤途中需要消耗极高的交通成本。

在既定劳动力分布的条件下得到的模型半径，而非地理半径。

第四，α、β、γ 和 ϑ 分别为资本、劳动力、中间品和资源品的产出弹性（假定均为正值），$1/(1-\rho)$ 和 $1/(1-\theta)$ 分别为中间品和资源品内部的替代弹性，且 $0 < \rho < 1$，$0 < \theta < 1$，即中间品彼此相互替代，资源品彼此也相互替代。

第五，记 ε 为人口集聚对全要素生产率（TFP）的外部性，即 $TFP = AL^{\varepsilon}$（A 为异质的技术参数），这种设定与欧等（Au et al.，2006）的研究一致。

总体来看，以上条件比较宽松，没有给定生产函数、效用函数和劳动力分布函数的具体形式。前文的理论模型设定城市效用由两部分构成：一是人均净产出的多少，二是环境质量的优劣。这种设定有两方面的好处：一方面，设定形式与田渊（Tabuchi，1998）、安特拉斯（Antràs，2003）、夏皮罗等（Shapiro et al.，2017）、邓等（Deng et al.，2020a）的研究一致，并且夏皮罗等（Shapiro et al.，2017）对这种设定的合理性进行了详细说明；另一方面，除了传统文献强调的人均净产出，本书也将环境质量纳入效用分析，这更切合中国实际。具体地，城市总效用由 $(\Omega N)^{1-\delta} S^{\delta}$ 给出，城市人均效用由 $\Omega^{1-\delta}(S/N)^{\delta}$ 给出，这里考虑了人口增加给环境带来的拥挤效应。$\delta \in (0, 1)$ 为环境质量的偏好程度，δ 越大表示对环境质量的偏好程度越高。在以上五点假设之下，可以对前文的有关命题和等式进行更具一般性的推导。

引理 3-1

问题 $\max\limits_{N}\{\Omega^{1-\delta}(S/N)^{\delta}\}$ 的解满足 $[(1-\delta)\bar{S}/N - BY/N]\,\partial\Omega/\partial N = \delta\Omega\bar{S}/N^2$。

证明：$\max\limits_{N}\{\Omega^{1-\delta}(S/N)^{\delta}\}$ 等价于 $\max\limits_{N}\{\Omega^{1-\delta}[(\bar{S}-BY)/N]^{\delta}\}$，其一阶条件为

$$(1-\delta)\,\Omega^{-\delta}\left(\frac{\bar{S}-BY}{N}\right)^{\delta}\frac{\partial\Omega}{\partial N} + \delta\,\Omega^{1-\delta}\left(\frac{\bar{S}-BY}{N}\right)^{\delta-1}\left(-\frac{\bar{S}}{N^2} - \frac{1}{N}\frac{\partial BY}{\partial N} + \frac{BY}{N^2}\right) = 0$$

$$(3-51)$$

对（3-51）式化简，可得

$$(1-\delta)\frac{\bar{S}-BY}{N}\frac{\partial\Omega}{\partial N} + \delta\Omega\left(-\frac{1}{N}\frac{\partial BY}{\partial N} + \frac{BY}{N^2}\right) = \delta\Omega\frac{\bar{S}}{N^2} \qquad (3-52)$$

因此，欲证明引理 3-1，需证明：

$$\left[(1-\delta)\frac{\bar{S}}{N} - \frac{BY}{N}\right]\frac{\partial\Omega}{\partial N} = (1-\delta)\frac{\bar{S}-BY}{N}\frac{\partial\Omega}{\partial N} + \delta\Omega\left(-\frac{1}{N}\frac{\partial BY}{\partial N} + \frac{BY}{N^2}\right)$$

$$(3-53)$$

即需证明 $\partial\ln BY/\partial\ln N - \partial\ln\Omega/\partial\ln N = 1$。由 $BY = \xi_1\Omega N$ 可知，$\partial\ln BY/\partial\ln N - \partial\ln\Omega/\partial\ln N = 1$ 成立，因此引理 3-1 得证。

引理 3-2

$\Omega = \xi_2 L^Y N^{-1}$，其中 ξ_2 为不随 N 和 L 变化的系数，该系数主要受劳动力以外的其他投入要素的影响，Y 可以视为有效劳动力的产出弹性。

在柯布-道格拉斯型生产函数下的证明见欧等（Au et al., 2006）的文章。由于 $\varepsilon \geq 0$，$\beta > 0$，$\gamma > 0$ 且 $0 < \rho < 1$，因此 Y 大于 1。当然，$\Omega = \xi_2 L^Y N^{-1}$ 可被直接视为一种函数设定。需要说明的是，产业结构的变化将影响要素产出弹性进而影响 Y。

引理 3-3

$\partial \Omega / \partial N = (Y \partial L / \partial N - L/N) \, \Omega / L$

证明：根据引理 3-2 可知

$$\frac{\partial \Omega}{\partial N} = Y \xi_2 L^{Y-1} N^{-1} \frac{\partial L}{\partial N} - \xi_2 L^Y N^{-2} = Y \frac{\Omega}{L} \frac{\partial L}{\partial N} - \frac{\Omega}{N} \tag{3-54}$$

化简可得 $\dfrac{\partial \Omega}{\partial N} = \left(Y \dfrac{\partial L}{\partial N} - \dfrac{L}{N} \right) \dfrac{\Omega}{L}$，证毕。

引理 3-4

$\partial L / \partial (\psi N) = 1 - tR$，$t$ 为单位距离交通成本，R 为城市半径。

证明：见（3-27）式的证明。

引理 3-5

最优城市规模满足条件 $\partial \ln L / \partial \ln N = \Theta$，其中 $\Theta \equiv Y^{-1}(\bar{S} - \mathrm{BY}) / [(1 - \delta)\bar{S} - \mathrm{BY}]$。该条件也等价于 $\psi N(1 - tR)/L = \Theta$。

证明：将引理 3-3 代入引理 3-1 中解的条件，可得

$$\left[(1 - \delta) \frac{\bar{S}}{N} - \frac{\mathrm{BY}}{N} \right] \left(Y \frac{\partial L}{\partial N} - \frac{L}{N} \right) \frac{\Omega}{L} = \delta \Omega \frac{\bar{S}}{N^2} \tag{3-55}$$

化简，为

$$\left[(1 - \delta) \frac{\bar{S}}{N} - \frac{\mathrm{BY}}{N} \right] \left(Y \frac{\partial \ln L}{\partial \ln N} - 1 \right) = \delta \frac{\bar{S}}{N} \tag{3-56}$$

再变形，可得

$$\frac{\partial \ln L}{\partial \ln N} = Y^{-1} \frac{\bar{S} - \mathrm{BY}}{(1 - \delta)\bar{S} - \mathrm{BY}} \tag{3-57}$$

令 $\Theta \equiv Y^{-1} \dfrac{\bar{S} - \mathrm{BY}}{(1 - \delta)\bar{S} - \mathrm{BY}}$，可得 $\partial \ln L / \partial \ln N = \Theta$。进一步，由引理 3-4 可知 $\partial L / \partial N = \psi(1 - tR)$，即 $\partial \ln L / \partial \ln N = \psi N(1 - tR)/L$。因此，根据等式的传递性，可得 $\psi N(1 - tR)/L = \Theta$。证毕。

引理 3-5 即为本章核心命题 3-4。命题 3-5 和命题 3-6 的有关结论也可以在本章的五点假设下得到证明。由此可见，本章的主要结论并不依赖 CES 型、Cobb-Douglas 型等特殊函数形式。

另外还需要说明的是，本章的理论模型没有考虑行业异质性，而不同属性行业（如劳动密集型行业、资本密集型行业、技术密集型行业）对城市最优规模的影响并不一样。这是因为本书是站在城市层面进行综合分析的，而不是站在行业层面进

行分析的。在理论模型中，城市层面的产业结构因素主要是通过参数 Y 来反映的[①]。根据（3-36）式的定义，$Y \equiv (\varepsilon + \beta + \gamma/\rho)/(\beta + \gamma)$，因此，如果城市的技术密集型行业的规模占比较大，那么技术溢出参数（ε）比较大，进而参数 Y 就比较大。从交通外部性来看，不同行业对通勤的需求和压力不相同，比如第 2 章提到的新型行业。不同行业对交通的影响将通过通勤成本参数 t 和有效劳动力 L 来影响引理 3-5 中的最优城市规模。此外，不同行业的污染属性也不相同，有的行业高污染、高排放，而有的行业相对清洁。在本章的理论模型中，污染属性将影响行业的污染系数 ξ_1，如果某城市集中了较多的污染型企业，则该城市的污染系数 ξ_1 就比较高。在引理 3-5 中，污染系数将负向影响非期望产出 BY，最终对城市最优规模产生影响。

3.4.12 边际人均效用

由命题 3-4 和命题 3-5 可以得出，随着城市规模的扩大，城市人均效用水平呈现出钟状（倒"U"形）变化规律：当城市规模小于其最优规模时，城市人均效用水平随城市规模的扩张而提升；当城市规模大于其最优规模时，城市人均效用水平随城市规模的扩张而降低。此外，随着环境偏好程度的提高，最优城市规模减小。特别地，当环境偏好程度为零（$\delta = 0$）时，命题 3-4 得出的最优城市规模等价于欧等（Au et al.，2006）所测算的最优城市规模，即人均净产出最大化时的最优城市规模。因此，本书拓展了亨德森（Henderson）模型，印证了亨德森（Henderson，1974）、赫尔斯利等（Helsley et al.，1990）、藤田等（Fujita et al.，1999）、布莱克等（Black et al.，1999）、迪朗东等（Duranton et al.，2001）提出的钟状曲线结论，而且不管是否考虑环境质量，人均效用水平随城市规模呈现钟状变化规律都是成立的（当然，这是在满足本章假设前提之下得出的结论），也就表明，最优城市规模满足存在性和唯一性（命题 3-6 的结论）。进一步，根据反映人均效用水平的钟状变化规律可知，即使城市没有或难以实现最优规模，也应向最优规模靠近，因此不需要考虑次优选择问题。

命题 3-4 和命题 3-6 证明了城市最优规模的存在性和唯一性，以及向最优规模靠近的有益性，但没有回答应该怎样向最优规模靠近的问题，换言之，没有回答站在全社会的立场上，什么样的人口流动才是最优的。这除了涉及第 4 章将探讨的城市政策问题外，还涉及城市规模扩张的边际效用问题。为此，命题 3-7 站在城市总效用的立场上，分析城市规模扩张带来的边际贡献，并将其记为边际效用（MU）。命题 3-8 站在城市人均效用的立场上，分析城市规模扩张带来的边际贡

[①] 产业结构升级导致制造业和服务业的劳动力之比下降、生产者服务业的占比上升，根据邓等（Deng et al.，2020a）的证明，这倾向于导致参数 γ 增大而 β 减小，因此参数 Y 增大。利用中国数据的粗略测算表明，2000 年至 2010 年参数 Y 增大了 24%。

献，并将其记为边际人均效用（PMU）。本书认为，不管是在国家整体层面还是在地方政府层面，是否应该促进城市集聚都取决于边际人均效用（PMU）的高低而非边际效用（MU）的高低。不同的是，国家整体层面更倾向于鼓励 PMU 较大的城市进行集聚，而在地方政府层面，只要当地的 PMU > 0（EC > EE），促进城市集聚就是有利的。

命题 3-7

城市人口规模扩张的边际效用为 $MU = \Omega^{1-\delta}(S/N)^{\delta}(EC/EE)$，可以被分解为 $MU = CU \times EU$，MU 表示城市人口规模每扩张 1 单位所带来的边际效用，$CU \equiv \Omega^{1-\delta}(S/N)^{\delta}$ 表示城市已有基础对边际效用的影响 [$\Omega^{1-\delta}$ 是经济基础，$(S/N)^{\delta}$ 是环境基础]，$EN = EC/EE$ 表示城市集聚外部性对边际效用的影响。

证明：
$$\frac{\partial[\Omega^{1-\delta}(S/N)^{\delta}N]}{\partial N} = N\frac{\partial[\Omega^{1-\delta}(S/N)^{\delta}]}{\partial N} + \Omega^{1-\delta}(S/N)^{\delta} \tag{3-58}$$

由命题 3-8 的证明可知
$$\frac{\partial[\Omega^{1-\delta}(S/N)^{\delta}]}{\partial N} = \Omega^{1-\delta}\left(\frac{S}{N}\right)^{\delta}\left(\frac{EC}{EE}-1\right)N^{-1} \tag{3-59}$$

因此
$$\frac{\partial[\Omega^{1-\delta}(S/N)^{\delta}N]}{\partial N} = \Omega^{1-\delta}\left(\frac{S}{N}\right)^{\delta}\left(\frac{EC}{EE}-1\right) + \Omega^{1-\delta}(S/N)^{\delta} = \Omega^{1-\delta}\left(\frac{S}{N}\right)^{\delta}\frac{EC}{EE} \tag{3-60}$$

证毕。

命题 3-8

城市人口规模扩张的边际人均效用为 $PMU = \Omega^{1-\delta}(S/N)^{\delta}N^{-1}(EC/EE-1)$，该式可以被分解为 $PMU = PCU \times PEU$，PMU 表示城市人口规模每扩张 1 单位所带来的边际人均效用，$PCU \equiv \Omega^{1-\delta}(S/N)^{\delta}N^{-1}$ 表示城市已有基础对边际人均效用的影响，$PEU \equiv EC/EE-1$ 表示城市集聚外部性对边际人均效用的影响。

证明：由命题 3-4 的证明过程可知
$$\frac{\partial[\Omega^{1-\delta}(S/N)^{\delta}]}{\partial N} = (1-\delta)\Omega^{-\delta}\left(\frac{\bar{S}-BY}{N}\right)^{\delta}\frac{\partial\Omega}{\partial N} + \delta\Omega^{1-\delta}\left(\frac{\bar{S}-BY}{N}\right)^{\delta-1}\left(-\frac{\bar{S}-BY}{N^2}-\frac{1}{N}\frac{\partial BY}{\partial N}\right) \tag{3-61}$$

进一步化简，可得
$$\frac{\partial[\Omega^{1-\delta}(S/N)^{\delta}]}{\partial N} = \Omega^{1-\delta}\left(\frac{S}{N}\right)^{\delta}\left(\frac{EC}{EE}-1\right)N^{-1} \tag{3-62}$$

证毕。

3.5　基于中国城市样本的实证分析

前文从理论模型的角度出发对最优城市规模问题进行了探讨，而且在没有给定生产函数、效用函数和劳动力分布函数具体形式的情况下给出了一般性推导。第 5 章将基于本章的有关结论构建相对综合的最优城市规模分析框架，这一框架的构建有助于城市政策制定者进行有关问题的定性分析。值得一提的是，本章的理论研究结论不仅适用于定性分析，在有关数据可得的情况下，还可以用来直接测算各城市的最优规模。为此本节基于中国城市样本数据，对城市最优规模进行测算。

根据命题 3-4，要估计出最优城市规模就需要求解（3-41）式，但是该公式的求解比较困难，因为公式中的 R、L 及 BY 都是关于城市规模（N）的隐函数。在计量经济学上隐函数会导致互为因果的内生性问题。此外，尽管命题 3-4 的证明过程没有对劳动力分布施加限定，但我们在做定量研究时必须给出相对合理的劳动力分布，这样才能估计出有效劳动力数据。通过比较迪朗东等（Duranton et al., 2004）的线性分布假定、欧等（Au et al., 2006）的均匀分布假定及邓等（Deng et al., 2020a）的负指数分布假定，本书认为劳动力服从负指数分布更加合理。在效用函数（3-2）式、Cobb-Douglas 型生产函数（3-5）式及劳动力负指数分布的条件下，本书的核心参数都可以被估计出来。详细估计过程可见邓等（Deng et al., 2020a）的研究。

具体而言，在对参数 Y 进行估计时，本书需要用城市层面的投入产出数据，其中产出变量以产业增加值测度，数据来自《中国城市统计年鉴 2011》。投入变量包括资本存量、有效劳动力和能耗，其中有效劳动力由笔者进行估计，估计公式见（3-38）式，估计过程需要用到交通成本数据及邓等（Deng et al., 2020a）的研究方法；资本存量以工业企业的固定资产净值度量，能源投入以工业用电量度量，数据均来自《中国城市统计年鉴 2011》。

关于劳动力分布参数，本书将其设定为 $B = e^{0.5}$ 和 $b = 1/R^u$，其中 $R^u = \pi^{-1/2}(\psi N)^{1/2}$ 为劳动力均匀分布时的城市半径（Au et al., 2006）。这种设定有三点好处：第一，城市越靠近外围区域，人口密度越低，因此这种设定比均匀分布假设更合理；第二，大城市的人口密度更大，因此这种设定符合现实情况；第三，到城市中心的距离小于 $R^u/2$ 时人口密度大于 1，到城市中心的距离大于 $R^u/2$ 时人口密度小于 1，到城市中心的距离等于 $R^u/2$ 时人口密度等于 1，因此这种设定是对人口密度恒等于 1 的均匀分布的一种修正。

非期望产出（undesirable output）以细颗粒物（PM2.5）的浓度来度量，采用美国航空航天局（NASA）的航拍数据，将栅格数据转化为各城市的具体数值。结果显示，环渤海地区和山东半岛地区 PM2.5 的浓度相对比较高。传统文献一般将碳排放量和二氧化硫排放量作为非期望产出（庞瑞芝 等，2014），但是市辖区层面的碳排放量数据难以准确获得，二氧化硫的排放主要与工业化相关而与城市化无直接关系，而且存在输入型和输出型排放问题，因此本书认为 PM2.5 是相对更好的指标（PM2.5 通过航拍获得，考虑了污染输入和污染输出的情况，因此被用来反映当地环境质量是恰当的），这也是近年来制约中国城市集聚的最重要的环境指标之一。后文对非期望产出的选择进行了详细的稳健性讨论。根据前文对环境质量的设定，本书令最优环境质量 $\bar{S} = 500$，因为我国生态环境部认定：当 PM2.5 浓度超过 $500\ \mu\mathrm{g/m^3}$ 时，城市不适宜人居住。

市场潜力（market potential）的估计采用黑德等（Head et al.，2006）的方法及中国同经济合作与发展组织（OECD）成员国的双边贸易数据（数据来自 OECD 数据库），详细估计结果见附录 3.1。关于环境偏好程度（主要受环境压力程度倒逼），本书参考生态环境部公布的计算公式，以 $\delta = AQI \times 10^{-3}$ 来度量，其中 AQI 为当地空气质量指数（这里乘以 10^{-3} 是为了调整数量级[①]）。由于环境偏好程度（δ）本身是一个主观变量，因此研究者也可以设定其他可行值，本章对此进行了稳健性分析。另外，本章还将使用其他数据，包括城市人口的受教育程度、产业增加值、产业从业人口、生产性服务业占比等，这些数据来自《中国城市统计年鉴2011》和第六次全国人口普查分县资料。

我国正处于快速城市化阶段，先后经历了县改区、县改市、乡改镇，以及扩区、扩市、扩镇等行政区域的变更，因此准确界定城市区域是非常困难的。20 世纪 90 年代以来，以周一星等为代表的城市地理学者对城市区域界定进行了有意义的探索，提出了在我国建立城镇实体地域的设想（周一星 等，1993，1995）。2008 年，国务院正式印发的《国务院关于统计上划分城乡规定的批复》（国函〔2008〕60 号）指出，以民政部门确认的居民委员会和村民委员会辖区为划分对象，以实际建成或在建的公共设施、居住设施和其他设施为划分依据，将我国的地域划分为城镇和乡村。但是该文件总体上仍然做的是定性判断，缺乏定量指标，难以指导规范化统计。有关于此的详细介绍可参见江曼琦等（2015）的研究，她们从人口密度和规模的角度给出了相对比较合理的城市化区域测度方法。考虑到以上方面，根据第 1 章关于"城市规模大小之争"的论述，本书首先借鉴欧等（Au et al.，2006）、梁婧等（2015）及邓等（Deng et al.，2020a）的做法，将市辖区界定为城市化区域。同时，本书把第五次全国人口普查前的市辖区界定为城市区域，将之后因行政区划调整而新增的市辖区排除。其次，中国人口具有流动性大的特点，我们

---

① 根据 C–D 函数的性质，δ 表示对环境质量的支出份额，因此用环境治理投入占工业总产值的比重来度量 δ 相对合理。然而，2007 年之后中国城市统计年鉴不再公布环境治理投入数据，因此这里乘以 10^{-3} 以调整数量级，使得本书的环境偏好程度与环境治理投入占比的数量级相同。

在分析城市集聚的经济增长效应时必须考虑流动人口。据此，本书以基于行政区划修正的市辖区常住人口来度量城市规模。总体来看，城市区域界定确实是目前研究城市规模问题的难题，不过，本书重在从理论层面提出一个兼顾经济增长、环境优化和交通改善三重效应的综合分析框架，实证研究仅仅是对该分析框架的应用。

然而，市辖区常住人口数据只在全国人口普查时公布，笔者在写作本书时，可供使用的数据是 2010 年第六次全国人口普查结果（2020 年第七次全国人口普查数据暂未公布），为此本章以中国地级市 2010 年的数据进行实证分析。2010 年中国境内共有 287 座地级市，拉萨因数据缺失严重而不在样本中，故本章实际使用的样本有 286 个。本章利用命题 3-4 求解最优城市规模，相关求解步骤请见附录 3。

3.5.1　最优城市规模估计结果

将估计得到的 2010 年 286 座地级市的最优城市规模描绘在图 3-1 中，其中，横坐标为城市实际规模（常住人口），纵坐标为城市最优规模（最优人口）。以 45 度线分界，左上角区域表示城市规模偏小，右下角区域表示城市规模偏大。由图 3-1 获得以下三点发现：

（1）2010 年中国绝大部分城市规模偏小，因为绝大部分城市位于 45 度线上方，这与欧等（Au et al.，2006）、王小鲁（2010）、陆铭（2016）及邓忠奇等（2019）的结论一致，而与李等（Li et al.，2014）、梁婧等（2015）的观点相左。

（2）只有北京、上海和郑州的城市规模偏大，且郑州只是略大。

（3）新一线城市的规模相对合理，因为其趋势线更加靠近 45 度线，关于新一线城市的分析后文还将进一步展开。

有必要指出的是，城市规模偏大或偏小是一个相对概念，需要分两种情况看待：一种是需求侧情况，即人口过度集聚或集聚不足；另一种是供给侧情况，即城市规划不当，承载力有限或太强。从这两种情况看，当城市规模偏大时，如果原因是需求侧人口过度集聚，那么政府部门就应该采取紧缩性户籍政策加以限制；如果原因是供给侧承载力不足，那么政府部门就有必要通过产业、环境、交通等供给侧政策来增加公共品供给。反之，当城市规模偏小时，如果原因是需求侧人口集聚不足，那么政府部门应该通过放松人口和土地管制来鼓励人口流入；如果原因是供给侧承载力较强，那么无可厚非，此时关注资源尤其是土地资源的利用和配置效率成为重点。

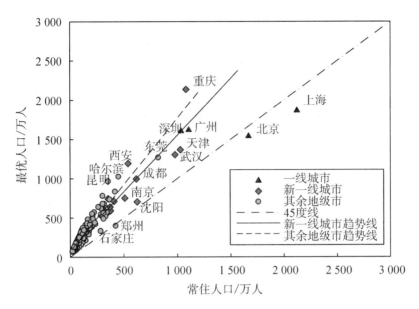

注：图 3-1 将 286 个地级市分为三类，即一线城市（北京、上海、广州、深圳）、新一线城市（成都、南京、杭州、天津、宁波、武汉、重庆、青岛、沈阳、长沙、大连、西安、厦门、济南、福州）和其余地级市。

图 3-1   城市实际规模与城市最优规模（2010 年）

　　根据图 3-1 的测算结果，本书支持中国城市规模偏小的观点，但不认为所有城市都是如此，比如北京和上海，因此相关城市政策需视情况讨论。图 3-1 还显示城市最优规模和城市实际规模之间存在较强的正相关性（相关系数到达 0.93 且高度显著），表明大城市倾向于有更大的最优规模。这比较符合经济学逻辑，因为在没有政策干预和限制的情况下，城市规模演进一般表现为实际规模向最优规模的靠近，这也是许多学者主张人口自由流动的原因之一。

3.5.2   中国城市规模是否偏小

　　表 3-1 给出了我国部分城市的城市规模数据。根据表 3-1，北京和上海分别应减少 127.22 万人和 258.85 万人，这在一定程度上印证了现实中北京和上海所实施的紧缩性户籍政策，但是这一结论是以供给侧条件给定为前提的。改变城市供给侧条件将改变实证模型中的供给侧参数，进而会影响最优城市规模的测算结果。例如，增加基础设施和公共服务的供给会扩大城市最优规模，那么北京和上海就没必要减少 127.22 万人和 258.85 万人。当然，这里所谓的人口减少是建立在劳动力追求效用最大化而不断流动的基础之上的，而且以上结论仅仅是 2010 年的情况。这两年，随着数字经济和工业互联网的发展，北京、上海两地的产业结构快速优化升级，城市轨道交通也不断完善，因此这些地方可以容纳更多的人口，但同时，超大城市日益严峻的环境形势反过来又制约了城市发展。由于笔者在写作本书的时候没有可以利用的人口普查数据，因此这部分内容只能利用大数据技术进行分析，此处不再展开讨论。

在表3-1中，城市按照实际规模偏离最优规模的程度进行由高到低的排序，依次为西安、厦门、宁波、重庆、长沙、福州、大连、青岛、杭州、成都、济南、深圳、南京、广州、武汉、天津、沈阳、北京和上海。其中，西安和厦门的实际规模偏离最优规模的程度最高，分别为120%和111%，即两座城市再扩张1.1至1.2倍的规模才能最大化城市净集聚效应。出现这种情况的原因可能有以下几点：

（1）厦门是典型的旅游城市，服务业的占比很高，从模型角度必然得出产业结构高级化的判断，这导致厦门的最优城市规模较大。

（2）厦门的部分城区位于海岛，自然环境很可能制约了城市规模扩张。

（3）与表3-1中其他重点城市相比，西安的交通成本较低，城市规模扩张可以带来更多的有效劳动力，因此根据前文的测算方法，本书会得出西安的最优城市规模也较大的结论。

需要说明的是，本书对最优城市规模的测算使用的是代数迭代方法而不是计量回归方法（参见附录3），虽然充分考虑了城市异质性，但受制于环境数据和交通数据等本身存在的误差，表3-1中的偏离程度可能存在失真现象，因此本书不要求城市一定要达到最优规模，向最优规模靠近即可（前文已经排除了次优选择问题）。

表3-1　中国部分城市的城市规模（2010年）

编号	城市	户籍人口/万人	常住人口/万人	修正后常住人口/万人	最优人口/万人	偏离程度/%	边际人均效用（PMU）	
							考虑环境问题	不考虑环境问题
1	北京	1 184.57	1 882.73	1 667.33	1 540.11	−7.63	−0.480 8	3.239 2
2	天津	815.62	1 109.08	1 029.16	1 368.76	33.00	1.760 1	18.141 9
34	沈阳	517.37	625.59	625.59	703.75	12.49	2.204 6	13.958 7
35	大连	303.13	408.77	408.77	711.85	74.14	20.475 2	54.261 7
68	上海	1 349.31	2 231.55	2 123.20	1 864.35	−12.19	−0.791 0	1.004 3
69	南京	551.62	716.53	510.40	752.08	47.35	4.823 3	30.770 2
82	杭州	432.97	624.20	356.04	577.13	62.10	17.945 0	52.328 0
83	宁波	223.29	349.16	213.24	434.58	103.80	55.651 9	124.511 4
110	福州	189.94	292.18	292.18	526.25	80.11	26.661 6	43.489 1
111	厦门	177.86	353.13	353.13	744.58	110.85	26.165 0	47.489 7
130	济南	349.51	433.60	375.72	591.08	57.32	6.057 6	55.862 9
131	青岛	276.53	371.88	371.88	638.81	71.78	16.422 5	64.962 7
164	武汉	838.37	978.54	978.54	1 304.38	33.30	1.351 8	10.238 1
176	长沙	241.78	309.22	309.22	608.17	96.68	23.503 6	85.278 9
189	广州	667.01	1 107.14	1 107.14	1 618.81	46.22	6.176 4	16.757 9
191	深圳	251.01	1 035.84	1 035.84	1 605.27	54.97	9.488 3	19.183 8
226	重庆	1 561.26	1 569.35	1 083.83	2 136.10	97.09	3.044 9	10.092 0
227	成都	515.69	741.56	618.28	996.39	61.15	3.691 8	23.334 3
259	西安	557.39	650.12	541.79	1 193.22	120.24	8.041 1	24.104 8

注：偏离程度＝（最优人口−修正后常住人口）÷修正后常住人口×100%。

资料来源：户籍人口和常住人口的数据来自第六次全国人口普查分县资料，其余数据由作者测算得到。

　　根据命题 3-4 和命题 3-5，城市即使难以达到最优规模，也应向最优规模靠近，因此表 3-1 中，除了北京和上海外，其他城市都有进一步推进城市集聚的动力。这一点也可以从命题 3-8 直观地看出，因为除北京和上海外，在表 3-1 中其他城市的边际人均效用（PMU）都大于零。这表明加快新一线城市的城市化进程是合理的，太严格的土地和人口限制政策不太适宜。表 3-1 中，如果不考虑环境问题，那么包括北京和上海在内的所有城市的城市规模都偏小，因为不考虑环境问题时，表 3-1 中的所有城市都有 PMU>0。不管是否考虑环境问题，表 3-1 显示北京和上海的城市规模都更接近最优水平，因为其 PMU 的绝对值较小。

　　本章的理论分析部分提到，从国家层面考虑，应鼓励 PMU 较大的城市优先集聚，以创造出更大的边际人均效用。那么，考虑环境问题时，城市按照集聚的迫切程度进行由高到低的排序，依次为宁波、福州、厦门、长沙、大连、杭州、青岛、深圳、西安、广州、济南、南京、成都、重庆、沈阳、天津、武汉。这一排序与表3-1 中基于偏离程度的排序存在不一致。比如对于宁波，在考虑环境问题时，国家层面应当进一步促进其城市集聚，因为其 PMU 高达 55.65（排第 1 位），但宁波的偏离程度为 104%（排第 3 位）。这表明：尽管宁波的实际规模偏离最优规模的程度并不是最高的，但是其城市集聚所创造的边际人均效用最大，因此应当优先发展。当然，政府有没有动力推进城市集聚是一回事，劳动力愿不愿意迁入是另一回事。本书认为影响劳动力迁移的因素是多方面的，并且在很多时候，地方政府促进人口集聚的动力和人口愿意迁入的积极性相悖（如近几年的东北地区），正是这种相悖导致城市实际规模和城市最优规模存在不一致，此时研究城市规模相关的政策才有意义，否则就该保证人口完全自由流动而不加干预。

3.5.3　稳健性分析

　　本章的理论和实证模型虽然会受行政区划调整的影响，但是本章重在比较城市实际规模和城市最优规模之间的差异，而行政区划调整会同时影响这两种规模，这反而导致最终影响变弱。例如，重庆在撤县并区后，其实际规模大幅提升，模型测算的最优规模也会大幅提升，结果导致城市规模是否适宜的判断倾向稳健。但是不可否认，城市规模本身的界定问题会使得部分城市的结论可能出现差异，原因在于，撤县并区等做法会同时改变城市人口密度和城市半径，将周边县（县级市）纳入市辖区会降低城市平均人口密度。一般而言，在模型中要让城市半径和城市人口密度同时内生是非常困难的，往往是外生一个，内生另一个。从文献看，学者往往内生城市半径而外生城市人口密度，因为在模型方面内生城市人口密度是非常困难的（Au et al.，2006；柯善咨 等，2014；Deng et al.，2020a）。本书的城市半径也是内生的，是在给定人口负指数分布的条件下通过城市人口规模反解出的。由于人口规模是内生的，因此城市半径也是内生的，即模型化的半径，而非受城市行政区划直接影响的地理半径。

为了消除行政区划调整对市场化条件下城市最优规模的影响，表 3-1 对城市规模进行了修正，即将 2000 年（第五次全国人口普查）前的市辖区作为城市区域，对 21 世纪之后因行政区划调整而并入市辖区的板块予以剔除。为说明这种修正对本章主要结论的影响较小。表 3-2 给出了基于未修正城市规模的测算结果。比较表 3-1 和 3-2，我们可以看出，是否修正行政区划对表 3-1 中城市规模是否适宜的判断并不会产生颠覆性影响，只不过部分城市规模偏大或偏小的程度发生了改变。例如北京，修正后的最优规模比常住人口规模小 18.2%，而未修正的最优规模比常住人口规模小 14.4%，但常住人口规模偏大的结论仍然成立。

表 3-2　中国部分城市的城市规模——未修正行政区划（2010 年）

编号	城市	户籍人口/万人	常住人口/万人	修正后常住人口/万人	修正后的最优规模/万人	规模是否适宜	未修正的最优规模/万人	规模是否适宜
1	北京	1 184.57	1 882.73	1 667.33	1 540.11	偏大	1 612.51	偏大
2	天津	815.62	1 109.08	1 029.16	1 368.76	偏小	1 426.08	偏小
34	沈阳	517.37	625.59	625.59	703.75	偏小	703.78	偏小
35	大连	303.13	408.77	408.77	711.85	偏小	711.97	偏小
68	上海	1 349.31	2 231.55	2 123.20	1 864.35	偏大	1 898.49	偏大
69	南京	551.62	716.53	510.40	752.08	偏小	902.40	偏小
82	杭州	432.97	624.20	356.04	577.13	偏小	763.42	偏小
83	宁波	223.29	349.16	213.24	434.58	偏小	581.40	偏小
110	福州	189.94	292.18	292.18	526.25	偏小	526.33	偏小
111	厦门	177.86	353.13	353.13	744.58	偏小	744.38	偏小
130	济南	349.51	433.60	375.72	591.08	偏小	650.20	偏小
131	青岛	276.53	371.88	371.88	638.81	偏小	638.84	偏小
164	武汉	838.37	978.54	978.54	1 304.38	偏小	1 304.20	偏小
176	长沙	241.78	309.22	309.22	608.17	偏小	608.17	偏小
189	广州	667.01	1 107.14	1 107.14	1 618.81	偏小	1 617.65	偏小
191	深圳	251.01	1 035.84	1 035.84	1 605.27	偏小	1 605.64	偏小
226	重庆	1 561.26	1 569.35	1 083.83	2 136.10	偏小	2 674.68	偏小
227	成都	515.69	741.56	618.28	996.39	偏小	1 111.56	偏小
259	西安	557.39	650.12	541.79	1 193.22	偏小	1 349.62	偏小
147	郑州	285.80	425.39	425.39	398.09	偏大	398.00	偏大

另外，现有文献还提供了另外两种办法来处理行政区划调整的问题：一是利用城市建成区面积来对城市人口进行调整；二是利用城市夜间灯光强度数据估计城市人口密度，进而估计城市人口数据。城市建成区面积可以通过城市建设统计年鉴获得，但建成区的人口密度难以取得，而直接用建成区面积占市区面积之比来调整城

市规模明显是不恰当的，因为建成区面积占市区面积之比与各城市的自然、历史等情况密切相关。为此，在理论模型的基础上，本章也利用城市夜间灯光强度数据来调整城市规模，从而进行稳健性分析，结果如表 3-3 所示。表 3-3 的结果与表 3-1 和表 3-2 的主要结果基本一致，此处不做过多阐述。需要指出的是，目前通过卫星航拍方式获得的灯光数据仍然存在行政区划调整的问题，因为利用地理信息系统（GIS）进行栅格数据转化时所依据的地图模板仍然是行政区划调整之后的。总体来看，尽管本书尝试了三种办法以尽可能地减少行政区划调整对城市规模的干扰，但综合而言尚没有较好的办法。

表 3-3　中国部分城市的城市规模——基于灯光数据的修正（2010 年）

编号	城市	户籍人口/万人	常住人口/万人	未修正的最优规模/万人	规模是否适宜	灯光修正后人口/万人	新的最优规模/万人	规模是否适宜
1	北京	1 184.57	1 882.73	1 612.52	偏大	1 789.81	1 581.54	偏大
2	天津	815.62	1 109.08	1 426.08	偏小	1 109.08	1 426.03	偏小
34	沈阳	517.37	625.59	703.78	偏小	330.70	515.90	偏小
35	大连	303.13	408.77	711.97	偏小	215.13	476.65	偏小
68	上海	1 349.31	2 231.55	1 898.49	偏大	1 718.23	1 716.05	偏大
69	南京	551.62	716.53	902.40	偏小	716.53	902.40	偏小
82	杭州	432.97	624.20	763.42	偏小	273.04	496.05	偏小
83	宁波	223.29	349.16	581.40	偏小	349.16	581.42	偏小
110	福州	189.94	292.18	526.33	偏小	121.05	297.19	偏小
111	厦门	177.86	353.13	744.38	偏小	353.13	744.34	偏小
130	济南	349.51	433.60	650.20	偏小	405.08	621.64	偏小
131	青岛	276.53	371.88	638.84	偏小	217.28	453.89	偏小
164	武汉	838.37	978.54	1 304.20	偏小	339.59	676.67	偏小
176	长沙	241.78	309.22	608.17	偏小	108.55	282.95	偏小
189	广州	667.01	1 107.14	1 617.65	偏小	863.34	1 420.52	偏小
191	深圳	251.01	1 035.84	1 605.64	偏小	838.05	1 433.92	偏小
226	重庆	1 561.26	1 569.35	2 674.68	偏小	502.72	1 245.82	偏小
227	成都	515.69	741.56	1 111.56	偏小	245.32	524.89	偏小
259	西安	557.39	650.12	1 349.62	偏小	337.37	844.85	偏小
147	郑州	285.80	425.39	398.00	偏大	207.34	257.78	偏小

关于环境质量的处理，本章补充一点稳健性说明。

首先，改变环境质量测度指标，即以工业废水排放量测度非期望产出（BY）并用其替代前文所使用的 PM2.5，测算结果由图 3-2 给出。这里采用了表 3-2 中的未修正人口（常住人口）测度城市规模。从图 3-2 可以看出，改变非期望产出的测度指标后，最优城市规模曲线向下移动，但与常住人口曲线相比，本书的主要结论仍然稳健，这表明总体上，我国城市规模确实普遍偏小，城市化进程有必要继续推进，但是测算结果也表明北京和上海的城市规模已偏大，因此城市规模偏小的结论不能推广到超大城市。从理论模型角度看，之所以改变环境质量测度指标后结论仍然稳健，是因为根据正文的设定，非期望产出（BY）测度指标的变化将直接影响函数 $EE(N)$，进而影响最优城市规模。根据 $EE(N)$ 的定义，$EE = Y^{-1}S/(S - \delta\bar{S}) = Y^{-1}/(1 - \delta\bar{S}/S)$，因此在相对环境质量（$S/\bar{S}$）不发生大的变动的情况下，不管用什么指标来测度环境质量，其对最优城市规模的影响都较小。从这一点上也可以看出本书理论模型的稳健性。此外，环境质量偏好系数越小（比较接近中国城市的实际情况），则最优城市规模越靠近不考虑环境质量时的最优城市规模。此时改变环境质量测度指标也不会对最优城市规模产生太大影响。

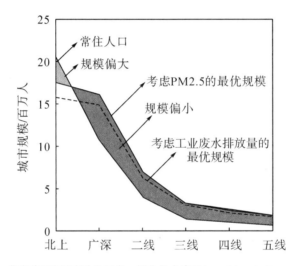

注：为制图方便，作者将所有城市分为五类，划分方式请见 http://pan.baidu.com/s/1geBbUbL。将北京和上海单独列出来分析是因为前文的研究结论表明北京和上海的城市规模偏大。

图 3-2　以工业废水排放量测度非期望产出时的最优城市规模（2010 年）

其次，本章对比了考虑 PM2.5 的情况和不考虑 PM2.5 的情况，见图 3-3。由理论分析可知，考虑 PM2.5 使得最优城市规模变小，因为环境外部性会制约城市规模。但是实证分析表明，不管是否考虑 PM2.5，本书的主要结论都稳健，都表明：总体来看，中国城市规模普遍偏小，继续推进城市化进程十分必要。此外，从媒体报道等的迹象来看，在 2013 年之后，PM2.5 指数对居民迁移的影响可能才会显现，也就是说 2010 年的环境偏好系数应该较低，为此本章先降低模型中的环境偏好系数，再来分析城市最优规模。此时的城市最优规模将位于图 3-3 中的阴影区间。由此看出，本章主要结论基本还是稳健的，唯一一处不稳健的地方在于，完全不考虑 PM2.5 时，北京和上海的城市规模偏大的结论不再成立。本章认为尽管北京和上海的平均最优市规模在 1 750 万~2 150 万人，但倾向于小于其平均常住人口规模（2 050 万人），因为完全不考虑 PM2.5（忽略环境因素）是不准确的，也与实际情况不符。总之，不管是改变环境测度指标，还是降低环境偏好程度，本书的主要结论都是基本稳健的。

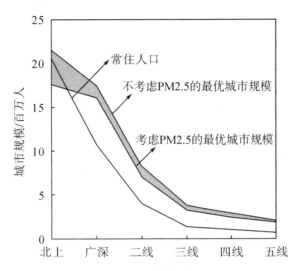

注：为制图方便，作者将所有城市分为五类，划分方式请见 http://pan.baidu.com/s/1geBbUbL。将北京和上海单独列出来分析是因为前文的研究结论表明北京和上海的城市规模偏大。

图 3-3　改变环境偏好系数的稳健性分析（2010 年）

需要指出的是，本书在构建理论模型时考虑了环境质量指标（S）。该环境质量指标并不特指 PM2.5 或其他，而是一种泛指；同时环境质量影响居民迁移行为的现象应该是长期存在的，只是在环境质量较好时或城市对环境质量的偏好系数较低时这种影响比较微弱，以至于难以被观察到。在实证分析时，需要选择一个指标来测度环境质量，本书选择了 PM2.5，虽然 PM2.5 与环境质量存在一定程度的相关性——PM2.5 高的地区往往也是其他污染相对严重的地区，但这是值得商榷的做法。从文献看，早期的研究中用二氧化硫排放量来测度环境质量的较多，然而二氧化硫主要与工业化相关，与城市化关系不大，因此本书最终采用了 PM2.5。

最后，前文的测算考虑的是城市平均环境状况，而不同季节城市的环境质量差异较大，因此本书分别选取北京、上海、成都、武汉和西安五座代表性城市进行季节性测算，测算结果如表 3-4 所示。从表 3-4 可以看出，在考虑季节因素之后，最优城市规模的测算结果发生了变化，其中春夏秋三季的变化幅度不大，而冬季的最优城市规模显著下降。这是因为冬季是 PM2.5 浓度相对较大的季节（尤其是供暖城市的冬季），环境因素制约了城市人口的承载力。对上海而言，秋季的最优城市规模约为 1 980 万人，此时上海的实际城市规模偏大 11%；对西安而言，冬季的最优城市规模约为 1 052 万人，此时西安的城市规模仍然严重偏小。但不管考虑春夏秋冬哪个季节，北京和上海的城市规模都有所偏大。根据季节性测算结果，除个别城市（如武汉）外，本书关于主要城市的城市规模偏大或偏小的结论基本稳健。

表 3-4 考虑季节因素后的最优城市规模（2010 年）

编号	城市	常住人口/万人	最优人口/万人				
			平均环境状况	春季	夏季	秋季	冬季
1	北京	1 882.7	1 612.5	1 672.9	1 708.1	1 713.7	1 313.3
68	上海	2 231.5	1 898.5	1 934.3	1 962.9	1 980.2	1 694.6
227	成都	741.6	1 111.6	1 163.7	1 277.1	1 248.5	755.5
164	武汉	978.5	1 304.2	1 381.5	1 491.1	1 295.1	868.0
259	西安	650.1	1 349.6	1 387.1	1 445.1	1 408.3	1 052.4

注：表 3-4 只给出了北京、上海、成都、武汉、西安五市的测算结果，将阳历 3 月至 5 月视为春季，将 6 月至 8 月视为夏季，将 9 月至 11 月视为秋季，将 12 月至来年 2 月视为冬季。考虑到没有可以利用的 2010 年月度 PM2.5 数据，本书以 2013 年 3 月—2014 年 2 月的京津冀、长三角、珠三角区域及直辖市、省会城市和计划单列市空气质量状况月报反推各月空气污染物比例，并假定该比例与 2010 年的情况接近，以此获得 2010 年季度 PM2.5 数据。

3.6 本章小结

《国家新型城镇化规划（2014—2020 年）》指出，城镇化是现代化的必由之路，是解决农业农村农民问题的重要途径，是推动区域协调发展的有力支撑，是扩大内需、促进产业升级的抓手。给定城市化的重要性，研究如何城市化是当务之急。城市化在更加微观的层面即是城市规模的动态演进过程，而研究城市规模重在研究城市人口的承载力。基于这样的思路，本章构建起一个兼顾经济增长、环境优化和交通改善三重效应的分析模型，证明了有关命题，并以此测算了中国城市的最优人口规模。

首先，本章从效用函数、需求函数、生产函数、利润函数、产品多样性、人均净产出、非期望产出、有效劳动力、假设条件、最优城市规模、边际人均效用 11 个方面构建了理论分析模型。理论分析表明：①城市最优规模满足公式 $EC(N) = EE(N)$，该公式的左侧反映城市集聚的交通外部性，右侧反映城市集聚的经济增长效应和环境外部性；②在一定的条件下，最优城市规模满足存在性、唯一性和异质性，随着城市规模的扩大，城市人均效用呈现出钟状变化规律，因此即便城市难以实现最优规模，也应向最优规模靠近；③应当优先发展边际人均效用（PMU）较大而非边际效用（MU）较大的城市。

其次，传统城市经济学和新经济地理模型在解释城市规模问题时往往比较乏力，对中国和其他发展中国家城市问题的考虑也十分有限。本章从中国具体国情出发，立足城市发展过程中的城市规模大小之争，构建了一个综合分析框架，具有一定的理论与现实意义。

最后，本章利用第六次全国人口普查数据开展定量研究，发现中国城市规模普遍偏小的结论是稳健的，因此城市化进程需要继续推进；不过，城市规模偏小的结论不能直接推广到超大城市，北京和上海的城市规模已经偏大。此外，定量研究的结论仅仅反映了 2010 年的情况，目前的情况如何还需我们利用更新的数据进行分析，不过中小城市的城市规模偏小的结论应该没有实质性变化，特大和超大城市则需要单独研究。

中篇

城市政策研究

城市发展离不开适宜的城市政策。城市政策多种多样，形成了一个复杂的系统。一项政策的实施往往牵一发而动全身。因此，本篇通过理论推导构建了一个城市政策的分析框架，即 EE-EC 分析框架。该框架借助简单的图形分析，可以直观地反映城市政策对城市规模的影响。此外，该框架吸收了众多城市经济学分析框架的优势，可以使我们同时考虑城市集聚的经济增长效应、环境污染效应及交通拥挤效应。进一步，本篇也利用中国数据对城市政策进行了定量研究，并专题分析了中国城市化进程中的去产能政策、农地占补平衡政策及户籍政策等政策措施。

第4章 常见城市政策

4.1 本章概述

第3章从理论层面论证了城市规模与城市人均效用的倒"U"形关系（见命题3-5和命题3-6）。从文献来看，这种倒"U"形关系已经被推广至城市规模与劳动生产率及城市规模与收入和福利等关系的研究中（Henderson，1974；Fujita et al.，1999）。为了明晰城市规模与城市政策的内在逻辑，本章首先利用陆铭（2017a）给出的图形进行直观解释（见图4-1）。图4-1将倒"U"形关系描绘于二维坐标系中，实线形成的倒"U"形曲线表示"基准"。此时，城市人口规模在 Q 点处达到最优，即最大化城市人均效用、劳动生产率、收入或福利等，Q 点左侧的城市人口规模被认为"过小"，城市集聚更多地体现出规模经济；Q 点右侧的城市人口规模被认为"过大"，城市集聚更多地体现出规模不经济。

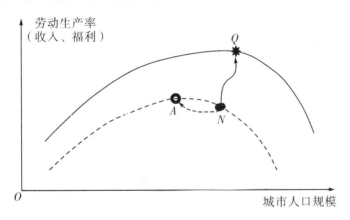

图4-1 城市人口规模决定的基准、现实与政策路径

资料来源：陆铭，2017a. 城市化和城市发展：我们在争论什么？[J]. 比较（2）：47-49.

根据第3章的理论模型，图4-1中实线所表示的"基准"受到一些参数的影响，如技术水平（城市全要素生产率、单位产出的排放系数等）、管理程度（交通管制程度、环境偏好程度、公共品供给是否恰当等）、产业结构（服务业产值与工业产值之比、服务业从业人数与工业从业人数之比、生产性服务业产值占服务业产值之比等）。虽然在短期内，进行比较静态分析时可以将这些参数视为是不变的，但在长期内，这些参数是彼此影响且内生的。一方面，政策改变会影响这些参数；另一方面，劳动生产率也会反作用于这些参数，这使得倒"U"形的实线发生偏移（陆铭，2017a）。

陆铭（2017a）指出，在现实中公共品的供给往往是不足的，因此体现倒"U"形关系的曲线为虚线，此时最优城市人口规模看上去是在 A 点达到，即相对于 Q 点，城市人口将更早地实现最优规模。在倒"U"形的虚线上，公共品的供给是给定的，政策制定者倾向于沿虚线箭头从 N 点移动到 A 点，进而达到最优城市人口规模，这是中国控制城市人口规模的主要逻辑。但事实上，A 点并不是真正的最优城市人口规模位置，真正最大化城市人均效用、劳动生产率、收入或福利等的是 Q 点，所以，增加公共品供给，将倒"U"形曲线从虚线刻画的现实移动到实线刻画的"基准"，并将城市人口规模从 N 点移动到 Q 点，才是城市逐步实现最优人口规模的路径。

根据以上分析和邓忠奇等（2019）的研究，我们大体上可以将与城市规模相关的政策分成两类：第一类是需求侧政策，即直接移动城市实际规模，如从 A 点移动到 N 点；第二类是供给侧政策，即改变城市公共品供给，从而移动倒"U"形曲线，比如将其从图 4-1 中的虚线位置移到实线位置。本书认为，这两类城市政策是可以同时使用的，因为单纯依靠供给侧政策来改变城市人口承载力而完全放任人口自由流动是不切实际的，单纯依靠需求侧政策来限制人口流动而不去着力改善城市公共品供给是治标不治本的。

本部分将这两类城市政策更严谨地进行如下归纳：供给侧政策主要通过增加城市公共品供给、改善城市基础设施和环境质量等方式来提升城市人口承载力；需求侧政策主要通过人口、房价和土地管制等方式直接改变人口进城的需求，从而改变城市的实际人口规模。当然，有的政策会同时改变城市人口承载力和实际人口规模。具体而言，常见的城市政策有产业政策、环境政策、交通政策、户籍政策、人才引进政策、购房政策、教育政策、土地政策和财税政策等。为简化本章和第 5 章的分析，本书将以上政策归并为四类，即产业政策、交通政策、环境政策和户籍政策，前三者主要属于供给侧政策，而户籍政策主要属于需求侧政策。

产业政策主要是指与产业结构、产业规划、人力资本、劳动生产率等相关的政策；交通政策主要是指与交通规划、交通管制、交通基础设施建设等相关的政策；环境政策主要是指与环境保护、环境治理、环境规制等相关的政策；户籍政策主要涉及落户、购房、入学等方面，也可以被视为除产业、交通和环境政策以外的直接影响人口流动的其他政策。以上政策划分具有普适性，常见的城市政策都可以归入其中的一类或几类。例如，税收政策，如果是减免企业税收，那么可以归入产业政策；如果是增加环境保护税，那么可以归入环境政策。当然，以上四类城市政策既可以同时使用，也可以着重使用其中一两种。本书政策分析的目的就在于明确城市发展的短板，使用适宜政策以达到事半功倍的效果。

基于以上政策划分，本章分别从产业政策、交通政策、环境政策和户籍政策四方面对我国常见的城市政策进行概述，第 5 章和第 6 章再进行具体分析。

4.2　产业政策

产业政策是经济政策的重要组成部分，尽管学术界对产业政策有效性的争论一直存在，但不可否认的是，产业政策对促进特定产业的发展具有至关重要的作用。当然，产业政策也可能存在一些负面效应（如导致产能过剩、挤出私人资本等）。从近几年实施的城市政策看，主要的热门产业政策有以下三类：一是以数字经济、人工智能等为代表的新经济产业的扶持政策；二是钢铁、水泥、平板玻璃等产能过剩行业的去产能政策；三是健康、养老等民生产业的相关政策。其中，新经济产业的扶持政策是最为热门的产业政策。2017 年后各城市都出台了众多新经济产业的扶持措施（Deng et al.，2020b），比如减免税费，贴息贷款等，并加大了对新型基础设施建设的投入。

本书梳理了近几年我国部分城市的新经济产业的扶持政策与措施（不包括中央政府出台的各项政策），如表 4-1 所示。从梳理结果中可以看出，新经济产业是这些城市目前重点关注的产业，尤其是人工智能、大数据、"互联网+"、新能源汽车等领域。随着这些产业的发展，城市的产业结构、就业结构等必然会发生相应的变化。为了配合新经济产业的发展，各地政府还相应地在人才、土地、住房、财政、营商环境等方面频繁出台了各项配套政策。有的地方政府还成立了相应的政府部门以专门负责相关工作。比如，成都率先在全国成立负责新经济发展工作的市政府工作部门——成都市新经济发展委员会，该部门于 2019 年 1 月 16 日正式挂牌。关于新经济产业及相应的新型基础设施问题，本书将在第 9 章和第 10 章进行分析；关于去产能政策的内容，本书将在第 6 章进行分析，此处不再展开。

表 4-1 近几年我国部分城市的新经济产业的扶持政策与措施

城市	扶持政策与措施
北京	《北京市经济和信息化委员会 北京市食品药品监督管理局 北京市中医管理局关于印发〈北京市中药产业智能绿色发展示范工程实施方案〉的通知》
	《中关村国家自主创新示范区人工智能产业培育行动计划（2017—2020年）》
	《关于促进中关村智能机器人产业创新发展的若干措施》
	《北京市人民政府关于印发〈北京市进一步促进软件产业和集成电路产业发展若干政策〉的通知》
	《北京市人民政府办公厅印发〈关于全面放开养老服务市场进一步促进养老服务业发展的实施意见〉的通知》
	《北京市人民政府关于加快推进养老服务业发展的意见》
	《北京市人民政府关于印发〈北京市文化创意产业功能区建设发展规划（2014—2020年）〉和〈北京市文化创意产业提升规划（2014—2020年）〉的通知》
	《关于进一步鼓励和引导民间资本投资文化创意产业的若干政策》
	《北京市人民政府关于积极推进"互联网+"行动的实施意见》
	《北京市人民政府办公厅关于印发〈中国（北京）跨境电子商务综合试验区实施方案〉的通知》
上海	《上海市智能网联汽车产业创新工程实施方案》
	《关于加快推进本市"四新"经济发展的指导意见》
	《关于推进上海美丽健康产业发展的若干意见》
	《上海市人民政府办公厅关于加快本市应急产业发展的实施意见》
	《关于本市进一步鼓励软件产业和集成电路产业发展的若干政策》
	《上海市工业互联网创新发展应用三年行动计划（2017—2019年）》
	《关于本市加快制造业与互联网融合创新发展的实施意见》
	《关于本市促进新能源汽车分时租赁业发展的指导意见》
	《上海市人民政府关于贯彻〈国务院关于推进文化创意和设计服务与相关产业融合发展的若干意见〉的实施意见》
	《上海市经信委等十二部门关于促进上海市创意设计业发展的若干意见》
	《关于促进本市数字出版产业发展的若干意见》
	《关于促进本市第三方支付产业发展的若干意见》
	《上海市人工智能创新发展专项支持实施细则》
	《上海市集成电路设计企业工程产品首轮流片专项支持办法》
	《上海市软件和集成电路产业发展专项支持实施细则》
	《上海市产业技术创新专项支持实施细则》
	《上海市促进电子商务发展规定》
	《关于加快宝山邮轮经济发展的实施意见》
	《〈关于推动创新创业促进松江经济转型升级的若干意见〉实施细则》
	《上海市工业节能和合同能源管理项目专项扶持办法》
	《上海市关于促进云计算创新发展培育信息产业新业态的实施意见》
	《关于促进本市邮轮经济深化发展的若干意见》

表4-1(续)

城市	扶持政策与措施
深圳	《深圳市机器人、可穿戴设备和智能装备产业发展规划（2014—2020 年）》
	《深圳市老年人专用智能产品与服务发展行动计划（2015—2017 年）》
	《深圳市工业互联网发展行动计划（2018—2020 年）》及《深圳市关于加快工业互联网发展的若干措施》
	《深圳市推进生物互联网新能源产业发展工作方案（2010—2012 年）的通知》
	《深圳市"互联网+"行动计划》
	《深圳互联网产业振兴发展政策》
	《深圳文化创意产业振兴发展政策》
	《深圳市新能源汽车发展工作方案》
	《深圳市生命健康产业发展规划（2013—2020 年）》
广州	《关于推动电子商务跨越式发展的若干措施》
	《广州市关于加快超高清视频产业发展行动计划（2018—2020 年）》
	《广州市人民政府办公厅关于加快文化产业创新发展的实施意见》
	《广州市深化"互联网+先进制造业"发展工业互联网的行动计划》
	《关于推进健康医疗大数据应用的实施意见》
	《广州市人民政府关于加快工业和信息化产业发展的扶持意见》
	《广州市汽车产业 2025 战略规划》
	《广州市新能源汽车发展工作方案（2017—2020 年）》
	《广州市人民政府办公厅关于促进大数据发展的实施意见》
	《广州市信息化发展第十三个五年发展规划（2016—2020 年）》
	《广州市人民政府关于加快发展体育产业促进体育消费的实施意见》
	《广州市人民政府关于加快先进制造业创新发展的实施意见》
	《关于加快先进装备制造业发展和推动新一轮技术改造实现产业转型升级的工作方案》
	《广州市人民政府办公厅关于推动工业机器人及智能装备产业发展的实施意见》
	《关于大力发展低碳经济的指导意见》
	《广州市加快生物医药产业发展若干规定（修订）》

表4-1（续）

城市	扶持政策与措施
重庆	《重庆市人民政府办公厅关于培育和发展分享经济的意见》
	《重庆市人民政府关于发展夜市经济的意见》
	《重庆市人民政府关于加快发展长江邮轮旅游经济的意见》
	《重庆市推进基于宽带移动互联网的智能汽车与智慧交通应用示范项目实施方案（2016—2019年）》
	《重庆市加快新能源和智能网联汽车产业发展若干政策措施（2018—2022年）》
	《重庆市发展智能制造实施方案（2019—2022年）》
	《关于进一步推动互联网产业发展的若干政策》
	《重庆市"互联网+"行动计划》
	《重庆市人民政府办公厅关于积极推进"互联网+流通"行动计划的实施意见》
	《重庆市制造业与互联网融合创新实施方案》
	《重庆市人民政府关于加快推进养老服务业发展的意见》
	《重庆市人民政府办公厅关于全面放开养老服务市场提升养老服务质量的实施意见》
	《重庆市老龄事业发展和养老体系建设"十三五"规划》
	《重庆市人民政府关于推进文化创意和设计服务与相关产业融合发展的实施意见》
	《重庆市集成电路技术创新实施方案（2018—2022年）》
	《重庆市软件服务业提升发展行动计划（2016—2020年）》
	《重庆市支持新能源汽车推广应用政策措施（2018—2022年）》
天津	《金融支持智能科技产业发展十项措施》
	《天津市新一代人工智能产业发展三年行动计划（2018—2020年）》
	《天津市人工智能"七链"精准创新行动计划（2018—2020年）》
	《天津市人民政府办公厅关于印发天津市加快推进智能科技产业发展总体行动计划和十大专项行动计划的通知》
	《天津市人民政府办公厅关于促进市内六区高端服务业集聚发展的指导意见》
	《天津市新能源产业发展三年行动计划（2018—2020年）》
	《天津市软件和信息技术服务业发展三年行动方案（2018—2020年）》
	《关于成立天津健康产业园区建设工作领导小组及工程建设指挥部的通知》
	《天津市生物医药产业发展三年行动计划（2018—2020年）》
	《天津市工业互联网发展行动计划（2018—2020年）》
成都	《四川省促进大数据发展工作方案》
	《成都市大数据产业发展规划（2017—2025年）》
	《成都市新经济梯度培育企业认定办法（试行）》
	《成都市新经济行业分类指导目录（2019版）》
	《中共成都市委 成都市人民政府关于营造新生态发展新经济培育新动能的意见》
	《关于支持新经济企业入驻独角兽岛的若干政策》
	《成都市人民政府办公厅关于成立5G产业发展领导小组的通知》
	《成都市加快人工智能产业发展推进方案（2019—2022年）》
	《成都市加快人工智能产业发展专项政策》

表4-1(续)

城市	扶持政策与措施
成都	《成都市新经济发展委员会 成都市商务局 成都市市场监督管理局 国家税务总局成都市税务局关于优化电子商务从业环境的指导意见》
	《成都市教育局关于支持市属高校开展新经济技能人才培养的实施意见（试行）》
	《成都市新经济企业梯度培育若干政策措施》
	《成都高新区关于支持电子信息产业发展的若干政策》
	《成都高新区关于促进生物医药及生物医学工程产业发展的若干政策》
	《成都高新区关于发展新经济培育新动能的若干政策》
	《成都市青白江区促进新经济发展的实施意见》
	《成都市青白江区促进新经济发展三年行动计划（2018—2020 年）》
	《关于申报 2018 年成都市新经济梯度培育企业的通知》
	《2019 年产业人才振兴计划之"招才引智"系列招聘活动实施方案》
	《关于加快推动金牛区新经济发展的实施意见（2017—2022 年）》
武汉	《市人民政府关于加快全市区级经济高质量发展的意见》
	《武汉市战略性新兴产业发展"十三五"规划》
	《市人民政府关于加快新旧动能转换的意见》
	《市人民政府办公厅关于印发 2017 年市〈政府工作报告〉确定的主要目标任务责任分解方案的通知》
	《市人民政府办公厅关于印发 2018 年省〈政府工作报告〉涉及我市工作任务责任分解方案的通知》
	《市人民政府关于推进武汉市创建中国软件名城试点工作的通知》
	《武汉市实施"万千百工程"推进制造业高质量发展行动方案》
	《市人民政府关于进一步降低企业成本培育壮大新动能的意见》
	《市人民政府关于印发武汉市推进"互联网+居家养老"新模式实施方案的通知》
	《市人民政府关于鼓励和规范互联网租赁自行车健康发展的意见》
	《市人民政府关于支持国家网络安全人才与创新基地发展若干政策的通知》
	《武汉市支持企业技术创新政策清单（2017 版）》
	《武汉市战略性新兴产业发展引导基金管理办法》
	《武汉市推进制造业与互联网融合发展行动计划（2016—2020 年）》
	《市人民政府关于加快推进"互联网+流通"发展的意见》
	《市人民政府关于加快大数据推广应用促进大数据产业发展的意见》
	《市人民政府关于进一步加快创建中国软件名城若干政策的通知》
	《武汉市智慧园区建设工作方案》
	《市人民政府关于加快推进"互联网+农业"发展的意见》
	《武汉市加快光电子信息产业集聚发展规划纲要（2014—2020 年）》
	《武汉市发展智能制造产业实施方案》
	《市人民政府关于加快发展与运用电子商务的若干意见》

表4-1（续）

城市	扶持政策与措施
杭州	《加快国际级软件名城创建助推数字经济发展的若干政策》
	《杭州市工业与信息化发展专项资金使用管理办法》
	《关于优化服务改善营商环境助推经济高质量发展的若干意见》
	《杭州市智慧经济促进条例》
	《杭州经济技术开发区管理委员会关于推进跨境电子商务产业发展的实施意见（试行）》
	《杭州经济技术开发区关于推进科技创新创业的若干政策》
	《中共杭州市委 杭州市人民政府 关于实施创新驱动战略 加快新旧动能转换 推动制造业高质量发展的若干意见》
	《杭州市全面推进"三化融合"打造全国数字经济第一城行动计划（2018—2022年）》
	《杭州市会展业发展扶持资金管理办法（试行）》
	《杭州市现代服务业旅游专项资金管理办法》
	《杭州市加快推进会展业发展三年行动计划（2018—2020年）》
	《进一步鼓励集成电路产业加快发展专项政策》
	《杭州市民政局等三部门关于进一步推进示范型居家养老服务设施建设的通知》
	《杭州市建设"智慧健康"打造"智慧医疗升级版"三年行动计划（2018—2020）》
	《杭州市农业"机器换人"促进工程项目和资金管理办法（2018—2020年）》
	《杭州市农业产业景观廊道主题精品农园建设项目和资金管理办法》
	《杭州市智慧养老综合服务监管考核暂行办法》
	《杭州市全面改造提升传统制造业实施方案（2017—2020年）》
南京	《市政府关于加快人工智能产业发展的实施意见》
	《市政府关于促进跨境电子商务快速健康发展的实施意见》
	《南京市建设中国"互联网+"名城实施方案》
	《南京市加快推进制造业与互联网融合发展实施方案》
	《关于印发南京市2015年电子商务发展工作要点的通知》
	《关于全面放开养老服务市场提升养老服务质量的实施意见》
	《市政府关于推进改革创新打造会展品牌的实施意见》
	《市政府关于加快发展体育产业促进体育消费的实施意见》
	《市政府关于促进文化创意和设计服务与相关产业融合发展的实施意见》
	《关于加快推进健康服务业发展的实施方案》
	《市政府关于加快发展养老服务业的实施意见》
	《南京市人民政府关于促进社会培训产业健康发展的若干意见》
	《市政府关于大力培育新型农业经营主体的意见》

表4-1（续）

城市	扶持政策与措施
苏州	《市政府关于深化"互联网+先进制造业"发展工业互联网的实施意见》
	《关于全面推进苏州工业园区建设国家能源互联网示范园区的通知》
	《关于加快推进"互联网+"行动的实施意见》
	《市政府办公室关于加快推进"互联网+"现代农业发展的意见》
	《市政府办公室关于加快推进"互联网+"现代农业发展的意见》
	《关于加强智能制造生态体系建设的若干措施》
	《苏州工业园区人工智能产业发展行动计划（2017—2020）》及《苏州工业园区加快人工智能产业发展的若干意见》
	《相城区加快智能制造发展实施意见》
	《苏州工业园区管委会关于发展智能制造及相关产业的实施意见》
	《关于加快智能装备和物联网应用的若干政策》
	《园区管委会关于发展智能制造及相关产业的实施意见》
	《关于加快全区智能工业发展的实施意见》
	《苏州高新区鼓励软件与集成电路设计产业发展的实施办法》
	《苏州工业园区集成电路设计企业流片及测试费用补贴实施细则》
	《关于推进软件和集成电路产业发展的若干政策》
	《昆山市集成电路产业发展规划（2017—2021年）》
	《苏州市关于推进软件产业和集成电路产业跨越发展的若干政策》
	《关于进一步促进养老机构发展的补充意见》
	《苏州市老龄事业和养老服务业发展"十三五"规划》
	《苏州市文化产业投资引导基金管理办法》
无锡	《无锡市加快集成电路产业发展的政策意见》
	《智慧无锡建设三年行动纲要（2014—2016年）》
	《关于进一步推进战略性新兴产业发展的实施意见》
	《无锡市2019年国民经济和社会发展计划》
	《无锡市2018年国民经济和社会发展计划执行情况》
	《无锡市"十三五"信息化规划》
	《无锡市"十一五"高新技术产业发展规划》
	《市政府关于全面放开养老服务市场提升养老服务质量的实施意见》
	《市政府关于促进健康服务业发展的实施意见》
	《市政府关于加快发展养老服务业的实施意见》
	《市政府关于加快无锡市软件产业发展的若干意见》
	《市政府关于鼓励和扶持动漫产业发展的若干政策意见》

表4-1（续）

城市	扶持政策与措施
郑州	《经开区跨境电子商务出口退税资金池管理使用办法（试行）》
	《郑州市二七区人民政府关于支持电子商务暨对外贸易发展的意见》
	《郑州市人民政府关于加快推进跨境电子商务发展的实施意见》
	《郑州市电子商务物流转型发展工作方案》
	《郑州市商务局关于转发实施支持跨境电子商务零售出口有关政策意见的通知》
	《郑州市电子商务发展规划（2014—2020）》
	《郑州市创建国家电子商务示范城市行动计划（2013—2015）》
	《郑州市人民政府关于修订〈郑州市电子商务发展规划纲要〉的通知》
	《郑州市电子商务发展规划纲要》
	《加快推进健康养生产业高质量发展实施方案》
	《惠济区加快文化创意旅游业高质量发展实施方案》
	《郑州市惠济区人民政府关于印发加快推进都市生态农业高质量发展实施方案的通知》
	《郑州市惠济区人民政府关于印发加快现代商贸业高质量发展实施方案的通知》
	《关于加强房地产经纪管理促进行业健康发展的意见》
西安	《西安市大数据产业发展实施方案（2017—2021年）》
	《西安市人民政府关于大力发展电子商务加快培育经济新动力的实施意见》
	《西安市人民政府关于加快电子商务发展的若干意见》
	《西安市人民政府关于加快发展养老服务业的实施意见》
	《西安市冰雪运动产业发展规划（2018—2025）》
	《大西安现代物流业发展规划（2018—2021年）》
	《西安市人民政府关于大力发展电子商务加快培育经济新动力的实施意见》
	《西安市人民政府关于进一步促进会展业发展的若干意见》
青岛	《青岛市人民政府办公厅关于加快新经济形态发展的意见》
	《青岛市"互联网+"发展规划（2015—2020年）》
	《青岛市养老服务促进条例》
	《关于加快推进智慧农业发展的实施意见》
	《青岛市人民政府办公厅关于支持会展业发展若干政策措施的意见》
	《青岛市人民政府办公厅关于加快发展健身休闲产业的实施意见》
	《青岛市"十三五"战略性新兴产业发展规划》
	《青岛市人民政府关于支持航空产业发展的实施意见》
	《青岛市人民政府关于加快发展体育产业促进体育消费的实施意见》
	《青岛市"互联网+医疗健康"行动计划（2016—2020年）》

4.3　交通政策

随着交通基础设施的日渐完善，尤其是地铁和高铁的不断建设，市内交通和城际交通都有很大程度的改善。但是，高峰拥堵问题仍然是城市发展面临的一个重要问题。在汽车通行方面，各大中心城市几乎都有各自的限行规定。这些限行规定一方面限制外地车辆行驶，如 2018 年北京对外地载客车辆限行的新规定：

（1）工作日的早晚高峰期（7 时—9 时，17 时—20 时），禁止外地载客车辆在五环路主路、辅路及其以内道路行驶。

（2）工作日的 9 时—17 时，外地载客车辆需要遵守本市尾号限行规定，限行尾号与北京号牌车辆相同，限行范围为五环路主路、辅路及其以内道路。

（3）长安街及延长线新兴桥（不含）至国贸桥（不含）之间路段、广场东侧路、广场西侧路、北池子大街、南池子大街、北河沿大街、南河沿大街、府右街、北长街、南长街、人大会堂西路、正义路、台基厂大街，每天 6 时—22 时，禁止外省、区、市核发号牌（含临时号牌）的载客汽车通行。

（4）二环路主路全线，每天 6 时—22 时，禁止外省、区、市核发号牌（含临时号牌）的载客汽车通行。

另一方面限制本地车辆行驶。比如，天津将机动车号牌（包括临时号牌）按照尾号的不同分成 5 组，进行工作日（除法定节假日外）限行，限行尾号会定期轮换（见表 4-2）。

表 4-2　天津限行机动车的车牌尾号分组

时间	星期一	星期二	星期三	星期四	星期五
2017-04-09 至 2017-07-08	3 和 8	4 和 9	5 和 0	1 和 6	2 和 7
2017-07-09 至 2017-10-07	2 和 7	3 和 8	4 和 9	5 和 0	1 和 6
2018-10-08 至 2018-01-06	1 和 6	2 和 7	3 和 8	4 和 9	5 和 0
2018-01-07 至 2018-04-07	5 和 0	1 和 6	2 和 7	3 和 8	4 和 9

除了限制车辆行驶之外，在申请车辆牌照方面，不同城市也有不同规定。目前，北京、上海、广州、石家庄、贵阳、天津、杭州、深圳、海南等城市需要进行车牌摇号或竞拍（也有城市实行一部分牌照摇号而另一部分牌照竞拍的政策）。具体而言，上海对新增车牌采取拍卖的方式，在拍卖过程中根据车主出价来决定最终车牌价，但二手车可以带牌转让。正是因为上海采用拍卖的方式，所以一些听上去比较"吉利"的车牌拍卖出了"天价"，被讽刺为"最贵的铁皮"。北京对每月新增机动车的上牌采用摇号制，同时二手车不得带牌转让。也就是说，如果想获得北

京车牌，那么只能靠运气摇号，这就存在有人长期未能摇中的情况。贵阳因为特殊的山地条件及比较堪忧的老城区交通状况，自 2011 年 7 月起，为了进一步控制老城区小汽车的增长速度，出台了《贵阳市小客车号牌管理暂行规定》，要求除规定的特殊情况外，单位和个人需要以摇号的方式取得小客车专段号牌配置指标。在吸取了上海和北京"一刀切"的教训之后，广州和天津对机动车号牌新增额度的分配采取了"半摇号+半拍卖"的方式。这样，单位和个人花钱或凭运气都有可能获得车牌。石家庄也采取了类似的通过摇号或竞价的方式获得牌照的措施。2014 年 3 月 25 日，杭州市人民政府突然召开新闻发布会，宣布从 3 月 26 日零点起对机动车限牌，增量指标需通过摇号或竞价的方式取得；但是，考虑到久摇不中的情况，杭州在现有摇号的基础上，每年增投一定的指标，为久摇不中的个人另行组织两次摇号，并设置了阶梯中签率。

除此以外，一些城市在鼓励公共交通和绿色出行方面也出台了许多措施并投入了大量资金，如减免公交费用、完善自行车车道、补贴新能源汽车和共享汽车等。一些城市也对共享单车进行了具体规定，如成都于 2018 年出台了《成都市共享单车运营管理服务规范（试行）》。

4.4 环境政策

党的十八大以来，生态文明建设被提到"五位一体"总体布局的高度。从中央到地方，各项环境保护政策密集出台，原环境保护部也更名为生态环境部，可见环境问题在国家治理方面的重要程度显著提升，以牺牲环境为代价的增长模式已经不再可行。针对工业化及制造业发展所带来的大气污染、水污染以及土地污染问题，国家相关部门先后出台了"大气十条""水十条"和"土十条"等政策，比较有效地为细分行业的污染问题提供了处置办法，强化了国家环保政策的落实。在 2015 年至 2017 年的三年内，国务院和国家相关部委密集出台了一系列环境保护方面的发展规划与改革方案，表 4-3 对此进行了简要梳理。

表 4-3　2015 年至 2017 年出台的环境保护方面的主要发展规划与改革方案

发布时间	发布机构	发展规划与改革方案
2015 年 5 月	中共中央、国务院	《中共中央 国务院关于加快推进生态文明建设的意见》
2015 年 9 月	中共中央、国务院	《生态文明体制改革总体方案》
2016 年 3 月	全国人民代表大会	《中华人民共和国国民经济和社会发展第十三个五年规划纲要》
2016 年 3 月	环境保护部	《生态环境大数据建设总体方案》

表4-3(续)

发布时间	发布机构	发展规划与改革方案
2016 年 7 月	环境保护部	《"十三五"环境影响评价改革实施方案》
2016 年 9 月	工业和信息化部	《绿色制造工程实施指南(2016—2020 年)》
2016 年 10 月	环境保护部	《全国生态保护"十三五"规划纲要》
2016 年 11 月	国务院	《"十三五"生态环境保护规划》
2016 年 12 月	全国人民代表大会常务委员会	《中华人民共和国环境保护税法》
2017 年 2 月	环境保护部、财政部	《全国农村环境综合整治"十三五"规划》
2017 年 2 月	环境保护部	《国家环境保护"十三五"环境与健康工作规划》
2017 年 3 月	国务院	《国务院关于核安全与放射性污染防治"十三五"规划及 2025 年远景目标的批复》
2017 年 4 月	环境保护部	《国家环境保护标准"十三五"发展规划》
2017 年 12 月	国务院	《国务院关于环境保护税收入归属问题的通知》

从表4-3可以看出,2015年以来,国家高度重视环境保护,有关环境保护的法律法规逐渐完善。具体而言,针对不同的污染物类型,各级政府也从大气污染、水污染、土壤污染、城市化过程中的生活垃圾污染等不同角度进行了较为详细的规制。以生活垃圾污染为例,表4-4对有关政策进行了梳理。比如,2017年7月国务院办公厅出台政策,要求严厉打击洋垃圾走私,完善固体废弃物管理政策,提升国内固体废弃物回收利用水平。2020年11月24日,生态环境部等四部委又联合出台了《关于全面禁止进口固体废物有关事项的公告》,文件称自2021年1月1日起,我国将禁止以任何方式进口固体废物,禁止我国境外固体废物进境倾倒、堆放、处置。

除此以外,近年来的环保督查也越来越严格。图4-2显示,1998年以来,中国环境行政处罚案件数呈现总体上升趋势,2013年环境违法案件被立案查处近14万件,罚款数额总计31.7亿元,比10年前增长1倍多。除直接罚款外,警告、限期治理和关停限产等非货币性处罚措施也比较常见。企业一方面面临严格的环保检查,有一定的规制成本;另一方面,在节能减排上有比较艰巨的任务,因此也可能因环境规制而发生迁移(沈坤荣 等,2017)。附录4展示了"十一五"期间各地区的减排任务和实际完成情况,虽然减排任务全部完成,但背后的相关企业承受的压力是非常大的,这给依赖重工业和资源型行业的城市(主要是北方城市)带来阵痛。

表 4-4 2016 年和 2017 年有关生活垃圾污染的政策文件

时间	发布机构	文件名	相关内容
2016 年 5 月	商务部、国家发展改革委、工业和信息化部、环境保护部、住房城乡建设部、供销合作总社	《关于推进再生资源回收行业转型升级的意见》	以回收和分拣环节为重点，着眼于可再生资源的回收、分拣、运输、加工和利用的全过程
2016 年 12 月	国家发展改革委、住房城乡建设部	《"十三五"全国城镇生活垃圾无害化处理设施建设规划》	2020 年底，在所有直辖市、计划单列市以及省会城市的建成区，生活垃圾无害化处理率实现 100%；其他设市城市（除新疆和西藏）达到 95% 以上，县城建成区达到 80% 以上
2016 年 10 月	住房城乡建设部、国家发展改革委、国土资源部、环境保护部	《关于进一步加强城市生活垃圾焚烧处理工作的意见》	将垃圾焚烧处理设施建设作为维护公共安全、推进生态文明建设、提升政府治理能力、加强城市规划建设管理工作的重点
2016 年 10 月	国家能源局	《生物质能发展"十三五"规划》	加快应用现代垃圾焚烧处理及污染防治技术，提高垃圾焚烧发电环保水平；加强宣传和舆论引导，避免和减少"邻避效应"
2016 年 12 月	国家发展改革委	《可再生能源发展"十三五"规划》	到 2020 年，城镇生活垃圾焚烧发电装机达到 750 万千瓦
2017 年 3 月	国家发展改革委、住房城乡建设部	《生活垃圾分类制度实施方案》	引导居民自觉进行生活垃圾分类，有关部门加强配套设施建设
2017 年 4 月	环境保护部	《关于生活垃圾焚烧厂安装污染物排放自动监控设备和联网有关事项的通知》	要求垃圾焚烧企业于 2017 年 9 月 30 日前全面完成"装、树、联"三项任务；要求各地环保部门对所有生活垃圾焚烧厂登记造册，完善污染源自动监控平台
2017 年 5 月	环境保护部、住房城乡建设部	《关于推进环保设施和城市污水垃圾处理设施向公众开放的指导意见》	指导城市环境监测、污水处理、生活垃圾处理、危险和废弃电子产品处理四种设施定期向公众开放
2017 年 5 月	住房城乡建设部、环境保护部	《关于规范城市生活垃圾跨界清运处理的通知》	严格垃圾清运处理服务准入标准，加强对处理单位的资格核查
2017 年 7 月	财政部、住房城乡建设部、农业部、环境保护部	《关于政府参与的污水、垃圾处理项目全面实施 PPP 模式的通知》	利用公私合营优势，推动污染和垃圾处理项目的建设和运营
2017 年 7 月	国务院办公厅	《国务院办公厅关于印发禁止洋垃圾入境推进固体废弃物进口管理制度改革实施方案的通知》	严厉打击洋垃圾走私，完善固体废弃物管理政策，提升国内固体废弃物回收利用水平

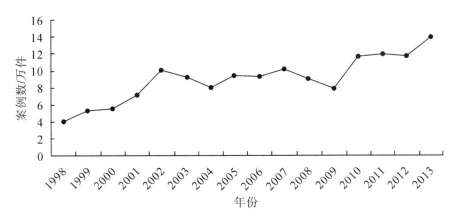

图 4-2　中国环境行政处罚案件数（1998—2013 年）

数据来源：中国环境状况公报和环境公众研究中心的数据库。

4.5　户籍政策

从中华人民共和国成立以来的户籍制度演变看，1949 年至 1958 年为自由迁徙期。中华人民共和国成立后为巩固新生社会主义国家政权、开展国家生产建设，逐步建立起一套户籍管理制度。其间的标志性事件有：1951 年公安部颁布《城市户口管理暂行条例》，开始进行城市人口登记；1953 年《全国人口登记办法》出台，为户籍制度正式建立奠定基础；1958 年，全国人民代表大会通过了《中华人民共和国户口登记条例》，明确了户籍管理制度的细则（如登记、注销、迁移），这标志着中华人民共和国的户籍制度正式形成。

1959 年至 1977 年为严格管控期。为解决粮食紧张问题和实施以城市为中心的工业化战略，国家先后出台了《中共中央关于制止农村劳动力流动的指示》（1959 年）、《关于减少城镇人口和压缩城镇粮食销量的九条办法》（1961 年）、《中共中央、国务院关于调整市镇建制、缩小城市郊区的指示》（1963 年）、《公安部关于处理户口迁移的规定（草案）》（1964 年）、《公安部关于处理户口迁移的规定》（1977 年）等文件，严格限制农村人口向城市流动，形成了城乡二元分治的户籍管理制度。

1978 年至今为半开放期。1978 年改革开放后，农村向城市流动的人口大量增加，原有的户籍管理制度不能适应社会主义市场经济建设的需要，为此国家对户籍制度进行了一系列改革，先后出台了《国务院关于农民进入集镇落户问题的通知》（1984 年）、《公安部关于城镇暂住人口管理的暂行规定》（1985 年）、《中华人民共和国居民身份证条例》（1985 年）、《小城镇户籍管理制度改革试点方案》（1997 年）、《国务院关于解决农民工问题的若干意见》（2008 年）、《国务院办公厅关于积极稳妥推进户籍管理制度改革的通知》（2011 年）、《国务院关于进一步推进户籍制度改革的意见》（2014 年）、《2019 年新型城镇化建设重点任务》等文件，对大中小城市实施了差异化户籍管理办法，总体上鼓励城市化，对户籍的管理也逐渐放开。其中，《国务院关于进一步推进户籍制度改革的意见》提出取消农业户口与非农业户口性质区分，这标志着农业户口退出历史舞台。党的十八大报告提出，加快改革户籍制度，有序推进农业转移人口市民化，努力实现城镇基本公共服务常住人口全覆盖。党的十九大报告提出，以城市群为主体构建大中小城市和小城镇协调发展的城镇格局，加快农业转移人口市民化。因此在这一阶段，户籍管理制度改革的基本思路没有改变。

为了深入贯彻落实党的十九大精神，促进劳动力和人才社会性流动体制机制的改革与完善，2019 年年底中共中央办公厅和国务院办公厅印发了《关于促进劳动力和人才社会性流动体制机制改革的意见》（以下简称《意见》）。《意见》要求全面取消城区常住人口 300 万以下的城市落户限制，全面放宽城区常住人口 300 万至 500 万的大城市落户条件。完善城区常住人口 500 万以上的超大特大城市积分落户政策，精简积分项目，确保社会保险缴纳年限和居住年限分数占主要比例。推进基本公共服务均等化，常住人口享有与户籍人口同等的教育、就业创业、社会保险、医疗卫生、住房保障等基本公共服务。这一次全面放开落户限制，不再只面向所谓的高学历群体，也不再只是僧多粥少的有条件落户，而是全面放宽乃至全部取消落户限制（特大和超大城市除外）。在人口老龄化背景下，这有助于繁荣城市经济，进一步推动城镇化建设。

根据《意见》内容，城区常住人口在 300 万以下的城市可取消落户限制，城区常住人口在 500 万以下的城市可全面放宽落户限制，城区常住人口超过 500 万的城市要完善积分落户政策。这里针对的是城区常住人口，而且没有指出城区常住人口在 1 000 万以上的超大城市具体应该怎么做。根据《国务院关于调整城市规模划分标准的通知》，新的城市规模划分标准以城区常住人口为统计口径，将城市划分为五类七档：Ⅱ型小城市（城区常住人口<20 万）、Ⅰ型小城市（20 万≤城区常住人口<50 万）、中等城市（50 万≤城区常住人口<100 万）、Ⅱ型大城市（100 万≤城区常住人口<300 万）、Ⅰ型大城市（300 万≤城区常住人口<500 万）、特大城市（500 万≤城区常住人口<1 000 万）、超大城市（城区常住人口≥1 000 万）。尽管划分标准比较清楚，但是关于市区常住人口却缺乏权威统计数据。中国城市统计年鉴公布的是户籍人口，有的地方统计年鉴公布了抽样的常住人口，但是没有明确是市区还是全市。而且，市区这个概念本身也比较模糊（江曼琦 等，2 015），如果以市辖区为市区，那么重庆的市区常住人口比北京的还多；如果以建成区为市区，那么建成区的界定及人口统计比较困难。大体来看，以合肥、昆明、太原、厦门、南宁为代表的Ⅰ型大城市（城区常住人口为 300 万至 500 万），虽然不能全面取消

落户限制，但也将全面放宽落户条件，想必落户条件不会太严格；乌鲁木齐、贵阳、石家庄、南昌、无锡、兰州、洛阳、惠州、温州、呼和浩特、唐山、佛山、海口等Ⅱ型大城市及三四线中小城市，都有全面取消落户限制的可能。

对于特大和超大城市，尽管《意见》要求完善积分落户政策，但实际上各地都设有不同的落户条件。第 6 章在分析人才引进政策时将涉及部分城市的人才落户条件，这里不再赘述。2020 年 5 月 13 日至 6 月 12 日，根据《意见》的要求，北京市在首都之窗网站公示了《北京市积分落户管理办法（征求意见稿）》，公开向社会征求意见。从目前北京的落户政策来看，落户途径有七种，即新生儿、应届毕业生、高端人才、投靠、劳模、商人、其他人员（如考取公务员）。其中，应届毕业生落户需要单位有户口指标，但该指标相对稀缺，以百度公司为例，其 2014 年的校招拟招收 3 000 名员工，而户口指标仅有 40 个。此外，表面上看，高端人才落户很简单（比如，在国内外取得硕士及以上学位或具有高级专业技术职称的就可以申请），但实际上，很多人和单位都可以提交申请，因此需要排队，需要等待，等待几年可能还会被退回，这使得高端人才落户的难度远大于应届毕业生落户的难度。

4.6　本章小结

城市发展离不开城市政策的引导和推动。本章从城市规模的角度出发，将城市政策简单地区分为供给侧政策和需求侧政策，这两类政策同时作用于城市最优规模和城市实际规模，进而有助于城市净集聚效应的最大化。

进一步，本章对城市产业政策、交通政策、环境政策和户籍政策进行了归纳和梳理。其中，近年来最热门的产业政策是与新经济产业相关的扶持政策，而且目前各主要城市都出台了与此有关的系列措施。同时，我国的环境政策和环保督查日益严格，交通政策和户籍政策则存在较大的城市差异，超大城市的交通管制和落户条件相对严格。本章对城市政策的梳理主要服务于第 5 章和第 6 章的具体研究。

第5章 城市政策综合分析框架

5.1 本章概述

在第3章理论模型的基础上，本章构建一个关于城市政策的综合分析框架，将其记为EE-EC分析框架（见图5-1），并运用该框架进行中国城市政策分析。与传统文献基于倒"U"形曲线的分析框架（见图4-1）不同，EE-EC分析框架是基于EE和EC两条曲线来构建的，其理论基础是第3章的有关命题：由命题3-4可知，最优城市规模位于EE曲线和EC曲线的交点处；由命题3-5可知，EE曲线是关于城市规模的增函数，EC曲线是关于城市规模的减函数，而且不同参数的变化将影响EE曲线和EC曲线的位置；由命题3-6可知，EE曲线和EC曲线有且仅有一个交点。

EE-EC分析框架与目前主流城市规模问题分析框架的联系和区别体现在：①EE-EC分析框架既基于AH模型的框架建立（Au et al., 2006），又丰富了该框架，将城市集聚的经济增长效应、交通拥挤效应和环境污染效应同时加以考虑。②EE-EC分析框架要求较少的前提假设，在理论推导层面完全可以不给定生产函数、效用函数和劳动力分布函数的具体形式，也不要求规模报酬不变，同时还充分考虑了城市异质性。③在传统城市规模分析框架下，研究者只得到城市规模和人均产出（或福利等指标）的倒"U"形关系，仅凭这个关系很难进行直观的城市规模和政策分析；相比之下，本书的分析框架抽象出EE和EC两条曲线，通过这两条曲线的相对位置和移动能够直观地揭示出城市集聚的外部性，从而进行城市政策的比较静态分析。④EE-EC分析框架也可直接用于城市政策评估和模拟，本章将以2010年中国境内286座地级市（拉萨由于数据缺失，故未被列入样本）的数据进行城市政策的定量研究。利用EE-EC分析框架进行定量研究的工作量较大，因为涉及参数迭代过程，这是该分析框架的主要不足之处。

本章结构安排如下：5.2节提出并论证EE-EC分析框架，5.3节在第4章政策分析的基础上从定性层面利用 EE-EC 框架进行城市政策的比较静态分析，5.4 节在第 3 章实证分析的基础上进行城市政策的定量研究，5.5 节以北京为例进行政策效果模拟，5.6 节为本章小结。

5.2　EE-EC 分析框架

关于城市政策，4.1 节提到根据陆铭（2017a）和邓忠奇等（2019）的研究，与城市规模相关的政策大体上可以分成两类：第一类是需求侧政策，即直接移动城市实际规模曲线的位置；第二类是供给侧政策，即改变城市公共品供给，从而移动图 4-1 中倒 "U" 形曲线的位置。本书认为，这两类城市政策是可以同时使用的。当然，有的政策会同时改变城市人口承载力和实际人口规模。由此可见，在本书的理论模型及 EE-EC 分析框架中，产业政策、交通政策、环境政策、户籍政策等都是从供给侧和（或）需求侧来影响城市最优规模的，这是一种简化处理，否则抽象出一个简化的框架来分析所有城市政策非常困难。

由命题 3-4、命题 3-5 和命题 3-6 可以绘制出图 5-1，即本书所谓的 EE-EC 分析框架。图 5-1 中，$EE(N) \equiv Y^{-1}[\bar{S} - \mathrm{BY}(N)]/[(1-\delta)\bar{S} - \mathrm{BY}(N)]$，主要反映城市集聚的经济增长和环境污染外部性，因此环境政策和产业政策主要决定 EE 曲线的位置；曲线 $EC(N) \equiv \psi N[1 - tR(N)]/L(N)$，主要反映城市集聚的交通拥挤外部性，因此交通政策主要决定 EC 曲线的位置。

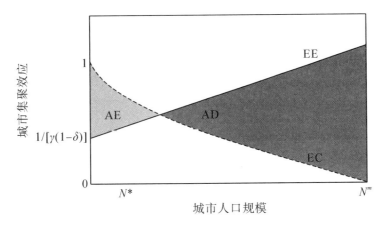

注：EC 表示引起交通拥挤的城市集聚效应，EE 表示引起经济增长和环境污染的城市集聚效应；AE 区域表示城市集聚经济，即城市规模偏小；AD 区域表示城市集聚不经济，即城市规模偏大。

图 5-1　EE-EC 分析框架

资料来源：邓忠奇，宋顺锋，曹清峰，2019. 中国城市规模之谜：一个综合分析框架 [J]. 财贸经济，40（9）：102–116.

由命题 3-8 可知，当 EC > EE 时（图 5-1 中的 AE 区域），存在城市集聚经济；当 EC < EE 时（图 5-2 中的 AD 区域），存在城市集聚不经济。由命题 3-5 可知，有效的交通政策可以降低通勤成本 t，进而使得 EC 曲线向上移动（因为 $\partial EC/\partial t < 0$），导致最优城市规模扩大；有效的产业政策有助于增大参数 Y，进而使得 EE 曲线向下移动（因为 $\partial EE/\partial Y < 0$），导致最优城市规模扩大；有效的环境政策有助于减小污染系数 Z_5，因此 EE 曲线向下移动（因为 $\partial EE/\partial Z_5 > 0$），导致最优城市规模扩大；随着环境质量偏好程度的提高，EE 曲线向上移动（因为 $\partial EE/\partial \delta > 0$），导致最优城市规模缩小。

关于图 5-1 给出的 EE-EC 分析框架，有两点需要说明：①针对有效的产业政策有助于增大参数 Y 的说法，由（3-40）式可知，Y 可以被视为有效劳动力的产出弹性，有效的产业政策促进产业升级与技术进步，因此使 Y 增大。②针对极限人口规模 N^m，以劳动力服从负指数分布为例，令城市半径 $R(N) = 1/t$，得到 N^m，此时 $\lim_{N \to N^m} EC = 0$；根据负指数分布的设定，$\psi N = \int_0^R f(x) 2\pi x \mathrm{d}x$，可得 $bR - \ln(R + 1/b) = \ln(2B\pi b) - \ln(2B\pi - \psi N b^2)$，将 $R = 1/t$ 代入该式并反解 N，可得 $N^m = 2\pi B b^{-2} \psi^{-1} [1 - e^{-b/t}(b/t + 1)]$。

为了说明 EE-EC 分析框架与传统倒"U"形分析框架的内在关系，本书结合图 5-1 和图 4-1 绘得图 5-2。当 EE 曲线和 EC 曲线维持不变时，传统的倒"U"形曲线处在图 5-2 中的实线位置；但是，当城市通过供给侧政策增加城市公共品供给进而提升人口承载力时，EE 曲线向下移动到 EE′ 的位置，对应的最优城市规模扩大，此时倒"U"形曲线也移动到图 5-2 中的虚线位置。由此可见，本书的 EE-EC 分析框架与传统的倒"U"形分析框架在本质上是一致的，EE 曲线和 EC 曲线可以被看作是对倒"U"形曲线的一种分解（不是简单的加减分解）。但是，EE-EC 框架更为直观，且 EE 曲线和 EC 曲线的变动有助于我们进行定性和定量分析。

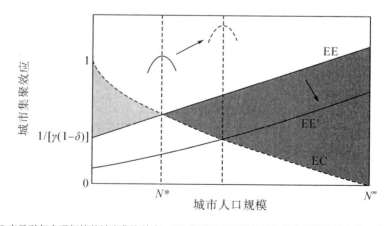

注：EC 表示引起交通拥挤的城市集聚效应，EE 表示引起经济增长和环境污染的城市集聚效应。

图 5-2　EE-EC 分析框架与传统的倒"U"形分析框架

城市管理者总希望改善城市交通状况并不断优化产业结构。本书的分析表明，为实现这两个目标而采取的有效政策会促使城市最优规模大幅度提升，而在其他条件不变的情况下城市实际规模倾向于朝最优规模演进，因此本书的分析框架在一定程度上解释了城市集聚的内在动力。此外，EE-EC 分析框架也有助于理解一些著名的城市化理论。

（1）诺瑟姆逻辑斯蒂曲线（Northam Logistic Curve）。该曲线理论认为城市化过程需要经历初期缓慢发展阶段、中期加速发展阶段及后期平稳发展阶段（简新华 等，2010）。从本书的理论分析框架看，城市化初期缓慢发展主要是由于产业结构的不合理和交通基础设施的低水平；城市化中期加速发展主要得益于经济增长带来的产业结构优化升级及基础设施建设大量投入带来的交通成本降低；城市化后期较为平稳发展主要是因为产业结构和交通状况已经趋于稳态，难以再次实现大幅度优化，而且城市环境状况恶化将部分抵消产业政策对城市化的促进效应①。

（2）"胡焕庸线"，即黑河—腾冲线或瑷珲—腾冲线。学界对这条线的解释莫衷一是（吴福象 等，2017）。本书认为人口分布取决于经济、环境、交通等多种因素。通过空间制图我们可以发现，在中国这些因素也符合"胡焕庸线"的分布特征，因此根据本书的政策分析框架，要破除"胡焕庸线"就应当从这些因素入手。近年来，"一带一路"倡议、雄安新区建设等重大战略的实施预计能在部分区域起到作用。

（3）库兹涅茨环境倒"U"形曲线。该曲线理论认为，在城市化的过程中，随着人均国内生产总值（GDP）的增加，环境污染程度呈现出升高趋势，但随着人均 GDP 的进一步增加，环境污染程度又会逐渐降低。在 EE-EC 分析框架中，产业结构升级对城市规模的边际促进作用递减，而环境质量恶化对城市规模的边际抑制作用递增（见后文的图 5-4），因此随着收入水平和城市规模的提升，环境问题逐渐成为制约城市发展的重要因素。那么大城市更倾向于加强环境治理、控制人口进一步集聚及迁出部分污染产业，如北京等一线城市的实际做法，进而促使库兹涅茨环境倒"U"形曲线的产生。

（4）亨德森钟状曲线。该曲线理论认为，城市人均净收入随城市规模的扩张先增加后减少，传统理论认为这种现象是城市"向心力"和"离心力"共同作用而导致的（Henderson，1974；Fujita et al.，1999）。本章的观点与该曲线理论的观点一致，但在分析"离心力"时除交通因素外还融入了环境因素，因此相对全面。从第 3 章的有关命题也可以看出，当环境质量偏好程度为零时，命题 3-4 得出的最

---

①　有效的产业政策促使 EE 曲线向下移动，而环境恶化将提高政府和民众对环境质量的偏好程度或增大环境污染系数，从而使 EE 曲线向上移动，因此两者对城市集聚的作用存在抵消效应。从 EE-EC 分析框架可以看出，随着城市化水平的不断提升，产业发展需要不断加强对环境的考虑，这符合库兹涅茨环境倒"U"形曲线的内在逻辑。

优城市规模等同于欧等（Au et al.，2006）所测算的最优城市规模，因此本书拓展了亨德森模型，相对而言更具一般性。

（5）齐普夫定律（Zipf's law）和吉布拉定律（Gibrat's law），即城市规模呈现幂律分布（power-law distribution）。类似规律被大量学者研究（Krugman，1996；Gabaix，1999；Gabaix et al.，2004；Eeckhout，2004；Levy，2009；Rozenfeld et al.，2011），参见第1章和第3章的介绍。本书认为规律背后尚未揭示的经济学原理远比规律本身值得研究。之所以城市规模（N）呈现幂律分布特征，主要是因为最优规模（N^*）服从该规律，这是多方因素共同作用的结果。通过 EE-EC 分析框架可知，如果政府实施比较严格或相对扭曲的城市政策，则城市实际规模和城市最优规模未必会出现幂律分布特点（供给侧政策或需求侧政策都可以达到该效果），这也就解释了为何齐普夫定律往往出现在政府干预较少的西方国家[①]。

由于 EE-EC 分析框架具有灵活性和包容性，除了以上经典的城市化理论外，其他理论也完全可以被纳入该框架进行分析，尤其是在进行关于城市规模变动的定性分析时，该框架具有一定的优越性。

5.3　城市政策的比较静态分析

为了直观地进行城市政策的比较静态分析，此处以某特定城市 A 为例，假设 A 市的实际城市规模为 N_1，在图 5-3 中，$N_1 < N^*$ 表示 A 市的城市规模偏小。为了最大化净城市集聚效应，A 市的管理者可以通过宽松性户籍政策鼓励人口集聚或提高人口生育意愿，使得 $N = N_1$ 向右移动到 $N = N^*$ 的位置，这是需求侧政策发挥作用的体现。考虑另一种情况，假设 A 市的实际规模为 N_2，在图 5-3 中，$N_2 > N^*$ 表示 A 市的城市规模偏大。为了最大化净城市集聚效应，从需求侧看，A 市的管理者可以通过紧缩性户籍政策，使得 $N = N_2$ 向左移动到 $N = N^*$ 的位置；从供给侧看，A 市有多种做法，比如可以利用积极的产业政策和环境政策使 EE 曲线向下移动到 EE′的位置，或者利用积极的交通政策使 EC 曲线向上移动到 EC′的位置，从而使得最优城市规模变为 N_2。当然，在绝大部分情况下，需求侧政策和供给侧政策可以同时使用。

综上所述，当城市实际规模与最优规模不一致时，我们既可以通过需求侧政策改变城市实际规模（N），也可以通过供给侧政策改变城市最优规模（N^*），从而使两者趋于一致。当然，有的政策既属于需求侧政策，也属于供给侧政策，因为会同时影响 N 和 N^*。陆铭（2016，2017a，2017b，2017c）主张多用供给侧政策而慎用需求侧政策，并批判了许多学者的需求侧政策主张。本书认为供给侧政策和需

---

① 参见沈体雁等（2012）的研究。

求侧政策完全可以同时使用，相互补充，但是具体到各城市时，由于城市异质性的存在，因此有时候我们需要进行政策权衡，以尽可能低的政策执行成本来达到较好的政策实施效果。现实中，不同政策可能是密切相关的，甚至是配套使用的。对于政策的彼此关系，现有研究很难给出规律性分析，对于政策的使用只能一事一议，而本书的 EE-EC 分析框架正好为此提供了一种简化的政策推演工具。

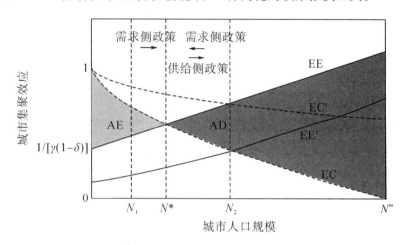

注：EC 表示引起交通拥挤的城市集聚效应，EE 表示引起经济增长和环境污染的城市集聚效应；AE 区域表示城市集聚经济，即城市规模偏小；AD 区域表示城市集聚不经济，即城市规模偏大。

图 5-3　基于 EE-EC 分析框架的比较静态分析

EE-EC 分析框架的不足之处在于产业政策的效果和环境政策的效果都反映在 EE 曲线中，而难以对两者进行比较分析。为此，本章进行简单的三维模拟，即利用第 3 章最优城市规模的求解方法进行简单的数值模拟，模拟结果见图 5-4。

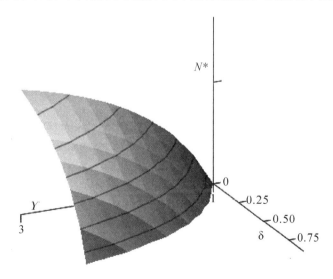

注：N^*（Z 轴）表示最优城市规模；$Y = (\varepsilon + \gamma/\rho + \beta) / (\gamma + \beta)$（$X$ 轴）为有效劳动力的产出弹性，倾向于随产业结构的升级而增大；δ（Y 轴）表示当地对环境质量的偏好程度。

图 5-4　最优城市规模随参数 Y 和 δ 的变化模拟

由图 5-4 可以看出，最优城市规模（N^*）随参数 Y 的增大而增大，随参数 δ 的增大而减小。但是从边际效应来看，Y 增大对 N^* 的边际促进作用递减，而 δ 增大对 N^* 的边际抑制作用递增。根据前文的解释，有效的产业政策有助于参数 Y 的增大，而环境压力将倒逼 δ 的增大。由此可见，对（超、特）大城市而言，环境压力更为巨大，这使得 δ 增加，对城市规模的抑制作用越来越强；而对于中小城市而言，通过产业升级来增大 Y 更为迫切，只要稍微增大 Y 就能有效促进城市承载力的提升。这与观察到的现实情况比较相符，现实中大城市往往更加关注环境质量，而中小城市的发展受制于产业基础薄弱的情况则相对严重。因此，国家层面通过适当的产业布局政策，促进不同城市之间的产业腾挪具有重要意义。

以上关于图 5-3 和图 5-4 的分析是比较静态分析，忽略了城市规模及政策的动态性，然而正如本书前言部分提到的"在分析城市规模和政策时必须以动态视角进行，而且要系统性分析，避免'头痛医头、脚痛医脚'的做法"。如果考虑动态性，那么图 5-3 中的曲线和垂线就不再是固定的，此时 EE 曲线、EC 曲线及代表城市实际规模的垂线很难交叉在一起；事实上，城市政策没有必要非让三者交叉在一起不可，促使城市规模演进朝着有利于城市人均效用最大化的方向进行才是重要的。这就需要注意以下几点：第一，习近平总书记在 2020 年的中央财经委员会第七次会议上指出："我国城市化道路怎么走？这是个重大问题，关键是要把人民生命安全和身体健康作为城市发展的基础目标。目前，我国常住人口城镇化率已经达到 60.6%，今后一个时期还会上升。要更好推进以人为核心的城镇化，使城市更健康、更安全、更宜居，成为人民群众高品质生活的空间。"因此城市政策始终要坚持"以人为核心"的宗旨，不能为了经济效益而不顾城市常住人口的生活压力，也不能单纯为了区域平衡就限制要素自由流动。第二，城市政策应针对不同规模的城市，根据城市的动态发展和政府的调控目标进行动态调整，在保持政策的稳定性、连续性的前提下，体现政策的区域针对性和纠偏性。第三，城市政策可以配套使用，如环境规制导致企业减产进而造成部分产品涨价[①]，那么此时就可以配套相应的价格管控措施。第四，供给侧政策和需求侧政策必须相对来看，对于特大城市和超大城市，提升城市供给水平、增强居民获得感是重要内容，但是对于中小城市，人口集聚程度本身就低，此时应当做的就不是盲目提升城市供给能力，而是以需求侧政策鼓励人口集聚。第五，不能以短期目标来评判城市规模是过大还是过小，应该有一个五年或更长时间的城市规模预期，再在该预期和本书的 EE-EC 分析框架之下推演城市政策问题，否则基于短期数据出台的城市政策很可能不能适应城市长期发展的需要，甚至导致政策措施起反作用。第六，城市政策虽然需要动态

---

① 比如，多家媒体报道，2020 年年初环保督查导致甘肃、陕西、贵州等地砂石价格大幅上涨，因此环境规制可能导致当地居民的装修成本大幅提高从而降低生活幸福感。

纠偏，但是在大方向上要保持连续性，避免"令多者其行寡"和"医之好治不病以为功"的现象，而且要与中央的重大规划和战略相结合。目前，一些地方政府在换届之后为了突出本届领导班子的政绩，往往不重视上届政府的规划，甚至另起炉灶、推倒重来，打乱了城市本来的发展方向，干扰了资源的有效配置，类似问题也需要引起重视。

5.4　基于中国数据的实证分析

　　本节承接第 3 章的实证分析，数据来源和测算方法及最优城市规模的测算结果不再赘述。需要指出的是，本章关于城市政策的分析，有以下几点原则：第一，站在地方政府的立场上，由命题 3-8 可知，只要 EC>EE（PMU>0）就应当鼓励城市集聚（以便创造更多的净集聚效应），因此本章关注的哪些城市应该优先发展的问题并不严谨，更准确地说，优先发展问题应该归结为要不要对个别城市（尤其是超大城市）采取严格的人口和土地管制措施，此外，要不要鼓励城市进一步集聚存在中央政府政策目标和地方政府政策目标的冲突、市场资源配置和区域平衡发展的冲突；第二，不管是大城市还是中小城市，不管是东部城市还是西部城市，优化城市发展格局、增加城市公共品供给、提升城市人口承载力总是需要的，因此不管城市的现有规模是偏大还是偏小，城市都应当增强供给能力，促进最优规模的提升；第三，为了提升城市承载力，产业政策、环境政策和交通政策在绝大部分情况下可以同时使用，只不过不同政策起到的效果不尽相同。本章政策分析的目的不在于从众多政策中选择一种来实施（因为各项政策可以配合使用），而在于找到限制城市集聚的"短板"，从而给出更加有效和有针对性的政策建议。

5.4.1　加强西部城市产业建设，改善东部城市环境和交通现状

　　考虑到中国城市发展不平衡的问题比较严重（Deng et al., 2020a），本书将 2010 年的 286 座样本城市按照"胡焕庸线"划分为西部城市和东部城市两类。两类城市的部分指标的平均值由表 5-1 给出。

表 5-1　中国东西部城市发展的不平衡（2010 年）

类别	常住人口/万人	最优人口/万人	PM2.5/(μg·m⁻³)	EC	EE	考虑环境			不考虑环境		
						PMU	PCU	PEU	PMU	PCU	PEU
西部城市	86	240	30	0.960	0.735	199	569	0.307	318	787	0.370
东部城市	178	344	51	0.933	0.761	66	245	0.227	150	423	0.333

　　注：关于 EC 和 EE 的含义，详见图 5-1。PMU、PCU 和 PEU 分别表示城市扩张的边际人均效用、已有城市基础对边际人均效用的影响、集聚外部性对边际人均效用的影响，详见命题 3-8。

从表5-1可以获得以下结论：

第一，"胡焕庸线"以东城市的平均常住人口占最优人口的比重为52%（178÷344×100%），"胡焕庸线"以西城市的平均常住人口占最优人口的比重为36%（86÷240×100%），因此西部城市要实现最优规模还有很长的路要走。那么站在地方政府的立场粗略来看，西部城市吸引人口进入的动力较强（当然，实际能否吸引成功是另一回事）。

第二，从城市扩张的边际人均效用（PMU）看，西部城市的平均边际人均效用大于东部城市（199>66），在不考虑环境质量时仍是如此（318>150）。由此可见，站在国家整体层面以必要的政策手段促进西部城市集聚在目前是较为有利的。

第三，考虑环境质量使得PMU大大降低（西部城市从318降低至199，东部城市从150降低至66），因此环境是制约城市发展的重要因素，对东部城市而言尤其如此。根据图5-4可以理解为什么东部城市的环境制约作用更明显，结合命题3-5和命题3-8也容易对该结论进行理论上的证明。

第四，从PMU的分解来看，西部城市的城市基础对边际人均效用的影响（PCU）和集聚外部性对边际人均效用的影响（PEU）均大于东部城市。导致西部城市平均PCU较大的主要原因是环境基础相对较好（这点从表5-1的PM2.5的浓度中可以看出），同时西部城市的人口规模相对较小，因此拉高了指标的平均值。导致西部城市平均PEU较高的主要原因是交通成本相对较低。既然西部城市的PMU及其分解指标均优于东部城市，那为什么人口流动的趋势，总体来说，还是由西向东？这是因为人口（尤其是低技能的劳动力）流动的主要目的是追求高收入，而本书站在全局最优的立场上看重的是人均效用水平，两者存在不一致，而且个体行为往往存在盲目性和短视性。如果允许人口完全自由流动，那么城市发展将加剧两极分化，既有的大城市尤其是区域中心城市可能越来越拥挤（毕竟供给侧的改善能力是有限的），而一些小城市和农村地区的发展将愈发滞后，出现所谓的"马太效应"，这既不符合我国共同富裕的社会主义的本质要求，也不符合现代城市治理原则（如比较优势原则）。

从以上四点可以看出，假定中国城市在地域层面的发展不平衡现象是需要加以改变的，那么促进西部城市集聚可以获得相对较大的边际人均效用（PMU）。我们应该如何缓解东西部城市发展不平衡的矛盾呢？第一，由前文的EE-EC分析框架可知，应当使用宽松性户籍政策促进西部城市进一步集聚，避免政策限制（如用地限制、小孩上学的户籍限制）等因素阻碍西部地区的城市化。第二，尽管本书的分析表明西部城市的平均交通状况和环境基础好于东部城市，但是真正影响人口迁移的主要因素是产业基础，数据显示西部城市的产业结构和工业化进程远逊于东部城市（陈佳贵 等，2012），因此加大西部城市产业建设力度，通过合理的产业定位、布局和规划形成西部城市的优势产业是推动城市化的重要手段。第三，把握

"一带一路"倡议契机，变地缘劣势为地缘优势，打造新的增长极，撬动西部城市全面发展。"一带一路"建设被放入本书的分析框架，既是供给侧措施，也是需求侧措施，有助于同时扩大城市最优规模和实际规模，尽管不一定解决城市规模偏小的问题，但有助于促进城市进一步集聚。第四，虽然从人均指标看，西部城市并不比东部城市差，但这主要是因为西部城市的人口规模较小，而且许多西部城市是资源型城市（如克拉玛依、包头、大同）。这些城市的人均产出虽然看上去很高（2010 年克拉玛依市的人均 GDP 是北京的 2.5 倍，人均工业总产值是北京的 4.7 倍），但是这些城市并不具备持续吸纳流动人口的能力（因为产业结构单一且对自然资源的依赖性强，对劳动力的需求容易饱和，还存在"资源诅咒"的可能），因此提升西部城市对流动人口的吸纳能力，创造产业工人的就业岗位是推动西部地区城市集聚的基础性保障。第五，一般而言，一定时期内（不考虑人口出生和死亡）城市集聚的方式只有两种：一是吸引农民进城，二是从其他城市吸引人口流入。对于西部城市而言，要从东部沿海地区吸引人口比较困难，能做到人口尤其是人才不外流就已经很不容易，因此提高本土城市化率相对可行。

总体来看，应该加强西部城市的产业建设，同时改善东部城市的交通和环境状况，即更多地考虑通过供给侧政策来改善城市承载力，这与蔡昉等（2001）和陆铭（2016、2017a、2017b、2017c）的建议一致。然而，改善东部城市的环境和交通状况相对困难，毕竟在某种程度上当地政府已经做出了较大努力。从现实角度看，通过产业建设增强西部城市的人口吸纳能力进而改变东西部城市发展不平衡的现象更为可取。当然，本书并不要求在绝对意义上消除"胡焕庸线"，这也没有必要，因为最优城市规模的分布也存在"胡焕庸线"的特征，只不过"胡焕庸线"两侧的不平衡程度相对较低。

5.4.2　从边际人均效用角度看，目前应优先发展中小城市

根据命题 3-7，一方面，如果中央政府追求总效用最大化的目标，那么优先发展大城市有一定道理，因为大城市的发展基础更好（CU 项倾向于更大），因此大城市的扩张能带来更大的效用；反之，优先发展中小城市也有一定的道理，因为中小城市的 EU 项（城市集聚外部性对效用的影响）倾向于更大，这是因为中小城市偏离最优规模的程度较大（见图 3-1）。那么，MU（MU＝CU×EU）在哪些城市更大？这需要定量分析。另一方面，如果中央政府追求人均效用最大化的目标，那么优先发展小城市可能更好，因为小城市的边际人均效用（PMU）倾向于更大。基于命题 3-7 和命题 3-8，表 5-2 给出了不同城市类型下，城市规模扩张的边际效用和边际人均效用及其分解。

从表 5-2 看，平均而言六种类型的城市都存在规模过小的现象（常住人口少于最优人口），因此在国家层面大力推进城镇化建设是合理的。表 5-2 中的结果显

示，考虑环境因素对城市规模扩张的边际效用和边际人均效用会产生较大影响，尤其是对特大城市和超大城市[①]，因此大城市需要更加关注环境治理，这与图 5-4 的结论一致。

表 5-2　城市规模扩张的边际效用和边际人均效用分解（2010 年）

项目	常住人口/万人	考虑环境			不考虑环境		
		PMU	PCU	PEU	PMU	PCU	PEU
小城市（Ⅰ型）	38.84	200.12	635.12	0.30	336.75	894.87	0.37
中等城市	71.82	81.05	294.41	0.26	181.58	499.58	0.36
大城市（Ⅱ型）	150.80	32.37	137.46	0.22	91.64	269.95	0.34
大城市（Ⅰ型）	353.41	15.79	84.40	0.17	48.73	175.65	0.28
特大城市	699.91	4.66	37.12	0.13	16.62	78.99	0.22
超大城市	1 489.28	2.84	26.05	0.07	10.01	56.09	0.16

项目	最优人口/万人	考虑环境			不考虑环境		
		MU	CU	EU	MU	CU	EU
小城市（Ⅰ型）	117.68	30 302.99	23 110.93	1.30	45 248.36	32 941.76	1.37
中等城市	193.42	25 773.71	20 244.77	1.26	47 039.23	34 538.87	1.36
大城市（Ⅱ型）	346.06	24 715.79	20 022.49	1.22	52 303.29	39 146.44	1.34
大城市（Ⅰ型）	638.00	34 838.92	29 385.87	1.17	79 009.38	61 874.26	1.28
特大城市	1 059.08	28 140.24	25 048.72	1.13	65 971.37	54 458.82	1.22
超大城市	1 805.84	36 066.08	33 193.47	1.07	85 950.71	74 352.29	1.16

　　注：城市分类依据《国务院关于调整城市规模划分标准的通知》（国发〔2014〕51 号）。由于资源型城市比较特殊，这类城市对流动人口的承载能力比较有限，而且存在"资源诅咒"的风险，因此表 5-2 进行了剔除；资源型城市的划分依据国家计委宏观经济研究院课题组（2002）的标准。PMU、PCU、PEU、MU、CU 和 EU 的定义请见命题 3-7 和命题 3-8。

　　由命题 3-7 和命题 3-8 可知，从国家整体层面看，如果追求总效用最大化，那么更应该优先发展 MU 较大的城市；如果追求人均效用最大化，那么更应该优先发展 PMU 较大的城市。从表 5-2 可以看出，不管是否考虑环境，MU 和 PMU 的排序都存在矛盾。例如，考虑环境时小城市（Ⅰ型）的 PMU 最大（200.12），因此应当优先发展小城市；考虑环境时超大城市的 MU 最大（36 066.08），因此应当优先发展超大城市。这表明以往超大城市的较快集聚与政府关注总量目标的做法不无关系。出现这种矛盾的核心在于总量目标和人均目标的不一致性，这在一定程度上解释了孙三百等（2014）提出的中国城市移民增量的空间不匹配现象。本书认为城市发展更应关注人均效用，而实际中政府可能更看重总效用，尤其是总产值，因此可能产生政策扭曲和资源配置无效率。

---

　　① 对比不考虑环境的情况，考虑环境使超大城市和特大城市的 PMU 下降 72%，但使小城市的 PMU 仅下降 41%。

为了更好地反映总量目标和人均目标的不一致性，本书把城市规模扩张的四种边际贡献反映在图 5-5 中。图 5-5 中的四种边际贡献反映了政府在城市化建设中秉持的四种施政理念，即考虑环境因素与不考虑环境因素，追求总量目标与追求人均目标。基于不同理念所得到的城市优先发展顺序并不一致，因为图 5-5 中的两条 PMU 曲线呈下降趋势，而两条 MU 曲线大致呈上升趋势。本书认为，第一，在城市发展过程中，必须对环境问题加以考虑，这是党的十八大以来"五位一体"执政理念的集中体现，也是我国能源环境约束日益收紧的客观要求；第二，2013年 12 月，中共中央组织部印发了《关于改进地方党政领导班子和领导干部政绩考核工作的通知》，从该通知的内容看，应当摒弃经济总量目标，转而关注人均效用，正如习近平总书记指出的防止简单地把经济总量、发展速度等作为评价干部政绩的主要依据，这是缩小收入差距、全面建设现代化国家的前提，也是党的十八届五中全会提出的让广大人民群众共享改革发展成果的必然要求。基于以上两点，图5-5 更应该关注的是考虑环境的 PMU。图 5-5 中，该曲线呈下降趋势，表明中小城市应该优先发展。当然，优先发展中小城市并不意味着不发展大城市，第 3 章的测算结果表明，我国绝大部分城市的规模偏小，因此在优先发展中小城市的同时进一步促进大城市集聚仍是需要的。

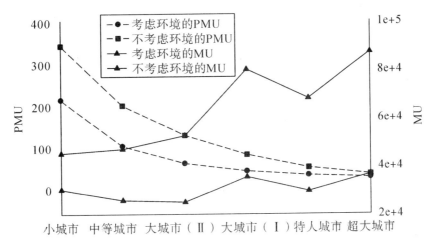

注：PMU 指城市规模扩张的边际人均效用，对应左侧纵坐标；MU 指城市规模扩张的边际效用，对应右侧纵坐标。城市分类依据《国务院关于调整城市规模划分标准的通知》（国发〔2014〕51 号）。

图 5-5　城市规模扩张的边际效用和边际人均效用（2010 年）

资料来源：依据表 5-2 中的数据绘制。

5.4.3　城市发展政策需要因地制宜，不能一概而论

近年来，大中城市的人才竞争十分激烈，各地纷纷出台人才优惠政策，主要有以下几类：绿色落户通道、安家费、住房优惠补贴、人才公寓、企业引才奖励、税

收减免、就业创业扶持、随迁家属安置（参见第 6 章）。根据本书的测算结果，地方政府大力吸引人才是合理的：首先，中国的城市规模普遍偏小，多数城市存在进一步集聚的空间；其次，吸引优质人才可以优化人口结构，提升人力资本，在第 3 章的理论模型中人力资本的提升表现为产业结构参数 Y 增大，由 EE-EC 分析框架可知，这有助于提升城市人口承载力。但是，本书较多地考虑了城市异质性，城市政策的使用也需要因地制宜。

为了直观分析，作者将 20 座城市集聚的经济增长和环境效应（EE）及交通拥挤效应（EC）的测算结果展示在图 5-6 中。由图 5-6 可以看出，EE 曲线相对平缓而 EC 曲线相对陡峭，因此交通政策对城市规模扩张可能更加有效，但是由于不同政策的执行成本和方式不同，因此不同政策之间不具有可比性，那么这里说交通政策更有效是不严谨的；而且图 5-6 只展示了我国 20 座主要城市的情况，事实上部分欠发达城市的 EE 曲线并不十分平缓[①]。由于 EC 曲线和 EE 曲线的交点决定了城市最优承载力，因此在图 5-6 中，对城市按照城市人口承载力由强到弱的顺序进行排序，依次为重庆、上海、广州、北京、深圳、天津、西安、武汉、成都、南京、杭州、厦门、大连、沈阳、济南、青岛、长沙、宁波、福州和郑州。需要强调的是，城市规模变化是一个动态演进的过程，EC 曲线和 EE 曲线的位置及城市人口承载力也都是不断变化的，城市政策的使用目的就在于促使这些变化朝着有利的方向进行。

图 5-6 的结果显示，在当前城市规模下，对城市按照 EC 值由高到低的顺序进行排序，依次为西安（0.907）、长沙（0.897）、厦门（0.895）、济南（0.886）、青岛（0.874）、重庆（0.872）、成都（0.872）、福州（0.865）、大连（0.863）、宁波（0.852）、武汉（0.846）、天津（0.842）、郑州（0.834）、深圳（0.831）、南京（0.830）、广州（0.823）、杭州（0.789）、沈阳（0.775）、北京（0.709）、上海（0.690）。从城市人口承载力的角度看，EC 值越大越好，因此上海、北京、沈阳、杭州、广州等城市应当更多地使用城市交通政策，以便缓解城市集聚带来的交通拥挤，提升有效劳动力占总劳动力的比重（本章 5.5 节还将以北京为例，进行政策效果模拟）。

图 5-6 的结果显示，在当前城市规模下，对城市按照 EE 值由低到高的顺序进行排序，依次为深圳（0.712）、福州（0.720）、广州（0.721）、宁波（0.722）、厦门（0.724）、大连（0.727）、杭州（0.733）、沈阳（0.742）、上海（0.743）、青岛（0.749）、长沙（0.749）、重庆（0.751）、西安（0.757）、北京（0.757）、南京（0.775）、武汉（0.781）、天津（0.782）、成都（0.784）、济南（0.798）、

---

① 有关数据可向作者索取。

郑州（0.848）。从城市人口承载力的角度看，EE 值越小越好，因此郑州、济南、成都、天津、武汉等城市应当更多地使用产业政策和环境政策。从这里也可以看出，尽管北京和上海等地的产业结构相对合理，但是 EE 值却只处于中等水平，这主要是因为北市和上海等地的环境问题相对严峻①。

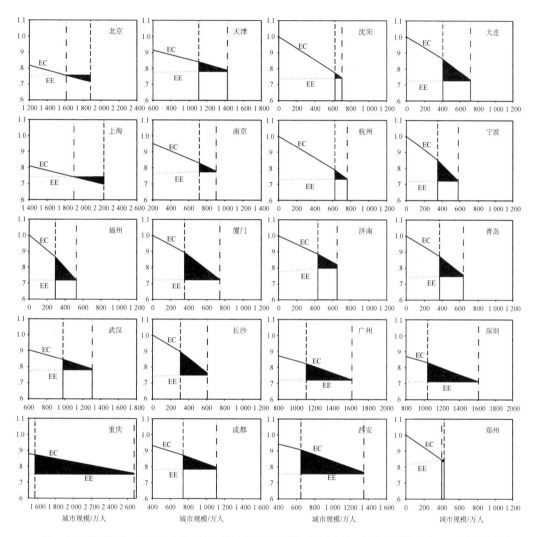

注：为了版面美观，图 5-6 中除 4 座一线城市和 15 座新一线城市外，还加入了郑州市。EC 曲线为城市集聚的交通效应，EE 曲线为城市集聚的经济和环境效应，两者的交点决定了最优城市规模。黑色区域表示城市规模偏大或偏小，图中规模偏大的城市只有北京、上海和郑州。对于图中未给出的 266 座城市的数据，可向作者索取。

图 5-6　中国部分城市的城市集聚效应和城市规模（2010 年）

---

① 受制于研究方法的局限性，本书将城市集聚的经济增长效应（产业效应）和环境污染效应揉在了一起，以 EE 表示。因此到底是哪种效应制约了城市集聚，我们还需根据具体的产业结构参数和环境质量参数进行识别，为此表 5-3 对 EE＝EC 公式进行了分解。

为了更好地给出政策建议，有必要将产业政策和环境政策进行分离，为此，本书对 EC＝EE 公式进一步展开，即

$$\underbrace{[\psi N(1-tR)]/L}_{EC}=\underbrace{\{1/Y\}}_{EE_I}\underbrace{\{[\bar{S}-BY]/[(1-\delta)\bar{S}-BY]\}}_{EE_E}$$

公式左侧 $EC\equiv\psi N(1-tR)/L$ 主要反映城市集聚的交通效应（交通政策有效性），公式右侧 $EE_I\equiv Y^{-1}$ 主要反映城市集聚的经济增长效应（产业政策有效性），$EE_E\equiv[\bar{S}-BY]/[(1-\delta)\bar{S}-BY]$ 主要反映城市集聚的环境效应（环境政策有效性）。中国部分城市 2010 年的城市政策分析由表 5-3 给出。

表 5-3　中国部分城市的城市政策分析（2010 年）

编号	城市	规模适度性	交通政策		产业政策		环境政策		户籍及配套政策的建议
			EC	有效性排序	$\dfrac{1}{Y}$	有效性排序	$\dfrac{\bar{S}-BY}{(1-\delta)\bar{S}-BY}$	有效性排序	
1	北京	偏大	0.709	19	0.683	5	1.108	14	紧缩
2	天津	偏小	0.842	12	0.683	6	1.144	18	适度
34	沈阳	偏小	0.775	18	0.686	12	1.082	9	适度
35	大连	偏小	0.863	9	0.683	4	1.065	6	宽松
68	上海	偏大	0.690	20	0.682	2	1.090	11	紧缩
69	南京	偏小	0.830	15	0.690	13	1.123	16	适度
82	杭州	偏小	0.789	17	0.684	9	1.071	7	适度
83	宁波	偏小	0.852	10	0.683	3	1.058	5	宽松
110	福州	偏小	0.865	8	0.697	18	1.032	1	宽松
111	厦门	偏小	0.895	3	0.695	15	1.041	3	宽松
130	济南	偏小	0.886	4	0.685	10	1.166	19	适度
131	青岛	偏小	0.874	5	0.683	7	1.095	13	宽松
164	武汉	偏小	0.846	11	0.696	17	1.121	15	适度
176	长沙	偏小	0.897	2	0.685	11	1.094	12	宽松
189	广州	偏小	0.823	16	0.681	1	1.057	4	适度
191	深圳	偏小	0.831	14	0.684	8	1.041	2	适度
226	重庆	偏小	0.872	6	0.694	14	1.083	10	宽松
227	成都	偏小	0.872	7	0.695	16	1.128	17	适度
259	西安	偏小	0.907	1	0.701	19	1.080	8	宽松
147	郑州	偏大	0.834	13	0.702	20	1.209	20	适度

注：EC 反映城市集聚的交通效应，EE 反映城市集聚的经济增长和环境效应，且 $EE=Y^{-1}[\bar{S}-BY]/[(1-\delta)\bar{S}-BY]$，其中 Y^{-1} 反映经济增长效应，$[\bar{S}-BY]/[(1-\delta)\bar{S}-BY]$ 反映环境效应。根据 EE-EC 分析框架，EC 的值越高越好，因此表中"交通政策"的有效性依据 EC 的值排序，值越高，排序越靠前；EE 的值越低越好，因此表中"产业政策"和"环境政策"的有效性分别依据 Y^{-1} 和 $[\bar{S}-BY]/[(1-\delta)\bar{S}-BY]$ 排序，值越低，排序越靠前。表中"户籍及配套政策的建议"主要依据城市现有规模偏离最优规模的程度给出，以"宽松""适度""紧缩"表示。对于表中未给出的 266 座城市的数据，可向作者索取。

表 5-3 中最后一列关于户籍政策的建议是在城市供给侧情况不变的前提下给出的。如果城市供给侧情况发生变化（如城市公共品供给增加），这将改变城市的最优规模，那么城市实际规模和最优规模的关系将发生改变，此时表 5-3 中关于户籍政策的建议就可能不再适用。正因为如此，表 5-3 中的交通政策、产业政策和环境政策等供给侧政策更加需要引起重视。

从表 5-3 可以看出，交通政策、产业政策和环境政策虽然适用于所有城市，但是在不同城市的有效性不尽相同。以北京为例，其产业政策有效性排第 5 位，相对有效；而环境政策有效性排第 14 位，交通政策有效性排第 19 位，相对低效。可见，北京在城市发展过程中应从供给侧出发，更加关注交通状况的改善和环境治理。再以郑州为例，其交通政策有效性排第 13 位，环境政策有效性排第 20 位，产业政策有效性排第 20 位，都相对低效，尤其是环境政策和产业政策，因此郑州需要在这几个方面都加以改善①。表 5-3 中，在交通政策、环境政策和产业政策三方面都表现较好的城市几乎没有，因此城市政策的使用不能一概而论，城市发展需要找准政策着力点。

关于表 5-3 中户籍政策的建议，具体来看，当前北京和上海需要继续保持相对紧缩的户籍政策，以消除城市规模偏大的现象，提升城市人均效用水平。对于郑州，尽管城市规模也偏大，但这并不完全是由人口过度集中造成的，而主要是因为其产业、环境和交通基础相对薄弱制约了城市人口承载力的增强，因此采取适度的户籍政策是可行的。此外，表 5-3 中建议采用适度（既不太紧缩，也不太宽松）户籍政策的城市还有天津、沈阳、南京、杭州、济南、广州、深圳、武汉和成都。表 5-3 中建议采用宽松户籍政策的城市有大连、宁波、厦门、福州、长沙、青岛、重庆和西安。总体上，本书基于 286 座城市的数据进行分析，给出的户籍政策建议与第十二届全国人大常委会第三次会议提出的《国务院关于城镇化建设工作情况的报告》② 一致，与党的十九大报告提出的构建大中小城市和小城镇协调发展的城镇格局相契合。

至于前文提到的人才引进政策，从理论模型和 EE-EC 分析框架的角度而言，其对所有城市都是有效的，尤其是产业基础相对薄弱的城市（如郑州、西安、福州），因为城市人力资本的增加会提升表 5-3 中产业政策的有效性。但是，人才引进政策涉及的优惠条款本身存在执行成本，正如邓忠奇等（2018d）提出的，需避免以直接财政补贴等不可持续方式引进人才，因此还需进行政策的成本-收益分析，这是作者未来的研究方向。

---

①　表 5-3 中城市政策有效性的比较是不同城市之间的横向比较，不同类型的城市政策（交通政策、产业政策和环境政策）之间缺乏可比性。由于表 5-3 只包括了中国的 20 座主要城市（一线城市、新一线城市和郑州），因此有的城市虽然政策有效性较弱，但是与未在表 5-3 中列出的中小城市相比，可能其政策有效性较强。

②　该报告明确要求，全面放开小城镇和小城市落户限制，有序放开中等城市落户限制，逐步放宽大城市落户条件，合理设定特大城市落户条件。

5.5　以北京为例的城市政策效果模拟

以北京为例，根据表 3-2 的测算结果，2010 年北京的最优城市规模为 $N^* =$ 1 612. 51 万人，而实际城市规模为 $N = 1 882. 73$ 万人。$N > N^*$ 表示 2010 年北京的城市规模偏大。由 EE-EC 分析框架可知，为了最大化净城市集聚效应，我们可以利用需求侧政策和供给侧政策对城市规模进行引导。考虑到北京的城市规模偏大，城市管理者可以通过采取相对严格的户籍政策等方式来限制人口流入，即通过需求侧政策抑制人口进入，这与北京的实际做法比较一致。另外，从供给侧的角度看，产业、交通、环境等政策能够单独或同时使用以增强城市人口承载力。本节对供给侧政策进行了简单模拟，结果展示在图 5-7 中。

图 5-7 的第一幅子图展示了产业政策使 Y 增大进而提升最优城市规模的过程。然而，与图 5-4 的结论一致，产业政策对最优城市规模的边际促进作用存在递减现象，仅仅在 Y 较小的城市，产业政策的效果才比较明显。因此，对于产业基础相对比较薄弱的中西部城市，产业政策是提升其城市承载力的有效手段。

图 5-7 的第二幅子图展示了交通政策降低通勤成本 t 进而提升最优城市规模的过程。交通政策的边际促进作用没有明显的递减或递增趋势。粗略而言，将北京单位距离的往返通勤成本由 0. 021 0 降低到 0. 018 5 就可以使最优城市规模提升至 18. 827 3，从而确保实际城市规模接近最优城市规模。用传统的倒"U"形曲线理论（见图 4-1）来分析，降低城市交通成本使倒"U"形曲线向右上方移动，从而使最优城市规模提升。

图 5-7 的第三幅子图展示了环境改善降低环境偏好程度 δ 进而提升最优城市规模的过程。将该子图中的横坐标 δ 换成污染系数 Z_5 后，环境政策降低污染系数进而提升最优城市规模的过程与降低 δ 的情况基本一致。从该子图相对较平的斜率可以看出，与其他政策相比，环境政策的作用效果相对较差，降低 10% 的 δ 仅能提升 3% 左右的最优城市规模。

总体来看，从供给侧的角度而言，为了最大化北京的净城市集聚效应，我们需要使 Y 增大约 16%，或者使 t 减小约 12%，或者使 δ 减小约 60%。因此，对北京而言，交通和产业政策更为有效。当然，这是基于 2010 年的数据所得出的结论，而近年来环境形势非常严峻，交通状况则相对改善，出台环境政策或许已经变为相对紧迫的任务，这需要进一步讨论。总之，城市问题纷繁复杂，需要我们以动态的、变通的视角来看待，各种城市政策也完全可以配合使用，没有必要只使用一种。

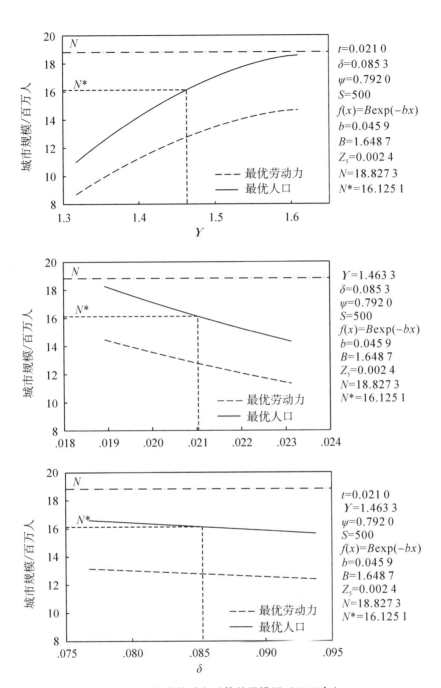

图 5-7　北京的城市政策效果模拟（2010 年）

5.6　本章小结

　　本章基于第 3 章得出的 EE 和 EC 两条曲线构建了一个用以分析城市规模相关政策的框架，即 EE-EC 分析框架。该框架中的 EE 曲线主要反映城市集聚的经济增长和环境污染效应，EC 曲线主要反映城市集聚的交通拥挤效应。进一步，本章将城市规模相关的政策分为供给侧政策和需求侧政策，前者通过影响 EE 和 EC 两条曲线的位置来影响最优城市规模，后者通过改变人口进城意愿或生育意愿等方式直接影响现有城市规模。当然，这种分析仅仅是简化处理，实际中供给侧政策也可能影响实际城市规模，不过本书认为这种影响是通过影响最优城市规模而间接产生的，因此 EE-EC 分析框架不存在太大的问题。将 EE-EC 分析框架与传统的倒"U"形曲线理论及经典的城市化理论（如诺瑟姆逻辑斯蒂曲线、"胡焕庸线"、库兹涅茨环境倒"U"形曲线、亨德森钟状曲线、齐普夫定律）相比，其也体现出一定的优越性。

　　在 EE-EC 分析框架内，为了实现城市净集聚效应最大化，我们可以利用需求侧政策来改变实际城市规模，也可以通过供给侧政策来改变最优城市规模，从而使实际城市规模和最优城市规模尽可能接近（以便尽可能地达到倒"U"形曲线的顶点）。具体地，本章对城市产业政策、环境政策、交通政策和户籍政策进行了比较静态分析，并利用 2010 年的第六次全国人口普查数据进行了政策的有效性研究。实证结果发现：①总体上，应当加强西部城市的产业建设，同时改善东部城市的环境和交通现状，即更多地考虑供给侧政策；②从边际人均效用的角度看，目前应优先发展中小城市，但这并不意味着不发展大城市，因为第 3 章的研究结论已经表明中国绝大部分城市的规模仍然偏小；③就具体城市而言，在交通、产业和环境三方面都表现较好的城市几乎没有，因此城市发展需要找准短板，城市政策的使用不能一概而论；④关于户籍政策，当前北京、上海需要继续保持相对紧缩的户籍政策以解决城市规模偏大的问题，建议采用适度户籍政策的城市有天津、沈阳、南京、杭州、济南、武汉、广州、深圳和成都，建议采用宽松户籍政策的城市有大连、宁波、厦门、福州、青岛、长沙、重庆和西安，绝大部分的其他中小城市都应该采用宽松户籍政策。需要强调的是，本章针对户籍政策的建议是在城市供给侧情况不变的条件下给出的，如果供给侧情况发生改变，那么实际城市规模和最优城市规模的相对大小将发生变化，此时本章的户籍政策建议就可能不再适用。

第6章 一些具体城市政策及相关问题分析

6.1 本章概述

第 4 章对我国常见的城市政策进行了定性梳理,第 5 章提出了有关城市政策与城市规模的 EE-EC 分析框架。但是城市问题复杂多样,不仅涉及城市规模的问题,还涉及粮食安全、资源集约利用等方方面面,因此单纯依靠一个分析框架来解决所有城市问题很难实现。本章选择了一些常见的城市政策和相关问题进行单独讨论,以丰富本书的理论和实证研究。具体来看,本章涉及城市人才引进政策、购房政策、产业政策(以去产能政策为例)、农地占补平衡政策、经济增长方式转变政策及环境规制政策等。

首先,人才引进政策是近几年的研究热点,各地方政府为了引进人才可谓不遗余力,但是任何政策都是有利有弊的,过分强调人才引进而不是人才培育可能导致许多城市问题,也可能加重地区之间的发展不平衡,因此我们有必要加以分析,本章的 6.2 节对此进行了简要探讨。伴随人才引进政策的通常还有城市购(租)房政策,这涉及政策管理者、地产开发商、居民等各方主体的博弈,本章的 6.3 节对此进行了简要分析。

其次,产业政策一直是我国经济建设中的重要特色,大到全国的历次五年计划,小到各地方的产业园区建设,都充分体现了产业政策在我国的重要性。在城市化进程中,产业建设是重中之重。科学合理的产业政策不仅可以促进城市产业繁荣,拉动和推动整个产业链乃至国民经济系统的繁荣,还能避免产能过剩和产业布局雷同等问题,减少"空城""鬼城"等现象造成的资源浪费,最终使得城市宜居宜业。本章的 6.4 节以去产能政策为例对产业政策进行了简要分析。

再次,城市化涉及征地问题,大量农地被占用可能导致粮食安全问题。维持基本的粮食产量是城市化的前提,我国为此出台了一系列政策措施,其中比较重要的一项是农地的占补平衡政策。但是,有文献认为,占补平衡很可能导致农地质量下降，降低农业生产效率，为此本章的 6.5 节对这一政策进行了实证考察。

此外，虽然持续推进城市化已经得到学界共识，但是如何城市化一直是实践难题。传统的城市化模式往往比较看重土地与人口的城市化，而对资源的集约利用和创新能力的培育重视不足，可能不利于经济增长方式的转变，因此本章的 6.6 节对有关问题进行了定量研究。

最后，在城市发展过程中，环境规制政策也是一种比较常见且日益流行的政策工具。然而，被规制者在面临环境规制的时候可能通过上涨产品价格、压低要素价格等方式将规制成本部分转嫁给消费者。为此，本章的 6.7 节从产业组织层面提出企业应对环境规制的"被动串谋"现象，认为政府在出台环境规制政策时应当注重对"被动串谋"现象的考察，防止政策干预对市场竞争的过多影响。

6.2　人才引进政策

在新时代，城市的发展必须由高速度向高质量转变，这一转变主要依靠人才，人才是企业的灵魂，是创新的原动力。正是在这一背景下，土地城市化和人口城市化逐渐演变成人才城市化。2017 年以来，新一线城市掀起了人才争夺浪潮，并且一浪更比一浪高，从最初的落户优惠、人才公寓，到后来"赤裸裸"的安家费和购房补贴，社会各界将之形象地称为人才争夺战（邓忠奇 等，2018d）。一时间，人才计划、人才落户、引才伯乐、人才流失、"挖墙脚"等词汇占据主流媒体头条，与此同时国家层面尚未出台明确的规制政策，学术界也缺乏相应的研究成果。可以说，有关城市间人才争夺的实践案例非常丰富而理论研究比较鲜见，这迫切需要在推动实践创新的基础上不断推进理论创新。2019 年部分城市人才引进政策如表 6-1 所示。

表 6-1　部分城市人才引进政策（2019 年）

城市	主要政策
深圳	在落户方面，只要具有大专以上学历、年龄小于 35 岁、缴纳了当地社保即可。人才落户可享受绿色通道。在生活和租房补贴方面，本科、硕士和博士学历人才可分别享受一次性补贴 15 000 元、25 000 元、30 000 元。在租房方面，提供 30 余万套人才住房，规定研究生以上学历人才可优先承租。在购房方面，研究生以上学历人才享有优先购买人才住房的权利。此外，创新和研发人才可享受最高 5 000 万元的支持
杭州	具有全日制大学本科及以上学历的人才或具有大专学历但属于紧缺专业的人才可直接落户，并且来杭州工作的本科、硕士和博士可分别领取 1 万元、3 万元和 5 万元的补助。在住房保障方面，杭州建设了 5 万余套人才房，租金低于市面价；对于购房的不同类型的高端人才分别给予最高 100 万元、80 万元和 60 万元的补贴

表6-1(续)

城市	主要政策
广州	新引进落户的全日制应届本科及以上学历人才,在广州工作满1年,即可获得相应的住房补贴。本科为2万元,硕士为3万元,博士及副高级以上专业技术人才为5万元
成都	普通全日制大学本科及以上学历人才可直接落户。在本市同一用人单位工作2年及以上的技能人才,可经单位推荐和部门认定进行落户。外地本科及以上学历的应届毕业生来成都应聘时,可在青年人才驿站免费居住7天。对人才进行分类,按不同类别给予购房补贴。对本市实体经济和新经济领域年收入超过50万元的人才,按其贡献给予其年度个人收入5%以内的奖励。对毕业5年内在本市创业的大学生,提供最高50万元、最长3年期的全额贴息贷款
天津	本科以上学历可直接落户。在租房补助方面,本科、硕士和博士分别享受1.2万元/年、2.4万元/年、3.6万元/年的补助,连续享受3年。对于高端人才,给予最高1 000万元的科研支持和最高200万元的奖励,在父母医疗、子女入学等方面给予照顾
石家庄	具有大专以上学历的可直接落户,即报即批,当日可办结。首套房不限购,且本科、硕士和博士可分别领取5万元、10万元和15万元的一次性购房补贴。在创业方面,在本市办理营业执照且稳定经营半年以上的企业,即可获得1万元补助
南京	简化了人才落户条件。外地应届生前来应聘可获得1 000元补贴。租房补贴年限从2年改为3年,即毕业3年内在南京工作的都能获得与学历相对应的租房补贴,本科、硕士和博士每月分别为600元、800元和1 000元
青岛	硕士和博士毕业生分别享受每人10万元和15万元的一次性安家补贴
郑州	中专以上毕业生直接落户;在生活补贴方面,对新引进落户的博士、35岁以下的硕士、本科和预备技师(技师)每人每月分别发放1 500元、1 000元、500元,发放3年;在购房补贴方面,对博士、硕士、本科每人分别发放10万元、5万元、2万元;对高端人才最高奖励500万元,满10年再送300平方米住房
武汉	大学生落户与就业创业政策脱钩,确保大学生零门槛落户;对引进的博士,每月补贴2 000元,发放3年;对到新城区工作的本科及以上学历毕业生,每年补贴1万元,发放2年
沈阳	对落户的博士、硕士,分别给予首套房6万元和3万元的购房补贴。对外地全日制毕业生首次来沈阳就业或创业的人才给予租房补贴,博士、硕士分别为800元/月、400元/月,发放3年。来沈阳应聘的应届和往届毕业生可在人才驿站免费居住10天
长沙	除机关事业单位人员外,新落户并在本市工作的全日制博士、硕士和本科分别享受1.5万元/年、1万元/年、0.6万元/年的补贴,享受2年;首次购房的博士、硕士分别享受6万元和3万元的购房补贴;新引进的本市企业博士后,享受10万元补贴
西安	毕业生申请参加就业培训的,享受最高1 800元的培训补贴。毕业两年内未就业的高校毕业生申请参加就业见习的,享受生活补贴1 200元/月、人身意外伤害保险补贴20元/月,享受6个月。近5年内取得毕业证或年龄小于35岁的大学毕业生,可申请参加创业实训,享受1 000元/月的补贴,享受3个月。将人才分为A、B、C、D四类,前三类人才享受购房款50%的补贴,补贴上限分别为100万元、70万元和40万元,5年内按年享受。四类人才均享受租房补贴,补贴标准分别为6 500元/月、5 000元/月、3 500元/月、1 000元/月,5年内按季享受

注:由于各地政策经常调整,因此表6-1中的内容可能不够准确。

6.2.1　城市争夺人才的主要动因

从政治经济学角度来看，生产力决定了生产关系，而生产力的发展需要依靠科技和人才，可以说，人才是生产力进步最重要的能动因素，通过引进人才以实现科技发展进而提升生产力水平是合乎政治经济学基本原理的。从西方经济学角度来看，剑桥学派创始人阿尔弗雷德·马歇尔（Alfred Marshall）早在一百多年前就指出，城市集聚会同时产生规模经济效应和规模不经济效应，那么在城市化过程中最重要的就是对这两种效应进行权衡取舍。从这两种效应看，人才大量集聚的规模经济效应比较明显，有助于发挥技术溢出和协同效应，而规模不经济效应相对不明显，因此引进人才对城市而言是一种比较好的策略。

关于人才，以诺贝尔经济学奖得主罗伯特·卢卡斯（Robert E. Lucas）为代表人物的内生增长理论说得更加直白。内生增长理论非常重视人力资本（主要靠人才来体现），认为人力资本的积累才是经济增长的源泉，因为人力资本会提升技术水平。此外，著名城市经济学家费农·亨德森（J. Vernon Henderson）所提的钟状曲线理论表明，城市人均净产出（后来被延伸为人均效用）随城市规模扩张而呈现出先增后减的规律，这里的增加主要是因为城市规模扩张带来技术溢出，减少则是因为城市规模扩张产生交通拥挤。根据钟状曲线理论，人才集聚创造的技术溢出比普通工人集聚创造的技术溢出多得多，但是两种集聚导致的交通拥挤效应相差不大，而且随着城市交通基础设施的完善，交通拥挤效应逐渐减弱，因此费农·亨德森的钟状曲线理论基本上也支持各城市引进人才。

然而，以上理论没有考虑或者说没有强调的是：首先，在各城市不断加码的情况下，人才引进政策存在比较高的执行成本（如巨额的购房补贴和安家费），这会加重地方政府的财政负担，甚至可能导致地方政府违约，只考虑人才引进的收益而不考虑背后的政策执行成本不符合经济学的收益-成本分析思想；其次，在一定时期内，人才总数是相对固定的，一座城市人才增加必然导致其他城市人才减少，即"挖墙脚"，那么从全社会的立场上考虑，人才争夺很有可能会导致地区发展不平衡，加剧我国发展的不平衡不充分，毕竟中小城市引进人才的筹码远不如发达城市；最后，过于强调争夺人才而不是培育人才可能导致城市之间内耗，这对全社会而言是一种福利损失。近几年，在地方政府的支持下，以"天价"请名人（尤其是一些所谓的国际大佬）挂名的现象层出不穷，使得国际人士纷纷来华"走穴"，实际上却对我国城市建设的贡献微乎其微，一些机构高价聘请"伪专家"甚至沦为笑柄。与人才引进一样，过于强调技术的"移植"而不是培育，容易造成城市定位模糊，错失核心关键技术的基础研发窗口期，忽略城市内生动力和文化根基，不利于形成城市的综合竞争力。比如，有的城市盲目引进头部企业，但巨额优惠却只引来了头部企业的办事处和售后服务站。

第 3 章的研究结论表明，中国绝大多数城市的人口规模偏小，因此继续推进城市化符合城市集聚的要求，这是城市争夺人才的客观基础。至于城市争夺人才的原因，有内因和外因两方面：其一，随着经济增长速度由高速转向中高速，各地都在积极探寻新的经济增长点，不约而同地聚焦科技、创新等关键词，正如习近平总书记指出的"创新是引领发展的第一动力"，创新的主体是人才，掌握人才就掌握了创新的话语权和未来行业的领导地位，这是城市争夺人才的内因；其二，城市发展如逆水行舟，不进则退，人才争夺容易形成一种"军备竞赛"，不管竞争对手的策略如何，实施人才引进政策对城市自身而言都是占优策略，这是倒逼城市争夺人才的外因。

6.2.2　城市争夺人才的主要手段

常见的人才争夺手段有安家费、绿色落户通道、住房优惠补贴、企业引才奖励、职称优先晋升、事业编制、随迁家属安置、就业创业扶持、税收减免等，具体实施细节在各城市存在一定差异。比如，成都市近年来出台了人才新政 12 条、"蓉漂计划"、《成都市引进培育急需紧缺技能人才实施办法》《鼓励引进外国人才实施办法》《成都市鼓励企业引进培育急需紧缺专业技术人才实施办法》等多项人才引进措施，不仅提供人才公寓、安家费，还为来蓉求职的人才提供 7 天内免费的人才驿站（见表 6-1）。西安市出台了人才新政 23 条、《西安市进一步加快人才汇聚若干措施》《优化高层次人才服务工作的十三条措施》等人才引进办法，不仅向人才本身提供各项优惠，也向引进人才的用人单位和中介机构提供现金奖励，并且将人才引进与当地旅游产业的发展结合起来，规定人才每年可以享受一定次数的免费观光。深圳实施了《深圳经济特区人才工作条例》，在人才的培养、引进、评价、激励、服务和保障等各个环节进行了规范，新建了人才公寓和人才公园，还设立了"人才日"。

6.2.3　关于人才争夺的政策思考

站在全社会的立场上，地方政府大力实施人才引进措施有利有弊。从好处看，人才引进有助于促进要素流动，从而提升资源配置效率，使人才能够在适合的环境下发挥更大的作用。从弊端看，人才引进可能加剧区域发展不平衡，因为发达城市有更雄厚的资金、更良好的配套，因此人才引进的成本相对于落后城市而言低得多。更具体地，邓忠奇等（2018d）归纳出三个可能的人才"争夺战"弊端：一是加剧城市之间内耗，因为城市之间的人才争夺会存在博弈论上的"军备竞赛"问题，不管其他城市是否大力引进人才，自身引进人才都是占优策略。二是中西部城市被频繁"挖墙脚"，从而出现人才流失→创新乏力→经济不景气→人才流失的恶性循环，进而加剧我国发展的不平衡不充分。目前我国东北和西北地区的人才流失问题已经非常严重，以至于一些高校叫苦不迭。三是存在要素自由流动下的市场失灵问题。人才也是人，在理性情况下总是会选择待遇更好、职业前景更乐观的城市工作，因此在面临人才引进巨大诱惑的情况下可能频繁地变动工作，这增加了调整时间和团队组建时间，减少了生产和创造时间，导致人力资源浪费。

尽管如此，陆铭等（2019）却指出，2003 年后中国为了平衡区域经济发展而采取的一系列政策措施，虽然看似缩小了地区经济差距，但实际上却因为把资源引到地理劣势地区而使得资源配置效率大幅下降，一方面沿海城市的生产成本提升、代工企业外流，另一方面中西部城市的投资回报率下降、债台高筑，因此这些平衡性政策很有可能带来的是得不偿失的后果。

沿用本书前言部分提到的"蜂王效应"，本书认为用存在即合理的观点看待城市发展格局问题并不合理，不能以所谓的地理优劣来为区域差距寻找借口，区域差距过大本身就不符合我国社会主义的本质要求、不利于实现共同富裕。那么，回到人才引进上来，中央政府是否有必要进行干预呢？本书认为中央政府应当以引导的方式进行适当干预，避免城市之间因为人才争夺而内耗，鼓励地区之间建立人才和平台共享的合作模式，但是中央政府不宜直接限制人才流动，因为限制要素流动会极大地压制要素生产率，从而出现陆铭等（2019）所说的情况。从中央政府-地方政府-人才个体三方主体的角度看，人才流动背后存在多方博弈。中央政府应当为落后城市提供更多的机遇（如实施差异化的所得税税率和消费税税率），从而提升其人才涵养能力；地方政府要注重人才培养而不是一味地引进人才，要建立提升人力资本、增强其创造性和溢出性的长效机制，尤其是要注重教育投资；人才个体要有长远目光和家国情怀，尽量选择有利于发挥自身创新性潜力的岗位和地区，不要为了暂时利益而做出不明智的选择，尽量"用手投票"而不是"用脚投票"，积极融入所在城市的发展建设之中。

6.2.4　人才引进与城市规模

从城市规模的角度出发，本书利用 EE-EC 分析框架可以对人才引进政策进行直观分析（见图 6-1）。人才引进政策既有需求侧政策的特点，也有供给侧政策的特点。从需求侧来看，人才引进政策直接鼓励了高端人才及其家属进城，因此促进了城市实际规模的增加，当然这也可能引起其他城市的人才流失；因为创新创业等，人才引进还可能间接增强人口进城的动力，产生需求侧效应。从供给侧来看，人才引进有助于提升有效劳动力的产出弹性（增大参数 Y），导致 EE 曲线下移（见命题 3-5），最优城市规模增加；同时，人才引进具有一定的正外部性，有助于提高城市的技术扩散程度（增大参数 ε），根据 Y 的定义，这也导致 Y 增大。另外，人才引进主要是为了发展技术密集型产业，这有助于减小污染系数 Z_5，由命题 3-5 可知，减小 Z_5 也会导致 EE 曲线下移，这与增大 Y 的效果类似。

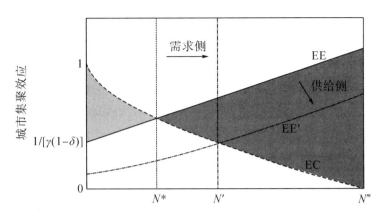

注：EC 表示引起交通拥挤的城市集聚效应，EE 表示引起经济增长和环境污染的城市集聚效应。

图 6-1　基于 EE-EC 框架的人才引进政策分析

资料来源：图 5-2。

6.3　城市住房政策

能不能买房、买不买得起房、买不买得到房在某种意义上已经成为制约城市人口集聚的最重要的因素之一（陈广桂，2004）。2018 年 8 月，深圳在全国率先启动"二次房改"，按照市场商品房占 40%、人才住房占 20%、安居型商品房占 20%、公共租赁住房占 20% 的供应结构，着力构建面向 2035 年的住房供应体系与保障体系。深圳计划到 2035 年，分近期、中期、远期三阶段，建设筹集各类住房 170 万套，其中人才住房、安居型商品房和公共租赁住房总量不少于 100 万套。除房屋供给策略外，购房政策也是各城市最为常用的城市发展政策之一，如特大和超大城市常采用的摇号方式。

总的来看，主要城市的购房政策有以下几类：①限制性购房政策，如只有特定户籍的人口有购房资格，一个家庭最多只能购买两套住宅等；②竞争性购房政策，如通过摇号获取购房资格；③优惠性购房政策，如人才房、安置房等；④支付性购房政策，如有关按揭购房和公积金贷款等的具体规定以及契税优惠等规定。

从各城市的具体实践来看，不同城市的购房政策大相径庭，特大和超大城市的限制性购房政策较多，这在很大程度上也是在市场供求不匹配情况下的无奈之举；中小城市的限制性购房政策较少，甚至出台了不少优惠政策，尤其是一些收缩型城市。例如，在 2016 年国内房地产去库存的大背景下，四川省不少市州陆续推出了一些新政策，其中购房补贴成为最重要的政策推手。根据不完全统计，绵阳、泸州、宜宾、自贡、德阳、内江、乐山、达州、南充、眉山、雅安、南充等地已在当地推出不同类型的购房补贴，努力推动房地产行业进一步去库存。然而，四川的省会城市成都的购房条件却相对严格得多，除了高端人才和棚改户可以享受特定优惠外，普通人群很难享受购房优惠，性价比稍高的住宅的中签率都极低，万人摇号的场景屡见不鲜。

购房政策由于与土地财政、建材产业、金融市场等密切相关，具有牵一发而动全身的作用，因此要分析其政策效果非常困难，而且在很多时候购房政策是一柄有利有弊的"双刃剑"。单就城市规模而言，利用图6-1的EE-EC分析框架，从需求侧角度看，严格的购房政策抑制人口流入，宽松或优惠的购房政策鼓励人口流入；从供给侧角度看，不合理的房地产开发和高库存不利于节约城市交通成本，过高的房地产价格可能挤出其他产业投资，但低迷的房地产市场又可能打击整个产业链。

除了购房政策外，在土地规划过程中政府应该协调好各种用地，在土地招拍挂的时候设置好各种限制性条款，尤其是针对产业园区，因为早期大量的园区建设，可能造成了城市土地严重浪费（Huang et al.，2017；Wu et al.，2017a）。图6-2展示了通州国际医疗产业园的土地规划，除了主打的医疗产业外，园区内还有商业、住宅、幼儿园等各种配套，相对来说该园区的土地规划是比较适宜的。

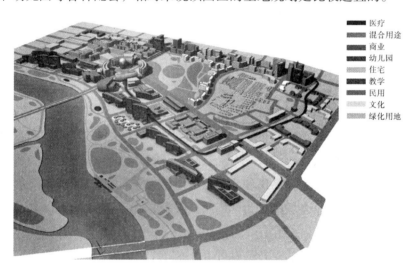

医疗
混合用途
商业
幼儿园
住宅
教学
民用
文化
绿化用地

图6-2 通州国际医疗产业园的土地规划

资料来源：华通设计顾问工程有限公司。

与购房政策最相关的是租赁住房政策，即常说的租购并举。2020年以来，北京、上海、杭州等30余座城市已先后出台了有关租赁住房的新规。比如，作为第二批中央财政支持住房租赁市场发展试点城市之一，青岛市发布了《青岛市城镇租赁住房发展规划（2020—2022年）》，对租赁住房发展的任务和政策措施进行了详细规定；郑州规定，对国有建设用地新建租赁住房按照不超过500元/平方米的标准奖补，对集体建设用地新建租赁住房按照不超过400元/平方米的标准奖补，对改建类租赁住房按照不超过300元/平方米的标准奖补。现实中，租赁住房政策也是其他政策很好的配套政策。比如，表6-1在归纳人才引进政策时提到的租房补贴政策。政策性租赁住房会降低城市居住成本，使人才很好地留下来。在房住不炒的定位下，在租购并举的住房制度下，利用政策性租赁住房解决人才的住房问题，也是一个很好的办法。

6.4 产业政策

第4章已经概述了我国主要城市的产业政策，从EE-EC分析框架来看，产业政策直接决定EE曲线，进而影响城市人口承载力，对此本部分不再赘述。关于产业政策的有效性，学术界一直存有争议。本书认为，产业政策是否有效需要因时因地因势来看，不能被一竿子打死，政府部门也不能盲目制定产业政策。虽然历史上许多产业政策曾起到巨大的作用，能在短期内实现某些行业或企业的快速发展，如新中国成立初期的一些军事工业政策和民生产业政策，但不可否认的是也有一些产业政策可能出现"好心办坏事"的结果。比如，通过政策手段鼓励某一类产业发展可能导致"潮涌现象"，进而出现产能过剩（林毅夫 等，2010），2011年左右的太阳能光伏产业就是一个例子。本节以钢铁行业去产能政策为例，简要地分析其有效性。之所以以钢铁行业去产能政策为例，是因为目前以"三去一降一补"为主要任务的供给侧结构性改革成为经济工作的主线，钢铁行业去产能又是重中之重，备受各界关注。

自2008年的国际金融危机以来，世界经济下行，国内基建日趋饱和，造成钢铁行业需求低迷，同时节能减排约束日益从严，钢铁行业作为重污染行业，面临的规制不断加强，因此从供需两方面看都迫切需要去产能。在此背景下，中国政府已经陆续出台了多项钢铁行业的去产能政策，如《钢铁产业调整和振兴规划》《国务院关于化解产能严重过剩矛盾的指导意见》《关于遏制钢铁行业产量过快增长的紧急通报》等。然而，目前少有文献详细考察这类去产能政策的实施效果。

一般而言，产能过剩是指某一行业在一定时期内潜在的生产能力超出该行业实际产量的一种状态。在微观层面，经济学家张伯伦（Chamberlin）在《垄断竞争理论》一书中指出，在垄断竞争市场中，因为平均成本高于边际成本，实际产量小于竞争性市场下的均衡产量（平均成本最低时的产量），所以会出现产能过剩（Chamberlin，1933）。柯克利等（Kirkley et al.，2002）则把产能过剩定义为厂房、设备等的过度投资致使企业实际产量小于最大可能产量的状态。闻潜（2006）认为产能过剩即供给过剩或有效需求不足，但这种论断并不能解释近几年出现的结构性产能过剩。张等（Zhang et al.，2020）从信号冲击的角度研究了中国产能过剩，认为中国近几年的产能过剩主要是因为企业的理性预期不足。此外，李江涛（2006）、周业樑等（2007）、邓忠奇等（2018b）区分了产能过剩和生产过剩的概念，虽然前者往往表现为后者，但两者有本质区别，产能过剩重在生产能力的过剩而非生产本身的供过于求。

产能过剩的类型大体上可以归纳为周期性产能过剩、结构性产能过剩、体制性产能过剩和产业组织性产能过剩四类。①根据西方经济学的观点，宏观经济存在周期性，那么相应的产能过剩也就存在周期性，短期内部分产品的供求很有可能存在不一致，造成产品生产能力和市场需求不匹配，这是正常现象，过剩产能会在下一轮经济繁荣时期被消化（王文甫 等，2014；钟卫华，2016）。②结构性产能过剩强调个别产业或企业出现的产能过剩，主要是指这些产业或企业因为自身原因导致其不能适应社会需求，所以存在无效的产品供给（周劲 等，2011）；或者是大量企业盲目乐观地估计市场前景，进而出现"潮涌现象"（林毅夫，2007；林毅夫 等，2010）。③体制性产能过剩观点的持有者认为，政府通过直接或间接的方式对市场进行干预，释放出积极信号，引导企业在短期内扩大某些具体产品的生产，而产品需求在长期内跟不上，这就导致了产能过剩（冯俏彬 等，2014；吴意云 等，2015；Zhang et al.，2020），如新兴产业支持计划就曾导致太阳能光伏产业出现一定程度的产能过剩。④产业组织性产能过剩是指在位企业为了形成进入威慑而维持较高的产能（企业策略性行为），一旦有潜在进入者打算进入该市场，在位者就会立即扩大生产从而阻碍其进入。较高的产能也有助于形成规模经济，进而使在位者具有低成本优势，因此这种产能过剩是市场竞争条件下的正常现象（Chamberlin，1933；Kaldor，1935）。

6.4.1　产能过剩的测算方法

粗略地讲，产能过剩有直接测度法和间接测度法两类测算方法。直接测度法即借助行业调研直接获得产能利用率数据，该方法相对准确但需要投入较多人力和物力，而且调研的标准难以统一，主观因素难以完全排除。间接测度法即先估计潜在产能，再用实际产出和潜在产能之比测度产能利用率。间接测度方法又可以细分为峰值法（Ballard et al.，1978）、成本函数法（Berndt et al.，1981；韩国高 等，2011）、一般均衡法（Zhang et al.，2020）、数据包络分析法（Ray，2015；董敏杰 等，2015；Yang et al.，2018）以及协整法（Shaikh et al.，2004；何蕾，2015）等。在对方法的准确性和可操作性进行对比后，本书采用协整法对中国钢铁行业产能利用率进行测算。该方法由谢赫等（Shaikh et al.，2004）提出，主要思想如下：如果某行业的产出与资本存量之间存在协整关系，那么该行业的产能与其资本存量之间存在长期平稳关系，因此可以通过资本存量来近似估计产能。

考虑如下恒等变换：

$$Y_i(t) \equiv \frac{Y_i(t)}{Y_i^*(t)} \frac{Y_i^*(t)}{K_i(t)} K_i(t) \qquad (6-1)$$

其中，$i (i = 1, 2, 3, \cdots, n)$ 代表不同地区。$Y_i(t)$ 表示实际产出，$Y_i^*(t)$ 表示潜在产出（产能），$K_i(t)$ 表示资本存量；产能利用率为 $u_i(t) \equiv Y_i(t) / Y_i^*(t)$；定义资本-产能比为 $v_i(t) \equiv K_i(t) / Y_i^*(t)$，该比值反映了一定时期的技术水平，并随技术水平的变化而变化。据此，对等式（6-1）两边取对数，可得

$$\ln Y_i(t) = \ln K_i(t) - \ln v_i(t) + \ln u_i(t) \tag{6-2}$$

其中，$Y_i(t)$ 和 $K_i(t)$ 均可观测，但 v_i 和 u_i 不可观测。令

$$e_i(t) \equiv \ln u_i(t) \tag{6-3}$$

关于技术水平 $v_i(t)$，本书将技术进步率 $[g_v = \partial \ln v_i(t) / \partial t]$ 分解为自发的技术进步（b_1）和资本增长引发的技术进步（$b_2 g_K$），g_K 表示资本存量的增长率，即

$$g_v = b_1 + b_2 g_K \tag{6-4}$$

对（6-4）式两边同时关于时间 t 取积分，可得

$$\ln v_i(t) = b_0 + b_1 t + b_2 \ln K_i(t) \tag{6-5}$$

把等式（6-3）和等式（6-5）代入等式（6-2），可得

$$\ln Y_i(t) = a_0 + a_1 t + a_2 \ln K_i(t) + e_i(t) \tag{6-6}$$

其中，$a_0 = -b_0$，$a_1 = -b_1$，$a_2 = 1 - b_2$。正常情况下，一个行业的实际产出在长期中应该在其产能附近波动，即长期中 $e_i(t)$ 应该在 0 值附近（Malgarini et al., 2010；程俊杰，2015）。因此，本书将 $e_i(t)$ 视为期望为零的随机扰动，那么通过对（6-6）式进行回归，可以获得 $\ln Y_i(t)$ 的预测值 $\ln Y_i^*(t)$，据此可依次估计潜在产出 $Y_i^*(t)$ 和产能利用率 $u_i(t) = Y_i(t) / Y_i^*(t)$。具体而言，方程（6-6）表示产能和资本存量之间存在协整关系。由于钢铁行业是典型的重资产行业，资本存量的多少直接制约了产能的多少，因此假设两者存在协整关系是合理设定（邓忠奇 等，2018b）。

6.4.2　钢铁行业产能利用率的测算结果

本章选择 2001 年至 2016 年全国除西藏外的 30 个省（自治区、直辖市）（不含港澳台）作为样本，把非金属制造业、非金属矿物采选业、黑色金属采选业、黑色金属延压与冶炼业界定为钢铁行业，用规模以上钢铁企业的工业总产值度量总产出。详细数据请见邓忠奇等（2018b）的研究。（6-6）式的回归结果如下：

$$\ln Y_i(t) = -0.139\ 7 + 0.025\ 3t + 1.124\ 0 \ln K_i(t) + e_i(t) \tag{6-7}$$

拟合优度 $= 0.938\ 9$，F 统计量 $= 3\ 667.65$。长期中，$e_i(t) = 0$，那么产能由（6-8）式决定：

$$\ln Y_i^*(t) = -0.139\ 7 + 0.025\ 3t + 1.124\ 0 \ln K_i(t) \tag{6-8}$$

协整法假定长期中产量在产能附近波动，但没有考虑长期停产的无效产能，所以有必要被修正。参考国务院发展研究中心《进一步化解产能过剩的政策研究》课题组（2015）和何蕾（2015）的做法，本章将用协整法测算的产能利用率乘以

80%。修正后的产能利用率如图 6-3 所示。

　　从图 6-3 中可以看出，东部各省（自治区、直辖市）的产能利用率相对较高，明显高于中西部各省（自治区、直辖市）；其次是中部各省（自治区、直辖市），而西部各省（自治区、直辖市）的产能过剩现象较为严重，其中甘肃、青海等地钢铁行业的产能利用率不仅连年下降，而且在 2016 年还位于 70% 以下的严重产能过剩区间。当然，这种地域性差异与东部各省（自治区、直辖市）的产品优势和地理优势有一定的关系。东部各省（自治区、直辖市）在综合经济实力、生产技术水平及产品技术含量等方面均优于中西部各省（自治区、直辖市），而且东部各省（自治区、直辖市）的钢铁产品多为产业链下游的附加值较高的产品，市场需求空间相对较大，相比之下中西部各省（自治区、直辖市）的钢铁产品则多属于原材料等产业链上游的附加值较低的产品，这种产品的过剩产能在短时间内难以被消化，因此中西部各省（自治区、直辖市）的钢铁行业迫切需要转型升级。

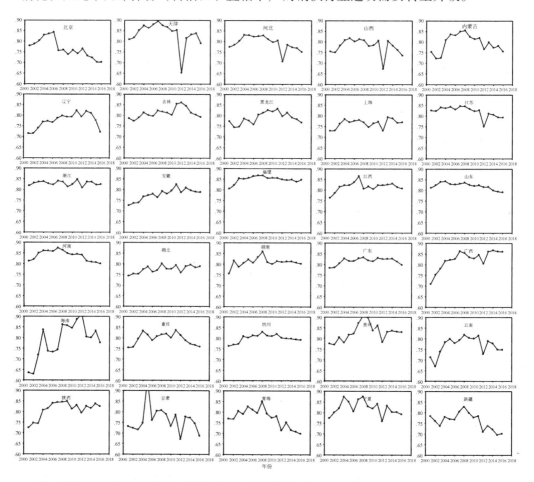

注：部分省（自治区、直辖市）因数据缺失而不在样本之列。

图 6-3　各省（自治区、直辖市）钢铁行业产能利用率的变化趋势（2001—2016 年）

6.4.3　钢铁行业去产能政策有效性分析

传统的政策效果评价方法存在一定的不足：①采用虚拟变量回归法对钢铁行业的去产能政策进行检验时，难以排除去产能政策以外因素的干扰。②采用倾向值匹配-双差分方法虽然可以对不同地区的去产能情况进行区别分析，但匹配后剩余省（自治区、直辖市）有限，可能使结果产生误差，并且中国钢铁行业的产能过剩现象普遍存在，寻找合适的对照组并不容易，合成控制法也存在类似问题。为此，本节采用断点回归法，对应的基准方程如下：

$$u_{it} = \alpha + \beta \, \mathrm{Policy}_{it} + \gamma Z_{it} + \varepsilon_{it} \tag{6-9}$$

其中，下标 i 和 t 分别表示省份和年份。产能利用率（u_{it}）为被解释变量，相应数据已利用协整法估计出来。Policy_{it} 为政策虚拟变量，如果 i 省份在第 t 年执行了去产能政策，则 $\mathrm{Policy}_{it} = 1$，否则为 0。为识别去产能政策的净效应，此处也增加了一些控制变量，即向量 Z_{it}，包括：①钢铁产量。相关数据来自国研网数据库。一般来说，钢铁产量越多，就越容易造成产能过剩，因此控制产量也是为了控制产业规模。②劳动力投入。相关数据来自 2002—2017 年的中国工业统计年鉴。企业生产需要投入劳动力，考虑到劳动力的投入和工资水平具有黏性，因此劳动力的投入也会影响企业的产能利用率。③国有企业比重。相关数据来自 2002—2017 年的中国工业统计年鉴。国企是政策执行的重要抓手，可能对去产能政策有更强烈的反应。④创新投入。相关数据来自中国科技数据库，产品附加值和科技水平直接影响了产品市场需求，因此产能是否容易被消化在很大程度上与创新投入的大小有关。⑤经济发展水平。相关数据来自 2002—2017 年的中国统计年鉴。于立等（2014）认为经济增长率与产能利用率存在负相关性，因为经济发展水平越高的地区，其经济增长模式往往越集约，故产能过剩问题相对越轻；反之，经济发展水平较低的地区，其经济增长模式往往越粗放，出现产能过剩问题也就越容易。有关变量的描述性统计如表 6-2 所示。

表 6-2　变量描述性统计（2001—2016 年）

变量名	含义	单位	均值			标准差
			2001—2016 年	2013 年以前	2013 年以后	
u	产能利用率	—	0.780	0.802	0.792	0.044
yield	钢铁产量	百亿吨	3.898	3.799	4.194	1.340
labor	劳动力投入	万人	30.034	28.081	35.890	25.504
soshare	国企占比	—	0.265	0.285	0.204	0.190
R&D	创新投入	亿元	10.804	10.414	11.974	1.659
GDP	地区生产总值	万亿元	0.800	0.650	1.248	0.730

从 2005 年开始中国政府就陆续颁布了一系列解决钢铁行业产能过剩问题的政策，截至目前，除了历次中央会议有所提及之外，钢铁行业主要的去产能政策文件就有将近 20 项。但直到 2013 年《国务院关于化解产能严重过剩矛盾的指导意见》（国发〔2013〕41 号）的出台，中国钢铁行业才正式被认定为产能严重过剩行业，因此本章以 2013 年为政策断点。表 6-2 中，2013 年后钢铁行业的产能利用率均值（0.792）小于 2013 年前的产能利用率均值（0.802），当然这种对比相对粗糙，还不能说明去产能政策的有效性。另外，去产能政策实施后，钢铁企业中国有企业的占比由 0.285 下降至 0.204，这可能与政府的去产能政策不无关系。

首先，利用普通最小二乘（OLS）方法对（6-9）式进行简单估计，结果如表 6-3 所示。表 6-3 中，去产能政策（Policy$_{it}$）对应的系数在 1% 的显著性水平下显著为负（-0.021），暗示去产能政策的实施反而使产能利用率下降，这与本章的预期不符。从控制变量来看，所有系数均在 1% 的显著性水平下显著，表明本章选择的控制变量比较恰当。由于 OLS 方法的局限性，表 6-3 中的回归结果不完全可信，后文将进行相对严谨的断点回归分析。

表 6-3　钢铁行业去产能政策的普通最小二乘法检验结果（2001—2016 年）

变量	常数项	Policy$_{it}$	yield	labor	soshare	R&D	GDP
系数	0.768***	-0.021***	-0.006***	0.000***	-0.111***	0.009***	-0.021***

注：*** 表示在 1% 的显著性水平下显著。

在断点回归分析过程中，本章采用伊本斯（Imbens et al.，2009）提出的方法来确定最佳带宽，回归方程由（6-9）式变为对应的断点回归方程。断点回归的结果由表 6-4 给出。与 OLS 方法的估计结果不同，表 6-4 中去产能政策对产能利用率的影响系数为正值（0.076），且高度显著，说明去产能政策是有效的。

表 6-4　钢铁行业去产能政策的断点回归结果（2001—2016 年）

变量	产能利用率
去产能政策	0.076***（0.020）

注：*** 表示在 1% 的显著性水平下显著，括号内的数字为标准误。

从方法论角度看，断点回归分析也是一种自然实验，因此需要满足自然实验的相关条件，即经济个体不能操纵运行变量，断点不存在异质性，而且政策效果即时产生。首先，本章选择的运行变量为去产能政策，去产能政策由中央政府统一制定并下发地方政府执行，在此过程中，只存在政策是否被有效贯彻落实的问题，很少存在个体操纵的现象。其次，本章选取的断点为 2013 年，该年份附近不存在经济环境的剧烈改变。最后，去产能政策有明确的文件规定，基本上由政府强制执行，因此政策效果可以被认为是立即产生的，不存在延迟。根据以上三点，本章利用断点回归分析对去产能政策进行有效性检验是相对合理的。

此外，断点回归分析要求除政策变量以外，所有控制变量在断点处不存在跳跃情况，只有这样才能说明产能利用率的变化是由于去产能政策的实施，而不是由于控制变量的跳跃。由表 6-5 可以看出，产量（yield）、劳动力投入（labor）、国企比重（soshare）、创新投入（R&D）、地区生产总值（GDP）确实不存在显著的跳跃情况。

表 6-5　控制变量在 2013 年的跳跃检验（2001—2016 年）

变量	yield	labor	soshare	R&D	GDP
去产能政策	−0.020	0.430	−0.016	0.144	0.005
标准误	0.501	12.820	0.062	0.335	0.352
P 值	0.968	0.973	0.795	0.667	0.989

其次，本书对表 6-4 的检验结果进行稳健性分析，结果如表 6-6 所示。方法如下：①在断点分析过程中加入控制变量。加入控制变量后，去产能政策对应的系数估计值由 0.076 下降到 0.074，仍然显著，且两者的差异不大，可见表 6-4 的结果相对稳健。②反事实模拟，改变断点的选择，即分别以 2011 年和 2015 年为断点。结果表明，不管是否加入控制变量，不管是以 2011 年还是以 2015 年为政策断点，系数估计值都不显著。由此可见，表 6-4 中以 2013 年为断点得出的结论具有较高的可信度。

表 6-6　稳健性分析结果（2001—2016 年）

变量	以 2013 年为断点		以 2011 年为断点		以 2015 年为断点	
	系数	标准误	系数	标准误	系数	标准误
无控制变量	0.076***	0.020	0.014	0.014	0.000	0.016
有控制变量	0.074***	0.011	0.016	0.010	0.001	0.013

注：*** 表示在 1% 的显著性水平下显著。

6.4.4　城市化是否加深了产能过剩

本章以去产能政策为例，说明了政府产业政策在一定程度上的有效性。即便如此，产业政策也必须被审慎对待，因为政策效果不仅受产业政策本身的影响，还受政策引致的预期变化的影响（林毅夫，2007；Zhang et al.，2020）；而且一项政策的实施往往不是帕累托改进，而且会导致部分主体的利益受损，因此从城市发展的角度来看，产业政策需要仔细权衡。

从城市集聚的角度来看，产业政策除了有助于提升劳动生产率外，还具有其他好处，如提升吸纳就业人口的能力，集约利用土地资源和城市基础设施等。抛开城市政策不谈，单看城市化和产能过剩的关系，前者是否是导致后者的原因？根据经济学理论，城市化确有可能会加重产能过剩。首先，城市化在很大程度上是以规模经济为理论支撑的，规模经济的背后就是大量投资与建设，一旦供给与市场需求不匹配，产能过剩就很容易出现；其次，城市化往往伴随众多产业政策，如许多大型企业或产业园区的建设带动了当地农民向产业工人的转变，有的地方为了鼓励城市化甚至提供相应的配套产业，在这些产业政策的过度刺激之下，局部地区也可能出现产能过剩。为了实证检验城市化对产能过剩的影响，作者利用已测算的产能利用率数据进行回归分析，结果如表6-7所示。

表6-7 城市化对产能利用率的影响分析结果（2006—2016年）

自变量	模型1	模型2	模型3	模型4
城市化率	−0.002 5	−0.025 9*	−0.002 6	−0.028 6*
	(0.014 6)	(0.015 2)	(0.014 5)	(0.015 1)
工业化率	0.006 9*	0.004 4	0.006 8*	0.003 6
	(0.004 1)	(0.004 0)	(0.004 1)	(0.003 9)
市场化率	0.007 0**	0.003 8	0.007 0**	0.004 0
	(0.003 0)	(0.003 0)	(0.003 0)	(0.003 0)
R&D支出		−0.014 5***		−0.020 5***
		(0.003 4)		(0.004 0)
全要素生产率		0.036 8***		0.036 8***
		(0.014 1)		(0.013 9)
劳动力			−0.001 3	0.026 3***
			(0.008 6)	(0.010 1)
常数项	−0.202 7***	−0.138 1***	−0.192 5***	−0.308 4***
	(0.017 0)	(0.021 8)	(0.065 9)	(0.068 8)

注：*、**和***分别表示在10%、5%和1%的显著性水平下显著。括号内的数字为标准误。因变量为产能利用率，所有自变量和因变量均做了对数处理。全要素生产率数据利用随机边界分析法获得。工业化率用第二产业和第一产业的增加值之比来度量。市场化率用向内的国际直接投资（FDI）与当地生产总值之比来度量。

数据来源：各省（自治区、直辖市）历年的统计年鉴。

由于国家统计局调整了R&D支出、FDI及城市化率的统计口径，因此为了使指标数据具有可比性，表6-7的回归结果是基于2006年至2016年的省际面板数据获得的。其中，模型1控制了工业化率和市场化率，模型2控制了城市化可能导致的技术变动，模型3控制了城市化导致的劳动力集聚，模型4同时控制了技术变动和劳动力集聚。从表6-7的结果可以看出，模型1至模型4中城市化率的系数均为负值（尽管显著性较低），即城市化降低了产能利用率；相比之下，工业化和市场化则提升了产能利用率。由模型4可以看出，虽然城市化通过提高技术水平（全要素生产率）和劳动力集聚程度可以提升产能利用率，但是城市化本身并不利于产能利用率的提升，主要原因可能是城市化模式比较粗放。因此，在城市化过程中，相关主体除了要利用技术进步和要素集聚的优势之外，还要重视供给侧结构性改革，使产能供给与市场需求相适应。

6.4.5　关于疫情背景下产业链韧性的思考

2020 年的新冠肺炎疫情给我国经济社会建设带来巨大挑战，暴露出以往在工业化和城市化进程中的一些问题，其中重要的一点是产业链韧性不足。所谓产业链韧性，是指当产业链上某个环节出现问题时，其他环节可以通过产品替代、产品延伸、技术升级等方式快速解决该问题，使之不会影响整个产业链的稳定性。

产业链韧性不足问题在 2018 年的中兴通信事件中就已经暴露出来，然而这一事件带来的重要启示（如芯片研发与制造作为高新技术产业链上的重要环节被提到新高度）尚未引起其他行业对产业链韧性问题的反思。相比之下，新冠肺炎疫情所暴露出的产业链韧性问题广泛涉及国民经济各行业和国际产业分工，必须引起高度重视。正确认识并纠正我国的产业链韧性不足问题，有助于提升我国产业网络在面对突发事件时的抗风险能力，同时避免在国际竞争中受制于人。新冠肺炎疫情期间暴露出的产业链韧性不足问题可能有以下几点：

一是上游产业链停产存在"蝴蝶效应"风险。产业分工形成产业链，产业链极大地提高了现代化工业生产的效率，但是也加剧了风险传导，容易产生"牵一发而动全身"的"蝴蝶效应"，尤其是在上游产业链及衔接上下游产业链的运输环节。新冠肺炎疫情期间部分防疫用品（如口罩、消毒液）的短缺主要是指物质储备不足导致的供不应求现象，其在短期内可以得到解决。但是，产业链缺乏韧性而使整个产业陷入不利局面的情况必须引起重视。作为众多制造业上游的原材料供应行业，如果储备不足，或者因为物流运输受限而不能顺利将原材料流通到中下游产业链，则整个产业链将被迫陷入困局。比如，在新冠肺炎疫情期间，大部分零部件厂商无法复工复产，导致下游众多车企的整车工厂停产或延迟复产，甚至在新冠肺炎疫情尚未全球暴发时，一些并无严重疫情的海外国家的车企也因此而被迫停产。

二是基础研发环节薄弱。基础研发需要大量人力、资本和技术投入，同时有较大风险，一些重要学科的基础理论往往在市场上是"无用"的，单靠市场机制指导资源配置很容易使得基础研发成为薄弱环节，大量的要素流入附加值和市场收益率高的产业链下游，为此西方国家主要通过专利保护等方式解决这一市场失灵问题。我国的专利制度并不健全，加之科研人员的考核机制存在重指标而不重科研价值等一系列问题，目前除一线城市外，其余城市的基础研发长期处于产业链薄弱环节，许多高新技术产业不得不依靠国外技术与专利，这为我国产业安全埋下隐患。在新冠肺炎疫情期间，病毒检测、治疗等基础科学的薄弱问题已经暴露出来，而国民经济中其他产业门类下的基础科学与技术是否安全可靠尚待核查。

三是产业链城乡布局不协调。新冠肺炎疫情期间，农村地区具有复工条件，本来可以提前复工，但是缺乏产业基础，导致大量劳动力滞留；城市地区的产业密集，大量工厂等待复工，但是却因为人口稠密而不具备复工条件。这些现象在一定程度上会造成资源浪费，贻误疫后经济复苏。在合理的产业链空间布局之下，当部分地区爆发突发事件时，其他地区通过合理安排完全可以进行替代生产，既保障物资供应，又不至于使突发事件波及全国经济。然而，长期以来形成的城市竞争模式使得城市成为产业链的核心环节，城市管理部门和企业所有者都不愿意向外迁移，这种"将鸡蛋放在一个篮子里"的布局模式一方面加剧城乡发展不平衡，另一方面也不利于相关部门应对突发事件。

以下是关于产业链韧性不足问题的政策思考：

一是建立产业链自动修复机制。首先，利用大数据技术、行业投入产出数据和企业微观数据等构建基于产业链的统计制度，将现有基于行业门类的统计核算体系进行网络化衔接。这一统计制度的建立有助于相关部门随时掌握各产业链的发展情况，排查产业链的薄弱环节，避免有的环节成为经济发展的瓶颈，同时有助于政府在出台产业政策时有方向地进行资源配置引导。其次，在完善统计制度的基础上，政府部门完全可以建立产业链自动修复机制。当产业链的一个环节出现问题时，上下游产业可以通过产品延伸来快速弥合产业链缝隙，同时横向产业也可以进行产品替代。要做到这一点，政府部门就需要从市场准入、反垄断规制等方面对各产业链环节进行监管，避免严格的市场准入限制使得部分环节缺乏替代品，同时借助反垄断法破除大企业对核心环节的垄断。

二是用制度保障基础科学研发。目前，我国的基础科学研发主要集中在北京、上海、广州和深圳等特大和超大城市，而且主要集中在第五代移动通信技术（5G）、人工智能、新材料、生物医药等前沿领域。全国层面的研发潜力并没有发挥出来，而且所谓的研发很少真正落到基础领域，难以形成对世界具有引领作用的成果。事实上，近年来我国在研发硬件方面已经处于世界领先地位，但是实验室和科研人员的考核制度、研发成果及其产业化的量化评价制度等极大地抑制了科研工作者的研发潜力。因此，我们迫切需要对科研管理和评价制度进行优化，一方面要更加重视对科研成果质量而非数量的考察，另一方面要给科研人员松绑，避免称职压力倒逼功利主义行为。此外，我国目前的科研体系过于重视技术而忽视了学理，不利于我国作为世界大国的长远发展。

三是以城市群建设为契机，协调产业链空间布局。"一带一路"建设、京津冀协同发展和长江经济带发展三大国家战略中的两个都与城市群的建设和发展直接相关，中央财经委员会第五次会议也指出中心城市和城市群正在成为承载发展要素的主要空间形式。借助城市群建设，协调好产业链空间布局，促进城市群内及城市群之间的产业转移具有重要意义。具体做法如下：政府部门一方面鼓励产业链上游环节合理地向中西部地区和城市群外围转移，确保产业链基础环节的安全性；另一方面在中心城市集中力量进行技术研发和高精尖产业攻关，确保产业链核心环节的安全性。此外，政府部门可以在城市群内通过产业转移适当分流中心城市人口，减小人口过度集中带来的环境、交通、住房及疾病传播等的压力。

四是针对新冠肺炎疫情，从产业链韧性的角度看，政府部门可以采取以下措施：第一，根据产业链位次制定复工制度，产业链上游企业可以先复工，避免同时复工而对产业链上游形成巨大的原料供应压力，产业链下游企业在时机成熟时再按地区有序复工；第二，优化医疗资源配置和人事考核制度，提升基础医学相关领域的科研水平，在现有医院分级诊疗制度和疾控中心的基础上考虑设立面向大众的病毒检测中心，确保县级中心具备规范采集和检测突发性传染病病毒的能力；第三，排查医疗卫生领域的薄弱环节并实时监管，确保法定报告传染病疫情和突发公共卫生事件网络直报系统有效运行，并配备相应的问责制度；第四，在城市群内建立应急互助制度，当出现突发事件时集中整个城市群的资源进行统筹和攻关，同时合理布局城市群内的医疗产业链，确保产业链不会因为突发事件而断裂；第五，区分产品流和人员流，人员流可能加快病毒传播，而产品流与之相反，不流动才会加速产业链危机在整个产业网络中的传播，因此各地政府应结合现有的物流运输系统，建立一套紧急状况下的产品运输保障机制。

6.5　城市化与农业生产率

研究城市问题必然要提到土地问题，对于人均土地面积尤其是人均耕地面积较少的中国（根据 2008 年国土资源部的统计结果，我国人均耕地面积不足 1.35亩[①]，不到世界平均水平的 40%），合理利用土地资源是城市化进程中不得不考虑的问题。城市化必然要占用大量的土地以发展产业和适合人们居住，这可能会威胁我国的粮食安全（Foley et al.，2005；Deng et al.，2006；Jiang et al.，2012；Wei et al.，2014；Wu et al.，2017b；Zhao et al.，2018；Liu，2018；Chen et al.，2019）。为了确保粮食安全和耕地数量，1997 年国家出台了耕地占补平衡（RCBF）政策，要求占用耕地后，等质等量地提供土地补偿。在这一政策背景下，本节将探讨城市化对农业生产率的影响。

从有利的方面看，城市化有助于提升农业生产率，因为城市化促进了要素集聚，实现了规模经济，提升了技术水平（Huang et al.，2017；Wu et al.，2017a；Wang et al.，2018）。从不利的方面看，城市化也可能降低农业生产率：一方面，

[①]　1 亩 ≈ 666.67 平方米，下同。

在耕地占补平衡政策的规定下，以劣等土地替换优等土地的现象可能出现，毕竟优等土地是非常有限的，如以旱地替换水田、以坡地替换平地，从而降低土地质量（Cheng et al.，2015；Shen et al.，2017；Wu et al.，2017b；Chen et al.，2019；Liu et al.，2019）；另一方面，城市化促进劳动力进城从事非农生产，留守农村的老人的生产效率必然相对低下，而且城市化促进了农民收入水平的提升（如获得大量征地补偿、进城务工获得更高收入），因此农民更乐意享受闲暇而不愿意投入较多时间进行农业生产。此外，城市化过程中的土地征收和土地平整需要耗费时间并损害青苗，这些也不利于提升农业生产率。

一个特征事实或许可以说明城市化降低了农业生产率。根据中国农民的种植习惯，城市化过程中占用的近郊土地主要用来种植谷物和油菜类作物，而很少被用来种植棉花，棉花主要种植在远郊地区。从统计数据看，1992 年至 1999 年，每公顷[1]土地上，谷物产量和油菜产量的年均增长速度均为 2.07%，棉花产量的年均增长速度为 2.80%，三者相差并不大。然而，2011 年到 2017 年，每公顷土地上，谷物产量和油菜产量的年均增长速度分别降为 1.43% 和 1.92%，但是棉花产量的年均增长速度却上升为 4.30%，远远快于谷物和油菜[2]。那么，为什么同样的时间段内，棉花增产很快，而谷物和油菜增产较慢？一个可能的原因就是，种植棉花的远郊土地，质量变动不大，而种植谷物和油菜的近郊土地，质量退化或生产率下降。远郊土地和近郊土地生产率的变化很可能是受到了城市化的影响，尤其是耕地占补平衡政策的影响。当然，不同作物种植技术的进步程度可能不同，但是不应该有太大差异，种植技术的差异也与城市化不无关系，因为远郊土地更容易集中经营和机械化操作，而近郊土地由于随时可能被征用，因此农民集中经营的意愿相对来讲低很多。

总体来看，城市化是否提升了耕地生产率难以直观判断，我们需要进行更为严谨的定量分析。耕地占补平衡政策只要求等质等量的土地补偿或许还不够，还应该考虑生产率的平衡（事实上，所谓的等质补偿并不好界定）。作者在谷歌学术上搜集了 212 篇有关中国耕地占补平衡政策的研究成果，从这些文献可以看出，有关耕地占补平衡政策的研究比较丰富，主要关注生态、城市化、土地流转、土地使用政策、社会问题等方面，而对土地生产率的研究并不太多。尽管如此，作为世界人口第一的国家，中国在城市化进程中应将确保粮食产量和提高土地生产率放在至关重要的位置。

6.5.1 研究方法

随机边界分析（SFA）法是目前生产力与效率评估领域最常用的方法之一，属

---

① 1 公顷=1 万平方米，下同。
② 数据来自中国统计年鉴。

于半参数方法，能够在测算生产率或效率的同时检验其影响因素，相比数据包络分析（DEA）法等非参数方法，具有一定的优越性，这主要体现在考虑了随机因素的干扰，从而减小了异常值的影响。但是，传统的 SFA 法难以处理内生性问题，对无效率项的分布设定也比较严格。为此本节对传统的 SFA 法进行拓展，并用其检验中国城市化对农地生产率的影响。

考虑如下产出导向型随机边界模型（生产函数型 SFA 模型）：

$$y_{it} = x'_{1,it}\beta + v_{it} - u_{it} \tag{6-10}$$

其中，随机扰动项 v_{it} 服从独立同分布的 $N(0, \sigma_v^2)$；无效率项 u_{it} 服从异质的截断正态分布（truncated normal distribution），之所以异质，是因为分布期望受到向量 $x_{2,it}$ 的影响，即

$$u_{it} \sim N^+[x'_{2,it}\boldsymbol{\varphi_u}, \sigma_u^2]$$

值得注意的是，投入向量 $x_{1,it}$ 和无效率影响向量 $x_{2,it}$ 也许存在重叠。本节的主要目的就是识别出参数向量 $\boldsymbol{\varphi_u}$，从而回答效率的影响情况。

假设 $x_{1,it}$ 和 $x_{2,it}$ 中的某些变量（记为 x_{it}）是内生的，不妨令其满足：

$$\underset{p \times 1}{x_{it}} = \underset{p \times pq}{Z_{it}} \underset{pq \times 1}{\delta} + \underset{p \times 1}{\varepsilon_{it}}$$

其中，$Z_{it} = I_p \otimes z'_{it}$，$z_{it}$ 是 $q \times 1$ 维的外生变量，即工具变量。记 ε_{it} 的方差协方差矩阵为 $\boldsymbol{\Omega}$。不失一般性，假定

$$\begin{bmatrix} \tilde{\varepsilon}_{it} \\ v_{it} \end{bmatrix} \equiv \begin{bmatrix} \boldsymbol{\Omega}^{-1/2} \varepsilon_{it} \\ v_{it} \end{bmatrix} \sim N\left(\begin{bmatrix} 0 \\ 0 \end{bmatrix}, \begin{bmatrix} I_p & \sigma_v\boldsymbol{\rho} \\ \sigma_v\boldsymbol{\rho}' & \sigma_v^2 \end{bmatrix} \right)$$

其中，$\boldsymbol{\rho}$ 是 $\tilde{\varepsilon}_{it}$ 和 v_{it} 的 $p \times 1$ 维的相关系数向量。正是因为 $\tilde{\varepsilon}_{it}$ 和 v_{it} 相关，所以传统的 SFA 法失效。传统的 SFA 法要求随机扰动项 v_{it} 和无效率项 u_{it} 不相关。假设 $x_{2,it}$ 中的某些变量是内生的，那么 u_{it} 就与 $\tilde{\varepsilon}_{it}$ 相关，而 $\tilde{\varepsilon}_{it}$ 和 v_{it} 相关，因此推出 u_{it} 和 v_{it} 很可能是相关的，这就违背了 SFA 法的假设前提。为了解决内生性问题，对 $(\tilde{\varepsilon}'_{it}, v_{it})'$ 的方差协方差矩阵做乔列斯基（Cholesky）分解，可得

$$\begin{bmatrix} \tilde{\varepsilon}_{it} \\ v_{it} \end{bmatrix} = \begin{bmatrix} I_p & 0 \\ \sigma_v\boldsymbol{\rho}' & \sigma_v\sqrt{1-\boldsymbol{\rho}'\boldsymbol{\rho}} \end{bmatrix} \begin{bmatrix} \tilde{\varepsilon}_{it} \\ \tilde{w}_{it} \end{bmatrix} \tag{6-11}$$

其中，$\sigma_v\sqrt{1-\boldsymbol{\rho}'\boldsymbol{\rho}}$ 是一个标量，$\tilde{\varepsilon}_{it}$ 和 $\tilde{w}_{it}$ 服从标准正态分布且相互独立。根据（6-11）式的分解可知，$v_{it} = \sigma_v\boldsymbol{\rho}'\tilde{\varepsilon}_{it} + \sigma_v\sqrt{1-\boldsymbol{\rho}'\boldsymbol{\rho}}\tilde{w}_{it}$。因此，（6-10）式可以被改写成

$$y_{it} = x'_{1,it}\beta + \sigma_v\boldsymbol{\rho}'\tilde{\varepsilon}_{it} + \sigma_v\sqrt{1-\boldsymbol{\rho}'\boldsymbol{\rho}}\tilde{w}_{it} - u_{it} \tag{6-12}$$

令 $w_{it} \equiv \sigma_v\sqrt{1-\boldsymbol{\rho}'\boldsymbol{\rho}}\tilde{w}_{it}$，那么其标准差满足 $\sigma_w = \sigma_v\sqrt{1-\boldsymbol{\rho}'\boldsymbol{\rho}}$。将其代入（6-12）式，可得

$$y_{it} = x'_{1,it}\beta + \sigma_v \boldsymbol{\rho}' \tilde{\varepsilon}_{it} + w_{it} - u_{it} \qquad (6-13)$$

根据前文的定义，$\tilde{\varepsilon}_{it} = \boldsymbol{\Omega}^{-1/2} \varepsilon_{it}$，那么（6-13）式还可以变形为

$$y_{it} = x'_{1,it}\beta + \boldsymbol{\eta}'(x_{it} - Z_{it}\delta) + e_{it} \qquad (6-14)$$

其中，$\eta \equiv \sigma_w \boldsymbol{\Omega}^{-1/2} \boldsymbol{\rho} / \sqrt{1 - \boldsymbol{\rho}'\boldsymbol{\rho}}$，$e_{it} \equiv w_{it} - u_{it}$。在（6-14）式中，$w_{it}$ 和 u_{it} 是相互独立的（Karakaplan et al.，2017a，2017b）；并且 $u_{it} \sim N^+[x'_{2,it}\boldsymbol{\varphi_u}, \sigma_u^2]$，$w_{it} \sim N[0, \sigma_w^2]$，因此传统的 SFA 法可行。将（6-14）式与（6-10）式相比可以看出，内生性问题被转化成了遗漏变量的问题［遗漏了 $\boldsymbol{\eta}'(x_{it} - Z_{it}\delta)$］。根据传统的 SFA 法的思路，利用极大似然估计，可以对（6-14）式进行识别。对于面板数据，如果定义个体 i 的时期数为 T_i（平衡面板时，个体的时期数相等），那么个体 i 的对数似然函数为

$$\ln L_i = \ln L_{i,y|x} + \ln L_{x,i} \qquad (6-15)$$

其中

$$\ln L_{i,y|x} = \sum_{t=1}^{t=T_i} \left\{ -\frac{1}{2}\ln(\sigma_w^2 + \sigma_u^2) + \ln\phi\left(\frac{\mu_{it} + e_{it}}{\sqrt{\sigma_w^2 + \sigma_u^2}}\right) + \ln\Phi\left(\frac{\mu_{*it}}{\sigma_{*it}}\right) - \ln\Phi\left(\frac{\mu_{it}}{\sigma_u}\right) \right\}$$

$$\ln L_{x,i} = \sum_{t=1}^{t=T_i} \left\{ \frac{-p\ln(2\pi) - \ln|\boldsymbol{\Omega}| - \varepsilon'_{it}\boldsymbol{\Omega}^{-1}\varepsilon_{it}}{2} \right\}$$

$$\mu_{it} = x'_{2,it}\boldsymbol{\varphi_u}$$

$$e_{it} = y_{it} - x'_{1,it}\beta - \boldsymbol{\eta}'(x_{it} - Z_{it}\delta)$$

$$\varepsilon_{it} = x_{it} - Z_{it}\delta$$

$$\mu_{*it} = \frac{\sigma_w^2 \mu_{it} - \sigma_u^2 e_{it}}{\sigma_w^2 + \sigma_u^2}$$

$$\sigma_{*it}^2 = \frac{\sigma_w^2 \sigma_u^2}{\sigma_w^2 + \sigma_u^2}$$

$\phi(\cdot)$ 和 $\Phi(\cdot)$ 分别定义标准正态分布的概率密度函数和累积分布函数。进一步，生产率可以被估计出来，即[1]

$$E[\exp(-u_{it}) | e_{it}] = \exp\left(-\mu_{*it} + \frac{1}{2}\sigma_{*it}^2\right) \frac{\Phi\left(\frac{\mu_{*it}}{\sigma_{*it}} - \sigma_{*it}\right)}{\Phi\left(\frac{\mu_{*it}}{\sigma_{*it}}\right)} \qquad (6-16)$$

按照墨菲等（Murphy et al.，1985）的研究，卡拉卡普兰等（Karakaplan et al.，2017a）提出了"两步法"来简化以上估计过程：第一步，对 $\ln L_{x,i}$ 进行极大似然估计，获得参数 δ 的估计值；第二步，基于第一步获得的参数估计值，对 $\ln L_{i,y|x}$ 进行极大似然估计以获得其他参数的估计值。

---

[1] 关于（6-15）式和（6-16）式的推导过程，请见附录5。

进一步，对于面板数据，我们还可以在（6-16）式的估计过程中考虑随机效应和固定效应。例如

$$y_{it} = x'_{1,it}\beta + \eta'(x_{it} - Z_{it}\delta) + a_i + e_{it} \tag{6-17}$$

其中，不可观测的个体效应 a_i 服从 $N(0, \theta^2)$ 且满足 $E(a_i|x_{1,it}, x_{it} - Z_{it}\delta) = 0$。贝洛蒂等（Belotti et al., 2013）提供了一种无偏估计方法来识别参数 θ。

本节利用以上 SFA 法研究城市化对农地生产率的影响，使用粮食产量作为产出变量；使用农业劳动力、农地面积、化肥投入和机械投入作为投入变量，即前述 $x'_{1,it}$；效率的影响因素（$x'_{2,it}$）包括核心变量——城市化率，以及控制变量——户均农地规模、工业化程度（第二产业与第一产业的增加值之比）、农民人均收入。所有变量均进行了对数化处理。

6.5.2　数据处理与实证分析

本节用中国的县级面板数据进行实证分析，存在以下情况的县级行政单位被排除在样本之外：一是在样本统计期间辖区面积发生较大改变的，二是几乎没有农业用地的，三是众多指标数据缺失的。作者最终选择出 1 961 个县级行政单位作为样本个体[①]。考虑到数据的可得性和时间区间的代表性，本节的样本期间为 2000 年至 2014 年，共有 29 415 个样本。数据主要来自中国县域统计年鉴及各地方统计部门定期公布的统计公报。县级层面的农地数据来自原国土资源部[②]，建成区面积的数据来自中国产业大数据分析平台。主要变量的描述统计如表 6-8 所示。

表 6-8　主要变量的描述统计

变量名		变量描述	均值	标准差	时间跨度	观测数
农业投入产出变量	Agriland	农林牧渔业用地/万公顷	26.531 8	36.011 5	2001—2014 年	29 415
	Agrilabor	农林牧渔业从业人员/万人	12.520 7	9.750 1	2000—2014 年	29 415
	Machi	农机总功率/万千瓦	32.798 1	35.066 0	2000—2014 年	29 415
	Ferti	农业化肥消耗量/万吨	2.115 2	2.212 8	2000—2014 年	29 415
	Grain	粮食产量/万吨	24.416 6	27.329 2	2000—2014 年	29 415
农业生产率影响因素	Urban_1	从事非农就业的农村劳动力占农村总劳动力的比重	0.351 5	0.172 2	2000—2014 年	29 415
	Urban_2	建成区面积与行政面积之比	0.009 1	0.014 2	2004—2011 年	14 609
	gdp_21	第二产业和第一产业的增加值之比	3.252 9	7.931 3	2000—2014 年	29 415
	Agri_income	农村家庭人均纯收入/元	4 655	3 529	2000—2014 年	29 415
	Land_hou	户均耕地面积/公顷	1.197 2	8.791 9	2000—2014 年	29 415

---

①　因数据缺失，样本不包括中国香港、中国澳门和中国台湾。2018 年中国大陆（内地）共有县级行政区 2 851 个（包含县、县级市、市辖区和自治县等），本节的样本个体涵盖了其中的 70%，因此具有一定的说服力。

②　由于这部分数据具有保密性，因此作者不能提供给读者。

（header start）

　　为了排除粮食价格的地域性差异对模型回归结果的干扰，作者使用粮食总产出而非总产值作为产出变量，即该县一年内产出的谷物、豆类和块茎类作物的总产量。在汇总不同种类的粮食时，根据标准粮食换算方法进行换算。

　　在估计生产函数时，如表 6-8 所示，投入变量包括：①农业劳动力（Agrilabor），即在农村实际参加农业生产经营活动的 16 周岁以上的劳动力；②农业用地（Agriland），该指标用农用地面积而并非农作物播种面积测度，一方面是因为不同农作物播种面积难以直接加总，涉及复种指数等问题，另一方面是因为农用地面积这一指标可以在全国范围内统一，所以在区域之间具有一定的可比性（赵茜宇 等，2019）；③农机总功率（Machi），该指标在一定程度上反映了农业技术的投入情况；④农业化肥消耗量（Ferti），这是种植业的重要投入之一。

　　农业生产率的影响因素包括：①城市化率。此处采用了两种城市化率测度方法，一种是从事非农就业的农村劳动力占农村总劳动力的比重（Urban_1），另一种是建成区面积与行政面积之比（Urban_2），后者由于数据误差和缺失比较严重，因此损失了大量样本。②户均耕地面积（Land_hou）。因为农地投入规模对农地生产率在直观上存在影响①，因此户均耕地面积需要加以控制。③工业化程度（gdp_21）。该指标用第二产业和第一产业的增加值之比来测度，主要是为了控制工业化程度对农地生产率的影响。④农村家庭人均纯收入（Agri_income）。该指标主要用来控制家庭富裕程度对农业生产率的影响，因为富余程度越高的地区可能生产技术越先进，但也可能存在农户更偏好闲暇而忽视农业生产的情况。

　　我们若不考虑内生性问题，则可以简化 6.5.1 节中提出的 SFA 法，但我们仍然要考虑无效率项的异质性。除了手动求解极大似然估计外，还可以用至少两种相对更好的方法来考虑无效率项的异质性（甚至还可以考虑无效率项方差的异质性），一种是格林（Greene，2005）及贝洛蒂等（Belotti et al.，2013）提出的真实随机效应模型（true random-effects model）；另一种是贝泰斯等（Battese et al.，1995）提出的极大似然随机效应时变无效率项模型（maximum likelihood random-effects time-varying inefficiency effects model）。利用这两种求解方法和中国县域农业数据，本节检验了城市化对农业生产率的影响，结果展示在表 6-9 中。其中，模型 1 到模型 3 使用农村劳动力转移率测度城市化率，模型 4 到模型 6 使用建成区面积占比测度城市化率；模型 1、模型 2 和模型 5 使用真实随机效应模型，模型 3、模型 4 和模型 6 使用极大似然随机效应时变无效率项模型。对于城市化率可能具有的内生性问题，本书将在后文进行讨论。

---

　　① 这种影响可能是正向影响，由于土地要素存在规模经济效应；也可能是负向影响，由于边际产出递减现象存在。

表 6-9　实证分析结果 （2000—2014 年）

变量	模型 1		模型 2		模型 3		模型 4		模型 5		模型 6	
	城市化率以 Urban_1 测度						城市化率以 Urban_2 测度					
	系数	标准误	系数	标准误	系数	标准误	系数	标准误	系数	标准误	系数	标准误
生产前沿模型												
常数项	9.377***	0.097	10.449***	0.104	6.045***	0.075	5.910***	0.105	7.144***	0.068	5.695***	0.108
lnAgrilabor	0.061***	0.005	0.086***	0.005	0.280***	0.005	0.225***	0.007	0.073***	0.004	0.223***	0.007
lnAgriland	0.105***	0.005	0.016***	0.005	0.140***	0.004	0.183***	0.005	0.246***	0.004	0.200***	0.006
lnFerti	0.218***	0.005	0.226***	0.004	0.429***	0.004	0.433***	0.006	0.338***	0.004	0.437***	0.006
lnMachi	0.068***	0.003	0.070***	0.003	0.285***	0.004	0.326***	0.006	0.121***	0.004	0.319***	0.006
无效率模型												
常数项	9.617***	0.988	−2.610	2.407	−35.943***	3.184	−76.725***	11.983	−80.086***	30.959	−103.829***	16.346
lnUrban	−1.222***	0.114	−16.140***	2.163	−8.264***	0.681	−3.159***	0.446	−7.845***	3.648	−8.923***	1.553
$(\text{lnUrban})^2$			−2.858***	0.400	−1.216***	0.111			−0.069	0.137	−0.392***	0.081
lnLand_hou	2.556***	0.138	3.752***	0.362	−1.684***	0.119	−1.987***	0.290	6.836***	1.875	−2.032***	0.280
lngdp_21	0.934***	0.076	2.102***	0.245	0.709***	0.077	0.221	0.141	1.975***	0.709	0.348**	0.147
lnAgri_income	−2.440***	0.134	−4.168***	0.502	2.507***	0.234	5.563***	0.903	−0.957	0.913	6.385***	1.008
标准差												
θ	1.457***	0.012	1.304***	0.009					0.906***	0.005		
σ_u	1.414***	0.053	2.167***	0.132	1.550***	0.073	2.100***	0.176	3.011***	0.491	2.146***	0.181
σ_v	0.090***	0.001	0.089***	0.001	0.398***	0.003	0.394***	0.004	0.030***	0.002	0.395***	0.004
λ	15.776***	0.053	24.324***	0.132	3.890***	0.074	5.335***	0.176	99.308***	0.491	5.427***	0.181

注：* 表示在 5% 的统计水平下显著，** 表示在 1% 的统计水平下显著，*** 表示在 1% 的统计水平下显著。

由模型 1 和模型 4 可以看出，总体上，城市化降低了农业生产的无效率程度，即提高了农业生产率。因此，即使城市化对农业生产率存在负向的作用，也被其带来的正向促进作用（如技术进步）所抵消。由模型 2 到模型 6 可以看出，当引入城市化率的二次项之后，一次项和二次项的系数均显著为负值，表明城市化率与农业生产无效率程度之间存在倒"U"形关系，即城市化率与农业生产率之间存在"U"形关系。这表明只有当城市化率较低时，城市化才会降低农业生产率。可能的原因是，当城市化率较低时，城市化相对粗放，大量优质农田被占用，相应的劣等土地补偿降低了农地质量，而当城市化率较高时，城市化相对集约，此时近郊已经没有剩下多少优质农地，劣等土地换优等土地的现象也不容易发生。此外，当城市化率较低时，技术扩散效应、要素集聚效应还不能充分发挥出来，而当城市化率较高时，农业生产各方面的软硬件设施都比较齐备，技术优势和规模优势也更容易体现出来。

作者认为表 6-9 中的城市化率以 Urban_1 来测度更为合理，这是因为，以 Urban_2 来测度会存在较大的数据误差，而且有 14 806 个样本将会因为数据缺失而被排除掉。同时，许多地方的建成区面积严格地受制于政府规划，可能很多年都不会发生大的变动，而且有时候已经算入建成区面积的土地实际上存在大量闲置。因此，表 6-9 将模型 2 或模型 3 作为基准模型更为恰当。以模型 2 为例，不难计算"U"形关系的拐点位于 $\ln \text{Urban} = -16.14 \div (2 \times 2.858) = -2.824$ 的位置。

由于农业生产率也会影响城市化率（较高的农业生产率解放农村劳动力，进而促进其进城），因此城市化率存在一定程度的内生性。根据 6.5.1 节的 SFA 法，可以对城市化率的内生性加以处理，即寻找适当的工具变量，考虑工具变量的两个经典条件及数据的可得性，此处以城市化率的滞后项及工业化率作为城市化率的工具变量。回归结果如表 6-10 所示。为了保证 SFA 法的估计过程可收敛，这里利用极大似然随机效应时变无效率项模型。在表 6-10 中，不管采用模型 7 至模型 9 中的哪一个模型，城市化率及其二次项的回归系数都显著为负，得出了与表 6-9 一致的（倒）"U"形关系。因此，只有当城市化率较低时，城市化对农业生产率的负效应才体现出来；当城市化率较高时，这种负效应被城市化的正效应（如技术扩散、规模经济）完全抵消了。另外，观察表 6-10 中的内生性检验结果可以看出，在模型 8 和模型 9 中内生性都通过了显著性检验，因此当考虑城市化率的二次项时，有必要考虑相应的内生性问题。

为了进一步说明城市化对农业生产率的负效应，本节把样本按照城市化率的高低分成两组，一组城市化率的对数小于或等于 -2.824，另一组城市化率的对数大于 -2.824。将城市化率较低的一组进行类似表 6-9 中模型 1 和表 6-10 中模型 7 的分析，发现城市化率的系数变为正值，可见此时城市化确实不利于农业生产率的提升。

表 6-10　考虑内生性后的实证结果（2000—2014 年）

变量	模型 7		模型 8		模型 9	
	城市化率以 Urban_1 测度				城市化率以 Urban_2 测度	
	系数	标准误	系数	标准误	系数	标准误
生产前沿模型						
常数项	6.323***	0.078	6.086***	0.078	5.780***	0.116
lnAgrilabor	0.265***	0.005	0.271***	0.005	0.205***	0.008
lnAgriland	0.129***	0.004	0.141***	0.004	0.204***	0.006
lnFerti	0.431***	0.004	0.431***	0.004	0.437***	0.006
lnMachi	0.305***	0.005	0.298***	0.005	0.340***	0.007
无效率模型						
常数项	−35.194***	3.990	−35.040***	3.175	−105.712***	18.144
lnUrban	−3.487***	0.323	−8.341***	0.706	−9.158***	1.742
(lnUrban)^2			−1.279***	0.121	−0.401***	0.091
lnLand_hou	−1.822***	0.180	−1.634***	0.118	−1.990***	0.297
lngdp_21	0.768***	0.114	0.663***	0.075	0.426***	0.163
lnAgri_income	2.504***	0.307	2.447***	0.234	6.428***	1.105
标准差						
σ_u	1.855***	0.108	1.518***	0.074	2.193***	0.201
σ_v	0.402***	0.003	0.400***	0.003	0.395***	0.004
λ	4.617***	0.108	3.795***	0.074	5.557***	0.201
内生性检验						
η	−0.021	0.015	−0.034**	0.014	−0.031*	0.016

注：* 表示在 10% 的统计水平下显著；** 表示在 5% 的统计水平下显著；*** 表示在 1% 的统计水平下显著。

6.5.3　小结

中国正处在快速城市化的阶段，城市化的重要性在学术界是有共识的（陆铭等，2012），然而中国人口众多、人均耕地面积较少的国情决定了在城市化的过程中必然存在一些征地矛盾，其中引起广泛担忧的是粮食安全问题。为此，20 世纪 90 年代，我国出台了耕地占补平衡政策，该政策的初衷是坚守粮食生产红线，却存在一定的执行问题，如部分地区以优等土地替换劣等土地，这可能降低土地质量。除此以外，城市化也可能降低农村劳动力的生产力水平，因为大量的青壮年进城导致在农村从事农业生产活动的主力是生产力水平较低的老人，而且大量的征地补偿也可能降低农民从事农业活动的积极性，增加农地的荒芜现象。当然，根据经济学理论，城市化也必然会对农业生产率产生正向的促进效应，如促进农业生产要素的集聚，实现规模化、机械化运作，促进其他领域的技术向农业扩散，提升农业附加值等。

为了验证这正负两种效应，本节提出兼顾异质性与内生性的 SFA 法并利用该方法进行了实证分析。样本包括 2000 年至 2014 年的 29 415 个县级观测单元。实证结果发现，城市化率与农业生产率之间存在"U"形关系，当城市化率较低时，城市化降低了农业生产率，这可能是因为耕地占补平衡政策导致土地质量下降，也可能是因为劳动力的生产力水平降低；当城市化率较高时，城市化对农业生产率的正向效应抵消了不利的负向效应。考虑到这种"U"形关系的存在，在今后的城市化过程中，政府部门应更好地处理征地与粮食生产的关系，避免过度征地、粗放征地，确保农业用地在数量、质量和生产力等方面都能得到优化。

6.6　城市化与经济增长方式转变

早在 30 年前，中国政府就明确提出要从以粗放经营为主逐步转为以集约经营为主，可以说转变经济增长方式的要求一直持续至今。2019 年中央经济工作会议也指出，我国正处在转变发展方式、优化经济结构、转换增长动力的攻关期，因此转方式仍是经济工作的重点。然而，单从统计数据上看，中国转方式的成效并不显著（邓忠奇 等，2015）。目前，中国正在积极推进新型城镇化建设，这就需要回答：城市化与转方式能否兼顾？历史上是否做到了兼顾？从已有文献看，部分文献指出城市化有助于生产率水平的提升（吴敬琏，2014；Quaas et al.，2018），有助于扩大内需（辜胜阻 等，2010）[①]，但也有不少文献指出中国目前的城镇化模式仍然比较粗放（万广华，2013；李强 等，2012），主要依靠土地城镇化、"砸资本"和"摊大饼"等不可持续的、不利于效率提升的模式，这不仅无助于我国经济增长方式的转变和产业结构的优化，反而带来了房地产等行业的泡沫、城市环境污染和资源配置扭曲（包括地域层面的扭曲和行业层面的扭曲）及征地矛盾等社会问题。从第 8 章的分析中也可以看出，经济增长方式的差异在很大程度上导致了我国的南北经济差距问题。

本小节将利用非参数方法对经济增长方式（要素对经济增长的贡献）进行测算，进而考察历史上的城市化是否显著地促进或阻碍了我国经济增长方式的转变。

6.6.1　经济增长方式的测算方法

考虑如下经典的生产函数：

---

① 姚洋（2013）指出，如果 2.4 亿进城务工人员中有 2/3 的人的消费水平达到城市居民平均水平，那么我国的居民消费水平将提高 11.8%，消费占 GDP 的比重将提升 4.2 个百分点。叶伟春（2013）指出，城镇化率提升 1 个百分点，农村进城人口就可以增加 1 300 多万人，并由此对日用品、住房、城镇公共服务、基础设施等形成巨大需求。

$$Y_t = F(K_t,\ L_t,\ E_t,\ A_t) \tag{6-18}$$

其中，Y 表示地区生产总值，K、L 和 E 分别表示资本存量、劳动力投入和能源投入，A 表示全要素生产率；下标 t 表示时间。（6-18）式也可以进一步用来分析面板数据。

关于生产函数和全要素生产率，大量基于新古典增长理论的研究施加了两个关键条件，即希克斯技术中性（Hicks-neutral Technology）和规模报酬不变（CRS）。给定这两个条件，可以将（6-18）式中的 A_t 从括号中拿出来，同时可以具体化生产函数形式，如科布-道格拉斯型、广义二次型、超越对数型、里昂惕夫型等，但是作者认为这两个条件是非常严格的设定。首先，规模报酬递增（IRS）才符合城市与区域经济学中常见的现实情况（参见第 3 章的说明）；其次，大量的技术物化在资本与劳动中，一种要素使用效率的提升很难保持要素边际替代率的不变，因此技术变动一般不满足中性条件；最后，中国幅员辽阔，不同地区的情况千差万别，给这些地区设定相同的生产函数形式明显是不准确的，这会导致参数设定缺乏异质性和时变性。考虑到这三个方面的不足，本书认为以非参数方法来估计生产函数，进而测算经济增长方式更加合理。

在生产函数连续可导的情况下，对（6-18）式的两边同时关于时间 t 求偏导数，可得

$$\frac{\partial Y_t}{\partial t} = \frac{\partial F}{\partial K_t}\frac{\partial K_t}{\partial t} + \frac{\partial F}{\partial L_t}\frac{\partial L_t}{\partial t} + \frac{\partial F}{\partial E_t}\frac{\partial E_t}{\partial t} + \frac{\partial F}{\partial A_t}\frac{\partial A_t}{\partial t} \tag{6-19}$$

对（6-19）式的两边同时除以 Y_t，可得

$$\frac{\dot{Y}_t}{Y_t} = \frac{\partial \ln Y_t}{\partial \ln K_t}\frac{\dot{K}_t}{K_t} + \frac{\partial \ln Y_t}{\partial \ln L_t}\frac{\dot{L}_t}{L_t} + \frac{\partial \ln Y_t}{\partial \ln E_t}\frac{\dot{E}_t}{E_t} + \frac{\partial \ln Y_t}{\partial \ln A_t}\frac{\dot{A}_t}{A_t} \tag{6-20}$$

其中，$\dfrac{\partial \ln Y_t}{\partial \ln A_t}\dfrac{\dot{A}_t}{A_t} \equiv r_t$ 就是著名的索洛残值或索洛余项（Solow，1956，1957）。可见，索洛残值既不是全要素生产率（TFP），也不是 TFP 的增长率指数，而是 TFP 变动对产出增长率的贡献程度。当然，如果给定希克斯技术中性的条件，那么 $\partial \ln Y_t / \partial \ln A_t = 1$，$r_t = \dot{A}_t / A_t$，此时索洛残值才是 TFP 的增长率（涂正革 等，2006；董敏杰 等，2013）。

另外需要指出的是，大量研究混淆了 TFP、TFP 指数、TFP 贡献度及 TFP 贡献率等基本概念。本书对此进行如下界定：TFP 指的是（6-18）式中的 A_t，具有投入产出效率的含义；TFP 指数反映了 TFP 的变动情况，如著名的迪威桑指数（Divisa Index）、曼奎斯特指数（Malmquist Index）和伦伯格指数（Luenberger Index）；TFP 贡献度即索洛残值，反映了 TFP 变动对产出增长率的贡献程度（在经济增长率中，TFP 贡献了几个点）；与 TFP 贡献度类似，TFP 贡献率反映了 TFP 变动对产出增长率的贡献比重（在经济增长率中，TFP 贡献了百分之多少），参见（6-21）式。

$$1 = \underbrace{\frac{\partial Y_t}{\partial K_t} \frac{\dot{K}_t}{\dot{Y}_t}}_{C_{K,t}} + \underbrace{\frac{\partial Y_t}{\partial L_t} \frac{\dot{L}_t}{\dot{Y}_t}}_{C_{L,t}} + \underbrace{\frac{\partial Y_t}{\partial E_t} \frac{\dot{E}_t}{\dot{Y}_t}}_{C_{E,t}} + \underbrace{\frac{\partial Y_t}{\partial A_t} \frac{\dot{A}_t}{\dot{Y}_t}}_{C_{A,t}} \tag{6-21}$$

其中，$C_{K,t}$、$C_{L,t}$、$C_{E,t}$ 和 $C_{A,t}$ 分别表示资本、劳动、能源和 TFP 贡献率。本节为了分解（6-20）式和（6-21）式，首先需要对生产函数进行识别，与传统的索洛残值（SR）法、代理变量（LV）法、潜在产出（PO）法和随机边界分析（SFA）法等参数与半参数识别方法不同，本节采用基于冗余的非参数方向距离函数（SBM-DDF）法。

反解（6-18）式，可得

$$A_t = D(K_t, L_t, E_t, Y_t) \tag{6-22}$$

（6-22）式可以被直观地理解为利用投入产出数据对 TFP 进行测算。本节使用的测算方法即 SBM-DDF 法。SBM-DDF 的生产可行域为

$$\mathbb{T}^{SBM} = \{(K, L, E, Y) : K, L \text{ 和 } E \text{ 能够生产 } Y\} \tag{6-23}$$

关于生产可行域的详细论证可以参考托恩（Tone，2001）、福山等（Fukuyama et al.，2009）、邓等（Deng et al.，2021b）的研究。具体地，假设有 N 个决策单元（DMUs）、T 个样本期间，则（6-23）式的生产可行域可以利用数据包络分析（DEA）法进行构造，即

$$\mathbb{T}^{SBM} = \left\{ (K_t, L_t, E_t, Y_t) \left| \begin{array}{l} \sum_{\tau=1}^{T} \sum_{i=1}^{N} \lambda_\tau^i K_t^i \leqslant K_t \\[1em] \sum_{\tau=1}^{T} \sum_{i=1}^{N} \lambda_\tau^i L_t^i \leqslant L_t \\[1em] \sum_{\tau=1}^{T} \sum_{i=1}^{N} \lambda_\tau^i E_t^i \leqslant E_t \\[1em] \sum_{\tau=1}^{T} \sum_{i=1}^{N} \lambda_\tau^i Y_t^i \geqslant Y_t \\[1em] \sum_{\tau=1}^{T} \sum_{i=1}^{N} \lambda_\tau^i = 1; \ \lambda_\tau^i \geqslant 0 \end{array} \right. \right\} \tag{6-24}$$

其中，λ_τ^i（$i = 1, \cdots, N; \tau = 1, \cdots, T$）表示每一个选定的 DMU 在构造特定生产前沿面时被赋予的权重系数，条件 $\sum_{\tau=1}^{T} \sum_{i=1}^{N} \lambda_\tau^i = 1$ 表示规模报酬可变。如果选定 $\tau = 1, \cdots, T$，那么 $\mathbb{T}^{SBM}$ 代表全局生产可行域（Pastor et al.，2005；Pang et al.，2015）；如果选定 $\tau = t, t + 1$，那么 $\mathbb{T}^{SBM}$ 代表跨年生产可行域（Pastor et al.，2011，2020）；如果选定 $\tau = 1, \cdots, t$，那么 $\mathbb{T}^{SBM}$ 代表序列（sequential）生产可行域（Shestalova，2003）。大多数研究选定 $\tau = t$，即只使用当期数据来构造生产前沿面。为了使测算的要素贡献度和贡献率在不同年份具有可比性，本书采用全局生产可行域，即 $\tau = 1, \cdots, T$。

在 $\mathbb{T}^{SBM}$ 为（6-24）式的条件下，SBM-DDF 可以进行如下表示：

$$\overrightarrow{SBM}(z;\ v) = \max\{vs\colon\ (z + s)\ ' \in \mathbb{T}^{SBM}\} \qquad (6\text{-}25)$$

其中，$z = (K,\ L,\ E,\ Y)' \in \Re_+ \times \Re_+ \times \Re_+ \times \Re_+$ 表示投入产出变量数值；$s = (s_K,\ s_L,\ s_E,\ s_Y)' \in \Re_- \times \Re_- \times \Re_- \times \Re_+$ 表示投入产出变量所对应的冗余（相对于各自前沿的冗余）；$v = (v_K,\ v_L,\ v_E,\ v_Y) \in \Re_- \times \Re_- \times \Re_- \times \Re_+$ 表示对不同维度的冗余进行加权时所确定的权重系数（等价于为方向距离函数选择外生方向）。根据费尔等（Färe et al.，2005）、阿特金森（Atkinson et al.，2016）、邓等（Deng et al.，2021）的研究，以上 SBM-DDF 具有如下性质：

性质 6-1：可转化性，即 $\overrightarrow{SBM}(z + \psi v;\ v) = \overrightarrow{SBM}(z;\ v) - \psi\,(\|v\|_2)^2$，$\psi > 0$。

性质 6-2：关于 v 的一阶齐次性，即 $\overrightarrow{SBM}(z;\ \psi v) = \psi\,\overrightarrow{SBM}(z;\ v)$，$\psi > 0$。

性质 6-3：投入单调性，即对于 $\bar{K} \geqslant K$，$\overrightarrow{SBM}[(\bar{K},L,E,Y)';v] \geqslant \overrightarrow{SBM}[(K,L,E,Y)';v]$；对于 $\bar{L} \geqslant L$，$\overrightarrow{SBM}[(K,\bar{L},E,Y)';v] \geqslant \overrightarrow{SBM}[(K,L,E,Y)';v]$；对于 $\bar{E} \geqslant E$，$\overrightarrow{SBM}[(K,L,\bar{E},Y)';v] \geqslant \overrightarrow{SBM}[(K,L,E,Y)';v]$。

性质 6-4：期望产出单调性，即对于 $\bar{Y} \geqslant Y$，$\overrightarrow{SBM}[(K,\ L,\ E,\ \bar{Y})';\ v] \leqslant \overrightarrow{SBM}[(K,\ L,\ E,\ Y)';\ v]$。

性质 6-5：凹性，即在 $(z + s)' \in \mathbb{T}^{SBM}$ 中，$\overrightarrow{SBM}(z;\ v)$ 是凹的。

性质 6-6：非负性，即在 $(z + s)' \in \mathbb{T}^{SBM}$ 中，$\overrightarrow{SBM}(z;\ v) \geqslant 0$。

性质 6-1 表明，假如投入减少 $\psi\,(|v_K|,\ |v_L|,\ |v_E|)$，同时期望产出增加 $\psi\,v_Y$，则 SBM-DDF 的值缩小 $\psi\,(\|v\|_2)^2$。性质 6-2 表明权重向量的平行移动不会影响效率评价的相对结果，无非是使 SBM-DDF 的值同时放大若干倍或缩小到原来的几分之一。性质 6-3 和 6-4 表明投入增加使得 SBM-DDF 的值非减，产出增加使得 SBM-DDF 的值非增。性质 6-5 相当于说 $\mathbb{T}^{SBM}$ 是凸集。性质 6-6 表明 SBM-DDF 的值非负，在后续迭代过程中该性质将被放松。

关于权重变量（v）的选择，大量文献进行了讨论（Chambers et al.，1996；Färe et al.，2013；Zofio et al.，2013；Lee，2014；Feng et al.，2014；Atkinson et al.，2016；Krüger，2017；Deng et al.，2021b）。本节采用福山等（Fukuyama et al.，2009）给出的设定，即 $v = (-K,\ -L,\ -E,\ 3Y)/6$。这种设定形式已经被广泛采用，如托恩（Tone et al.，2009）及庞等（Pang et al.，2015）的研究。

考虑到 SBM-DDF 的值是对无效率程度的测度，不妨以 $1 - \overrightarrow{SBM}$ 的方式将无效率值转换为效率值（Cooper et al.，1999；Pastor et al.，2012；Pang et al.，2015；Adler et al.，2016），即

$$A_t = D(K_t,\ L_t,\ E_t,\ Y_t) = 1 - \overrightarrow{SBM}(K_t,\ L_t,\ E_t,\ Y_t;\ v) \qquad (6\text{-}26)$$

给定 TFP 为 $\bar{A}$，由（6-26）式可知，隐函数 $\bar{A} - 1 + \overrightarrow{SBM}(K_t, L_t, E_t, Y_t; v) = 0$ 成立。利用隐函数的求导法则，可得

$$\frac{\partial Y_t}{\partial K_t} = -\frac{\partial \overrightarrow{SBM}(K_t, \ L_t, \ E_t, \ Y_t; \ v)/\partial K_t}{\partial \overrightarrow{SBM}(K_t, \ L_t, \ E_t, \ Y_t; \ v)/\partial Y_t} \qquad (6-27)$$

$$\frac{\partial Y_t}{\partial L_t} = -\frac{\partial \overrightarrow{SBM}(K_t, \ L_t, \ E_t, \ Y_t; \ v)/\partial L_t}{\partial \overrightarrow{SBM}(K_t, \ L_t, \ E_t, \ Y_t; \ v)/\partial Y_t} \qquad (6-28)$$

$$\frac{\partial Y_t}{\partial E_t} = -\frac{\partial \overrightarrow{SBM}(K_t, \ L_t, \ E_t, \ Y_t; \ v)/\partial E_t}{\partial \overrightarrow{SBM}(K_t, \ L_t, \ E_t, \ Y_t; \ v)/\partial Y_t} \qquad (6-29)$$

由于 $\dot{K}_t$、$\dot{L}_t$、$\dot{E}_t$ 和 $\dot{Y}_t$ 的数据可观测，因此利用（6-27）式至（6-29）式，可以识别出（6-21）式，进而可以得到要素贡献率（$C_{K,t}$、$C_{L,t}$ 和 $C_{E,t}$），余下的 TFP 贡献率为

$$C_{A,t} = 1 - C_{K,t} - C_{L,t} - C_{E,t} \qquad (6-30)$$

然而，以上估计方式是不严谨的，因为（6-27）式至（6-29）式的成立要求 SBM-DDF 是连续可导函数，否则求导没有意义；不幸的是，SBM-DDF 是数学规划函数，不具有常规函数的许多性质。为了解决这一问题，本节提出如下迭代方法。

考虑到现实中的统计数据都是离散的（如每年统计 1 次），本书把（6-20）式和（6-21）式改为离散形式：

$$\frac{Y_{t+1} - Y_t}{Y_t} = \frac{\Delta Y_{K,t\to t+1}}{Y_t} + \frac{\Delta Y_{L,t\to t+1}}{Y_t} + \frac{\Delta Y_{E,t\to t+1}}{Y_t} + \frac{\Delta Y_{A,t\to t+1}}{Y_t} \qquad (6-31)$$

$$1 = \underbrace{\frac{\Delta Y_{K,t\to t+1}}{Y_{t+1} - Y_t}}_{C_{K,t\to t+1}} + \underbrace{\frac{\Delta Y_{L,t\to t+1}}{Y_{t+1} - Y_t}}_{C_{L,t\to t+1}} + \underbrace{\frac{\Delta Y_{E,t\to t+1}}{Y_{t+1} - Y_t}}_{C_{E,t\to t+1}} + \underbrace{\frac{\Delta Y_{A,t\to t+1}}{Y_{t+1} - Y_t}}_{C_{A,t\to t+1}} \qquad (6-32)$$

其中，$\Delta Y_{K,t\to t+1}/Y_t$、$\Delta Y_{L,t\to t+1}/Y_t$、$\Delta Y_{E,t\to t+1}/Y_t$ 和 $\Delta Y_{A,t\to t+1}/Y_t$ 是从时间 t 到时间 $t+1$ 的要素贡献度（对产出增长率的贡献度），$C_{K,t\to t+1}$、$C_{L,t\to t+1}$、$C_{E,t\to t+1}$ 和 $C_{A,t\to t+1}$ 是相应的要素贡献率，具体如下：

$$\begin{cases} \Delta Y_{K,t\to t+1} = F(K_{t+1}, \ L_t, \ E_t, \ A_t) - F(K_t, \ L_t, \ E_t, \ A_t) \\ \Delta Y_{L,t\to t+1} = F(K_t, \ L_{t+1}, \ E_t, \ A_t) - F(K_t, \ L_t, \ E_t, \ A_t) \\ \Delta Y_{E,t\to t+1} = F(K_t, \ L_t, \ E_{t+1}, \ A_t) - F(K_t, \ L_t, \ E_t, \ A_t) \\ \Delta Y_{A,t\to t+1} = F(K_t, \ L_t, \ E_t, \ A_{t+1}) - F(K_t, \ L_t, \ E_t, \ A_t) \end{cases} \qquad (6-33)$$

现在，只要知道了 $\Delta Y_{K,t\to t+1}$、$\Delta Y_{L,t\to t+1}$ 和 $\Delta Y_{E,t\to t+1}$，就可以分解（6-31）式和（6-32）式。此时 $\Delta Y_{A,t\to t+1} = Y_{t+1} - Y_t - \Delta Y_{K,t\to t+1} - \Delta Y_{L,t\to t+1} - \Delta Y_{E,t\to t+1}$。在（6-33）式中，$F(K_t, \ L_t, \ E_t, \ A_t) = Y_t$ 是可观测变量，因此如果想要知道 $\Delta Y_{K,t\to t+1}$、$\Delta Y_{L,t\to t+1}$ 和

$\Delta Y_{E,t\rightarrow t+1}$，那么估计出 $F(K_{t+1}, L_t, E_t, A_t)$、$F(K_t, L_{t+1}, E_t, A_t)$ 和 $F(K_t, L_t, E_{t+1}, A_t)$ 即可。以 $F(K_{t+1}, L_t, E_t, A_t)$ 为例，由（6-26）式可知

$$A_t = 1 - \overrightarrow{SBM}(K_t, L_t, E_t, Y_t; v) \tag{6-34}$$

因此，$F(K_{t+1}, L_t, E_t, A_t)$ 满足

$$1 - \overrightarrow{SBM}[K_{t+1}, L_t, E_t, F(K_{t+1}, L_t, E_t, A_t); v] = A_t \tag{6-35}$$

据此，$F(K_{t+1}, L_t, E_t, A_t)$ 可以按照如下方式迭代出来：

第 1 步：利用 SBM-DDF 法和（6-34）式估计出 A_t。

第 2 步：赋予迭代初始值 $\theta_{K,t+1}^0 = Y_{t+1}$。

第 3 步：迭代。

第 3.1 步：利用 SBM-DDF 法计算 $\overrightarrow{SBM}(K_{t+1}, L_t, E_t, \theta_{K,t+1}^0; v)$，得到 A_t^0。

第 3.2 步：假如 $A_t^0 > A_t$，那么 $\theta_{K,t+1}^0$ 被赋予得过大；假如 $A_t^0 < A_t$，那么 $\theta_{K,t+1}^0$ 被赋予得过小。因此，令 $\theta_{K,t+1}^1 = \theta_{K,t+1}^0 - (A_t^0 - A_t)\theta_{K,t+1}^0 \varphi$，$\varphi(\varphi > 0)$ 是用于调节收敛速度的因子。

第 3.3 步：利用 SBM-DDF 法计算 $\overrightarrow{SBM}(K_{t+1}, L_t, E_t, \theta_{K,t+1}^1; v)$，得到 A_t^1。

第 3.4 步：假如 $A_t^1 > A_t$，那么 $\theta_{K,t+1}^1$ 过大；假如 $A_t^1 < A_t$，那么 $\theta_{K,t+1}^1$ 过小。因此，令 $\theta_{K,t+1}^2 = \theta_{K,t+1}^1 - (A_t^1 - A_t)\theta_{K,t+1}^1 \varphi$。

第 3.5 步：重复以上迭代过程 Λ 次，直到 $|A_t^\Lambda - A_t| \leq 0.0001$。此时，$\theta_{K,t+1}^\Lambda$ 就是 $F(K_{t+1}, L_t, E_t, A_t)$ 的估计值。

第 4 步：令 $F(K_{t+1}, L_t, E_t, A_t) = \theta_{K,t+1}^\Lambda$，则资本贡献度为 $\Delta Y_{K,t\rightarrow t+1}/Y_t = (\theta_{K,t+1}^\Lambda - Y_t)/Y_t$；相应地，资本贡献率为 $C_{K,t\rightarrow t+1} = (\theta_{K,t+1}^\Lambda - Y_t)/(Y_{t+1} - Y_t)$。

需要指出的是，由于本节采用全局生产可行域，因此仅利用原始的投入产出数据来构造生产前沿面，而没有用到 $\theta_{K,t+1}$ 的数据，这就导致 A_t^i 可能为负值，不过这一中间过程并不影响本节的测算结果。另外，由包络定理可以证明，在本节的设定下，期望产出的单调性（见性质 6-4）严格成立。由于该单调性严格成立，因此只要调节收敛速度的因子 φ 不太大，以上迭代过程就一定收敛，因为 A_t^i 会不断地趋近 A_t。但是，如果 φ 选得太小，迭代过程将比较缓慢，迭代次数需要增加。综合考虑这两点，本节选择 $\varphi = 0.2$。对于不同样本数据，0.2 或许仍然有偏大以至于不收敛的风险（事实上，本书在实证分析时没有遇到这种情况，尽管这种情况在理论上存在），因此本节增加如下条件：假如 $\theta_{K,t+1}^i - 0.2(A_t^i - A_t)\theta_{K,t+1}^i < 0$ 或 $\theta_{K,t+1}^i - 0.2(A_t^i - A_t)\theta_{K,t+1}^i > 1.2Y_t$，则令 $\varphi = 1/\theta_{K,t+1}^i$（赋予一个比较小的值）。

通过以上迭代过程，我们可以获得各 DMU 的经济增长分解，如果 DMU 为城市，则可以获得各城市的经济增长的拉动情况，但很多时候，学者也很关心全国

（或地区）层面的经济增长方式，因此需要对各城市的要素贡献度和要素贡献率进行全国（或地区）层面的加总。然而，由于各城市的情况不同，简单算术加权明显不合适。为此，这里讨论全国层面的加权方式。

关于要素贡献率，本节使用每个城市的实际产出变化占 GDP 变化的比重作为权重，原因如下：

$$TC_{K,t \to t+1} = \sum_i \left(\frac{\Delta Y_{K,t \to t+1,i}}{\mathrm{GDP}_{t+1} - \mathrm{GDP}_t} \frac{Y_{t+1,i} - Y_{t,i}}{Y_{t+1,i} - Y_{t,i}} \right) = \sum_i \left(\frac{Y_{t+1,i} - Y_{t,i}}{\mathrm{GDP}_{t+1} - \mathrm{GDP}_t} C_{K,t \to t+1,i} \right) \tag{6-36}$$

关于要素贡献度，本节使用每个城市的年初实际产出占实际 GDP 的比重作为权重，原因如下：

$$\frac{\sum_i \left(\Delta Y_{K,t \to t+1,i} \right)}{\mathrm{GDP}_t} = \sum_i \left(\frac{Y_{t,i}}{\mathrm{GDP}_t} \frac{\Delta Y_{K,t \to t+1,i}}{Y_{t,i}} \right) \tag{6-37}$$

通过以上步骤可以看出，本节利用非参数 SBM-DDF 法和迭代的方式对经济增长进行分解，抛开了新古典增长理论的希克斯技术中性和规模报酬不变等假设前提，也没有给出具体的生产函数形式，因此更为客观。而且，与 SR 法、LV 法、SFA 法、PO 法等参数方法相比，非参数方法可以更为充分地反映样本的异质性与测算结果的时变性。不足之处在于，计算过程较为烦琐，同时生产可行域由原始数据包络得出，对数据的准确性要求较高，容易受到异常值的影响，导致在分析微观数据时可能不够准确，这是 DEA 法的固有缺陷。

6.6.2 城市化与经济增长方式

本节用 1985 年至 2017 年的中国省际面板数据进行实证分析，西藏和港澳台地区因数据缺失而不在样本之列。所有名义变量均平减到 1952 年的价格水平，数据来源请见邓忠奇等（2015）的研究。基于 6.6.1 节的研究方法，本节对中国 1986 年至 2017 年的经济增长率进行分解，结果如表 6-11 所示。从表 6-11 可以看出，在全国层面（样本期间平均实际经济增长率为 10.75%），资本、劳动、能源和 TFP 对经济增长的贡献度分别为 7.17%、0.29%、2.19% 和 1.10%；相应地，资本、劳动、能源和 TFP 对经济增长的贡献率分别为 69.28%、3.12%、20.28% 和 7.33%。由此可见，中国的经济增长主要是依靠高资本投入和高能耗拉动的，TFP 的增长仅仅贡献了 7.33%，这表明样本期间中国的经济增长方式相对粗放。这一测算结果与王小鲁（2000）、邹等（Chow et al., 2002）、董敏杰等（2013）、经济合作与发展组织（OECD, 2013）、魏等（Wei et al., 2017）的结论基本一致，也符合新古典经济增长理论的基本结论。

为了说明此处测算结果的稳健性，本节也给出了用参数法（包括 SR 法、LV 法和 PO 法）[①] 和半参数法（SFA 法）测算的 TFP 贡献度和 TFP 贡献率，如图 6-4 和图 6-5 所示。从图 6-4 和图 6-5 可以看出，不管是 TFP 贡献度还是 TFP 贡献率，本节基于 SBM-DDF 法获得的结果与 SR 法、LV 法、PO 法及 SFA 法的测算结果具有高度的一致性，因此表 6-11 的测算结果相对稳健。

表 6-11　中国的经济增长分解（1986—2017 年）

省级行政单位	经济增长率	要素贡献度				要素贡献率			
		资本	劳动	能源	TFP	资本	劳动	能源	TFP
北京	0.099 2	0.069 2	0.002 8	0.009 3	0.017 8	0.721 2	0.030 4	0.097 9	0.150 8
	(0.025 0)	(0.035 1)	(0.004 6)	(0.010 3)	(0.037 6)	(0.442 6)	(0.042 5)	(0.120 4)	(0.495 6)
天津	0.114 5	0.082 0	0.005 3	0.012 3	0.015 1	0.673 5	0.048 6	0.095 0	0.183 0
	(0.041 6)	(0.062 0)	(0.007 2)	(0.014 7)	(0.045 1)	(0.344 4)	(0.098 1)	(0.253 1)	(0.387 5)
河北	0.106 6	0.062 7	0.001 0	0.022 2	0.020 7	0.621 8	0.009 7	0.200 8	0.167 8
	(0.031 5)	(0.034 2)	(0.000 7)	(0.026 5)	(0.038 0)	(0.372 2)	(0.007 8)	(0.239 2)	(0.381 5)
山西	0.094 6	0.055 9	0.004 0	0.016 2	0.018 5	0.768 3	0.040 7	0.120 7	0.070 5
	(0.035 7)	(0.037 5)	(0.006 2)	(0.042 4)	(0.056 8)	(0.817 0)	(0.052 6)	(0.429 2)	(0.864 1)
内蒙古	0.117 9	0.082 8	0.002 8	0.026 3	0.005 8	0.687 1	0.020 6	0.293 4	-0.001 0
	(0.049 4)	(0.053 8)	(0.004 5)	(0.037 2)	(0.045 8)	(0.377 1)	(0.039 9)	(0.533 0)	(0.602 4)
辽宁	0.093 2	0.104 2	0.011 0	0.015 3	-0.037 1	1.243 3	0.111 6	0.146 0	-0.501 0
	(0.042 3)	(0.079 1)	(0.025 6)	(0.030 0)	(0.082 6)	(1.385 3)	(0.269 2)	(0.287 2)	(1.523 8)
吉林	0.102 8	0.078 3	0.001 6	0.013 0	0.009 9	0.729 9	0.012 8	0.096 1	0.161 2
	(0.043 2)	(0.039 4)	(0.002 5)	(0.027 7)	(0.049 4)	(0.646 6)	(0.034 2)	(0.277 3)	(0.730 6)
黑龙江	0.088 2	0.045 7	0.001 3	0.016 1	0.025 2	0.549 4	0.011 4	0.151 3	0.287 8
	(0.024 2)	(0.028 4)	(0.001 8)	(0.035 4)	(0.040 2)	(0.400 0)	(0.022 0)	(0.394 7)	(0.529 9)
上海	0.099 1	0.071 5	0.004 7	0.011 5	0.011 4	0.769 9	0.051 6	0.143 0	0.035 6
	(0.033 5)	(0.051 1)	(0.012 5)	(0.009 1)	(0.046 5)	(0.597 5)	(0.155 4)	(0.183 0)	(0.683 3)
江苏	0.121 1	0.068 8	0.000 4	0.021 4	0.030 3	0.598 0	0.006 8	0.157 9	0.237 2
	(0.044 4)	(0.031 9)	(0.001 1)	(0.024 5)	(0.036 2)	(0.302 3)	(0.021 3)	(0.172 8)	(0.373 6)
浙江	0.115 6	0.076 4	0.001 3	0.035 1	0.002 8	0.500 2	0.008 9	0.233 8	0.257 0
	(0.045 8)	(0.025 3)	(0.001 6)	(0.028 1)	(0.032 4)	(1.218 6)	(0.018 7)	(0.485 5)	(1.620 4)
安徽	0.104 3	0.070 0	0.000 7	0.026 3	0.007 4	0.721 8	0.005 7	0.196 5	0.075 9
	(0.040 6)	(0.037 4)	(0.000 6)	(0.017 8)	(0.047 1)	(0.615 5)	(0.014 2)	(0.340 5)	(0.839 9)
福建	0.122 3	0.084 4	0.002 8	0.038 4	-0.003 2	0.753 1	0.023 6	0.316 1	-0.092 9
	(0.037 9)	(0.047 0)	(0.002 4)	(0.030 2)	(0.056 7)	(0.487 5)	(0.018 3)	(0.250 1)	(0.451 4)
江西	0.103 2	0.076 6	0.000 5	0.018 7	0.007 6	0.779 0	0.004 6	0.191 9	0.024 4
	(0.026 9)	(0.038 9)	(0.000 5)	(0.021 0)	(0.050 4)	(0.371 3)	(0.004 8)	(0.263 0)	(0.492 0)
山东	0.116 1	0.060 9	0.000 9	0.022 0	0.032 3	0.528 1	0.007 6	0.210 0	0.254 4
	(0.035 6)	(0.028 2)	(0.001 1)	(0.029 9)	(0.042 7)	(0.202 8)	(0.009 3)	(0.306 1)	(0.410 0)
河南	0.107 0	0.061 2	0.000 6	0.021 4	0.023 9	0.592 2	0.006 1	0.192 1	0.209 7
	(0.030 9)	(0.030 9)	(0.000 6)	(0.025 7)	(0.038 6)	(0.301 6)	(0.004 8)	(0.226 6)	(0.349 6)

[①] 关于这些方法，可以参见郭庆旺等（2005）的研究；关于代理变量（LV）法，还可以参见富恩特斯（Fuentes et al.，2011）的研究。

表6-11（续）

省级行政单位	经济增长率	要素贡献度				要素贡献率			
		资本	劳动	能源	TFP	资本	劳动	能源	TFP
湖北	0.103 2	0.067 8	0.000 4	0.024 6	0.010 1	0.706 5	0.008 6	0.221 4	0.063 5
	(0.029 3)	(0.031 3)	(0.001 5)	(0.024 5)	(0.031 3)	(0.381 7)	(0.027 4)	(0.213 1)	(0.319 4)
湖南	0.100 8	0.054 4	0.000 3	0.029 1	0.016 9	0.548 1	0.003 0	0.256 1	0.192 8
	(0.026 1)	(0.031 8)	(0.000 7)	(0.048 9)	(0.050 9)	(0.357 0)	(0.007 5)	(0.489 0)	(0.558 7)
广东	0.126 7	0.068 1	0.001 4	0.029 8	0.027 4	0.567 0	0.011 3	0.214 8	0.207 1
	(0.042 7)	(0.028 9)	(0.001 0)	(0.027 7)	(0.036 5)	(0.246 3)	(0.007 7)	(0.200 4)	(0.312 5)
广西	0.105 4	0.070 5	0.000 6	0.040 3	−0.005 8	0.694 1	0.005 7	0.366 7	−0.066 4
	(0.035 9)	(0.042 7)	(0.000 9)	(0.032 2)	(0.037 8)	(0.462 0)	(0.008 7)	(0.256 0)	(0.381 9)
海南	0.110 3	0.101 9	0.014 0	0.050 8	−0.056 5	0.957 8	0.210 8	0.576 2	−0.744 9
	(0.064 7)	(0.112 4)	(0.055 1)	(0.074 0)	(0.199 1)	(1.540 9)	(0.971 7)	(1.117 0)	(3.397 9)
重庆	0.112 5	0.086 4	0.000 4	0.030 6	−0.005 1	0.743 1	0.003 1	0.284 6	−0.030 8
	(0.031 9)	(0.059 7)	(0.001 5)	(0.040 3)	(0.060 7)	(0.410 3)	(0.013 0)	(0.366 1)	(0.521 7)
四川	0.103 3	0.053 5	0.000 1	0.025 7	0.023 8	0.535 1	0.002 4	0.233 4	0.229 3
	(0.028 0)	(0.034 3)	(0.000 2)	(0.087 5)	(0.081 0)	(0.376 3)	(0.003 3)	(0.875 6)	(0.822 1)
贵州	0.098 8	0.052 8	0.000 5	0.040 8	0.004 8	0.513 3	0.005 0	0.462 5	0.019 3
	(0.024 5)	(0.038 3)	(0.001 3)	(0.040 9)	(0.043 0)	(0.325 5)	(0.012 0)	(0.474 7)	(0.444 9)
云南	0.100 4	0.119 7	0.015 9	0.029 1	−0.064 3	1.220 9	0.233 9	0.349 3	−0.804 3
	(0.025 6)	(0.120 1)	(0.033 0)	(0.033 4)	(0.134 4)	(1.051 4)	(0.676 8)	(0.658 2)	(1.963 8)
陕西	0.108 1	0.076 2	0.000 6	0.023 5	0.007 8	0.717 6	0.006 3	0.238 7	0.037 3
	(0.030 5)	(0.034 9)	(0.000 7)	(0.023 8)	(0.041 6)	(0.284 8)	(0.008 2)	(0.239 8)	(0.356 8)
甘肃	0.106 2	0.062 0	0.000 5	0.020 3	0.023 3	0.606 3	0.005 7	0.192 2	0.195 8
	(0.023 6)	(0.037 6)	(0.001 4)	(0.018 2)	(0.042 3)	(0.409 6)	(0.013 8)	(0.192 1)	(0.397 9)
青海	0.090 3	0.078 6	0.032 6	0.025 8	−0.046 8	0.972 2	0.687 2	0.614 1	−1.273 5
	(0.029 3)	(0.043 9)	(0.071 8)	(0.039 0)	(0.093 7)	(0.675 0)	(1.946 1)	(2.179 2)	(3.514 7)
宁夏	0.098 8	0.085 6	0.041 8	0.013 2	−0.041 8	0.821 7	0.555 7	0.080 0	−0.457 4
	(0.025 1)	(0.063 8)	(0.051 3)	(0.032 7)	(0.071 7)	(0.545 1)	(0.808 6)	(0.552 1)	(0.881 2)
新疆	0.101 0	0.059 9	0.007 4	0.023 3	0.010 5	0.629 1	0.071 8	0.239 5	0.059 6
	(0.021 7)	(0.029 2)	(0.008 7)	(0.022 8)	(0.041 3)	(0.360 2)	(0.086 1)	(0.258 3)	(0.418 8)

注：表中数据为地方均值，括号内的数字为标准差。

比较图 6-4 和图 6-5 的几种测算结果，可以看出，除 SBM-DDF 法外的其他方法可能低估 TFP 贡献度和 TFP 贡献率。这是因为传统方法假定了希克斯技术中性，因此没有考虑 TFP 与要素投入的相关性，而实际中 TFP 明显是与要素投入相关的，而且往往是正相关的（如某种要素的规模经济效应），这就导致在回归估计时部分 TFP 贡献被要素贡献吸收了。另外，给定生产函数形式和规模报酬不变设定的传统做法也可能引起测算误差。

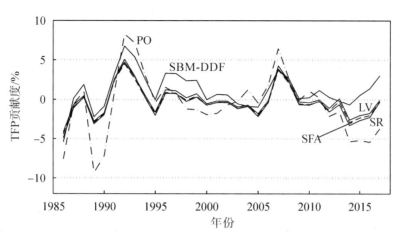

图 6-4　不同方法测算的 TFP 贡献度（1986—2017 年）

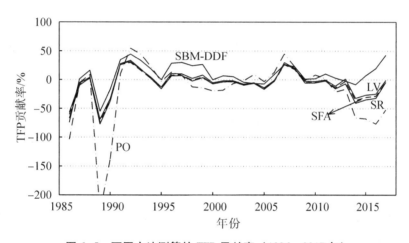

图 6-5　不同方法测算的 TFP 贡献率（1986—2017 年）

在图 6-4 和图 6-5 中，基于 SR 法、LV 法、SFA 法和 PO 法测算的 TFP 贡献度和 TFP 贡献率在许多年份都为负值，这与中国的实际情况并不相符。事实上，20 世纪 90 年代以来，中国的 TFP 存在较快的增长速度（邓忠奇 等，2015），即使 TFP 对经济增长的贡献远小于资本积累的贡献，也不应该是负值。相比之下，本节利用 SBM-DDF 法测算的 TFP 贡献度和 TFP 贡献率在大多数年份都为正值，因而更符合现实情况。图 6-4 和图 6-5 中，近几年的 TFP 贡献度和 TFP 贡献率有较为明显的上升趋势，这可能与 2015 年开始的供给侧结构性改革不无关系，毕竟供给侧结构性改革的"三去一降一补"五大任务的核心目的就是提升 TFP 对经济增长的贡献，从而转变经济增长方式。

本章研究城市化对经济增长方式的影响，核心就是探讨城市化是否提升了 TFP 对经济增长的贡献度。根据经典内生增长模型（Ha et al.，2007；Madsen et al.，2010；Ang et al.，2011；Venturini，2012），可以构建以下方程：

$$\Delta \ln A = \lambda + \sigma \left[\ln RD - \ln Q + \left(\frac{\phi - 1}{\sigma} \right) \ln A \right], \quad Q \propto L^{b} \qquad (6\text{-}38)$$

其中，λ 表示研究的生产力参数（research productivity parameter）；RD 表示创新活动，一般以 R&D 投入来测度；Q 是产品多样性，一般与 L^b 正相关，L 为劳动力或人口数量，b 为产品增殖系数，类似第 3 章模型中的 Y；σ 表示创新的重复系数（假如创新完全重复，$\sigma = 0$；假如创新完全没有重复，$\sigma = 1$）；ϕ 为知识的规模报酬系数。

根据哈等（Ha et al., 2007）及安等（Ang et al., 2011）的研究，假如 $\phi = 1$ 且 $b = 0$，则（6-38）式表示第一代内生增长模型；假如 $\phi < 1$ 或 $b \neq 0$，则（6-38）式表示第二代内生增长模型。具体地，假如 $\phi < 1$ 但 $b = 0$，则（6-38）式为第二代半内生增长模型（second-generation semi-endogenous model）；假如 $\phi = 1$ 且 $b = 1$，则（6-38）式为第二代熊比特内生增长模型（second-generation schumpeterian model）。然而，这些模型的因变量（$\Delta \ln A$）仅仅反映了技术的变动，并不反映技术变动对经济增长的贡献，只有当技术进步为希克斯中性的时候两者才近似。从逻辑上看，内生增长应该是 TFP 拉动的经济增长而不是 TFP 本身的变动。据此，本书选择的因变量是技术变动对经济增长的贡献度，这更符合内生增长的理论逻辑。

令 $Q = cL^b$，c 为常量，将之代入（6-38）式，可得

$$\Delta \ln A = \beta_0 + \sigma \ln RD + \beta_1 \ln L + (\phi - 1) \ln A \qquad (6-39)$$

其中，$\beta_0 \equiv \lambda - \sigma \ln c$，$\beta_1 \equiv -\sigma b$。

本节的实证检验主要基于（6-39）式，但是进行了适当扩展：第一，把因变量改成了更为合理的要素贡献度，尤其是 TFP 贡献度；第二，在自变量中考虑了除 R&D 之外的其他因素，如城市化率（Urb_{it}）、工业化率（Ind_{it}）和市场化率（Mrk_{it}）。即

$$y_{it} = \beta_0 + \sigma \ln RD_{it} + \beta_1 \ln L_{it} + (\phi - 1) \ln A_{it} + M_{it} \qquad (6-40)$$

其中，$M_{it} \equiv \beta_2 \ln Ind_{it} + \beta_3 \ln Urb_{it} + \beta_4 \ln Mrk_{it}$；$y_{it}$ 为 TFP 增长率（$\Delta \ln A_{it}$）或要素贡献度。

数据来源方面，TFP 的贡献度及要素的贡献度已经在前文通过 SBM-DDF 法获得。城市化率的数据在本章研究产能过剩问题时已经获得。市场化率用向内的 FDI 占当地总产值的比重测度（Whalley et al., 2010），工业化率用第二产业与第一产业的增加值之比测度。由于统计口径调整和大量数据缺失，实证研究以 2006 年至 2017 年为样本期间。实证分析结果如表 6-12 所示，其中模型 1 的因变量为 TFP 增长率，因此模型 1 是经典的内生增长模型；模型 2 至模型 5 的因变量为要素对经济增长的贡献度，因此模型 5 是本节所谓的第三代内生增长模型。

表 6-12 城市化对经济内生增长的影响检验（2006—2017 年）

变量	模型 1	模型 2	模型 3	模型 4	模型 5
	因变量为 TFP 增长率	因变量为要素贡献度			
		资本贡献度	劳动贡献度	能源贡献度	TFP 贡献度
$\ln RD_{it}$	0.010 9 ***	−0.013 5 ***	−0.001 1 ***	−0.000 9	0.011 1 ***
	(0.001 6)	(0.002 7)	(0.000 4)	(0.000 7)	(0.002 5)
$\ln L_{it}$	0.001 0	0.002 4	−0.000 7	0.000 1	0.005 4
	(0.002 6)	(0.004 7)	(0.000 8)	(0.001 2)	(0.004 4)
$\ln A_{it}$	−0.014 0 **	0.037 7 **	−0.000 6	−0.001 0	−0.023 9 *
	(0.006 8)	(0.015 7)	(0.001 9)	(0.003 0)	(0.014 3)
$\ln Urb_{it}$		−0.012 7	−0.001 1	−0.000 4	−0.000 5
		(0.016 4)	(0.001 9)	(0.003 1)	(0.015 2)
$\ln Ind_{it}$		−0.012 2 ***	−0.000 5	−0.000 8	0.010 4 **
		(0.004 4)	(0.000 6)	(0.000 9)	(0.004 0)
$\ln Mrk_{it}$		0.008 3 ***	0.000 3	−0.000 3	0.000 0
		(0.002 9)	(0.000 4)	(0.000 6)	(0.002 7)
常数项	−0.083 4 ***	0.212 9 ***	0.013 8 **	0.004 6	−0.138 5 ***
	(0.016 2)	(0.032 1)	(0.005 6)	(0.007 1)	(0.029 5)

注：*、** 和 *** 分别表示在 10%、5% 和 1% 的显著性水平下显著，括号内的数字为标准误。

从模型 1 的回归结果可以看出，知识的规模报酬系数 ϕ 的估计值为 0.986，小于 1 且显著；产品增殖系数 b 的估计值不显著，因此从这里看出，前述的第二代半内生增长模型更为合适。从第三代内生增长模型（模型 5）来看，也有 ϕ 的估计值小于 1 且显著，而 b 的估计值不显著的结论，当然本节的目的并不是检验内生增长模型的准确性，而是分析城市化对经济增长方式的影响。表 6-12 的结论表明，研发活动和工业化显著促进了经济增长方式的转变，而城市化并没有起到明显的效果，这与科恩（Koen，2013）、辜胜阻等（2012）的结论一致。当然，也没有明显的证据支持邓忠奇等（2015）得出的中国城市化阻碍了经济增长方式转变的结论。城市化对经济增长方式的影响不显著的一个主要原因可能是，以往的城市化模式较为粗放，仅仅关注人口和土地的城市化，而忽视了对城市创新发展和内生动力的培育（Guan et al.，2018）。与城市化类似，市场化也没有显著地促进中国经济增长方式的转变，但是显著地提高了资本贡献度，这是容易理解的，市场化程度的提高导致大量资本进入，城市从而以资本投入的方式拉动经济增长，而且在改革开放后的一段时期内，以市场换技术的思路也促进了这种现象的出现。

6.7 环境规制政策需要注意"被动串谋"现象

从世界主要国家和地区的城市治理的实践看，环境规制是城市治理"组合拳"中的重要组成部分。然而，规制政策往往带有一定的导向性，规制者在引导被规制者行为的同时可能带来意想不到的后果。

根据斯蒂格勒（Stigler）、德姆塞茨（Demsetz）、班纳吉（Banerjee）、克鲁格（Kruger）及伯恩斯坦（Bernstein）等著名经济学家的研究，对企业或利益集团而言，当存在"规制俘虏"情况时，被规制未必是件坏事，甚至部分企业或利益集团会通过寻租等方式主动寻求规制。除了这种已被广泛研究的情况外，至少还存在两种情况会导致对部分企业而言被规制是件好事。

第一种情况是，部分企业可以正当地利用规制条款来打击对手。虽然自身也面临规制成本，但只要规制对竞争对手而言更为不利，那么对自身而言就相对更好。比如，当政府实施环境规制时，清洁型企业受到的影响小，而污染型企业受到的影响大，那么当污染型企业因环境规制而大量减产时，清洁型企业的市场份额得以快速提升；而且清洁型企业可以通过检举揭发等方式合理合规地利用规制政策来使污染型企业处处受制，因此环境规制提升了清洁型企业的竞争力，相当于政府赋予了清洁型企业一种行政许可，使之在增加规制应对成本的时候也会获得明显好处，从而"失之东隅，收之桑榆"。

第二种情况是，企业为了应对规制而被动地采取一些行为，当众多企业都采取这种行为时，意想不到的好处产生了。比如，在《烟草控制框架公约》签署之前，烟草广告比较盛行，由于该公约明文禁止烟草广告，一时间主流媒体上很少再有烟草广告，这一规制看似对烟草公司不利，但实际上使烟草公司避免陷入"囚徒困境"，极大地节约了广告成本，因此带来额外的好处。本章把这两种情况分别称为规制引致的"相对变好"现象和"被动串谋"现象。为了更直观地说明这两种现象的普遍存在性，这里从如下几个故事讲起：

"相对变好"现象：有这样一则故事，有一帮拉船的纤夫，其中一些人比较老实，会用力拉船，也有一些人偷懒要滑，在拉船的过程中只是做做样子，但是纤夫在拉船的时候很难观察到其他人是否偷懒。长此以往，所有纤夫都倾向于偷懒，出现类似"囚徒困境"的现象，导致拉船效率低下。为了解决这个问题，纤夫们聘请了一位监工。监工的职责是，当发现谁在偷懒时，就用手中的鞭子打他。有了监工之后，一方面偷懒会挨打，另一方面挨打会被其他纤夫看到，导致其在人前失信，甚至被逐出纤夫队伍，因此偷懒行为得到很好的控制，拉船效率得以提升。在引入监工的这个故事中，纤夫看上去是在主动求打，并不理性，但实际上，求打的做法减少了偷懒行为，使得用力拉船的纤夫的工作情况变好。至于偷懒的人，尽管因为不能再偷懒而工作情况变差，但是他们不会拒绝聘请监工，否则就相当于承认了他们在偷懒。这种"纤夫求打"的现象在社会中普遍存在。2016 年，正是北京下大力气治理雾霾的时候，笔者在调研过程中发现，有一位兼职的"滴滴"司机，他本身是一家大型建材公司的职员，原以为由于治理雾霾，他们的工作会很清闲，因此有时间提供"滴滴"打车服务。但出人意料的是，环境治理使得他们的福利变好，因为同行业的许多小企业被关停使得他们的公司在一定意义上成为垄断者。这其实也是一种"纤夫求打"现象，政府充当了监工的角色，使得环境不达标的企业停业整顿甚至迁往外地，那么在市场需求一定的条件下，剩下的企业可能因为市场势力的提升而增加利润，因此环境规制对后者来说未尝不是一件好事。

"被动串谋"现象：三国时期，蜀国和吴国隔江相望，为了争夺荆州地区而摩擦不断，但是，一旦北方强敌魏国来犯，吴蜀两国却能紧密团结，最终出现一种奇怪现象，即魏国来犯比魏国不来犯还好，因为魏国来犯促使吴蜀结盟，而且魏国攻得越急，后者联合得越紧密。在这个故事中，之所以强敌来犯反而使情况变好，是因为强敌来犯促使了吴蜀合谋，即本章所说的"被动串谋"，从而减少了内斗。从笔者掌握的文献看，对于这种"被动串谋"现象，目前学术界还少有研究，但是这种现象比较重要而且经常发生。比如，在经典的"囚徒困境"博弈中，如果施加一个虚假的威胁——受害者在看守所外伺机报复，两位犯罪嫌疑人认为此威胁是真实的。有这样一个威胁之后，选择"抵赖"以尽量坐牢而不出去才是犯罪嫌疑人的占优策略，两人都选择"抵赖"的结果是都无罪释放或减少坐牢时间。由于实际上并没有受害者进行报复，因此施加一个看似不利的威胁条件，反而破解了"囚徒困境"这个难题，使得博弈双方的情况变好。可见，外部环境的变化可能使非合作博弈出现合作博弈的结果。再如，本章研究的环境规制，当存在环境规制的时候，企业为了排放达标，在短期内可能会减少生产，而大部分企业减少生产其实就是卡特尔串谋所期望采取的行动。尽管总产出不一定恰好降到垄断产出水平，但是因为同时减产，价格提升，所以企业利润很可能会增加。之所以会出现这种情况，就是因为环境规制促使了企业"被动串谋"。

本章所谓的"被动串谋"现象与西特（Seade，1985）、克里斯汀等（Christin et al.，2013）、安纳德等（Anand et al.，2020）研究的成本冲击引起的利润超常转移（profit overshifting）效应有类似之处，但是本章更强调背后的产业组织原理；与梯若尔（Tirole，1994）、埃尔哈特等（Ehrhart et al.，2008）研究的"默契串谋"（tacit collusion）现象有近似之处，但他们强调的是，在动态博弈下企业的策略性行为导致了没有串谋协议的串谋，而本章提出的"被动串谋"是在企业没有主动采取策略性行为的情况下出现的。另外，"被动串谋"现象与管理学上的"鲶鱼效应"也有相似之处，但两者有明显区别，前者强调外部因素（如规制）导致了企业采取非期望行为（如减产），但这种非期望行为的一致性产生了额外好处；后者强调外部因素导致了企业被动采取一些期望行为（如提升竞争力），这些行为本身就是好的，不需要满足一致性条件。

考虑到"被动串谋"现象的存在，产业规制政策可能导致一些始料不及甚至事与愿违的结果，因此相关部门在制定政策时需要审慎对待、多方论证。比如，近几年为了鼓励发展数字经济、人工智能等产业，一些地方政府密集出台了大量扶持政策，这些政策在扶持特定企业的同时可能不利于其他中小企业和个体工商户的公平竞争，因此在出台这些政策的时候地方政府应当考虑政策措施对市场竞争的可能影响，严格按照《国务院关于在市场体系建设中建立公平竞争审查制度的意见》（国发〔2016〕34 号）、《公平竞争审查制度实施细则（暂行）》（发改价监〔2017〕1 849 号）等文件的要求，规范政府行为，防止滥用行政权力排除、限制竞争。企业通过"被动串谋"或其他方式可以把规制带来的潜在不利转移给工人或消费者，因此以增加居民福利为目的的规制政策可能反而减少了居民福利。比如，在新冠肺炎疫情期间，俄罗斯政府大幅增加了政府救助金金额，这导致不少俄罗斯人纷纷辞职，因为在家待业所得的救助金与上班工资相比，相差无几；还有一个类似的例子，近年来有的地区延长了妇女的产假、哺乳假时间，这看似对哺乳期妇女有利，但很可能导致妇女群体更难就业，出现好心办坏事的情况。

6.8 本章小结

本章对城市人才引进政策、住房政策、产业政策（以去产能政策为例）、耕地占补平衡政策、经济增长方式转型政策、环境规制政策等进行了简要探讨。通过理论与实证分析，本章得到以下结论：

人才引进政策与住房政策是城市发展过程中最常见的政策，有利有弊，需要审慎对待。从 EE-EC 分析框架来看，人才引进政策既有供给侧的效应，可以提升城市人口承载力，也有需求侧的效应，会直接导致人口流入。如果不考虑人才引进政策本身的执行成本，那么此类政策对城市而言利大于弊，但如果要考虑政策执行成本及全国层面的人才流动合理性，中央政府或许需要出台一些限制性条款，避免人才流动失衡和区域间的内耗。

购房政策大致可以分为限制性购房政策、竞争性购房政策、优惠性购房政策和支付性购房政策，目前各地的政策有较大差异，需要具体问题具体分析。但是总的来看，购房政策从需求侧影响城市规模的效应比较显著，政策制定者必须权衡利弊，合理出台政策，合理规划用地，避免"空城""鬼城"等现象，要注重宜居宜业，兼顾城市生态、产业和形象三方面。

关于产业政策，本章主要讨论了去产能政策，表明了政府的去产能政策在一定程度上具有有效性。从城市集聚的角度看，产业政策除了有助于提升劳动生产率外，还具有其他好处，如提升对就业人口的吸纳能力，集约利用土地资源和城市基础设施等。然而，从实证结果看，虽然城市化通过提升技术水平（全要素生产率）和劳动力集聚程度可以提高产能利用率，但是城市化本身并不利于产能利用率的提高，主要原因可能是城市化模式比较粗放。因此，政府部门在城市化过程中除了要发挥技术进步和要素集聚的优势之外，还要重视供给侧结构性改革，使产能供给与市场需求相适应。同时，本章也指出，在以新技术、新业态、新模式为代表的新经济的快速发展过程中，相关部门既要强调新旧动能的顺利转换，也要注重加强产业链的韧性，防止布局雷同产业。

此外，为了保障城市化进程中的粮食安全，20 世纪 90 年代，我国出台了耕地占补平衡政策，该政策的初衷是坚守粮食生产红线，却仍然可能给农业生产率带来一定的负效应，如部分地区以优等土地替换劣等土地，降低土地质量。当然，城市化也必然会对农业生产率产生正向的促进效应，如促进农业生产要素的集聚和规模化运作，促进其他领域的技术创新向农业扩散，提升农业附加值等。为了验证这正负两种效用，本章提出兼顾异质性与内生性的 SFA 法并利用该方法进行了实证分析。结果发现，城市化率与农业生产率之间存在"U"形关系，当城市化率较低时，城市化降低了农业生产率，这可能是因为耕地占补平衡政策导致土地质量下降，也可能是因为劳动力的生产力水平降低；当城市化率较高时，城市化对农业生产率的正向效应抵消了不利的负向效应。今后，政府部门在城市化过程中，要更好地处理征地与粮食生产的关系，避免过度征地、粗放征地，确保农业用地在数量、质量和生产力水平几个方面都能实现平衡或改善。

最后，本章讨论了城市化与经济增长方式转变的关系，通过非参数 SBM-DDF 迭代法剖析中国各省（自治区、直辖市）的经济增长，表明 1986 年至 2017 年资本、劳动、能源和 TFP 对中国经济增长的贡献率分别为 69.28%、3.12%、20.28% 和 7.33%。由此可见，中国的增长奇迹主要是依靠高资本投入和高能耗实现的，TFP 的增长仅仅贡献了 7.33%，这表明在样本期间中国的经济增长方式相对粗放。进一步地，在传统内生增长理论的基础上，本章以 TFP 对经济增长的贡献度替换传统的 TFP 增长率并将其作为因变量，构建了第三代内生增长模型，利用中国 2006 年至 2017 年的统计数据进行实证分析。结果表明，研发活动和工业化显著地促进了经济内生增长；城市化对经济内生增长并没有明显的促进效果，但也没有明显的证据支持城市化阻碍了经济增长方式转变的结论。城市化对经济增长方式的作用不显著的一个主要原因可能是，以往的城市化模式较为粗放，仅仅关注人口和土地的城市化，而忽视了城市的创新发展与对内生动力的培育。这给今后的城市化提出了更高的要求，即必须推动新型城镇化高质量发展，注重要素生产率的提高，注重各类资源的集约利用，把城市化从要素驱动转向创新驱动。

下篇

发展趋势研究

城市问题与城市本身一样，处于不断的发展和变化之中。在百年未有之大变局下，世界局势的不稳定性、不确定性增加。党中央、国务院审时度势，对城市发展作出了系列指示。以下是党的十九届五中全会审议通过的《中共中央关于制定国民经济和社会发展第十四个五年规划和二〇三五年远景目标的建议》（以下简称《建议》）的有关表述：

　　"推进以人为核心的新型城镇化。实施城市更新行动，推进城市生态修复、功能完善工程，统筹城市规划、建设、管理，合理确定城市规模、人口密度、空间结构，促进大中小城市和小城镇协调发展。强化历史文化保护、塑造城市风貌，加强城镇老旧小区改造和社区建设，增强城市防洪排涝能力，建设海绵城市、韧性城市。提高城市治理水平，加强特大城市治理中的风险防控。坚持房子是用来住的、不是用来炒的定位，租购并举、因城施策，促进房地产市场平稳健康发展。有效增加保障性住房供给，完善土地出让收入分配机制，探索支持利用集体建设用地按照规划建设租赁住房，完善长租房政策，扩大保障性租赁住房供给。深化户籍制度改革，完善财政转移支付和城镇新增建设用地规模与农业转移人口市民化挂钩政策，强化基本公共服务保障，加快农业转移人口市民化。优化行政区划设置，发挥中心城市和城市群带动作用，建设现代化都市圈。推进成渝地区双城经济圈建设。推进以县城为重要载体的城镇化建设。"

　　从这段话可以看出，在我国全面建设社会主义现代化国家阶段，城市化的本质要求是以人为核心，城市规划、城市治理、城市保障等都要围绕这一本质要求展开。具体而言，在国际国内的新形势下，研究中国城市问题需要重点关注以下四个方面：一是城市集聚与城市集群的关系。当前，在稳步推进城镇化的过程中，着力发展城市群成为区域政策的着力点，城市群建设符合世界城市发展规律，是未来很长一段时间内我国城市建设的主攻方向。正如《意见》指出的，要"优化行政区划设置，发挥中心城市和城市群带动作用，建设现代化都市圈"。二是在城市发展过程中，南北差距逐渐扩大，这是经济社会发展中的新情况新问题之一，迫切需要得到关注。三是以数字经济、智能经济为代表的新经济成为城市经济建设的抓手，世界主要国家和地区都在对此进行筹谋布局，如何有效开展新经济建设也是我国中央政府和地方政府重点关注的内容。四是在"三期叠加"阶段，为了支持新经济建设和传统产业更新升级，也为了拉动经济，发掘内生增长动力，以第五代移动通信技术（5G）等为代表的新型基础设施的建设成为众多经济学家建议的良方，那么从传统基建向新基建转变是重要的研究内容。

结合以上四个方面，从宏观趋势来看，未来的城市发展可能具有以下趋势：第一，智慧城市。建设智慧城市是大势所趋，除了各级政府部门外，各大人工智能（AI）企业也纷纷瞄准智慧城市建设，后文提到的案例企业（商汤科技）更是将建设智慧城市作为首要战略。随着智慧城市的建设，人脸人体信息识别、大数据存储与处理、图像与视频信息处理、智慧交通、智能防疫、智能办公、智能侦查等技术将极大地提升城市治理能力和居民生活水平。第二，城市群高质量协同。从世界城市的演进历史看，城市发展经历了从单个城市的发展壮大到单体城市增长极形成再到城市群的发展及中心城市与城市群协调发展的阶段。未来的城市竞争更可能以城市群为单位，中心城市和外围城镇做到优势互补、产业腾挪，实现组团竞争。第三，城市民生问题成为重中之重。在农村地区的脱贫攻坚战取得全面胜利的同时，城市的贫困问题和生活压力也引起社会的广泛关注。城市民生问题关系我国的社会主义现代化建设和国家的长治久安，但是房价、上学、就医、就业、社保等问题仍然很突出。2020年"996""年轻人猝死"等问题引爆各大媒体，这从侧面反映出社会大众对城市民生问题的高度关注和改善诉求。

本篇侧重于对城市发展中的一些专题问题展开研究，视角比较微观和具体，对城市发展的宏观趋势问题没有过多展开。尽管如此，在当今社会，城市发展正在经历巨大变革，用发展的眼光看待城市发展问题仍然是对城市治理者提出的最低要求。

第 7 章 从城市集聚到城市集群

7.1 本章概述

中国改革开放四十多年来的经济增长奇迹就是工业化和城镇化相互促进和发展的过程（中国经济增长前沿课题组，2011；万广华，2013；邓忠奇 等，2015）。国家统计局公布的数据显示，2018 年年末，我国常住人口的城镇化率达到 59.58%，比 1949 年年末提高了将近 49 个百分点。然而，快速的城市化却日益暴露出一些问题，如交通拥堵、环境污染、房价居高不下等"城市病"在部分城市开始显现。尤其对一线城市而言，常住人口数量已经逼近城市承载阈值，这在一定程度上反映出集聚不经济（原倩，2016）。在此背景下，依托城市群建设推进我国新一轮城市化进程成为中国特色城市化道路的重要选择（顾朝林，2011；汤放华 等，2013）。

从国际国内形势看，由城市集聚（urban agglomeration）到城市集群（urban clustering）的转变已经成为城市化的主流趋势。从顶层设计来看，城市群的建设和发展在我国被提升到前所未有的战略高度。十九届四中全会提出，提升中心城市和城市群综合承载和资源优化配置能力。"一带一路"建设、京津冀协同发展和长江经济带发展三大国家战略中的两个都与城市群的建设和发展直接相关，中央财经委员会第五次会议也指出中心城市和城市群正在成为承载发展要素的主要空间形式。城市群是在当前经济形势下满足人民日益增长的美好生活需要的空间载体，也是实现经济高质量发展和空间平衡机制的抓手，其重要意义是十分明显的。

前文着眼城市规模与城市政策的研究主要关注城市集聚，本章将研究进一步推广至城市集群。城市集聚与城市集群的概念存在区别与联系。从字面意思讲，城市集聚侧重于单个城市规模（尤其是人口规模）的扩大，而城市集群则表现为一定地域范围内城市分布的高度集中（戴宾，2004），但两者往往是相互促进的，城市集聚程度较高的城市往往位于所在城市群的中心，城市群的发展也会带动群内城市的快速集聚。如果说城市集聚可以发挥规模经济和技术溢出的优势，那么城市集群可以将这种优势进一步放大，同时将极大地节约企业之间的交易成本，实现城市之间的协同发展，这对提升区域竞争力具有重要意义。当然，任何事情都需要被辩证地看待，正如城市集聚存在最优规模一样，城市集群也存在一定的负面影响。比如，城市群内中心城市的"虹吸效应"可能导致小城市给大城市"输血"，这不仅不能减轻大城市的人口压力，反而造成中心城市越来越"超载"；城市群内外围城市本来想"大树底下好乘凉"，实际却可能面对"大树底下不长草"的情况。关于这一现象，吴群刚等（2010）、傅志华等（2015）、祝尔娟（2014）认为，在京津冀协同发展过程中，北京作为中心城市在与河北和天津的关系中更多地表现出中心对外围的要素虹吸，导致外围难以留住优质要素，因此三地的发展差距不断拉大。此外，为了发展城市群，必须投入较高的成本进行城际交通建设，而且城际交通的快速发展往往造成非中心城市机场的使用效率大大降低。从环境的角度看，外围城市很可能成为"污染避难所"。以上问题是在城市集群过程中需要被思考的。

本章 7.2 节简要介绍中国主要城市群。7.3 节在已有文献的基础上梳理并深化城市群建设的理论与现实意义。7.4 节提出产业集聚与城市集群的理论模型。7.5 节以成渝地区双城经济圈为例，进行城市集群的案例分析。7.6 节为本章小结。

7.2 中国主要城市群

21 世纪以来，城市群已经成为世界主要国家城市化的集中表现，是评价国家和地区经济发展水平的重要空间尺度。在我国快速推进城市化的过程中，一些城市群也大致成型。从搜集的各方资料来看，中国已有的和潜在的城市群有 32 个，其中已基本建成的城市群有 11 个，正在建设的城市群有 14 个，潜在的城市群有7 个。

中国已基本建成的城市群（见表7-1）包括：珠江三角洲城市群、长江三角洲城市群、京津冀城市群、辽中南城市群、山东半岛城市群、中原城市群、长江中游城市群、成渝城市群、关中平原城市群、海峡西岸城市群和海峡东岸城市群。其中，珠江三角洲城市群、长江三角洲城市群和京津冀城市群的规模较大，城市群的整体实力和综合竞争力较强。也有部分材料将京津冀城市群、辽宁中部城市群、山东半岛城市群统称为环渤海城市群，进而形成珠江三角洲城市群、长江三角洲城市群和环渤海城市群三个特大城市群。

中国正在建设的城市群（见表7-2）包括：武汉城市群、长株潭城市群、江淮城市群、呼包鄂城市群、石家庄城市群、太原城市群、环鄱阳湖城市群、南宁城市群、银川沿黄河城市群、甘肃城市群、黔中城市群、滇中城市群、拉萨城市群和乌昌石城市群。其中，乌昌石城市群也被称为天山北坡城市群，武汉城市群也属于长江中游城市群，因此不同城市群的划分标准并不一致，而且部分位于要道的城市可能同时属于好几个城市群，如保定就同时属于石家庄城市群和京津冀城市群。

表 7-1　中国已基本建成的城市群

城市群名称	核心城市	群内城市
珠江三角洲城市群	广州、深圳、香港	广州、深圳、香港、珠海、惠州、东莞、肇庆、佛山、中山、江门、澳门等
长江三角洲城市群	上海、杭州	上海、南京、苏州、无锡、常州、镇江、扬州、南通、盐城、泰州、淮安、杭州、宁波、金华、嘉兴、湖州、绍兴、舟山、台州、衢州、合肥、马鞍山等
京津冀城市群	北京、天津	北京、天津、石家庄、唐山、保定、秦皇岛、廊坊、沧州、承德、张家口及雄安新区、通州新城、顺义新城、滨海新区、唐山曹妃甸工业新城等
辽中南城市群	沈阳	沈阳、鞍山、抚顺、本溪、营口、辽阳、铁岭、阜新等
山东半岛城市群	青岛、济南	济南、青岛、淄博、东营、烟台、潍坊、济宁、泰安、威海、日照、莱芜、滨州、德州、聊城等
中原城市群	郑州	郑州、洛阳、开封、新乡、焦作、许昌、平顶山、漯河、济源等
长江中游城市群	武汉、长沙	武汉、长沙、南昌、合肥及武汉城市圈、长株潭城市群、环鄱阳湖经济圈、江淮城市群所涵盖城市
成渝城市群	成都、重庆	四川的成都、德阳、眉山、遂宁、内江、南充、资阳、自贡、广安等；重庆的主城区、涪陵、合川、永川、江津、大足等
关中平原城市群	西安	西安、宝鸡、咸阳、渭南、铜川、商洛、杨凌农业示范区等
海峡西岸城市群	福州、厦门、泉州	福州、厦门、泉州、漳州、莆田、宁德等
海峡东岸城市群	台北	台北、台中、台南、高雄、新竹、新北、桃园等

注：部分城市可能同时属于几个城市群。珠江三角洲城市群与近年提出的粤港澳大湾区涵盖的城市基本一致，因此本表不再列出粤港澳大湾区。

　　中国潜在的城市群（见表 7-3）包括：浙东城市群、徐州城市群、豫皖城市群、冀鲁豫城市群、鄂豫城市群、汕头城市群和琼海城市群。其中，浙东城市群中的台州和温州在某些资料中被单列为温台地区城市群。这些城市群往往以个别二三线城市为中心，效仿表 7-1 中的大城市群，希望通过中小城市集群来实现区域协同效应。这些城市群尽管已经部分被当地政府写入规划报告，但仍然处在城市群建设的初级阶段，因此加强交通设施和信息技术建设，促进群内城市的互联互通是当务之急。除了政府规划中明确提及的城市群之外，在定量研究时，部分学者还通过如下方式确定城市群（圈），即首先确定一个核心城市，然后以是否与核心城市接壤为标准将其他城市纳入该城市群。

　　由于城市群的划分标准存在一定的差异，而且部分城市群还处在建设之中，因此相对而言，国家级城市群更有可比性。截至 2020 年 2 月，国务院先后批复了 11个国家级城市群（见表 7-4）。除此以外，像辽中南城市群、山东半岛城市群等省域内城市群，由于不需要国务院批复，因此在部分材料中也被认定为国家级城市群。但是，京津冀城市群和海峡西岸城市群这两个重要的城市群目前尚未获批。

表 7-2　中国正在建设的城市群

城市群名称	核心城市	群内城市
武汉城市群	武汉	武汉、黄石、鄂州、黄冈、孝感、咸宁、仙桃、天门、潜江等
长株潭城市群	长沙	长沙、株洲、湘潭等
江淮城市群	合肥	合肥、六安市、淮南市、蚌埠市、滁州、马鞍山、芜湖、铜陵、池州（部分）、安庆（部分）等
呼包鄂城市群	包头、呼和浩特、鄂尔多斯	包头、呼和浩特、鄂尔多斯等
石家庄城市群	石家庄	河北的石家庄、保定、沧州、衡水、邢台等；山西的阳泉等
太原城市群	太原	太原、汾阳、忻州、长治、临汾等
环鄱阳湖城市群	南昌	南昌、景德镇、鹰潭、九江、新余、抚州、宜春、上饶、吉安等
南宁城市群	南宁	南宁、北海、钦州、防城港、玉林、崇左、百色等
银川沿黄河城市群	银川	宁夏的吴忠、银川、中卫、石嘴山等；内蒙古的乌海、巴彦淖尔等
甘肃城市群	兰州	兰州、金昌、白银、天水、嘉峪关、平凉、庆阳、武威、张掖、酒泉、定西、陇南等
黔中城市群	贵阳	贵阳、遵义、安顺、都匀、凯里等
滇中城市群	昆明	昆明、曲靖、玉溪、楚雄等
拉萨城市群	拉萨	拉萨、羊八井等
乌昌石城市群	乌鲁木齐	乌鲁木齐、昌吉、石河子等

注：部分城市可能同时属于几个城市群。

表 7-3　中国潜在的城市群

城市群名称	核心城市	群内城市
浙东城市群	宁波、台州、绍兴、舟山	宁波、台州、绍兴、舟山、慈溪、余姚、诸暨、上虞、温岭、临海、温州等
徐州城市群	徐州	江苏的徐州、连云港、宿迁；以及安徽、山东、河南的部分城市
豫皖城市群	阜阳	阜阳、亳州、商丘、周口等
冀鲁豫城市群	安阳	安阳、鹤壁、濮阳、聊城、菏泽、邯郸等
鄂豫城市群	信阳	信阳、南阳、襄樊、随州、驻马店等
汕头城市群	汕头	汕头、潮州、揭阳等
琼海城市群	湛江、海口	湛江、海口、茂名、阳江、三亚等

注：部分城市可能同时属于几个城市群。

表 7-4　已获批的国家级城市群（截至 2020 年 2 月）

国家级城市群	国务院批复时间
长江中游城市群	2015 年 3 月 26 日
哈长城市群	2016 年 2 月 23 日
成渝城市群	2016 年 4 月 12 日
长江三角洲城市群	2016 年 5 月 22 日
中原城市群	2016 年 12 月 28 日
北部湾城市群	2017 年 1 月 20 日
关中平原城市群	2018 年 1 月 9 日
呼包鄂榆城市群	2018 年 2 月 5 日
兰州—西宁城市群	2018 年 2 月 22 日
粤港澳大湾区	2019 年 2 月 18 日
滇中城市群	2020 年 1 月 14 日

要直观地比较各城市群的发展情况，除了经济指标外，近几年一个比较常见的指标是夜间灯光数据。一般而言，在经济活动越频繁、人口越集中的城市区域，灯光亮度越高（Elvidge et al.，2007），因此夜间灯光强度在一定程度上可以反映一个区域内的经济发展情况和人口集中程度。大量学者已经将夜间灯光数据应用于城市经济学研究。例如，刘修岩等（2017）利用校正后的夜间灯光数据测度了中国部分地区的经济效率，回答了中国城市集聚是单中心还是多中心的经典问题；吴健生等（2014）使用夜间灯光数据展示了中国城市体系等级结构及其空间分布格局；徐康宁等（2015）采用夜间灯光数据评价了中国实际经济增长率，尽管基于灯光数据测算的经济增长率与统计数据高度一致，但仍然表明地方政府存在夸大 GDP 统计数据的可能；张俊（2017）在研究高铁建设与县域经济发展的关系时，也将灯光数据作为衡量地方经济发展水平的代理变量；莱文（Levin，2017）认为城市夜间灯光数据与经济产出、人口规模及建成区面积高度相关。

基于以上研究，夜间灯光数据或许可以较好地反映城市群发展情况。利用美国国家航空航天局（NASA）公布的 2016 年全球夜间灯光亮度数据，本章可以直观地比较东亚主要城市群的发展情况。从图 7-1 可以明显看出，长江三角洲城市群、粤港澳大湾区、东京城市群、首尔城市群、海峡东岸城市群、京津冀城市群的夜间灯光亮度较高，而滇中城市群、北部湾城市群、辽中南城市群、关中平原城市群、成渝城市群、中原城市群、山东半岛城市群和长江中游城市群的灯光亮度都比较低。其中，山东半岛城市群的城市分布比较零散，成渝城市群以成都和重庆为两端形成哑铃状，长江中游城市群以武汉、长沙和南昌为顶点形成三角形。

单从夜间灯光亮度来看，与东京城市群和首尔城市群相比，我国的粤港澳大湾区和长江三角洲城市群略胜一筹。大体上，图 7-1 中的城市群按照夜间灯光亮度可以划分为五个等级：粤港澳大湾区和长江三角洲城市群为第一级；京津冀城市群、海峡东岸城市群、东京城市群、首尔城市群为第二级；名古屋城市群、大阪城市群、釜山城市群、海峡西岸城市群为第三级；中原城市群、长江中游城市群、成渝城市群、山东半岛城市群、辽中南城市群为第四级；关中平原城市群、滇中城市群、北部湾城市群为第五级。其中，粤港澳大湾区（珠江三角洲城市群）和长江三角洲城市群及四个二级城市群已经是世界级城市群，对其他城市群的发展具有一定的借鉴意义。

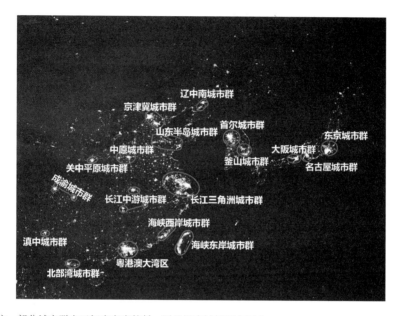

注：部分城市群由于灯光亮度较低，因此没有被标记在图中。

图7-1　东亚主要城市群夜间灯光亮度（2016年）

资料来源：NASA官方网站（https://www.nasa.gov/）。

粤港澳大湾区不仅拥有"一国两制"方针下的香港和澳门两个特别行政区和自由港，而且有深圳、珠海两个经济特区，南沙、前海蛇口和横琴三个自由贸易试验区，因此形成了包括特别行政区、自由港、经济特区、自由贸易试验区等在内的多重经济体的体制叠加优势和开放叠加形态，从而能产生巨大的经济和社会能量。粤港澳大湾区的发展格局如下：以香港和澳门为两个支点，深圳和珠海分别对接这两个支点，发展线路经东莞、中山等城市后交汇于广州，形成一个"人"字形城市群格局。与旧金山湾区和纽约湾区相比，粤港澳大湾区一样具有高度开放、创新引领、集聚发展、区域协同等优势，形成港口群+产业群+城市群的叠加效应。此外，粤港澳大湾区作为中国对外开放的门户，具有中国内地强大市场的支撑和人口高度集中等独特优势，也是海上丝绸之路的重要集散地。

与粤港澳大湾区的"人"字形城市群格局不同，长江三角洲城市群以上海、杭州和南京为核心城市形成"Z"字形城市群格局，前后贯穿南京、镇江、常州、无锡、苏州、上海、嘉兴、杭州、绍兴、宁波、舟山等城市。除了"Z"字形主线外，借助三条辅线，扬州、泰州、南通、台州、湖州等城市被联系起来。与粤港澳大湾区和长江三角洲城市群明确的城市格局相比，国内其他城市群的建设则存在明显不足。例如，京津冀城市群和成渝城市群形成哑铃状，不仅没有带动中间城市的发展，相反，一端为了避免向另一端"输血"而与另一端相互竞争，区域协同的优势很难发挥出来；长江中游城市群则形成比较稳定的三角形格局，这是因为武汉、长沙和南昌同为省会城市，本身就具有较强的竞争性，在城市群的建设过程中很难协调各方资源；山东半岛城市群则更像是一盘散沙（见图7-1），尚未形成明确格局。由此可见，对尚在建设中的城市群而言，为了充分带动群内中小城市的发展，避免大城市相互竞争，合理的城市格局非常重要，世界上成功的城市群往往呈现出弧线（如各种湾区）或带状的格局。

7.3 城市群建设的理论与现实意义

城市群在一般意义上是指以某个或几个中心城市为核心、向四周辐射所形成的多个城市的集合体。城市群（urban cluster）作为一个概念被提出可以追溯到20世纪早期。1915年，著名学者帕特里克·格迪斯（Patrick Geddes）在对英国城市发展的研究中发现，原本的大城市随铁路、运河、公路的延展，扩散成了众多在空间上互相连接的小城市——他将这类地区称为城市群。城市群内的城市一方面在空间上毗邻，另一方面又具有相近的文化与社会背景，因此很容易形成区域协同的优势。纵观经济发展历史，随着不同产业的发展和空间布局的演进，城市间逐渐形成了功能上的分工与协作（可能是自发的，也可能是人为规划的），并通过城市规划与基础设施建设形成更加紧密联系的空间网络。可以说，城市群是城市化进一步发展及产业空间演进的客观反映，这一点基本获得学界共识。

7.3.1 城市群建设的经济学学理内涵

在组团竞争的时代，单打独斗已经不能适应城市发展需要。将城市群作为区域经济发展和建设的抓手是经济管理学基本规律在空间范围内的体现。由于地理环境和发展情况的不同，每座城市都有各自的要素禀赋和发展基础，当城市集聚发展到一定程度后，各城市只有不断发挥比较优势，在互通的基础上，形成互补和互联，才能带动城市群整体发展，实现区域总效用的最大化。反之，如果各城市不能发挥比较优势，则很容易出现彼此竞争的情况，形成无效产出供给和恶性资源争夺，从而不利于提升区域整体的竞争力，这也是我国供给侧结构性改革涉及的重要内容。

在更加注重经济发展质量的时代，城市群的整体发展也意味着更高质量的区域经济增长——城市群的建设和发展不仅是一个促进经济总量增长的过程，也是一个解放和发展生产力的过程。一方面，城市集群使得群内城市通过发挥不同要素禀赋的优势，形成区域层面更为优化的产业结构和空间范围内的分工与协作；另一方面，城市群建设有助于各产业在城市群内不同城市之间迁移和升级，进而促进各城市形成新的产业结构，原有中心城市的部分产业或产业链部分环节以新的形式在周边城市延续，既带动周边城市的经济，也可缓解中心城市的资源和环境压力，同时为中心城市产业升级、集中力量发展高端产业腾挪出空间。

第 1 章在综述有关中国城市优先发展之争时提到，有学者主张优先发展大城市以实现集约型城市化的高效率（王小鲁 等，1999；陆铭，2016），同时也有学者主张优先发展中小城市以实现分散型城市化的低成本（孙三百 等，2014；魏守华等，2015；Deng et al.，2020a）。周牧之（2004）和原倩（2016）指出，发展城市群可以在获得集约型城市化高效率优势的同时兼顾中小城市的发展，具有一举多得的好处，是中国参与国际竞争与合作、推动未来经济发展的重要空间载体和有效落实经济政策的抓手。

从城市经济学理论看，城市集群以城市集聚为前提，城市集群又反过来为城市集聚创造条件。城市集群保持了城市集聚所具有的规模经济优势，同时培育出空间上的范围经济和地区协同效应，使得产业间的联系更为紧密，在更大程度上释放出技术外溢性，将古典经济学理论所强调的产业分工形成的比较优势向更高层面的地域分工拓展。从更加具体的城市经济学理论看，中心地理论（克里斯塔勒，2010）[①]、城市体系理论（Henderson et al.，1988，1999，2001；Hansen，1990）和新经济地理学理论（Fujita et al.，1999）等都从不同角度论证了城市群的形成与重要性。汪彬（2018）分别从政策论、集聚与扩散论、市场与政府结合论、要素流动论四个角度对城市集群进行理论解释。

（1）政策论。顾名思义，政策论的持有者认为城市群的形成受政府干预的影响比较深远，如一些经济特区和经济带的建设就对区域内城市群的形成影响较大。最典型的情况就是，在中国，跨省建设城市群的发展规划需要国务院批准，因此批准与否对能否建设城市群就比较重要；此外，城市的土地政策一直是城市化和城市群发展的重要影响因素。方创琳（2012）认为中国城市群的发育形成始于 20 世纪80 年代，国家政策作为一种无形力量贯穿城市群发育形成的全过程，尤其是国家和区域发展政策的叠加扶持使得中国城市群的发育形成具有强烈的政府主导性。刘家强等（2020）指出，在中华人民共和国成立后的很长时间内，我国城市的发展主要由政府行政命令调控。

---

① 克里斯塔勒认为城市群的形成主要受到行政管理区划分、市场经济建设及交通网络发展三方面的作用，城市群反过来也影响这三方面。

（2）集聚与扩散论。如果说政策论具有较强的中国特色，那么集聚与扩散论就是学术界普遍认可的城市化理论，正如乔彬等（2006）指出的，城市群的本质是集聚经济。根据中心-外围理论，精细的分工导致某些核心城市脱颖而出，这些城市作为中心，不断向外辐射经济力量，同时从外围吸收要素，并随着外围的扩大，逐渐形成城市群。从粤港澳大湾区来看，香港和澳门两个特别行政区、深圳和珠海两个经济特区及广州副省级城市所形成的集聚与扩散效应十分明显，这也是粤港澳大湾区建设比较成功的一个重要因素；相比之下，关中平原城市群、滇中城市群和黔中城市群分别以西安、昆明和贵阳为中心城市，目前尚未形成明显的集聚与扩散效应，这些中心城市本身的集聚程度还需要进一步提高，这也是对前文说城市集群以城市集聚为前提的印证。从已有研究看，毕秀晶等（2013）、叶玉瑶等（2010）、孙铁山等（2009）分别定量研究了珠三角、京津冀的集聚与扩散效应。

从要素集聚来看，我国企业家的分布似乎与我国几大城市群的分布有高度的一致性。从企业家办公地址的散点图来看，我国企业家的空间分布存在集聚现象，且在长江三角洲城市群、粤港澳大湾区及京津冀城市群等较大城市群中的集聚尤为明显。除此之外，我国正在快速发展中的成渝城市群、海峡西岸城市群及以济南、青岛为核心的山东半岛城市群也在近几年的发展中出现了企业家集聚的现象。这一现象启示我们，在分析企业与企业家集聚的过程中要注重以城市群为单位。之所以企业与企业家集聚在空间上会表现出往城市群集聚的特征，主要就是因为城市群的集聚与扩散效应。

（3）市场与政府结合论。城市群的形成与演化不是单一力量的结果，而是市场推动与政府引导共同作用的结果，政府调控与市场配置形成合理的分工协作关系是我国目前城市化道路和模式的突出特色（刘家强 等，2020）。市场导向是城市群空间演变的动力源，政府干预是城市群空间演变的推动力，城市群形成的初期主要依靠市场自发的集聚力，而中后期则需要政府的引导和推动（国家发展改革委国地所课题组，2009；陈耀 等，2016）。以长江中游城市群为例，武汉、长沙、南昌同为省会城市，如果没有中央政府的统一调控，那么要把彼此长期形成的竞争关系变成协同关系是一件非常困难的事情。再以京津冀城市群为例，在市场的作用下形成了以北京和天津为两端的哑铃状城市格局，又在政府的干预下正在形成以雄安新区为"一撇"、以通州行政副中心为"一捺"的"个"字形城市格局。从哑铃状向"个"字形的转变有助于京津冀城市群的进一步发展。

（4）要素流动论。城市的发展离不开各种要素，劳动力、资本、土地等都是城市发展至关重要的要素，目前城市的发展与竞争在很大程度上取决于人力资本、创新资源和企业家等要素的集聚程度。不管从哪种城市化理论看，中心城市和外围城市都时刻进行着要素交换，没有大量要素交换的一些城市，即便在地理位置上相互接近，也不能被认为同属于一个城市群。因此，从这个角度而言，城市集群在很大程度上就体现为城市之间的要素交换。张学良等（2014）从要素流动的视角阐述了城市群的形成，他们认为经济活动在单个城市过度集中会引起集聚不经济，因此要素、产业会从中心城市以人流、资本流、商品流的形式沿着交通轴线向外围低梯度城市扩散（也可能是中心城市主动向外转移），形成原有中心城市的次中心城市（Helsley et al.，1991），这些城市经过不断的演变最终形成城市群。当然，如果中心城市一味地吸纳优质要素而转移出普通要素，就可能出现前文提及的大城市"虹吸效应"。此外，谭皓方等（2019）也从"要素流"的视角构建了城镇要素集聚能力指数，表明河南省地级市的城镇要素集聚与中原城市群一样，呈现出以郑州为核心的核心-外围结构，并进一步从政策论的角度对此进行了解释。

7.3.2　城市群建设的现实意义

自 21 世纪初期城市群成为世界主要国家和地区参与国际竞争与分工的新地域单元以来，我国连续十几年把城市群作为国家新型城镇化建设的空间主体（方创琳，2014）。2013 年首次召开的中央城镇化工作会议和《国家新型城镇化规划（2014—2020 年）》进一步明确了城市群推进国家新型城镇化建设的主体地位。加快城市群建设是国家顶层设计的重要内容，有助于协调发展大中小城市，缓解中心城市的承载压力，实现产业、技术、资本和人才的空间辐射，同时也是我国主要城市应对世界竞争的重要策略，对我国目前的经济与社会发展建设具有重要的现实意义。

从我国社会的主要矛盾来看，在治疗"城市病"的同时，满足广大人民对城市美好生活的需要是我国城市群发展的现实诉求。"城市病"主要是指因城市规模过大而出现的人口拥挤、交通拥堵、住房和教育资源紧张、环境恶化等问题，这些问题在北京、上海、深圳这样的特大城市相对突出。给定城市化的重要性，如何合理推进城市化是讨论焦点，传统的城市集聚的主要思路在于通过对要素的吸纳实现当地经济增长。然而，从空间角度来看，这一逻辑忽略了城市的承载能力，以及城市产出最大化和效用最大化的不一致性。随着我国经济进入新常态，如何实现高质量增长、提高城市居民效用水平是城市发展面临的新课题。从区域发展的角度看，利用城市群建设，有规划地引导大城市的部分功能向周边城市转移，既消除了"城市病"，又通过密切的经济关联带动周边城市进一步发展。从城市居民的角度看，随着城市群内城市之间互联互通的加强，城市居民居住和就业的选择范围扩大，这缓解了城市居民在核心城区购房的巨大压力，同时使其享受了城市群内外围城市较好的生态环境，有助于提升生活品质。从资源配置的角度看，城市边界向城市群边界的延伸有助于打破要素流动性限制，实现资源在城市群内更加有效的流动，进而提升城市群整体的生产力水平（Hsieh et al.，2009；De Loecker，2011）。正是通过城市群的建设、创新资源的不断流动，长江三角洲城市群的创新网络才逐步从以上海为绝对中心的单级结构演化为更加合理的一龙头、多中心的钻石结构（殷德生 等，2019）。

随着大中小城市发展不平衡、东西部城市发展不平衡、资源环境约束趋紧等问题的日益加剧，我国的城市经济建设暴露出三大矛盾。化解城市经济发展的三大矛盾是倒逼我国城市群发展的推动力。

一是产业整体转移与产业链部分环节转移的矛盾。中小城市希望的是产业整体转移，想要通过产业转移来吸引优质产业与企业，从而打破低端锁定的"魔咒"；而大城市尤其是特大和超大城市希望的却是产业链部分低附加值环节转移，即把产业链中的非核心环节尤其是高能耗、高污染的加工环节转移出去，从而实现产业升级和新旧动能转换。这一矛盾导致大城市的产业升级减缓，而中小城市的产业定位模糊，城市间不仅不协同反而恶性竞争，致使部分劳动密集型产业向东南亚国家转移。城市群的建设恰好可以化解这一矛盾，中心城市的部分产业和产业链部分环节向外围城市转移，既提升了企业的迁移意愿，又减弱了产业转移的区域黏性①，外围城市也可以借此加强与中心城市的经济贸易往来，分享中心城市快速发展的利得，因此在合理的制度安排之下容易形成多赢。事实上，长江三角洲城市群内的产业转移与产业链转移就是很好的例子。

二是经济增长和环境保护的矛盾。在缺乏技术和资本的条件下，中小城市转型困难，不仅难以实现"绿水青山就是金山银山"，反而容易成为"污染避难所"（陆旸，2012；侯伟丽 等，2013）。城市群的建设必然伴随严格的环境规制和污染转移，尤济红等（2019）的研究表明，区域一体化合作显著带来了城市群的减排效应，有利于提高城市群经济发展的整体质量。由中心向外围的污染转移之所以能形成共赢，是因为：一是中心和外围的经济发展程度不同，污染的影子价格存在差异，中心城市的环境规制更加严格，因此污染的影子价格较高，合理的污染转移可以实现净收益（邓忠奇 等，2018c）；二是不同区域的环境自净能力不同，中心区域的人口比较稠密，环境自净能力差，外围区域的面积广阔，人口集中度相对较低，环境自净能力相对较强。相比城市群内转移而言，传统的由东向西的污染转移模式实施起来困难重重，一方面，西部地区并不愿意接受甚至抵制污染转移（比如，彭州石化项目就曾遭到当地民众的强烈抵制）；另一方面，西部城市在接受污染转移的过程中很难分享东部城市经济转型升级的好处。通过城市群内的产业调整，外围城市尽管接受了一些环境非友好型产业或企业，但是由于中心城市和外围城市牢牢绑在一起，因此外围城市"失之东隅，收之桑榆"。

三是发展不平衡的矛盾。中西部的部分中小城市，甚至出现要素外流导致产业

---

① 所谓产业转移的区域黏性，是指产业在原产地形成多种关联性而对产业转移产生阻力（程必定，2009）。

薄弱、产业薄弱导致要素外流的恶性循环和城市人口规模收缩的情况。通过城市群的建设，中小城市以区域中心城市为依托，抱团取暖，可以形成人才和资本的涵养能力，不仅有助于减少要素外流，而且可以承接东部沿海城市转移出来的劳动密集型产业。随着城市群的建设，欠发达城市的交通条件，尤其是高铁水平，将得到极大改善。这一方面加强了中小城市与区域中心城市的联系，另一方面也有助于当地自然资源的开发利用。城市的发展与企业的发展有共通之处，欠发达城市之所以发展缓慢主要是因为缺乏产业生态和营商环境，而城市群的建设打破了传统城市各自为政的竞争局面，对中小城市硬件环境和营商环境的改善比较明显，有助于发掘其后发优势，因此对大中小城市高质量协调发展有一定的促进作用。

以京津冀城市群为例，2014 年北京明确了其首都城市的战略定位，开始逐步向周边地区有序疏解非首都功能。经过五年多时间的调整，北京的产业结构不断优化，空气质量得到明显改善，而且通州行政副中心、雄安新区的规划建设进一步使北京整体的战略走向纵深，化解了以上三方面的矛盾，开启了京津冀世界级城市群建设的新局面。通州行政副中心和雄安新区的规划建设，将打破原本京津冀城市群以北京和天津为两端的哑铃状格局，使得廊坊、保定等城市更加紧密地融入京津冀城市群。同时，从渤海湾经天津指向北京的箭头状格局，为北京添上"两翼"，"一翼"经通州行政副中心和唐山指向秦皇岛，另"一翼"经雄安新区和保定指向河北的主要城市。经过一段时间的发展，京津冀城市群不断加强"两翼"城市的建设和联系，必将开拓成"个"字形城市群格局。

7.3.3 关于中国城市群建设的思考

随着经济全球化进入新阶段，城市群在发展过程中要更加注重融入全球创新网络和产业链，城市要以抱团的方式迎接世界主要国家和地区的竞争。长三角和粤港澳大湾区应当有世界级城市群的大格局和战略高度，注重城市群内部的产业创新和基础技术研发，成为带动全国进而全亚洲发展的经济增长极。京津冀城市群、长江中游城市群、成渝城市群、山东半岛城市群等要改变目前相对松散的城市关系，以点带面，促进城市协同而不是在城市群面积上盲目扩张。关中平原城市群、滇中城市群、黔中城市群等发展较晚的城市群一方面要进一步促进中心城市的人口集聚；另一方面也要合理规划，有意识地在中心城市外围布点，不能盲目模仿成熟城市群，尤其不能忽视经济发展规律，单纯地依靠基础设施建设来构建城市群。

随着智慧城市、数字经济的建设，城市群的发展必须紧跟时代潮流，充分培育技术优势，除了传统的基础设施层面的互联互通外，还要注重信息、网络的互联互通。首先，城市群内部应该消除城市之间的各种交流障碍，比如统一公交卡、统一医保报销制度、简化跨市业务办理流程等。其次，城市群要利用大数据等新技术手段，识别产业布局和比较优势，排查系统性风险。最后，城市群内部可以利用新技

术手段探索新的协作模式，实现税收共享、人员和科研资源共享、核心要素共享等。

城市群这一概念本身就强调了城市间的分工与协作及要素的合理流动。一方面，中心城市要具备要素吸纳能力，通过要素的流动提升资源配置效率，在城市群内部实现物尽其才、人尽其用；另一方面，中心城市要提升向外围辐射的能力，不能只"吸血"不"造血"。与此同时，城市群既要照顾欠发达地区，又不能为了照顾欠发达地区而扭曲市场的作用，应该为欠发达地区提供更多的发展机遇，使之充分融入所在城市群并在群中发挥建设性作用，而不是在资源和产业布局上盲目倾斜。总的来看，在城市群统一规划、共同发展的指导原则下，进一步发挥中心城市的带动作用，打破城市间各种壁垒，实现区域协同、共建共享是未来城市经济工作的核心。

事实上，城市群就如同社交软件中的聊天群一样，群主（中心城市）要发挥带动作用，组织群员（群内城市）集中力量办大事，同时也要不时发红包（反哺非中心城市）。群员（群内城市）要多起建设性作用，而不是盲目起哄或随时潜水。

7.4 产业集聚与城市集群的理论模型

根据第 1 章对理论模型的介绍，本节参考鲍德温等（Baldwin et al.，2006）及藤田等（Fujita et al.，1999）的模型构建理论模型，以便说明城市间产业集聚与城市集群的问题。考虑一个只有农业和工业的两部门模型，假定代表性消费者的效用函数为如下拟线性形式：

$$U = \mu\ln C_M + C_A, \ C_M \equiv \left(\int c_i^{1-1/\sigma}\mathrm{d}i\right)^{1/(1-1/\sigma)}, \ 0 < \mu < 1 < \sigma \quad (7\text{-}1)$$

其中，C_M 为工业品的组合消费量，C_A 为农业品的消费量。σ 为第 3 章用过的工业品替代弹性，σ 越大表明工业品彼此之间的替代性越强，即差异化越弱。农业部门为完全竞争市场，工业部门为垄断竞争市场。农业部门生产只需要投入劳动力，而工业部门生产需要同时投入劳动力和资本。假定每家工业企业的存在需要 1 单位资本，那么一座城市的资本总数即代表了当地的企业总数。每生产 1 单位工业品需要 a 单位劳动力，因此 1 单位资本的成本即为固定成本，a 单位劳动力的成本即为边际成本。假定在没有企业迁移的初始状态下，所有城市的 a 服从如下帕累托分布：

$$G[a] = a^\rho / a_0^\rho, \ 0 \leqslant a \leqslant a_0 = 1, \ \rho > \sigma \geqslant 1 \quad (7\text{-}2)$$

其中，$G[\cdot]$ 为累积分布函数；a_0 为规模参数，即可能的最大边际成本；ρ 为形状参数。由于可以人为选择工业品的测度单位，因此不妨令 $a_0 = 1$，即边际成本最高的

工业企业生产 1 单位工业品需要 1 单位劳动力。此时，$G[a] = a^\rho$，概率密度函数为
$G'[a] = \rho a^{\rho-1}$。

假设只有两座城市，它们分别被记为南方城市和北方城市，且南方城市的初始
规模更大。记南方城市的工业品价格为 p，北方城市的工业品价格为 p^*。由类似
命题 3-1 的证明过程可知：一家生产参数为 a（参数 a 的倒数可以近似为生产率）
且位于北方城市的工业企业，在北方城市和南方城市的需求函数分别为

$$c^*(a) = [p(a)^*]^{-\sigma} \frac{(1-s)E^w}{\int [p(i)^*]^{1-\sigma}di} \tag{7-3}$$

$$c(a) = [p(a)]^{-\sigma} \frac{sE^w}{\int p(i)^{1-\sigma}di} \tag{7-4}$$

需要注意的是，分母的价格便宜指数 $\int [p(i)^*]^{1-\sigma}di$ 和 $\int p(i)^{1-\sigma}di$ 对应的积分区间
不同，$\int [p(i)^*]^{1-\sigma}di$ 是对北方城市消费的所有工业品积分，而 $\int p(i)^{1-\sigma}di$ 是对南
方城市消费的所有工业品积分。E^w 为两座城市的总支出，s 为南方城市的支出份额，
$1-s$ 为北方城市的支出份额。

7.4.1 利润分析

由勒纳（Lerner）等式和迪克西特-斯蒂格利茨（Dixit-Stiglitz）模型可知：北
方企业在北方城市的定价为 $\frac{aw^*}{1-1/\sigma}$；北方企业在南方城市的定价为 $\frac{aw^*\tau}{1-1/\sigma}$；南
方企业在北方城市的定价为 $\frac{aw\tau}{1-1/\sigma}$；南方企业在南方城市的定价为 $\frac{aw}{1-1/\sigma}$。其
中，τ 为萨缪尔森冰山成本。因此，生产参数为 a 的北方企业在北方城市和南方城
市获得的总利润为

$$\pi^*(a) = \left(\frac{aw^*}{1-1/\sigma} - aw^*\right)c(a)^* + \left(\frac{aw^*\tau}{1-1/\sigma} - aw^*\tau\right)c(a)$$

$$= \frac{E^w}{\sigma}\left(\frac{aw^*}{1-1/\sigma}\right)^{1-\sigma}\left\{\frac{1-s}{\int [p(i)^*]^{1-\sigma}di} + \frac{\varphi s}{\int p(i)^{1-\sigma}di}\right\} \tag{7-5}$$

其中，$\varphi \equiv \tau^{1-\sigma}$ 为贸易自由度。这里没有考虑固定成本（1 单位资本的成本），在资
本自由流动的条件下这不影响后续分析。进一步，由（7-2）式可知北方城市和南
方城市的价格便宜指数分别为

$$\int [p(i)^*]^{1-\sigma}di = \int \left(\frac{aw^*}{1-1/\sigma}\right)^{1-\sigma}dK^*G[a] + \int \left(\frac{aw\tau}{1-1/\sigma}\right)^{1-\sigma}dKG[a]$$

$$= K^w\lambda\left(\frac{1}{1-1/\sigma}\right)^{1-\sigma}[(1-s^K)(w^*)^{1-\sigma} + \varphi s^K w^{1-\sigma}] \tag{7-6}$$

$$\int p(i)^{1-\sigma} di = \int \left(\frac{aw^* \tau}{1 - 1/\sigma} \right)^{1-\sigma} dK^* G[a] + \int \left(\frac{aw}{1 - 1/\sigma} \right)^{1-\sigma} dKG[a]$$

$$= K^w \lambda \left(\frac{1}{1 - 1/\sigma} \right)^{1-\sigma} \left[\varphi (1 - s^K) (w^*)^{1-\sigma} + s^K w^{1-\sigma} \right] \tag{7-7}$$

$$\lambda \equiv \int a^{1-\sigma} dG[a] = \frac{\rho}{1 - \sigma + \rho} > 0 \tag{7-8}$$

其中，K 和 K^* 分别为南方城市和北方城市拥有的资本，对应的资本份额为 $s^K \equiv K/K^w$，$1 - s^K = K^*/K^w$。将价格指数代入 $\pi^*(a)$ 的表达式，可得

$$\pi^*(a) = \frac{E^w}{\sigma \lambda K^w} (aw^*)^{1-\sigma} \left\{ \frac{1 - s}{(1 - s^K)(w^*)^{1-\sigma} + \varphi s^K w^{1-\sigma}} + \frac{\varphi s}{\varphi (1 - s^K)(w^*)^{1-\sigma} + s^K w^{1-\sigma}} \right\} \tag{7-9}$$

同理可得，生产参数为 a 的南方企业在北方城市和南方城市获得的总利润为

$$\pi(a) = \frac{E^w}{\sigma} \left(\frac{aw}{1 - 1/\sigma} \right)^{1-\sigma} \left\{ \frac{\varphi (1-s)}{\int [p(i)^*]^{1-\sigma} di} + \frac{s}{\int p(i)^{1-\sigma} di} \right\}$$

$$= \frac{E^w}{\sigma \lambda K^w} (aw)^{1-\sigma} \left[\frac{\varphi (1-s)}{(1-s^K)(w^*)^{1-\sigma} + \varphi s^K w^{1-\sigma}} + \frac{s}{\varphi (1-s^K)(w^*)^{1-\sigma} + s^K w^{1-\sigma}} \right] \tag{7-10}$$

为了简化分析，假定要素自由流动，因此北方城市和南方城市的工资水平一样，即 $w = w^*$。由于可以人为设定农业品的测度单位，因此为不失一般性，我们可以将工资水平设为 1（以工资为计价单位），即 $w = w^* = 1$。进一步，假定北方城市和南方城市拥有的其他要素的比例与资本的比例一致，则城市的资本份额与支出份额一致（因为支出等于要素创造的收入），即 $s^K = s$。那么，利润可以简化为

$$\pi^*(a) = \frac{E^w}{\sigma \lambda K^w} a^{1-\sigma} \left[\frac{1 - s}{1 - s + \varphi s} + \frac{\varphi s}{\varphi (1 - s) + s} \right] \tag{7-11}$$

$$\pi(a) = \frac{E^w}{\sigma \lambda K^w} a^{1-\sigma} \left[\frac{\varphi (1 - s)}{1 - s + \varphi s} + \frac{s}{\varphi (1 - s) + s} \right] \tag{7-12}$$

由 (7-11) 式和 (7-12) 式可知

$$\pi(a) - \pi^*(a) = \frac{E^w a^{1-\sigma}}{\sigma \lambda K^w} \frac{\varphi (1 - \varphi)(2s - 1)}{(1 - s + \varphi s)[\varphi (1 - s) + s]} \tag{7-13}$$

由于南方城市的资本份额更大，即 $s > 1/2$，那么 $\pi(a) - \pi^*(a) \geq 0$，得到如下命题：

命题 7-1

$\pi(a) - \pi^*(a) \geq 0$ 表明在不考虑定位（或迁移）成本的条件下，企业更愿意往大城市集聚。

$$\frac{\partial[\pi(a)-\pi^*(a)]}{\partial(1/a)}=(\sigma-1)\frac{E^w a^{2-\sigma}}{\sigma\lambda K^w}\frac{\varphi(1-\varphi)(2s-1)}{(1-s+\varphi s)[\varphi(1-s)+s]}\geq 0$$

(7-14)

命题 7-2

$\partial[\pi(a)-\pi^*(a)]/\partial(1/a)\geq 0$ 表明生产率水平越高的企业越愿意往大城市集聚。反之，生产率水平越高的企业越不愿意往小城市集聚。

$$\frac{\partial[\pi(a)-\pi^*(a)]}{\partial s}=\frac{E^w a^{1-\sigma}\varphi(1-\varphi)}{\sigma\lambda K^w}\frac{(2s^2-2s+1)\varphi^2-4s(s-1)\varphi+2s^2-2s+1}{(1-s+\varphi s)^2[\varphi(1-s)+s]^2}\geq 0$$

(7-15)

命题 7-3

$\partial[\pi(a)-\pi^*(a)]/\partial s\geq 0$ 表明相对规模越大的城市，越容易吸引企业进入。

$$\frac{\partial[\pi(a)-\pi^*(a)]}{\partial\varphi}=\frac{E^w a^{1-\sigma}(2s-1)}{\sigma\lambda K^w}\frac{(-s^2+s-1)\varphi^2+2s(s-1)\varphi-s^2+s}{(1-s+\varphi s)^2[\varphi(1-s)+s]^2}$$

(7-16)

因此，当 $0\leq\varphi<\dfrac{s^2-s+\sqrt{-s^2+s}}{s^2-s+1}$ 时，$\dfrac{\partial[\pi(a)-\pi^*(a)]}{\partial\varphi}\geq 0$；当 $\dfrac{s^2-s+\sqrt{-s^2+s}}{s^2-s+1}\leq\varphi\leq 1$ 时，$\dfrac{\partial[\pi(a)-\pi^*(a)]}{\partial\varphi}<0$。因此 $\varphi=\dfrac{s^2-s+\sqrt{-s^2+s}}{s^2-s+1}$ 时，$\pi(a)-\pi^*(a)$ 最大。特殊地，当 $\varphi=0$ 或 1 时，$\pi(a)-\pi^*(a)=0$。

命题 7-4

当 φ 接近 $\dfrac{s^2-s+\sqrt{-s^2+s}}{s^2-s+1}$ 时，企业越容易往大城市集聚，因此中心城市为了吸引企业进入可以确定合适的贸易自由度。

当贸易自由度较低时，企业跨城市定价也较低，导致利润较低；当贸易自由度较高时，企业跨城市定价较高但需求较少，因此利润也较低；当贸易自由度为命题7-4 中的临界值时，企业在不同城市之间的利润差最大，因此如果不考虑迁移成本，则此时企业往南方城市迁移的动力最强。

命题7-4 中的临界值随 s 的增加而减小，表明当南方城市的相对规模非常大时，为了吸引企业进入南方城市可以在一定程度上降低贸易自由度，即通过交通障碍、商品管制等方式形成地区封锁，这印证了一些城市的早期做法。当然，这种分析并不严谨，因为在给定 s 的条件下，为了吸引企业向南方城市集聚可以创造最佳的 φ；在此 φ 的条件下，随着企业迁入南方城市，s 可能越来越大，因此最佳的 φ 越来越小。可见，关于最佳贸易自由度与城市相对规模的关系，我们需要动态看待。这里所谓的"最佳"是站在中心城市吸引企业进入的角度来说的，而这是否符合经济整体的福利最大化原则还需要进行深层次的分析。另外，这里的不严谨之处还体现在对企业迁移成本的忽略，因为不同企业的迁移成本不同。

7.4.2　总产出分析

北方城市的总产出为

$$Y^* = \int \left\{ \left[\frac{a\tau}{1-1/\sigma} \right]^{-\sigma} \frac{sE^w}{\int p(i)^{1-\sigma}\mathrm{d}i} + \left[\frac{a}{1-1/\sigma} \right]^{-\sigma} \frac{(1-s)E^w}{\int [p(i)^*]^{1-\sigma}\mathrm{d}i} \right\} \mathrm{d}K^* G[a]$$

$$= \left[\frac{1}{1-1/\sigma} \right]^{-\sigma} \int \left\{ [a\tau]^{-\sigma} \frac{sE^w}{\int p(i)^{1-\sigma}\mathrm{d}i} + a^{-\sigma} \frac{(1-s)E^w}{\int [p(i)^*]^{1-\sigma}\mathrm{d}i} \right\} \mathrm{d}K^* G[a]$$

$$= \left[\frac{1}{1-1/\sigma} \right]^{-\sigma} (1-s)K^w E^w \left\{ \frac{s\,\tau^{-\sigma}}{\int p(i)^{1-\sigma}\mathrm{d}i} + \frac{1-s}{\int [p(i)^*]^{1-\sigma}\mathrm{d}i} \right\} \frac{\rho}{\rho-\sigma} \quad (7\text{-}17)$$

南方城市的总产出为

$$Y = \int \left\{ \left[\frac{a}{1-1/\sigma} \right]^{-\sigma} \frac{sE^w}{\int p(i)^{1-\sigma}\mathrm{d}i} + \left[\frac{a\tau}{1-1/\sigma} \right]^{-\sigma} \frac{(1-s)E^w}{\int [p(i)^*]^{1-\sigma}\mathrm{d}i} \right\} \mathrm{d}K G[a]$$

$$= \left[\frac{1}{1-1/\sigma} \right]^{-\sigma} s K^w E^w \left\{ \frac{s}{\int p(i)^{1-\sigma}\mathrm{d}i} + \frac{(1-s)\,\tau^{-\sigma}}{\int [p(i)^*]^{1-\sigma}\mathrm{d}i} \right\} \frac{\rho}{\rho-\sigma} \quad (7\text{-}18)$$

根据价格便宜指数的关系，可得

$$Y + Y^* = \left[\frac{1}{1-1/\sigma} \right]^{-\sigma} \frac{\rho K^w E^w}{\rho-\sigma} \left\{ \frac{s(1-s)\,\tau^{-\sigma}+s^2}{\int p(i)^{1-\sigma}\mathrm{d}i} + \frac{(1-s)^2+s(1-s)\,\tau^{-\sigma}}{\int [p(i)^*]^{1-\sigma}\mathrm{d}i} \right\}$$

$$\propto \frac{s(1-s)\,\tau^{-\sigma}+s^2}{\varphi(1-s)+s} + \frac{(1-s)^2+s(1-s)\,\tau^{-\sigma}}{1-s+\varphi s}$$

$$= \frac{[\tau^{-\sigma}(1+\varphi)+1-3\varphi]s(1-s)+\varphi}{\varphi+(1-\varphi)^2 s(1-s)}$$

$$= \frac{\tau^{-\sigma}(1+\varphi)+1-3\varphi}{(1-\varphi)^2} \frac{s(1-s)+\dfrac{\varphi}{\tau^{-\sigma}(1+\varphi)+1-3\varphi}}{\varphi/(1-\varphi)^2+s(1-s)}$$

$$= \frac{\tau^{-\sigma}(1+\varphi)+1-3\varphi}{(1-\varphi)^2} \left[1 + \frac{\dfrac{\varphi}{\tau^{-\sigma}(1+\varphi)+1-3\varphi}-\varphi/(1-\varphi)^2}{\varphi/(1-\varphi)^2+s(1-s)} \right]$$

$$= \frac{\tau^{-\sigma}(1+\varphi)+1-3\varphi}{(1-\varphi)^2} + \frac{\varphi}{(1-\varphi)^2} \frac{1-\dfrac{1}{(1-\varphi)^2}[\tau^{-\sigma}(1+\varphi)+1-3\varphi]}{\varphi/(1-\varphi)^2+s(1-s)}$$

$$(7\text{-}19)$$

其中，由于 $1 - \dfrac{1}{(1-\varphi)^2}[\tau^{-\sigma}(1+\varphi) + 1 - 3\varphi] > 0$，所以 $\text{sign}\left[\dfrac{\partial(Y+Y^*)}{\partial s}\right] =$
$-\text{sign}\left\{\dfrac{\partial[s(1-s)]}{\partial s}\right\}$，因此 $Y + Y^*$ 在 $s = 1/2$ 处取最小值，在 $s = 1$ 处取最大值。结合命题 7-1，可得

命题 7-5

为了使总产出最大化，应该鼓励资本向中心城市集聚。

从产出最大化的角度看，之所以资本向一座城市集聚比分散好，是因为向中心城市集聚可以节约冰山成本，从而降低产品价格，刺激产品需求。当然，命题 7-5 没有考虑城市承载力及区域平衡发展的问题。如果考虑这些问题，则资本不应完全向中心城市集聚。当然，命题 7-5 也没有考虑企业迁移问题，如果企业发生迁移，则原有的企业分布将发生改变，总产出的计算也将有所不同。如果考虑这一点，或许资本更应该向中心城市集聚，因为由命题 7-2 可知，高生产率企业的迁入使得中心城市的生产力水平更高，那么高生产率的企业更靠近需求市场，也会节约冰山成本。第 8 章将对企业迁移问题进行更深入的分析。

由（7-13）式可知，企业具有从北方城市向南方城市迁移的动力。假定迁移成本为 C，那么根据命题 7-2，只有当生产力水平 $1/a$ 大于某个临界值时，企业才会进行迁移，因此在没有政策干预的条件下，企业一般不会完全集聚在中心城市，一些低效率的企业仍然会留在北方城市。关于这点，不妨令

$$\pi(a) - \pi^*(a) = \frac{E^w\, a^{1-\sigma}}{\sigma\lambda\, K^w} \frac{\varphi(1-\varphi)(2s-1)}{(1-s+\varphi s)[\varphi(1-s)+s]} = C \tag{7-20}$$

则 $1/a$ 的临界值为

$$\widetilde{(1/a)} = \left\{\frac{C\sigma\lambda\, K^w(1-s+\varphi s)[\varphi(1-s)+s]}{E^w\varphi(1-\varphi)(2s-1)}\right\}^{1/(\sigma-1)} \tag{7-21}$$

当然，在一定的参数条件下临界值可能不存在，即企业不迁移（如当迁移成本非常高时）或全部迁移（如当迁移成本非常低时）。如果临界值存在，那么 $1/a > \widetilde{(1/a)}$ 的企业迁移至南方城市，剩下的企业仍然留在北方城市。企业迁移达到均衡后，南方城市的市场份额为 $s + (1-s)\tilde{a}^\rho$，北方城市的市场份额为 $(1-s)(1-\tilde{a}^\rho)$。更为合理的设定是迁移成本 C 与 a 相关。此处不再进行更为复杂的讨论。

根据以上理论模型，当存在两座城市的时候，不管是从企业追逐利润的角度看还是从城市总产出最大化的角度看，两座城市都倾向于使产业向中心城市集聚，最终两座城市变为中心-外围城市群。当考虑许多城市时，以其中一座城市为中心进行城市集群也可以进行类似讨论。

7.5 基于成渝地区双城经济圈的案例分析

从 20 世纪 90 年代开始，成都和重庆的区域协同、经济共建及互联互通就从未停止。不管是在中央政府和地方政府层面，还是在企业和居民层面，成渝双城建设得到了一致认同。从地方政府的自发建设，到成渝经济区，到成渝城市群，再到目前的成渝地区双城经济圈，成渝双城的联动发展不断提上新高度、创造新成效。

2014 年成渝地区生产总值占全国的 5.49%，到 2018 年这一比例提升至 6.6%，同年四川和重庆的地区生产总值合计超过 6 万亿元，其中成渝双城经济圈的人口和经济体量均超过川渝两地总和的 90%。2020 年，为响应国家有关成渝地区双城经济圈建设的号召，成都和重庆紧锣密鼓地筹划与实施。

成渝地区双城经济圈的空间格局主要包含"一轴两带、双核三区"。其中，"一轴"指的是成渝发展主轴，从成都开始依次经过龙泉驿区、简阳市、资阳市、乐至县、安岳县、大足区指向重庆；"两带"指的是成德绵乐城市带和沿江城市带，成德绵乐城市带从南至北依次经过乐山、眉山、成都、德阳、绵阳、广元，指向陕西汉中，沿江城市带从南至北依次经过宜宾、泸州、永川、重庆主城区、涪陵、万州，所谓的沿江即沿长江，因此这一带直接汇入长江中游城市群；"双核"指的是成都都市圈和重庆都市圈；"三区"指的是川南城镇密集区（宜宾、泸州、自贡、内江）、南遂广城镇密集区（南充、遂宁、广安）和达万城镇密集区（达州、万州）。从这里可以看出，成渝地区双城经济圈的最大空间格局问题在于"一轴"发展得较差，相对而言，还不如"两带"发展得好，这也是成都市政府近几年大力推进东进项目的一个重要原因。

7.5.1 发展沿革

总的来看，成渝地区双城经济圈从 1997 年重庆恢复直辖以来，经历了从经济区到城市群再到双城经济圈的两次重要转变，每一次转变都使得成渝关系更加紧密，"双城记"正在被逐步唱响。

1997 年，重庆恢复直辖，当时各界都在思考成渝经济发展的方向问题，两地协同发展、共建长江上游经济圈的观点成为理论与实务界主流。

2001 年，重庆、成都签署了《重庆-成都经济合作会谈纪要》，提出携手打造"成渝经济走廊"，这意味着成渝双城联动模式进入实质性阶段，具有重要历史意义。

2003 年，中国科学院在《中国西部大开发重点区域规划前期研究》中提出"成渝经济区"的概念。

2004 年，国务院西部开发办规划组在《中国西部大开发中重点经济带研究》中指出："长江上游经济带的空间布局特征是'蝌蚪型经济带'，区域中心是成渝经济区。"

2004 年 2 月，重庆和四川联合签订了《关于加强川渝经济社会领域合作，共谋长江上游经济区发展的框架协议》，随后又签署了 6 项合作协议，这些协议统称"1+6"合作协议，强调川渝双方在交通、旅游、公安、农业、文化、广播电视等方面加强区域合作。

2005 年，国家发展和改革委员会国土地区所课题组在《协调空间开发秩序和调整空间结构研究》中建议加快整合川渝地区资源，将成渝两大增长极整合为一条增长轴。

2005 年，国家发展和改革委员会委托的"十一五"规划课题《共建繁荣：成渝经济区发展思路研究》完成，这是中央有关方面首次对成渝经济区开展的专题研究。

2006 年 12 月，国务院常务会议审议并原则通过的《西部大开发"十一五"规划》提出要重点发展成渝经济区。

2007 年 11 月 18 日，重庆与四川联合签订《关于推进川渝合作、共建成渝经济区的协议》，旨在充分发挥双城科技优势，联手打造"第四经济增长极"。

2008 年 10 月，重庆和四川联合签订《四川省人民政府、重庆市人民政府关于深化川渝经济合作框架协议》，川渝加快合作步伐并取得初步成效。

2011 年 4 月，国务院正式批复《成渝经济区区域规划》。

2011 年 5 月 30 日，国家发展和改革委员会印发《成渝经济区区域规划》，指出成渝经济区的发展定位为西部地区重要的经济中心、全国重要的现代产业基地、深化内陆开放的试验区、统筹城乡发展的示范区和长江上游生态安全的保障区。

2015 年 5 月 21 日，重庆和四川联合签署《关于加强两省市合作共筑成渝城市群工作备忘录》，决定推动交通、信息和市场三个"一体化"。

2015 年 12 月 26 日，成渝高铁正式通车运营，将原有的动车通勤时间缩短约 30 分钟。

2016 年 4 月 12 日，国务院批准《成渝城市群发展规划》，成渝城市群建设被提上新高度，标志着成渝经济区正式转变为成渝城市群。

2016 年 4 月 27 日，国家发展和改革委员会、住房和城乡建设部联合印发《成渝城市群发展规划》，指出成渝城市群的发展定位为全国重要的现代产业基地、西部创新驱动先导区、内陆开放型经济战略高地、统筹城乡发展示范区、美丽中国的先行区。

2018 年 6 月 7 日，重庆和四川联合签订《重庆市人民政府、四川省人民政府深化川渝合作深入推动长江经济带发展行动计划（2018—2022 年）》，从推动生态环境联防联控联治、推动基础设施互联互通、推动开放通道和平台建设、推动区域创新能力提升、推动产业协作共兴、推动市场有机融合、推动公共服务对接共享、推动合作平台优化提升八个方面进行了发展规划。

2019年7月10日，重庆和四川签署包括《深化川渝合作推进成渝城市群一体化发展重点工作方案》在内的"2+16"系列合作协议（方案）①，川渝合作继续纵深推进。

2020年1月3日，习近平总书记在中央财经委员会第六次会议上发表重要讲话，强调要推动成渝地区双城经济圈建设，在西部形成高质量发展的重要增长极。这标志成渝城市群正式转变为成渝地区双城经济圈，其发展定位为具有全国影响力的重要经济中心、科技创新中心、改革开放新高地、高品质生活宜居地。

2020年1月9日，四川省交通运输厅与重庆市交通局座谈，决定构建一体化交通体系。

2020年3月17日，为推动成渝地区双城经济圈建设，四川重庆党政联席会议第一次会议以视频会议形式召开，围绕党中央确定的战略目标和重点工作研究贯彻落实措施，推动成渝地区双城经济圈建设开局。

7.5.2 发展规划与思路

2020年1月，中央首次提出"成渝地区双城经济圈"的概念。从现有资料看，规划和发展思路应该有以下三个方面：一是继续实施成渝城市群的总体规划，二是积极嵌入长江经济带的发展，三是突出成渝双城的引领和带动作用。以下从这三方面进行简要分析：

在成渝城市群发展规划，即"一轴两带、双核三区"的总布局中，发展基础相对较好的是"两带"，成德绵乐城市带主要是依托四川历史上主要的陆路通道形成的，而沿江城市带主要是依托长江流域形成的。与国内其他城市群相比，成渝城市群中心轴线城市的发展相对滞后，不利于成渝的互联互通，当然这与四川盆地的地势有一定的关系。

从《成渝城市群发展规划》及中央的有关批示来看，成渝城市群的五大任务

---

① 包括深化川渝合作推进成渝城市群一体化发展重点工作方案、关于合作共建中新（重庆）战略性互联互通示范项目"国际陆海贸易新通道"的框架协议、共建合作联盟备忘录、推进成渝城市群产业协作共兴2019年重点工作方案、推进成渝城市群生态环境联防联治2019年重点工作方案、推进成渝城市群交通基础设施互联互通2019年重点工作方案、推进成渝城市群开放平台共建共享2019年重点工作方案、推进成渝城市群无障碍旅游合作2019年重点工作方案、推进成渝城市群市场监管体系一体化2019年重点工作方案、深化规划和自然资源领域合作助推成渝城市群一体化发展协议、深化建筑业协调发展战略合作协议、推动乡村振兴共建巴蜀美丽乡村示范带战略合作协议、川渝合作示范区（广安片区）2019年重点工作方案、川渝合作示范区（潼南片区）2019年重点工作方案、成渝轴线区（市）县协同发展联盟2019年重点工作方案、深化川渝合作推动泸内荣永协同发展战略合作协议、深化达（州）万（州）一体化发展2019年重点工作方案、共建成渝中部产业集聚示范区合作协议。

如下：一是生态共建、环境共治，筑牢长江上游重要生态屏障，强化水资源安全保障，建设绿色城市；二是壮大装备制造、生物医药、农林产品加工等优势产业集群，发展商贸物流、旅游、文化创意等现代服务业，有序承接产业转移；三是进一步扩大开放，推动中外产业和创新合作平台建设，依托长江黄金水道和铁路、公路网络，畅通对内对外开放通道，加快交通、能源、水利、信息等基础设施互联互通；四是建立成本共担、利益共享的协同发展机制，推动资本、技术等市场一体化，因地因城施策，促进劳动力等生产要素自由流动和农业转移人口市民化，鼓励农民就地创业就业；五是统筹城乡发展，以工促农，以城带乡，推动基本公共服务均等化，加快乡村振兴和民生改善，努力打造产业优化、生活优质、环境优美的"新成渝"。

将成渝城市群放入长江经济带的大布局中来看，长江经济带主要包括长江上游的成渝城市群、长江中游城市群和长江下游的长江三角洲城市群三大经济活动区域。长江下游的长江三角洲城市群经济发展水平较高，而长江上游的成渝城市群发展相对滞后，从某种意义上说，其是长江经济带发展中的短板区域。

目前，中央提成渝地区双城经济圈而没有提成渝城市群（当然这两者并不矛盾），可能有以下几点原因：一是成渝城市群的发展水平距离国内发达城市群还有一定的距离，从字面意思看，"群"这个字往往有三个以上的主体，而成渝城市群只有成都和重庆相对突出，其他中小城市的规模较小，因此强调城市群还不具备条件。根据国家发展和改革委员会城市和小城镇改革发展中心冯奎（2020）的测算，2018年成渝城市群的经济密度分别仅为长三角和珠江三角洲城市群的18%和33%，这点从图7-1的夜间灯光亮度中也可见一斑。二是成都属于副省级城市，近几年经济发展势头较好，而重庆作为四大直辖市之一，是西部地区的重要门户［2019年中国城市（不含港、澳、台）GDP排名中，重庆和成都分别居第4位和第7位］，因此在发展过程中强调成都和重庆的双城地位具有明显意图，即通过双城的建设和发展来带动整个川渝地区的经济发展，或者说以双城为抓手活跃整个经济圈。

从成渝城市群到成渝地区双城经济圈提法的转变也可以看出发展思路的细微变化，即更加注重成都和重庆的发展与双城地位。结合成都本身的"东进""南拓""西控""北改""中优"的差异化发展战略，"东进"并与重庆对接必然成为重中之重。通过"东进"战略在空间上形成空港新城、淮州新城、简州新城、简阳城区等产城相融的功能板块，开辟经济社会发展"第二主战场"，将是成都在今后一段时间内的规划重点。重庆则与之相呼应，大力推动"西进"战略，渝西地区是重庆重要的产业基地和经济的重要支撑，更是与成都对接的主轴线。从产业规划来看，2019年12月24日重庆正式宣布将双福纳入重庆高新区拓展园，双福凭借自身得天独厚的占地优势，与主城无缝对接，正在成为重庆"西进"战略的桥头堡。从交通规划来看，在重庆轨道交通第四轮第一批建设规划（2019—2024年）公示中，7 号线、15 号线、17 号线、27 号线都与"西进"战略有关，与此同时正在规划中的重庆第二国际机场也位于"西进"战略的轴线上。从成都"东进"战略和重庆"西进"战略的两方动作来看，成渝地区双城经济圈在今后一段时期内的规划和发展重心将落在成渝主轴线上。

7.5.3 发展不足与建议

一是成渝之间的主轴线相对较弱，即所谓的"中部塌陷"。关于这一点，从图 7-2 的夜间灯光强度中也可以明显看出。成都和重庆的灯光强度和亮度面积大体相当，成都的灯光强度略强，但除了成渝之外，成渝地区双城经济圈内其他城市的灯光强度都相对较弱，尤其是成渝主轴线，几乎没什么灯光。相对而言，成德绵乐城市带的灯光强度较强。对于补上"中部塌陷"，成都目前大力推进的"东进"战略和重庆大力推进的"西进"战略预计会起到一定的效果。但是从目前的发展基础来看，内江是衔接成渝的中心，现有城际列车和高铁都在内江设有站点。江津区是重庆推进"西进"战略的主要板块，也从西南方向往内江延伸。事实上，之所以内江与遂宁之间区域地处要道却发展缓慢，主要是因为当地为山区地貌，不便于大规模开发利用，因此在短期内要弥补成渝之间主轴线的发展缺陷，还是要以内江为主，进行折线形发展（见图 7-3）。

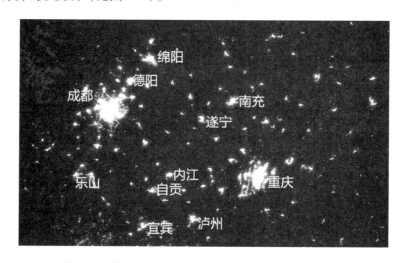

图 7-2　成渝地区双城经济圈夜间灯光强度（2016 年）

资料来源：NASA 官方网站（https://www.nasa.gov/）。

二是哑铃形格局不利于发挥成渝双城的辐射作用。现有成渝地区双城经济圈形成的是以成都和重庆为主的哑铃形格局，与珠江三角洲城市群、长江三角洲城市群及京津冀城市群相比，群内主要城市之间的通勤距离仍然较远。乘坐高铁（包括城际列车、动车）的话，成都和重庆之间的单程通勤时间需要 96 分钟，而北京和天津之间只需要 34 分钟，上海和杭州之间只需要 61 分钟，广州和深圳之间只需要

57 分钟。从图 7-3 可以看出，与其说成渝地区双城经济圈形成的是"一轴两带、双核三区"格局，不如说形成的是一个横着的"王"字形格局——既有规划中的主轴线、成德绵乐城市带和沿江城市带，又有尚未规划的南内宜城市带，构成"三纵一横"。用川南城镇密集区和南遂广城镇密集区将南内宜城市带割裂开来是不明智的，应通过"王"字形格局，将成渝地区的主要城市串起来，改变原有的哑铃形格局，使成都和重庆发挥更大的带动作用。

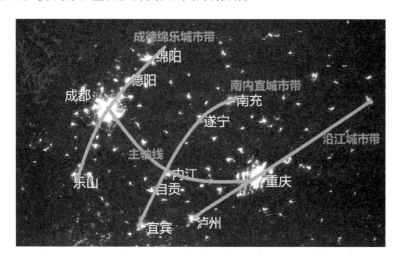

图 7-3 变"一轴两带、双核三区"格局为"王"字形格局

资料来源：NASA 官方网站（https://www.nasa.gov/）。

三是除成都和重庆之外，其余城市均为中小城市且分布零散。从图 7-2 可以明显看出，现在成渝地区双城经济圈的发展情况是成都和重庆较好，而其他城市几乎是一盘散沙，城市群不能充分发挥集聚优势，反而可能导致小城市不断往两端"输血"。为了改变这种状况，相关部门一方面需要通过合理的产业规划和交通基础设施建设等加粗主轴线和扩大南内宜城市带；另一方面可以借鉴京津冀城市群另辟雄安新区的做法，在内江附近设立开发区，结合成渝双城的比较优势和资源，以成本共担、利益共享的模式共同开发。

除了合理的产业规划和空间布局之外，成渝之间的互联互通程度还需要进一步提升，相关部门可以考虑以下几点建议：第一，破除双城的制度障碍，如企业审批可以跨地区交叉办理，双城的政府职员和企事业单位职工可以相互挂职锻炼，强化双城之间的政务、企业、人员和商贸互通；第二，探索成本共担、利益共享的新合作模式，如税收分享、商贸互惠、科研共创、突发事件互助等；第三，弘扬巴蜀文化，由于川渝地区文化同宗，两地具有相似的饮食习惯、方言、风俗等，因此这一点在成渝地区双城经济圈的建设过程中应当进一步发挥作用；第四，成都平原和重庆山地的自然环境既是经济圈建设的障碍，也是独特旅游文化的优势所在，成渝之间可以进一步共建旅游产业；第五，作为西部的门户和内陆开放型经济战略高地，成渝地区双城经济圈的建设必须立意高远，既要充分发挥西部地区广阔市场和丰富资源的优势，更要集中优势科研力量进行技术攻关，把成渝地区双城经济圈建设成西部地区的要素和技术集散地。

7.6 本章小结

城市群建设是我国现阶段城市化的重要方向。本章简要概述了我国城市群建设的情况，并探讨了城市群建设对我国经济社会发展的重大理论与现实意义。从我国当前城市群的发展情况来看，粤港澳大湾区和长江三角洲城市群较为成功，已经是世界级城市群；京津冀城市群和海峡东岸城市群仅次于粤港澳大湾区和长江三角洲城市群，发展情况也比较好；海峡西岸城市群、中原城市群、长江中游城市群、成渝城市群、山东半岛城市群、辽中南城市群的发展势头强劲，这些城市群依托区域中心城市正处于快速发展之中；而关中平原城市群、滇中城市群、北部湾城市群等尚处于发展的初级阶段。

从经济学理论与国家宏观战略来看，城市群建设具有极其重大的意义，需要进一步加快速度，但是除了粤港澳大湾区和长江三角洲城市群等个别城市群的建设相对成功之外，绝大部分城市群的建设还处在规划与开发环节，群内城市的互联互通不够、产业布局不合理、中心-外围城市群的分工和定位模糊等问题比较突出。在产业整体转移与产业链部分环节转移的矛盾、经济增长和环境保护的矛盾、发展不平衡的矛盾三大矛盾的倒逼之下，城市群建设需要探索集约方式，充分发挥核心城市的带动和扩散作用，避免大城市"虹吸"、小城市"吸血"等各自为政式的建设模式，走出一条区域协同、互助共赢的道路。与此同时，随着经济全球化进入新阶段，城市群在发展过程中要更加注重融入全球创新网络和产业链，加快建设智慧城市和数字城市。

从成渝地区双城经济圈的案例来看，经历了从成渝经济区到成渝城市群再到目前的成渝地区双城经济圈的转变，成渝双城在联动发展中不断取得新成绩，正在成为第四增长极。目前，成渝地区双城经济圈的主要规划仍是以"一轴两带、双核三区"为主要格局，但是经历了十余年的发展后，成渝地区双城经济圈实际形成的却是哑铃形格局，主轴线上的"中部塌陷"及中等规模城市发展不足成为当前面临的主要问题。为改变这一格局，成都"东进"、重庆"西进"的相向而行成为成渝地区双城经济圈建设的工作重点。本章认为，变原定的"一轴两带、双核三区"格局为"王"字形格局，打通川南城镇密集区和南遂广城镇密集区，形成南内宜城市带较为可取。与此同时，成渝双城的互联互通还需要进一步加强，两地可以考虑在主轴线上设立成本共担、利益共享的新型开发区，以强化双城的带动和辐射效应，避免双城拉锯争夺而不协同。

第8章 南北经济差距与城市"马太效应"

8.1 本章概述

中国的地域面积较大，且文化习俗、自然条件和历史进程不同，因此不同城市在经济发展方面表现出一定的差异性，如在人口地理学上存在明显的"胡焕庸线"分布规律。近年来，在东中西部的差距逐步缩小的同时，我国区域发展格局又出现了新特点——北方部分地区的 GDP 增速和工业增加值增速等指标出现了一定的回落，尤其是在东北地区，大量要素外流，经济发展出现较大困难，而南方地区则保持相对平稳的发展态势。南北经济差距的拉大不符合区域平衡发展的主张，是我国目前城市建设和区域发展面临的新情况新问题。如何在实现要素自由流动和集聚经济的同时兼顾区域平衡发展，成为摆在当下的一道难题。

党的十九大报告指出，我国社会主要矛盾已经转化为人民日益增长的美好生活需要和不平衡不充分的发展之间的矛盾。本章研究的南北经济差距问题就是发展不平衡的重要体现。2007 年至 2012 年，南北方 GDP 增速的差距不大，基本在 0.5%以内，在部分年份，北方甚至快于南方；然而，从 2013 年开始，"南快北慢"的趋势逐渐显现，而且目前尚未减缓。可以说，从 2013 年起南北经济差距就已经成为不争的事实。那么，是什么因素导致了南北经济差距？应该如何进行宏观政策干预？本章将对此进行简要讨论。

如图 8-1 所示，本章的结构安排如下：8.2 节对南北经济差距问题进行统计数据的描述分析，以说明南北差异已经上升为南北经济差距。这一节揭示出南北经济差距问题存在，在此基础上作者尝试对南北经济差距问题进行解释。8.3 节对现有的研究及学者观点进行简要综述，尝试从文献角度给出南北经济差距的可能原因。考虑到南北经济差距拉大的关键年份是 2015 年，这恰好是供给侧结构性改革的提出之年，因此 8.4 节讨论了供给侧结构性改革与南北经济差距的关系。进一步，8.5 节从企业迁移的角度构建新经济地理模型，尝试从理论模型角度分析南北经济差距拉大的原因。通过理论分析，本章的研究揭示出出现南北经济差距的重要原因，即企业"用脚投票"和资本的分布不均。因此，8.6 节和 8.7 节分别从资本流动及资源配置的角度对南北经济差距问题进行实证分析。最后，8.8 节为本章小结。换言之，8.5 节建立解释南北经济差距的理论模型，8.6 节和 8.7 节在理论模型的基础上进行实证分析。

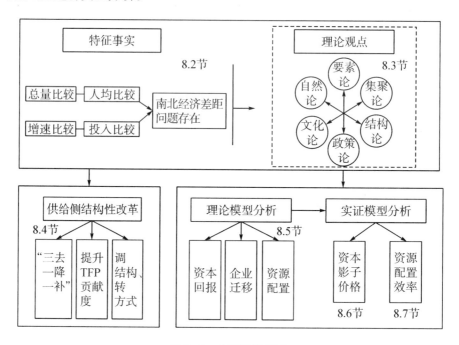

图 8-1　本章逻辑框架

8.2　南北经济差距表现

需要说明的是，南北经济差距扩大在历史上出现过很多次。本章的南北经济差距问题特指 2013 年以来的南北经济差距扩大问题。在分析南北经济差距之前，本章有必要对南北地区的划分方式进行简要说明。根据传统地理学中以秦岭—淮河为界的南北划分方式，本章将我国各省（自治区、直辖市）划分为北方地区和南方地区①。为了增强可比性，本章未将港澳台地区及西藏、新疆和青海放入样本之列。因此，在本章的分析中，北方地区包括北京、天津、河北、山西、内蒙古、辽宁、吉林、黑龙江、山东、河南、陕西、甘肃和宁夏，共 13 个省（自治区、直辖

---

① 2009 年，为纪念中国地理学会成立 100 周年，《中国国家地理》杂志协同中国地理学会发动全国地学工作者，评选中国境内 100 年来最有价值的地学大发现。经过严格筛选，评审组最终精选出 30 项"中国地理百年大发现"，其中名列第一的就是 1908 年中国地学会首任会长张相文所提出的秦岭—淮河线，这一观点的提出首次正确界定了中国南北方的自然地理分界线，对认识中国自然地理规律和指导农业生产具有重要意义（张剑 等，2012）。

市);南方地区包括上海、江苏、浙江、安徽、福建、江西、湖北、湖南、广东、广西、海南、重庆、四川、贵州和云南,共 15 个省(自治区、直辖市)。

除了这种划分方式外,盛来运等(2018)也从经济地理的角度进行了南北划分,将山东和河南划入了南方地区。为了与各界直观理解的南北概念保持一致,本章将山东和河南划入北方地区。根据以上南北划分方式,本节从经济总量、经济增长率、要素投入及城市规模"马太效应"四个方面对近年来的南北经济差距问题进行描述统计分析。

8.2.1 经济总量差异

图 8-2 和图 8-3 分别给出了 1985 年至 2018 年的南北地区名义 GDP 和南北地区实际 GDP(以 1952 年为基期进行物价调整)。从图 8-2 可以看出,从 20 世纪 90 年代开始,南北地区名义 GDP 的差距就逐步开始拉大,在 2013 年后该差距显著扩大,且截至目前尚未有缩小趋势。周晓波等(2019)指出,2013 年后的南北经济分化问题在本质上是东部沿海省份与北方资源型和重工业省份在这一时期的不同表现所导致的。在本书看来,2013 年后的南北经济差距扩大很可能是 2008 年的"四万亿计划"等经济刺激政策的"后遗症",因为这些刺激政策在很大程度上托住了北方工业,一方面导致了产能过剩问题,另一方面使得金融危机带来的世界经济不景气效应在北方地区延后产生。加之,2015 年我国开始进行供给侧结构性改革,北方地区以资源型产业和重工业为主,受此改革的影响较大;南方地区的经济转型相对成功,因此"三去一降一补"的各项政策不会产生太明显的阵痛。

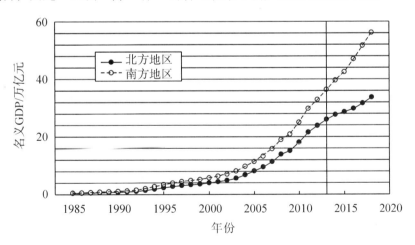

图 8-2 南北地区名义 GDP(1985—2018 年)

数据来源:各省(自治区、直辖市)的统计年鉴。

从图 8-3 的南北地区实际 GDP 来看,南北地区经济差距一直在持续扩大,虽然 2013 年的差距拉大现象并不明显,但是差距并没有缩小的趋势。事实上,根据图 8-2 和图 8-3 的趋势,在没有政策干预和巨大的外部冲击之下,南北地区 GDP

差距在未来几年很可能会进一步扩大。一方面，南方地区由于城市群建设相对成功，因此要素大量向南方地区集聚的趋势在短期内难以改变；另一方面，北方地区尚未发掘出内生增长的潜力，而南方的上海、深圳、杭州等城市则在某些具体领域表现出了巨大的竞争力。当然，在经济增长方式转变和产业结构转型升级的换挡期，经济拉开差距也无可厚非，毕竟资本（投资）拉动型经济增长模式不可持续，我国经济尤其是北方经济迟早要经历这一阵痛。

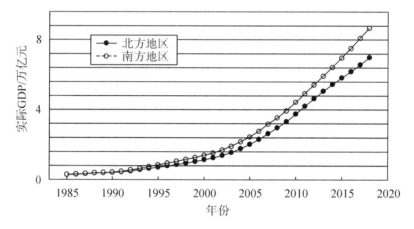

图 8-3　南北地区实际 GDP（1985—2018 年）

数据来源：各省（自治区、直辖市）的统计年鉴。

8.2.2 经济增长率差异

图 8-4 和图 8-5 分别给出了 1985 年至 2018 年的南北地区名义 GDP 增长率和南北地区实际 GDP 增长率。不管是从图 8-4 来看，还是从图 8-5 来看，2013 年之后南方地区的经济增长变得相对更快。近年来，经济进入新常态，保持经济增长的压力相对较小，地方政府力图实现经济软着陆，名义 GDP 增长率和实际 GDP 增长率都明显下滑。同时，在国际宏观经济不景气和国内供给侧结构性改革的叠加之下，经济增长速度有所放缓也是可以理解的。图 8-4 中 2015 年的南北地区名义 GDP 增长率较低可能与 2014 年"新常态"概念的提出有关，2015 年部分地区开始主动给 GDP"挤水分"。正如著名中国问题专家诺顿（Naughton，2017）指出的，大约从 2000 年开始，由于劳动力情况、收入水平和外部环境的变化，中国的增长奇迹渐趋结束。在意识到这一问题之后，中国政府开始弱化经济刺激和产业计划。中国政府从 2012 年开始在官员绩效评估指标中减少了对经济增长的关注，转而看重管理政府债、扶贫、治理环境等方面。

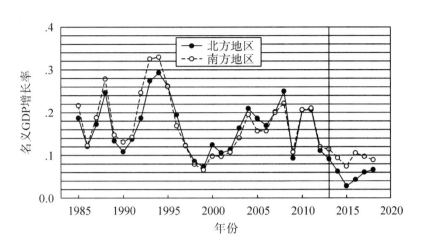

图 8-4　南北地区名义 GDP 增长率（1985—2018 年）

数据来源：各省（自治区、直辖市）的统计年鉴。

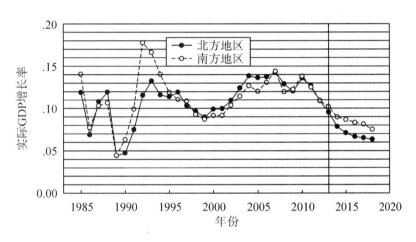

图 8-5　南北地区实际 GDP 增长率（1985—2018 年）

数据来源：各省（自治区、直辖市）的统计年鉴。

从图 8-5 可以看出，尽管南北地区的经济增长趋势比较一致，但 2013 年后南方地区的增长速度明显更快，这表明南北经济差距目前还在进一步扩大。正因为如此，研究中国城市问题必须清醒地认识到南北经济地理格局正在发生的新变化。南方相对较强的增长势头与其率先实现产业结构调整、大力推进技术创新和科技研发不无关系，也与南方地区政府部门管理相对灵活、企业家相对活跃不无关系；尤其重要的是，南方地区在新一轮工业互联网、人工智能等产业浪潮中抢占了先机，这使得北方地区在未来经济发展中处于被动局面。

8.2.3　要素投入差异

北方地区的要素流出尤其是人才的大量外流是近几年各界关注的焦点，基于第五次全国人口普查和第六次全国人口普查的结果，国家发展和改革委员会指出，

2000 年至 2010 年东北地区流出的人口有 100 多万，而且多为高层次人才。2010 年至今，东北人才外流情况并没有逆转迹象。《人民日报》报道，吉林大学 2015 届和 2016 届毕业生中，东三省籍学生选择去外地就业多于在本地就业，呈现净流出状态。某教育机构发布的信息显示，哈尔滨工业大学 2017 届毕业生中，留在东北就业的仅 13.63%，远远低于相应的生源比重。从投资的角度看，情况也是一样，近年来东北地区的民间投资大量萎缩，不仅南方资本不愿意在东北地区投资，就连北方本地资本也大量流入南方，业界甚至出现"投资不过山海关"的说法，这与"卢卡斯之谜"有相近的意思。在南北经济总量和增长率的差距不断扩大、资本和劳动又出现南方地区"虹吸"的双重困境之下，如何解决南北经济差距问题，实现区域经济平衡发展成为摆在当下的一道难题。

从图 8-6 中的资本存量数据可以看出，从 20 世纪 90 年代开始南方的资本积累速度就逐渐快于北方，2008 年之后南北经济差距有所缩小，但 2013 年之后又开始明显拉大，尤其是近几年，南方的资本存量几乎呈直线上升趋势，而北方则明显放缓。2008 年为应对世界金融危机，我国政府出台"四万亿计划"，该计划主要针对一些基建项目，对北方经济的拉动效应十分显著，投资的大量增加促进了资本积累。然而，紧接着的国际国内需求疲软在很大程度上抵消了之前"四万亿计划"的作用，不仅如此，还造成了钢铁、水泥、平板玻璃、化工等许多行业的产能过剩问题，在这一背景下南方资本投入和资本集聚的优势又开始重新显现出来。从这里也可以看出，政府政策对南北经济差距及区域发展举足轻重，短期的刺激政策可能缩小南北经济差距，但如果不能调动北方地区的内生增长动力，则长期来看，对南北经济差距问题的治理仍然是治标不治本。

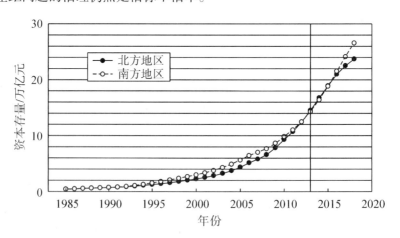

注：以 1952 年为基期进行价格调整，利用永续盘存法进行估算。

图 8-6　南北地区资本投入（1985—2018 年）

数据来源：各省（自治区、直辖市）的统计年鉴。

从图 8-7 所示的南北地区劳动力投入来看，南北经济差距从 20 世纪 80 年代开始呈缓慢的扩大趋势，尽管 2013 年前后没有明显的扩大，但 2015 年后北方地区的从业人数开始下滑。劳动力流出和人口老龄化是这一现象背后的主要原因。一方面，南方地区的工资水平平均高于北方①，劳动力往高工资的地方集聚是必然的；另一方面，南方经济活力较强，体制机制相对灵活，职业发展前景相对广阔，这也是北方人才青睐南方城市的一个重要因素。

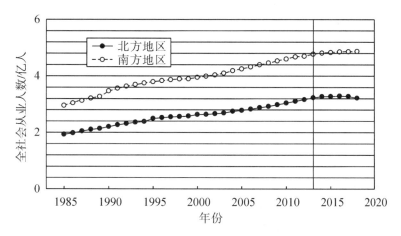

注：由于河北、上海和宁夏的统计局尚未公布官方数据，故这些省（自治区、直辖市）2018 年的劳动力投入为估算数据。

图 8-7　南北地区劳动力投入（1985—2018 年）

数据来源：各省（自治区、直辖市）的统计年鉴。

从图 8-8 的能源投入来看，南北地区的能耗本身相差不大，但 2013 年后南北能耗差距明显拉开。从图 8-2 和图 8-3 可以看出，南方地区创造的经济产出明显高于北方地区，但消耗的能源却相差不大，表明南方地区单位 GDP 的能耗系数相对较低。这主要是因为南北地区长期分工所形成的产业结构不同，北方地区以工业和重工业为主，而南方地区在经济转型之后以服务业为支柱产业。在资源环境约束日益收紧、环保督查日益严格的情况下，北方地区近年来开展了大量的整顿工作，关停了部分高能耗高污染企业，因此单位 GDP 的能耗系数有所下降。正是因为中国各界的不懈努力，2020 年单位 GDP 能耗比 2005 年下降 40%～45% 的碳减排目标（见《中国应对气候变化的政策与行动 2019 年度报告》）才能在 2018 年提前实现。另外，在去产能的过程中，北方地区的许多无效产能和冗余投入被削减，这也造成了图 8-8 中 2013 年后的趋势。

──────────────

①　太智联合统计数据显示，2019 年上海、深圳、广州、杭州的平均月工资（包括绩效）分别为 11 051 元、10 509 元、10 292 元和 10 184 元，而东三省的大连、沈阳、长春和哈尔滨的平均月工资仅为 9 342 元、7 584 元、7 042 元和 5 959 元。其他北方城市的平均月工资水平也较低，如石家庄只有 6 609 元、郑州只有 8 126 元，甚至低于成都和重庆，北方地区仅有北京、天津和青岛的平均月工资水平相对较高，但平均下来也不到 10 000 元。

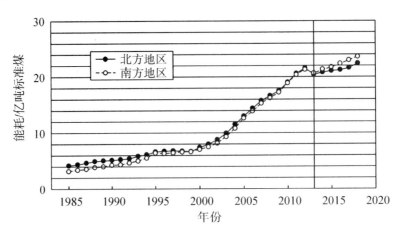

图 8-8　南北地区能源投入（1985—2018 年）

数据来源：各省（自治区、直辖市）的统计年鉴及中国能源统计年鉴。

　　根据对图 8-2 至图 8-8 的分析可以得出以下直观结论：自 2013 年以来，南北经济差异逐渐拉大，已经上升为南北经济差距，在没有政策干预和外部冲击的条件下，我们可以预见南北经济差距仍将进一步扩大，这不利于区域平衡发展，可能导致北方地区尤其是东北地区出现经济困难。当然，除了区域经济总量差距外，关于人均量的问题也需要探讨。陆铭（2019）提到，对于区域经济发展，应该更加关注人均指标，而不是总量指标。但是，即便从人均地区生产总值（GRP）来看，南北经济差距也是比较明显的。2009 年至 2018 年南方地区与北方地区的 GRP 之比由 1.33 倍增加至 1.60 倍，人均 GRP 之比由 0.96 倍增加至 1.15 倍，人均可支配收入之比也呈现小幅增加态势，并且这种趋势在"十三五"期间未有显著改变迹象（魏后凯 等，2020；邓忠奇 等，2020）。另外，本书认同一定程度的地区差距是合理的，所以一直强调的是南北经济差距扩大，而不是南北经济差距本身。

8.2.4　城市规模"马太效应"

　　南北经济差距问题在城市层面体现得更为明显。南方城市尤其是珠三角城市和长三角城市的规模本身较大，又由于人口的大量流入，因此城市规模进一步扩大，甚至部分城市已经逼近承载力阈值；而北方地区除了北京、天津等少数城市外，其他城市的规模本身不大，加之人口大量流出或增长相对较慢，导致城市实际规模相对于最优规模而言进一步缩小。这就导致城市规模出现"马太效应"，即相对规模较大的城市的相对规模越来越大，而相对规模较小的城市的相对规模越来越小，甚至出现人口绝对规模缩小的收缩型城市。当然，南方地区也存在收缩型城市，这主要是人口向城市群内中心城市集聚的缘故，而北方的收缩型城市则存在人口大量向城市群外流动的现象。根据百度地图慧眼公布的数据，2019 年节假日人口吸引力排名前十位的城市为北京、广州、上海、深圳、成都、郑州、杭州、西安、苏州、东莞，南方城市居多；2019 年青年人口吸引力排名前十位的城市为深圳、广州、东莞、北京、上海、苏州、成都、佛山、杭州、重庆，除北京外，其余全是南方城市。

从表 8-1 可以看出，南方地区的特大和超大城市平均人口规模的绝对规模从 2013 年的 867 万人增加至 2017 年的 1 093 万人，增加了 226 万人；而Ⅰ型大城市、Ⅱ型大城市、中等城市和小城市分别仅增加了 56 万人、14 万人、22 万人和 17 万人。相对于特大和超大城市，中小城市的相对规模基本不变，但Ⅰ型大城市和Ⅱ型大城市的相对规模下降了 0.037 和 0.026。由此可见，尽管特大和超大城市的规模已经较大了，但南方地区的人口仍然大量向这些城市集中，反而是城市化潜力较大的Ⅰ型大城市和Ⅱ型大城市不仅没有实现人口的大量集中，还使相对规模下降。北方地区则更加明显，Ⅰ型大城市、Ⅱ型大城市和中等城市的相对规模都在下降。

从南北对比看，2013 年至 2017 年南方地区的特大和超大城市的绝对规模增加了 226 万人（增幅为 26.1%），北方地区的特大和超大城市的绝对规模只增加了 151 万人（增幅为 19.2%），远不如南方地区。这主要是因为城市群建设的原因，南方地区在城市群建设方面相对成功，导致人口向城市群的中心城市大量集聚。

表 8-1　城市平均人口规模变动（2013 年和 2017 年）

项目	绝对规模							
	南方城市				北方城市			
	2013 年人口规模/万人	2017 年人口规模/万人	变动量/万人	变动率	2013 年人口规模/万人	2017 年人口规模/万人	变动量/万人	变动率
特大和超大城市	867	1 093	226	0.261	788	939	151	0.192
Ⅰ型大城市	371	427	56	0.152	356	420	65	0.182
Ⅱ型大城市	169	183	15	0.088	162	185	23	0.141
中等城市	75	97	21	0.285	73	81	8	0.113
小城市	38	55	16	0.425	39	48	9	0.222
所有城市	158	186	28	0.179	130	150	20	0.154

项目	相对规模					
	南方城市			北方城市		
	2013 年变动率	2017 年变动率	变动率	2013 年变动率	2017 年变动率	变动率
特大和超大城市	1.000	1.000	0.000	1.000	1.000	0.000
Ⅰ型大城市	0.427	0.390	-0.037	0.451	0.448	-0.004
Ⅱ型大城市	0.194	0.168	-0.027	0.205	0.197	-0.009
中等城市	0.087	0.088	0.002	0.092	0.086	-0.006
小城市	0.044	0.050	0.006	0.050	0.051	0.001
所有城市	0.182	0.170	-0.120	0.165	0.160	-0.005

注：城市分类依据《国务院关于调整城市规模划分标准的通知》（国发〔2014〕51 号）。小城市：50 万以下常住人口；中等城市：50 万~100 万（不含 100 万）常住人口；大城市（Ⅱ型）：100 万~300 万（不含 300 万）常住人口；大城市（Ⅰ型）：300 万~500 万（不含 500 万）常住人口；特大城市：500 万~1 000 万（不含 1 000 万）常住人口；超大城市：1 000 万及以上常住人口。由于市辖区常住人口数据只在全国人口普查时公布，因此本表以《中国城市统计年鉴（2014）》公布的城市市辖区年平均人口数据为划分参照，因数据缺失，剔除了东莞市、中山市、茂名市、三沙市、巴中市、攀枝花市、毕节市等个别城市。南北地区划分方式与前文保持一致。

数据来源：历年中国城市统计年鉴。

总体来看，从 2013 年至 2017 年，南方地区城市人口规模平均增加了 28 万人（增幅为 17.7%），而北方地区城市人口规模平均只增加了 20 万人（增幅为 15.4%），南方地区的增速更快。更具体地，根据表 8-1 可以得出，近年来人口主要流向南方地区的特大和超大城市，北方地区的特大和超大城市的人口吸引力逊于南方地区而且中小城市的人口涵养能力十分有限，相比之下北方地区的 I 型和 II 型大城市有一定的人口集聚潜力但也不足以扭转南北经济差距下的人口流动大趋势，因此城市规模的"马太效应"在未来几年可能进一步凸显。

8.3 相关研究综述

如前所述，本书所谓的南北经济差距问题从 2013 年才开始逐渐显现，因此学术界对此的研究还比较少，不过关于区域经济增长差异的研究相对丰富，其中对于东北振兴问题的研究在 20 世纪 90 年代就有学者涉及。比如，李怀（2000）就曾指出，"东北现象"最初是由辽宁大学冯舜华教授在 20 世纪 90 年代初提出的，他们所谓的"东北现象"，即与沿海地区甚至于西部地区相比，东北老工业基地长期出现经济零增长或负增长的现象。作者通过搜集资料和梳理文献发现，有助于解释本章关注的南北经济差距问题的观点大体上可以归纳为六种，分别为自然论、文化论、政策论、结构论、集聚论和要素论。

（1）自然论。从自然资源的角度看，南北地区各有千秋——南方水多耕地少（水资源占全国的 81%，但耕地面积只占全国的 35.9%），而北方水少耕地多（耕地面积占全国的 64.1%，但水资源只占全国的 19%）。因此，从农业角度看，南北差异并不大，北方甚至略占优势。至于矿产资源，北方要比南方丰富得多，全国 90% 的煤炭、60% 的铁矿及几乎全部石油资源都集中在北方地区（吴殿廷，2001）。因此，单纯的自然资源禀赋并不能解释南北经济差距问题。从地理区位角度看，北方除渤海湾之外，其余部分为内陆地区，南方则占据较长的海岸线，而且是 21 世纪海上丝绸之路上的黄金海岸线，在国际贸易方面具有先天优势。正因为如此，国际贸易学者在测算市场潜力（market potential）指标时，沿海城市更占优势（Au et al.，2006）。在气候方面，我国南方由于温度较高、气候湿润，相对宜居，北方尤其是东北地区则有较长的冬季，因此在这一方面南方具有明显优势。但是，这个角度同样不能完全解释南北经济差距，因为在全球范围内来看，气温相对较低的北方，其经济发展远远超过气温较高的南方（Henseler et al.，2019），因此世界层面的南北经济差距体现为"南不如北"。而且气候因素是长期客观存在的，不能解释 2013 年后南北经济差距的拉大。付金存等（2014）认为自然地理条件的差异是地区发展差距的主要原因，而改革开放、经济特区等区域政策的实施在客观上扩大了区域间的外部差距。

（2）文化论。文化属于新制度经济学派的非正式制度因素，对经济发展具有至关重要的作用。南北文化习俗的差异影响两地的经济发展状况，这确实是社会各界普遍认同的一种观点，南方人具有较强的创造性和冒险精神，更善于"钻营"，企业家数量多于北方且活跃程度也明显高于北方。由于南北地区种植和饮食习惯的不同，甚至有学者提出"稻米理论"来解释我国的南北差异（Talhelm，2014；朱滢，2014）。这种理论认为由于种植水稻需要集体协作，因此南方人更具有合作精神。托尔汉姆（Talhelm，2014）的研究发现，来自"水稻省"的参与者比来自"小麦省"的参与者更具有整体性思维、相互依赖和裙带关系及更低的离婚率。赵向阳等（2012）在解释不同国家创业行为活跃度的差异时发现，文化因素确实是影响创新活动的重要因素，但是影响效果与地区本身的经济发展水平相关。李光勤等（2017）的研究结论表明语言多样性降低了当地的对外开放程度。从经济增长的角度来看，阿吉翁等（Aghion et al.，2009）把经济增长理论的进展划分为三个阶段：第一阶段主要靠资本积累和技术创新，第二阶段主要靠制度改革和结构调整，而在第三阶段，对经济增长最终起作用的是文化、信仰与习惯的传承；刘鹤（2008）也表达过类似的观点。一方面，文化的代际传承使当前的经济增长受到历史上流传下来的习惯及地区文化（如晋商、宁波商、徽商、温州商、莆田商）的深刻影响（Doepke et al.，2017）；另一方面，区域内不同文化之间的交流与碰撞及文化多样性所形成的壁垒和认同感[1]等也会影响当前的经济发展（徐现祥 等，2015）。

（3）政策论。从图 8-2 至图 8-8 可以明显看出，政策对南北经济的影响十分明显。2008 年的经济刺激政策很可能是 2013 年南北经济差距拉大的诱因，而 2015 年开始的供给侧结构性改革也在很大程度上拉开了南北经济差距（邓忠奇 等，2020）。赵勇等（2015）在研究城市群空间功能分工与地区差距的关系时发现，2011 年后的地方政府干预抑制了空间功能分工演进所带来的地区差距收敛效应，因此从缩小地区差距的角度看，应当考虑适当弱化地方政府干预；德米尔热（Démurger，2001）、班纳吉等（Banerjee et al.，2020）讨论了基础设施政策，认为政府对落后地区基础设施建设的支持力度不足是地区差距扩大的主要原因；阿吉翁等（Aghion et al.，2015）论证了产业政策促进行业产出和效率的有用性，但前提是产业政策必须有利于行业竞争；贾俊雪等（2016）、李永友等（2019）研究了财政分权体制垂直不平衡对地方政府举债融资、土地出让等行为的影响，表明财政分权体制垂直不平衡的激励和扭曲效应在欠发达地区更显著，因此可能扩大地区差距。

---

① 比如，陈钊和陆铭的研究就发现，会说上海话有助于移民工人融入上海社会从而获得更高的收入（Chen et al.，2014）。

（4）结构论。陈龙（2002）指出所有制结构、产业结构、固定资产投资水平、市场发育和开放程度、地理位置及国家政策是南北经济差距扩大的主要原因。盛来运等（2018）的研究表明，南北经济差距扩大的最重要原因在于北方资本积累速度慢、经济体制机制改革滞后、经济结构不合理及劳动力数量减少。具体地，刘瑞明（2011）从所有制结构角度研究了区域差距问题，表明初始国有资本占比较高的地区很可能陷入历史锁定效应而难以快速发展，反而是初始国有资本占比较低的地区发展很好，从而导致地区差距不断扩大。韩立岩等（2012）从收入结构角度分析了区域差距问题，表明相比东部地区而言，收入差距更多地抑制了西部地区的居民消费，导致西部地区内需不足。此外，也有不少学者从产业结构角度探讨了区域差距问题。比如，谭浩俊（2015）认为重工业和国有经济的比重过高及市场不完善是近年来北方经济表现欠佳的重要原因。吴振宇（2013）发现西北地区私营企业占比低、工业品集中在中间投入和设备上，产业链附加值低，很容易受终端需求影响，经济增长内生动力不足。类似地，申兵等（2016）也认为资源行业和重化工行业是北方经济的支柱，在转型期必然会出现增长乏力的情况；相比之下，沿海地区的创新生态和创新鼓励机制更为完善，未来将继续吸引高质量生产要素集聚，因此南北经济差距还将持续。

（5）集聚论。南北经济差距在很大程度上体现在南北城市发展的差距上，南方城市的快速发展又在很大程度上得益于城市集聚和产业集聚所创造的规模经济和技术溢出效应。众多学者从产业发展、产业集聚、要素集聚等视角分析了我国东中西部地区的发展差距（刘军 等，2010；覃成林 等，2011；徐鹏杰，2018）。例如，刘军等（2010）的研究显示，从区域经济角度看，产业集聚对东部地区的经济促进作用最为明显，其次是东北地区和中部地区，但是对西部地区的作用并不明显。杨仁发（2013）分析了产业集聚对地区工资差距的影响，他发现制造业集聚对中西部地区收入水平的提升存在负面影响，而服务业集聚带动了东部地区收入水平的提高。从集聚的规模经济方面看，范剑勇（2006）提出了规模报酬递增的地方化概念，即在一定的地理范围内存在规模报酬递增，并认为这种现象是产业集聚与城市发展的关键因素，劳动生产率随着就业集聚程度的提升而提高，导致各省之间存在巨大的劳动生产率差异和收入鸿沟。从地区经济增长收敛性方面看，蔡昉等（2000）、张吉鹏等（2004）认为，中国的地区经济增长存在俱乐部趋同和条件趋同的现象，人力资本集聚不足、市场扭曲和开放程度不足是导致中西部地区经济增长难以向东部地区趋同的主要因素。从人力资本集聚方面看，陈斌开等（2016）揭示了中国城市住房价格的地区差异，发现1999年高校扩招和高等教育资源地区分布不均导致了我国人力资本规模扩张和在空间范围内的集聚；当然，这不仅仅导致人力资本集聚程度较高的城市房价较高，从内生增长理论看也会导致这些城市的经济较快增长。

（6）要素论。蔡昉等（2002）发现地区之间的生产要素边际报酬率差异导致了地区收入差距，而且边际报酬率的变化受到生产要素流动性和市场发育程度的影响。仇娟东等（2013）发现劳动力流动壁垒、资本边际产出的差异及技术吸收能力是造成地区发展差距的重要因素。戴德颐（2020）通过实证研究发现，南北经济差距主要由要素资源投入的数量及效率差异所导致，北方各省（自治区、直辖市）更依赖资本投入，而南方各省（自治区、直辖市）更依赖劳动力投入。从劳动要素的角度看，弗莱舍等（Fleisher et al.，2010）、刘智勇等（2018）发现相较于人力资本存量，人力资本结构的高级化更能解释东中西部地区的经济差距，因此政府应从注重提升人力资本存量转向更加重视人力资本结构高级化。总体来看，从要素质量和使用效率的层面研究地区差异的文献较多，本节不再详细展示。除此以外，要素论的另一层意思体现在要素的配置方面，一般认为资源配置越有效的地区全要素生产率越高，因此越有利于实现经济内生增长（Hsieh et al.，2009；Banerjee et al.，2010；De Loecker，2011；Foster et al.，2008，2016，2017；Restuccia et al.，2013，2017）。邓等（Deng et al.，2021a）在分析中国医疗资源配置效率时发现，北方尤其是东北地区的资源误置程度较高，这在一定程度上解释了北方地区的要素使用效率低、要素外流等现象。孙元元等（2015）的研究发现，沿海地区资源配置效率的改善主要是因为产业集聚程度的提升，而内陆地区资源配置效率的改善还得益于高效率进入企业对低效率退出企业的替代。

8.4　供给侧结构性改革与南北经济差距

2015 年开启的供给侧结构性改革主要体现在"三去一降一补"五大任务上，即去产能、去库存、去杠杆、降成本和补短板。其中，去产能、去库存和降成本的核心是提升要素使用效率，减少冗余投入和无效产出；去杠杆是要实现资本的有效运作，降低风险；补短板则涉及方方面面，单从投入产出的角度看，主要体现在提升低效率要素的生产力水平，增强技术的拉动力。因此，这五大任务总的核心目标其实是提升全要素生产率和增强经济内生增长动力，转变粗放的增长模式为集约模式（邓忠奇 等，2020）。正如习近平总书记指出的，供给侧结构性改革，重点是解放和发展社会生产力，用改革的办法推进结构调整，减少无效和低端供给，扩大有效和中高端供给，增强供给结构对需求变化的适应性和灵活性，提高全要素生产率。在转方式的背景下，因为南北地区经济结构不同，南方相对容易转，而北方相对不容易转，所以供给侧结构性改革对南北经济产生的效果必然不一样。直观上讲，这在短期内很可能给北方经济增长带来阵痛效应，从而出现图 8-2 中 2015 年的南北经济差距扩大现象。

8.4.1 生产效率比较

根据第 6 章介绍的 SBM－DDF 方法，首先测算出南北地区全要素生产率
（TFP），如图 8-9 所示。在 1985 年至 2017 年间除了 2005 年和 2006 年的其他年份
内，南方地区的全要素生产率都远高于北方地区。2008 年后南北地区 TFP 差距开
始拉大，2015 年后南北地区 TFP 差距开始有缩小趋势。2008 年"四万亿计划"的
实施导致北方地区大量投资，托住了一些低效率企业，降低了全要素生产率，而
2015 年开始的供给侧结构性改革通过去产能、去库存、降成本等各项措施力图提
升全要素生产率水平，在北方地区见效较快，从而实现了南北地区 TFP 差距的缩
小。因此，从图 8-9 来看，本章初步认为，供给侧结构性改革确实对南北地区全
要素生产率的差异有较强的影响。

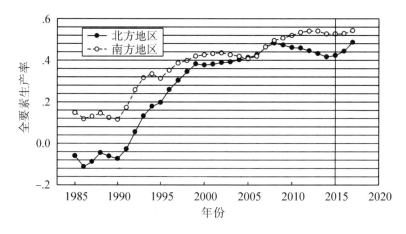

注：测算方法为第 6 章提到的 SBM-DDF 法，所有名义变量均进行了不变价格处理。

图 8-9　南北地区全要素生产率（1985—2018 年）

数据来源：各省（自治区、直辖市）历年的统计年鉴。

8.4.2 生产方式比较

根据 6.6 节的测算结果，图 8-10 至图 8-13 展示了南北地区经济增长的要素
贡献率和 TFP 贡献率（经济增长率中有百分之多少是由要素投入增加或 TFP 提升
实现的），有关数据可见附录 6。从图 8-10 可以看出，20 世纪 90 年代南方地区的
资本贡献率较高，依靠投资拉动增长，这与实际情况比较一致；21 世纪以来，南
方地区开始转型升级，资本贡献率有所下降，而北方地区的资本贡献率大幅度提
升，尤其是在 2004 年至 2013 年，资本成了拉动经济增长的绝对因素。从 2015 年
起，南北地区的资本贡献率都开始大幅下降，尤其是在北方地区，这与供给侧结构
性改革不无关系。因此，图 8-10 直观地表明，供给侧结构性改革与南北地区经济

增长方式的转变有密切关系，资本（投资）拉动型增长模式在改革的作用下正在被逐步改变。

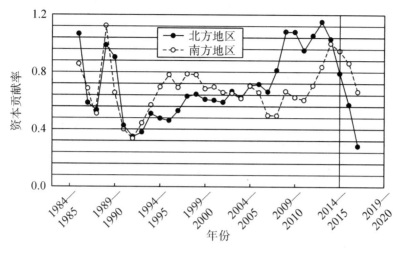

注：测算方法请见第 6 章的介绍。

图 8-10　南北地区资本投入对经济增长的贡献率（1985—2017 年）

图 8-11 和图 8-12 展示的劳动投入对经济增长的贡献率和能源投入对经济增长的贡献率在 2015 年也有一定的下降趋势，但与资本投入对经济增长的贡献率的变化相比明显更微弱。其中，2015 年后北方地区劳动投入对经济增长的贡献率下降幅度相对更大，这与北方地区的劳动力外流和人口老龄化有关；南北地区能源投入对经济增长的贡献率都有一定程度的下降，但相对大小关系基本保持一致，这主要是近年来环保督查、节能减排指标考核等一系列因素的作用导致的。综合图 8-10 至图 8-12，我们可以看出，在 2000 年到供给侧结构性改革实施前的一段时间内，南北经济都主要依靠资本拉动，资本投入对经济增长的贡献率的差异在很大程度上造成了南北经济增长的差异。

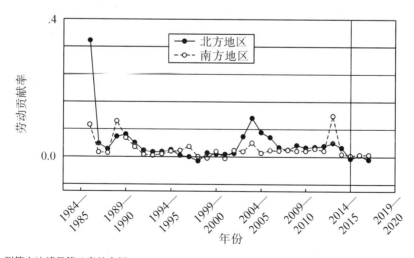

注：测算方法请见第 6 章的介绍。

图 8-11　南北地区劳动投入对经济增长的贡献率（1985—2017 年）

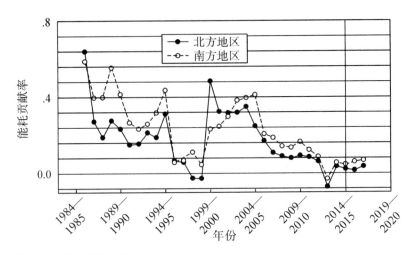

注：测算方法请见第 6 章的介绍。

图 8-12　南北地区能源投入对经济增长的贡献率（1985—2017 年）

图 8-13 展示了南北地区 TFP 对经济增长的贡献率的年度变化趋势。2005 年至 2013 年，南方地区 TFP 对经济增长的贡献率明显高于北方，但 2015 年后发生逆转，北方地区 TFP 对经济增长的贡献率直线上升，南方地区虽然也有提升，但远不如北方地区。从这里可以看出，虽然供给侧结构性改革可能造成北方地区经济增长的阵痛，但是有助于北方地区实现经济内生增长（经济增长主要依靠 TFP 的贡献）。当然，由于样本时期的关系，北方地区是否能长期保持内生增长还很难说。一方面，在改革的过程中北方地区的大量冗余投入被削减，低效率企业退出市场，因此短期内 TFP 及 TFP 贡献率的提升是可以预见的，但是长期内要实现 TFP 的持续提升并不容易；另一方面，北方地区正在经历南方地区在 21 世纪初转型时所经历的过程，能否顺利实现转型还未可知，如果不能顺利实现经济转型，那么几年后，北方可能退回原有的粗放模式，或者经济跌入中低速或低速增长区间；此外，由于城市群格局和要素空间集聚格局已经形成，南方地区存在先发优势，北方地区要吸引优质要素并不容易，因此实现经济内生增长的核心要素——创新主体如何培育的问题还有待研究，如果这一问题得不到解决，北方就不可能实现长期的内生增长。

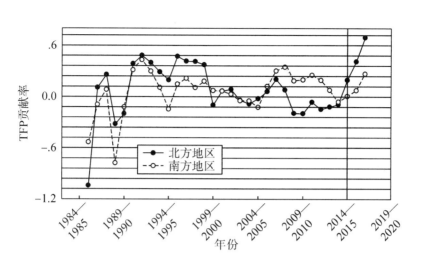

注：测算方法请见第 6 章的介绍。

图 8-13　南北地区 TFP 对经济增长的贡献率（1985—2017 年）

8.5　企业迁移与南北经济差距：一个理论模型

本章理论模型承接第 7 章理论模型的设定，考虑两地区两部门模型。第 7 章的有关命题指出，因为利润差的存在，北方城市的企业有向南方城市迁移的动力。但是第 7 章没有具体分析迁移之后的均衡状态及南北经济差距问题。本节通过分析企业迁移的均衡状态来揭示南北经济差距。

8.5.1　企业迁移均衡

与第 7 章一致，假定企业生产 1 单位产品需要 a 单位劳动力，a 服从（7-2）式所示的帕累托分布。根据命题 7-1 可知，a 越小（越有效率）的企业越倾向于往南方迁移，不妨令 $\tilde{a}$ 为企业迁移的临界值，即 $a < \tilde{a}$ 的北方企业会发生迁移。那么迁移之后，北方城市的价格便宜指数[①]为：

$$\int \left[p(i)^* \right]^{1-\sigma} \mathrm{d}i = \int_{\tilde{a}}^1 \left[\frac{aw^*}{1-1/\sigma} \right]^{1-\sigma} \mathrm{d}K^* G[a] + \int_0^{\tilde{a}} \left[\frac{aw\tau}{1-1/\sigma} \right]^{1-\sigma} \mathrm{d}K^* G[a] + \int_0^1 \left[\frac{aw\tau}{1-1/\sigma} \right]^{1-\sigma} \mathrm{d}KG[a]$$

$$= \left(\frac{1}{1-1/\sigma} \right)^{1-\sigma} K^w \left\{ (1-s) \left[\int_{\tilde{a}}^1 a^{1-\sigma} \mathrm{d}G[a] + \int_0^{\tilde{a}} a^{1-\sigma} \varphi \mathrm{d}G[a] \right] + s \int_0^1 a^{1-\sigma} \varphi \mathrm{d}G[a] \right\}$$

$$= \left(\frac{1}{1-1/\sigma} \right)^{1-\sigma} \lambda K^w \left\{ (1-s) \left[\left(1 - \tilde{a}^{1-\sigma+\rho} \right) + \varphi \tilde{a}^{1-\sigma+\rho} \right] + s\varphi \right\}$$

[①]　价格指数一般定义为 $\left\{ \int \left[p(i)^* \right]^{1-\sigma} \mathrm{d}i \right\}^{1/(1-\sigma)}$（Melitz, 2003），由于 $\sigma > 1$，因此 $\int \left[p(i)^* \right]^{1-\sigma} \mathrm{d}i$ 实际是一个价格便宜指数，而不是价格指数本身。

$$= \left(\frac{1}{1-1/\sigma}\right)^{1-\sigma} \lambda K^w [(1-s)(1-\tilde{a}^{1-\sigma+\rho}) + (1-s)\varphi\tilde{a}^{1-\sigma+\rho} + s\varphi]$$

$$\equiv \left(\frac{1}{1-1/\sigma}\right)^{1-\sigma} \lambda K^w \Delta^* \tag{8-1}$$

其中，$\Delta^* \equiv (1-s)(1-\tilde{a}^{1-\sigma+\rho}) + (1-s)\varphi\tilde{a}^{1-\sigma+\rho} + s\varphi$，$w^* = w = 1$，$\lambda \equiv \frac{\rho}{1-\sigma+\rho}$。

同理，南方城市的价格便宜指数为

$$\int p(i)^{1-\sigma}di = \int_{\tilde{a}}^1 \left[\frac{aw^*\tau}{1-1/\sigma}\right]^{1-\sigma} dK^* G[a] + \int_0^{\tilde{a}} \left[\frac{aw}{1-1/\sigma}\right]^{1-\sigma} dK^* G[a] + \int_0^1 \left[\frac{aw}{1-1/\sigma}\right]^{1-\sigma} dKG[a]$$

$$= \left(\frac{1}{1-1/\sigma}\right)^{1-\sigma} K^w \left\{(1-s)\left[\int_{\tilde{a}}^1 \varphi a^{1-\sigma}dG[a] + \int_0^{\tilde{a}} a^{1-\sigma}dG[a]\right] + s\int_0^1 a^{1-\sigma}dG[a]\right\}$$

$$= \left(\frac{1}{1-1/\sigma}\right)^{1-\sigma} \lambda K^w \left\{(1-s)\left[\varphi(1-\tilde{a}^{1-\sigma+\rho}) + \tilde{a}^{1-\sigma+\rho}\right] + s\right\}$$

$$= \left(\frac{1}{1-1/\sigma}\right)^{1-\sigma} \lambda K^w [\varphi(1-s)(1-\tilde{a}^{1-\sigma+\rho}) + (1-s)\tilde{a}^{1-\sigma+\rho} + s]$$

$$\equiv \left(\frac{1}{1-1/\sigma}\right)^{1-\sigma} \lambda K^w \Delta \tag{8-2}$$

其中，$\Delta \equiv \varphi(1-s)(1-\tilde{a}^{1-\sigma+\rho}) + (1-s)\tilde{a}^{1-\sigma+\rho} + s$。因此，生产参数为 a 的北方企业的利润为

$$\pi^*(a,\tilde{a}) = \left(\frac{a}{1-1/\sigma} - a\right)c(a)^* + \left(\frac{a\tau}{1-1/\sigma} - a\tau\right)c(a)$$

$$= \frac{1}{\sigma}\frac{a^{1-\sigma}(1-s)E^w}{\lambda K^w \Delta^*} + \frac{1}{\sigma}\frac{a^{1-\sigma}\varphi sE^w}{\lambda K^w \Delta}$$

$$= \frac{E^w}{\sigma\lambda K^w} a^{1-\sigma}\left\{\frac{1-s}{\Delta^*} + \frac{\varphi s}{\Delta}\right\} \tag{8-3}$$

生产参数为 a 的南方企业的利润为

$$\pi(a,\tilde{a}) = \frac{E^w}{\sigma\lambda K^w} a^{1-\sigma}\left\{\frac{\varphi(1-s)}{\Delta^*} + \frac{s}{\Delta}\right\} \tag{8-4}$$

那么，生产参数为 a 的企业位于南方和位于北方的利润之差为

$$\pi(a,\tilde{a}) - \pi^*(a,\tilde{a}) = \frac{E^w a^{1-\sigma}}{\sigma\lambda K^w}\left\{\frac{(1-\varphi)s}{\Delta} - \frac{(1-\varphi)(1-s)}{\Delta^*}\right\} \tag{8-5}$$

最先开始迁移的企业是生产效率最高的企业，不断迁移最终达到长期稳定状态，即迁移获得的利差正好等于迁移成本。根据鲍德温等（Baldwin et al., 2006）的设定，均衡时企业的迁移成本为零（这并不表示所有企业的迁移成本都为零，非均衡时存在一定的迁移成本，随着高效率企业逐渐完成迁移，均衡时没有企业发生迁移，此时迁

移成本为零)。因此,均衡时利差为零,即 $\dfrac{E^w \tilde{a}^{1-\sigma}}{\sigma \lambda K^w} \left\{ \dfrac{(1-\varphi)s}{\Delta} - \dfrac{(1-\varphi)(1-s)}{\Delta^*} \right\} = 0$,

也即 $\dfrac{s}{\Delta} = \dfrac{1-s}{\Delta^*}$。

根据 Δ 和 Δ^* 的定义推出:

$$\tilde{a} = \left[\frac{(2s-1)\varphi}{(1-\varphi)(1-s)} \right]^{\frac{1}{1-\sigma+\rho}} \tag{8-6}$$

令 $\tilde{a} < 1$,可得条件 $\varphi < (1-s)/s$,这是一个"非黑洞"条件(Fujita et al.,1999);否则,当 $\varphi \geqslant (1-s)/s$ 时,所有北方企业都会迁入南方城市,即完全集聚。

命题 8-1

令 $\tilde{a} = \left[\dfrac{(2s-1)\varphi}{(1-\varphi)(1-s)} \right]^{\frac{1}{1-\sigma+\rho}}$ 且 $\varphi < \dfrac{1-s}{s}$,那么对于 $a < \tilde{a}$ 的北方企业(效率较高的企业),迁往南方有利可图;$a \geqslant \tilde{a}$ 的北方企业(效率较低的企业)会继续留在北方;如果 $\varphi \geqslant \dfrac{1-s}{s}$,则所有北方企业都倾向于往南方集聚。

由于现实中完全集聚的现象一般不会发生,因此后续分析中,如无特别说明,则要求 $\varphi < (1-s)/s$。进一步,将(8-6)式代入 Δ 和 Δ^* 的定义式可得:

$$\Delta = s(1+\varphi) \tag{8-7}$$
$$\Delta^* = (1-s)(1+\varphi) \tag{8-8}$$

由 $\Delta > \Delta^*$ 可知,南方城市的价格便宜指数更高,即价格水平相对较低。这是因为,企业迁移提升了南方城市的整体效率水平,因此平均边际成本下降,定价下降。

8.5.2　总产值分析

北方城市的总产值为

$$\mathrm{Prod}^* = E^w \left[\frac{1}{1-1/\sigma} \right]^{1-\sigma} \int_{\tilde{a}}^1 \left\{ a^{1-\sigma} \frac{\varphi s}{\int p(i)^{1-\sigma} \mathrm{d}i} + a^{1-\sigma} \frac{1-s}{\int [p(i)^*]^{1-\sigma} \mathrm{d}i} \right\} \mathrm{d}K^* G[a]$$

$$= E^w \left[\frac{1}{1-1/\sigma} \right]^{1-\sigma} \left\{ \frac{\varphi s}{\int p(i)^{1-\sigma} \mathrm{d}i} + \frac{1-s}{\int [p(i)^*]^{1-\sigma} \mathrm{d}i} \right\} \int_{\tilde{a}}^1 a^{1-\sigma} \mathrm{d}K^* G[a]$$

$$= (1-s) E^w \left(\frac{\varphi s}{\Delta} + \frac{1-s}{\Delta^*} \right) (1 - \tilde{a}^{1-\sigma+\rho}) \tag{8-9}$$

南方城市的总产值为

$$\text{Prod} = E^w \left\{ \int_0^{\tilde{a}} \left\{ \left[\frac{a}{1-1/\sigma} \right]^{1-\sigma} \frac{s}{\int p(i)^{1-\sigma} \mathrm{d}i} + \left[\frac{a\tau}{1-1/\sigma} \right]^{1-\sigma} \frac{1-s}{\int [p(i)^*]^{1-\sigma} \mathrm{d}i} \right\} \mathrm{d}K^* G[a] + \right.$$

$$\left. \int_0^1 \left\{ \left[\frac{a}{1-1/\sigma} \right]^{1-\sigma} \frac{s}{\int p(i)^{1-\sigma} \mathrm{d}i} + \left[\frac{a\tau}{1-1/\sigma} \right]^{1-\sigma} \frac{(1-s)}{\int [p(i)^*]^{1-\sigma} \mathrm{d}i} \right\} \mathrm{d}KG[a] \right\}$$

$$= E^w \left[\frac{s}{\lambda K^w \Delta} + \frac{\varphi(1-s)}{\lambda K^w \Delta^*} \right] \left\{ \int_0^{\tilde{a}} a^{1-\sigma} \mathrm{d}K^* G[a] + \int_0^1 a^{1-\sigma} \mathrm{d}KG[a] \right\}$$

$$= E^w \left[\frac{s}{\Delta} + \frac{\varphi(1-s)}{\Delta^*} \right] \left[(1-s)\tilde{a}^{1-\sigma+\rho} + s \right] \tag{8-10}$$

南方城市和北方城市的总产值之比为

$$\frac{\text{Prod}}{\text{Prod}^*} = \frac{\left[\dfrac{s}{\Delta} + \dfrac{\varphi(1-s)}{\Delta^*} \right] \left[(1-s)\tilde{a}^{1-\sigma+\rho} + s \right]}{(1-s) \left(\dfrac{\varphi s}{\Delta} + \dfrac{1-s}{\Delta^*} \right)(1-\tilde{a}^{1-\sigma+\rho})}$$

$$= \frac{[s\Delta^* + \varphi(1-s)\Delta] \left[(1-s)\tilde{a}^{1-\sigma+\rho} + s \right]}{(1-s)[\varphi s\Delta^* + (1-s)\Delta](1-\tilde{a}^{1-\sigma+\rho})} \tag{8-11}$$

将（8-6）式代入（8-11）式可得

$$\frac{\text{Prod}}{\text{Prod}^*} = \frac{[s\Delta^* + \varphi(1-s)\Delta] \left[(1-s)\dfrac{(2s-1)\varphi}{(1-\varphi)(1-s)} + s \right]}{(1-s)[\varphi s\Delta^* + (1-s)\Delta] \left[1 - \dfrac{(2s-1)\varphi}{(1-\varphi)(1-s)} \right]}$$

$$= \frac{[s\Delta^* + \varphi(1-s)\Delta] \left[\dfrac{(2s-1)\varphi}{1-\varphi} + s \right]}{[\varphi s\Delta^* + (1-s)\Delta] \left[1 - s - \dfrac{(2s-1)\varphi}{1-\varphi} \right]}$$

$$= \frac{[s\Delta^* + \varphi(1-s)\Delta](s\varphi - \varphi + s)}{[\varphi s\Delta^* + (1-s)\Delta](1-s-s\varphi)} \tag{8-12}$$

从这里也可以看出命题 8-1 中施加条件 $\varphi < (1-s)/s$ 的重要性，因为只有施加了这个条件，才能保证（8-12）式的分母中 $1-s-s\varphi > 0$。将（8-7）式和（8-8）式代入（8-12）式可得

$$\frac{\text{Prod}}{\text{Prod}^*} = \frac{s\varphi - \varphi + s}{1-s-s\varphi} \tag{8-13}$$

一般情况下，（8-13）式的分子大于零，又由 $\varphi < (1-s)/s$ 可知（8-13）式的分母也大于零。由于 $s > 1/2$，可以证明：$\dfrac{\text{Prod}}{\text{Prod}^*} = \dfrac{s\varphi - \varphi + s}{1-s-s\varphi} > 1$，且 $\partial \dfrac{\text{Prod}}{\text{Prod}^*} / \partial s > 0$。

据此可得命题 8-2，该命题揭示了大城市人口规模可能越来越大的"马太效应"，因为大城市的资本规模更大，所以会吸引企业尤其是高效率企业进入，进而

资本规模可能更大，导致城市产出和人口规模螺旋式扩大。

命题 8-2

资本份额更大的城市（本书中即南方城市），总产值规模也相对更大，而且随着资本份额的提升，总产值相对规模会提升。

8.5.3　劳动力投入分析

令 $\Omega \equiv \dfrac{sE^w}{\int p(i)^{1-\sigma}\mathrm{d}i}$，$\Omega^* \equiv \dfrac{(1-s)\,E^w}{\int [p(i)^*]^{1-\sigma}\mathrm{d}i}$，即国际贸易领域的市场潜力

（market potential），那么根据前文的价格便宜指数以及（8-7）式和（8-8）式可得

$$\Omega = \Omega^* = \left(\frac{1}{1-1/\sigma}\right)^{\sigma-1} \frac{E^w}{\lambda\,K^w(1+\varphi)} \tag{8-14}$$

命题 8-3

企业迁移最终使得南北城市的市场潜力指标趋同。

假定企业只使用当地的劳动力，那么北方城市的总劳动力投入为

$$\mathrm{lab}^* = \int_{\tilde{a}}^{1}\left\{a\left[\frac{a\tau}{1-1/\sigma}\right]^{-\sigma}\frac{sE^w}{\int p(i)^{1-\sigma}\mathrm{d}i} + a\left[\frac{a}{1-1/\sigma}\right]^{-\sigma}\frac{(1-s)\,E^w}{\int [p(i)^*]^{1-\sigma}\mathrm{d}i}\right\}\mathrm{d}K^*G[a]$$

$$= \left[\frac{1}{1-1/\sigma}\right]^{-\sigma}\lambda\,K^w(\tau^{-\sigma}\Omega + \Omega^*)(1-s)(1-\tilde{a}^{1-\sigma+\rho}) \tag{8-15}$$

南方城市的总劳动力投入为

$$\mathrm{lab} = \left\{\left[\frac{1}{1-1/\sigma}\right]^{-\sigma}\Omega + \left[\frac{\tau}{1-1/\sigma}\right]^{-\sigma}\Omega^*\right\}\left\{\int_0^{\tilde{a}}a^{1-\sigma}\mathrm{d}K^*G[a] + \int_0^1 a^{1-\sigma}\mathrm{d}KG[a]\right\}$$

$$= \left[\frac{1}{1-1/\sigma}\right]^{-\sigma}\lambda\,K^w(\Omega + \tau^{-\sigma}\Omega^*)\{(1-s)\tilde{a}^{1-\sigma+\rho} + s\} \tag{8-16}$$

因此，根据命题 8-3 得到南方城市和北方城市的总劳动力投入之比：

$$\frac{\mathrm{lab}}{\mathrm{lab}^*} = \frac{(1-s)\tilde{a}^{1-\sigma+\rho} + s}{(1-s)(1-\tilde{a}^{1-\sigma+\rho})} \tag{8-17}$$

将（8-6）式代入（8-17）式可得

$$\frac{\mathrm{lab}}{\mathrm{lab}^*} = \frac{s\varphi - \varphi + s}{1 - s - s\varphi} \tag{8-18}$$

命题 8-4

资本份额更大的城市（本书中即南方城市），总劳动力投入规模也相对更大，而且随着资本份额的提升，劳动力相对规模会提升。

8.5.4 劳动生产率分析

根据前文对总产值和劳动力投入的分析，北方城市的名义劳动生产率（总产值比劳动力投入）为

$$\text{lProd}^* = \frac{\int_{\tilde{a}}^1 \left\{ \left[\frac{a\tau}{1-1/\sigma}\right]^{1-\sigma} \frac{sE^w}{\int p(i)^{1-\sigma}\mathrm{d}i} + \left[\frac{a}{1-1/\sigma}\right]^{1-\sigma} \frac{(1-s)E^w}{\int [p(i)^*]^{1-\sigma}\mathrm{d}i} \right\} \mathrm{d}K^* G[a]}{\int_{\tilde{a}}^1 \left\{ a\left[\frac{a\tau}{1-1/\sigma}\right]^{-\sigma} \frac{sE^w}{\int p(i)^{1-\sigma}\mathrm{d}i} + a\left[\frac{a}{1-1/\sigma}\right]^{-\sigma} \frac{(1-s)E^w}{\int [p(i)^*]^{1-\sigma}\mathrm{d}i} \right\} \mathrm{d}K^* G[a]}$$

$$= \frac{(1-s)E^w\left(\frac{\varphi s}{\Delta} + \frac{1-s}{\Delta^*}\right)(1-\tilde{a}^{1-\sigma+\rho})}{\left[\frac{1}{1-1/\sigma}\right]^{-\sigma} \lambda K^w (\tau^{-\sigma}\Omega + \Omega^*)(1-s)(1-\tilde{a}^{1-\sigma+\rho})}$$

$$= \frac{1}{1-1/\sigma} \frac{\frac{\varphi s}{\Delta} + \frac{1-s}{\Delta^*}}{\tau^{-\sigma}\frac{s}{\Delta} + \frac{1-s}{\Delta^*}}$$

$$= \frac{1}{1-1/\sigma} \frac{\varphi s \Delta^* + (1-s)\Delta}{\tau^{-\sigma} s \Delta^* + (1-s)\Delta}$$

$$= \frac{1}{1-1/\sigma} \frac{\varphi + 1}{\tau^{-\sigma} + 1} \tag{8-19}$$

同理，南方城市的名义劳动生产率为

$$\text{lProd} = \frac{E^w\left[\frac{s}{\Delta} + \frac{\varphi(1-s)}{\Delta^*}\right]\left[(1-s)\tilde{a}^{1-\sigma+\rho} + s\right]}{\left\{\left[\frac{1}{1-1/\sigma}\right]^{-\sigma} \frac{sE^w}{\int p(i)^{1-\sigma}\mathrm{d}i} + \left[\frac{\tau}{1-1/\sigma}\right]^{-\sigma} \frac{(1-s)E^w}{\int [p(i)^*]^{1-\sigma}\mathrm{d}i}\right\}\left\{\int_0^{\tilde{a}} a^{1-\sigma}\mathrm{d}K^* G[a] + \int_0^1 a^{1-\sigma}\mathrm{d}KG[a]\right\}}$$

$$= \frac{1}{1-1/\sigma} \frac{\varphi + 1}{\tau^{-\sigma} + 1} \tag{8-20}$$

那么，北方城市的实际劳动生产率（总产出比劳动力投入）为

$$\text{rlProd}^* = \frac{\int_{\tilde{a}}^1 \left\{ \left[\frac{a\tau}{1-1/\sigma}\right]^{-\sigma} \frac{sE^w}{\int p(i)^{1-\sigma}\mathrm{d}i} + \left[\frac{a}{1-1/\sigma}\right]^{-\sigma} \frac{(1-s)E^w}{\int [p(i)^*]^{1-\sigma}\mathrm{d}i} \right\} \mathrm{d}K^* G[a]}{\int_{\tilde{a}}^1 \left\{ a\left[\frac{a\tau}{1-1/\sigma}\right]^{-\sigma} \frac{sE^w}{\int p(i)^{1-\sigma}\mathrm{d}i} + a\left[\frac{a}{1-1/\sigma}\right]^{-\sigma} \frac{(1-s)E^w}{\int [p(i)^*]^{1-\sigma}\mathrm{d}i} \right\} \mathrm{d}K^* G[a]}$$

$$= \frac{\int_{\tilde{a}}^1 a^{-\sigma}\mathrm{d}K^* G[a]}{\int_{\tilde{a}}^1 a^{1-\sigma}\mathrm{d}K^* G[a]}$$

$$= \frac{1-\sigma+\rho}{\rho-\sigma}\frac{1-\tilde{a}^{\rho-\sigma}}{1-\tilde{a}^{1-\sigma+\rho}} < \frac{1-\sigma+\rho}{\rho-\sigma} \tag{8-21}$$

南方城市的实际劳动生产率为

$$\text{rlProd} = \frac{\int_0^{\tilde{a}} a^{-\sigma}\,\mathrm{d}\,K^* G[a] + \int_0^1 a^{-\sigma}\mathrm{d}KG[a]}{\int_0^{\tilde{a}} a^{1-\sigma}\,\mathrm{d}\,K^* G[a] + \int_0^1 a^{1-\sigma}\mathrm{d}KG[a]}$$

$$= \frac{1-\sigma+\rho}{\rho-\sigma}\frac{(1-s)\tilde{a}^{\rho-\sigma}+s}{(1-s)\tilde{a}^{1-\sigma+\rho}+s} > \frac{1-\sigma+\rho}{\rho-\sigma} \tag{8-22}$$

南方城市和北方城市的实际劳动生产率之比为

$$\frac{\text{rlProd}}{\text{rlProd}^*} = \frac{(1-s)\tilde{a}^{\rho-\sigma}+s}{(1-s)\tilde{a}^{1-\sigma+\rho}+s}\frac{1-\tilde{a}^{1-\sigma+\rho}}{1-\tilde{a}^{\rho-\sigma}} > 1 \tag{8-23}$$

命题 8-5

产业迁移提升了南方城市的实际劳动生产率，降低了北方城市的实际劳动生产率，使南方城市的实际劳动生产率大于北方城市。

命题 8-5 的结论是比较明显的，因为命题 7-1 表明最有效率的企业先迁移，高效率企业迁往南方地区自然会提升南方城市的整体效率水平。

现实生活中，由于产品价格信息难以观测，因此产品的实际产值往往也不能获得。考虑到这一问题，绝大部分学者在测算宏观劳动生产率时，用单位劳动投入的总产值除以一个价格指数。本节把以这种方式计算的劳动生产率称为统计劳动生产率。

根据 DS 模型和梅里兹（Melitz）模型关于价格指数的定义方式，达到企业迁移均衡时，北方城市的价格指数为

$$\left\{\int [p(i)^*]^{1-\sigma}\mathrm{d}i\right\}^{\frac{1}{1-\sigma}} = \frac{1}{1-1/\sigma}(\lambda K^w)^{\frac{1}{1-\sigma}}[(1-s)(1+\varphi)]^{\frac{1}{1-\sigma}} \tag{8-24}$$

南方城市的价格指数为

$$\left\{\int p(i)^{1-\sigma}\mathrm{d}i\right\}^{\frac{1}{1-\sigma}} = \frac{1}{1-1/\sigma}(\lambda K^w)^{\frac{1}{1-\sigma}}[s(1+\varphi)]^{\frac{1}{1-\sigma}} \tag{8-25}$$

因此，北方城市的统计劳动生产率为

$$\text{slProd}^* = \frac{\text{lProd}^*}{\left\{\int [p(i)^*]^{1-\sigma}\mathrm{d}i\right\}^{\frac{1}{1-\sigma}}} = \frac{\dfrac{1}{1-1/\sigma}\dfrac{\varphi+1}{\tau^{-\sigma}+1}}{\dfrac{1}{1-1/\sigma}(\lambda K^w)^{\frac{1}{1-\sigma}}[(1-s)(1+\varphi)]^{\frac{1}{1-\sigma}}}$$

$$\tag{8-26}$$

南方城市的统计劳动生产率为

$$\mathrm{slProd} = \frac{\mathrm{lProd}}{\left\{ \int p(i)^{1-\sigma} \mathrm{d}i \right\}^{\frac{1}{1-\sigma}}} = \frac{\dfrac{1}{1-1/\sigma} \dfrac{\varphi+1}{\tau^{-\sigma}+1}}{\dfrac{1}{1-1/\sigma}(\lambda K^w)^{\frac{1}{1-\sigma}}[s(1+\varphi)]^{\frac{1}{1-\sigma}}} \tag{8-27}$$

南方城市和北方城市的统计劳动生产率之比为

$$\frac{\mathrm{slProd}}{\mathrm{slProd}^*} = \left(\frac{s}{1-s}\right)^{\frac{1}{\sigma-1}} > 1 \tag{8-28}$$

$$\partial \frac{\mathrm{slProd}}{\mathrm{slProd}^*}/\partial s > 0 \tag{8-29}$$

命题 8-6

企业迁移拉大了南方城市和北方城市的统计劳动生产率差距，而且南方城市的资本份额越大，这种差距也就越大。

8.5.5 社会福利分析

对不同城市不同企业的需求曲线在销量范围内进行积分，可得

$$\int_0^{\left[\frac{a}{1-1/\sigma}\right]^{-\sigma}\Omega^*} x^{-\frac{1}{\sigma}}[\Omega^*]^{\frac{1}{\sigma}}\mathrm{d}x = \frac{[\Omega^*]^{\frac{1}{\sigma}}}{1-1/\sigma}\left\{\left[\frac{a}{1-1/\sigma}\right]^{-\sigma}\Omega^*\right\}^{1-\frac{1}{\sigma}}$$

$$= \Omega^*\left[\frac{1}{1-1/\sigma}\right]^{2-\sigma}a^{1-\sigma} \tag{8-30}$$

$$\int_0^{\left[\frac{a\tau}{1-1/\sigma}\right]^{-\sigma}\Omega} x^{-\frac{1}{\sigma}}\Omega^{\frac{1}{\sigma}}\mathrm{d}x = \frac{\Omega^{\frac{1}{\sigma}}}{1-1/\sigma}\left\{\left[\frac{a\tau}{1-1/\sigma}\right]^{-\sigma}\Omega\right\}^{1-\frac{1}{\sigma}}$$

$$= \varphi\Omega\left[\frac{1}{1-1/\sigma}\right]^{2-\sigma}a^{1-\sigma} \tag{8-31}$$

$$\int_0^{\left[\frac{a\tau}{1-1/\sigma}\right]^{-\sigma}\Omega^*} x^{-\frac{1}{\sigma}}[\Omega^*]^{\frac{1}{\sigma}}\mathrm{d}x = \frac{[\Omega^*]^{\frac{1}{\sigma}}}{1-1/\sigma}\left\{\left[\frac{a\tau}{1-1/\sigma}\right]^{-\sigma}\Omega^*\right\}^{1-\frac{1}{\sigma}}$$

$$= \varphi\,\Omega^*\left[\frac{1}{1-1/\sigma}\right]^{2-\sigma}a^{1-\sigma} \tag{8-32}$$

$$\int_0^{\left[\frac{a}{1-1/\sigma}\right]^{-\sigma}\Omega} x^{-\frac{1}{\sigma}}\Omega^{\frac{1}{\sigma}}\mathrm{d}x = \frac{\Omega^{\frac{1}{\sigma}}}{1-1/\sigma}\left\{\left[\frac{a}{1-1/\sigma}\right]^{-\sigma}\Omega\right\}^{1-\frac{1}{\sigma}}$$

$$= \Omega\left[\frac{1}{1-1/\sigma}\right]^{2-\sigma}a^{1-\sigma} \tag{8-33}$$

因此，生产参数为 a 的北方企业在北方城市创造的消费者剩余为

$$\Omega^*\left[\frac{1}{1-1/\sigma}\right]^{2-\sigma}a^{1-\sigma} - \left[\frac{a}{1-1/\sigma}\right]^{1-\sigma}\Omega^* = \Omega^*\left\{\left[\frac{1}{1-1/\sigma}\right]^{2-\sigma} - \left[\frac{1}{1-1/\sigma}\right]^{1-\sigma}\right\}a^{1-\sigma}$$

$$\tag{8-34}$$

生产参数为 a 的北方企业在南方城市创造的消费者剩余为

$$\varphi \Omega \left[\frac{1}{1-1/\sigma}\right]^{2-\sigma} a^{1-\sigma} - \left[\frac{a\tau}{1-1/\sigma}\right]^{1-\sigma} \Omega = \varphi \Omega \left\{\left[\frac{1}{1-1/\sigma}\right]^{2-\sigma} - \left[\frac{1}{1-1/\sigma}\right]^{1-\sigma}\right\} a^{1-\sigma}$$

$$(8-35)$$

生产参数为 a 的南方企业在北方城市创造的消费者剩余为

$$\varphi \, \Omega^{*} \left[\frac{1}{1-1/\sigma}\right]^{2-\sigma} a^{1-\sigma} - \left[\frac{a\tau}{1-1/\sigma}\right]^{1-\sigma} \Omega^{*} = \varphi \, \Omega^{*} \left\{\left[\frac{1}{1-1/\sigma}\right]^{2-\sigma} - \left[\frac{1}{1-1/\sigma}\right]^{1-\sigma}\right\} a^{1-\sigma} \quad (8-36)$$

生产参数为 a 的南方企业在南方城市创造的消费者剩余为

$$\Omega \left[\frac{1}{1-1/\sigma}\right]^{2-\sigma} a^{1-\sigma} - \left[\frac{a}{1-1/\sigma}\right]^{1-\sigma} \Omega = \Omega \left\{\left[\frac{1}{1-1/\sigma}\right]^{2-\sigma} - \left[\frac{1}{1-1/\sigma}\right]^{1-\sigma}\right\} a^{1-\sigma} \quad (8-37)$$

此外，生产参数为 a 的北方企业在北方城市的生产者剩余为

$$\left[\frac{a}{1-1/\sigma}\right]^{1-\sigma} \Omega^{*} - a \left[\frac{a}{1-1/\sigma}\right]^{-\sigma} \Omega^{*} = \Omega^{*} \left\{\left[\frac{1}{1-1/\sigma}\right]^{1-\sigma} - \left[\frac{1}{1-1/\sigma}\right]^{-\sigma}\right\} a^{1-\sigma}$$

$$(8-38)$$

生产参数为 a 的北方企业在南方城市的生产者剩余为

$$\left[\frac{a\tau}{1-1/\sigma}\right]^{1-\sigma} \Omega - a\tau \left[\frac{a\tau}{1-1/\sigma}\right]^{-\sigma} \Omega = \varphi \Omega \left\{\left[\frac{1}{1-1/\sigma}\right]^{1-\sigma} - \left[\frac{1}{1-1/\sigma}\right]^{-\sigma}\right\} a^{1-\sigma} \quad (8-39)$$

生产参数为 a 的南方企业在北方城市的生产者剩余为

$$\left[\frac{a\tau}{1-1/\sigma}\right]^{1-\sigma} \Omega^{*} - a\tau \left[\frac{a\tau}{1-1/\sigma}\right]^{-\sigma} \Omega^{*} = \varphi \, \Omega^{*} \left\{\left[\frac{1}{1-1/\sigma}\right]^{1-\sigma} - \left[\frac{1}{1-1/\sigma}\right]^{-\sigma}\right\} a^{1-\sigma}$$

$$(8-40)$$

生产参数为 a 的南方企业在南方城市的生产者剩余为

$$\left[\frac{a}{1-1/\sigma}\right]^{1-\sigma} \Omega - a \left[\frac{a}{1-1/\sigma}\right]^{-\sigma} \Omega = \Omega \left\{\left[\frac{1}{1-1/\sigma}\right]^{1-\sigma} - \left[\frac{1}{1-1/\sigma}\right]^{-\sigma}\right\} a^{1-\sigma} \quad (8-41)$$

汇总消费者剩余和生产者剩余，可得北方城市的总福利：

$$\begin{aligned}
\text{welf}^{*} = &\ \Omega^{*} \left\{\left[\frac{1}{1-1/\sigma}\right]^{2-\sigma} - \left[\frac{1}{1-1/\sigma}\right]^{1-\sigma}\right\} \int_{\tilde{a}}^{1} a^{1-\sigma} \mathrm{d} K^{*} G[a] + \\
&\ \varphi \, \Omega^{*} \left\{\left[\frac{1}{1-1/\sigma}\right]^{2-\sigma} - \left[\frac{1}{1-1/\sigma}\right]^{1-\sigma}\right\} \left(\int_{0}^{\bar{a}} a^{1-\sigma} \mathrm{d} K^{*} G[a] + \int_{0}^{1} a^{1-\sigma} \mathrm{d} K G[a]\right) + \\
&\ \left\{\Omega^{*} \left[\left(\frac{1}{1-1/\sigma}\right)^{1-\sigma} - \left(\frac{1}{1-1/\sigma}\right)^{-\sigma}\right] + \varphi \Omega \left[\left(\frac{1}{1-1/\sigma}\right)^{1-\sigma} - \left(\frac{1}{1-1/\sigma}\right)^{-\sigma}\right]\right\} \int_{\tilde{a}}^{1} a^{1-\sigma} \mathrm{d} K^{*} G[a]
\end{aligned}$$

$$(8-42)$$

令 $\left[\dfrac{1}{1-1/\sigma}\right]^{2-\sigma} - \left[\dfrac{1}{1-1/\sigma}\right]^{1-\sigma} \equiv \Lambda$，$\left[\dfrac{1}{1-1/\sigma}\right]^{1-\sigma} - \left[\dfrac{1}{1-1/\sigma}\right]^{-\sigma} \equiv \Theta$，则 $\dfrac{\Lambda}{\Theta}$ 正好等于产品的价格-边际成本加成率（markup）。北方城市的总福利进一步化简为

$$
\begin{aligned}
\text{welf}^* &= (1-s)\,\Omega^*\,K^w\Lambda\int_{\tilde{a}}^{1}a^{1-\sigma}\mathrm{d}G[a] + \varphi\,\Omega^*\,K^w\Lambda\left((1-s)\int_{0}^{\tilde{a}}a^{1-\sigma}\mathrm{d}G[a] + s\int_{0}^{1}a^{1-\sigma}\mathrm{d}G[a]\right) + \\
&\quad (\Omega^*\Theta + \varphi\Omega\Theta)(1-s)\,K^w\int_{\tilde{a}}^{1}a^{1-\sigma}\mathrm{d}G[a] \\
&= (1-s)\,K^w(\Omega^*\Lambda + \Omega^*\Theta + \varphi\Omega\Theta)\int_{\tilde{a}}^{1}a^{1-\sigma}\mathrm{d}G[a] + \\
&\quad \varphi\,\Omega^*\,K^w\Lambda\left((1-s)\int_{0}^{\tilde{a}}a^{1-\sigma}\mathrm{d}G[a] + s\int_{0}^{1}a^{1-\sigma}\mathrm{d}G[a]\right) \\
&= (1-s)\,K^w(\Omega^*\Lambda + \Omega^*\Theta + \varphi\Omega\Theta)\,\lambda(1-\tilde{a}^{1-\sigma+\rho}) + \varphi\,\Omega^*\,K^w\Lambda\left[(1-s)\tilde{a}^{1-\sigma+\rho} + s\right]\lambda
\end{aligned}
\tag{8-43}
$$

同理，南方城市的总福利为

$$
\begin{aligned}
\text{welf} &= \varphi\Omega\left\{\left[\frac{1}{1-1/\sigma}\right]^{2-\sigma} - \left[\frac{1}{1-1/\sigma}\right]^{1-\sigma}\right\}\int_{\tilde{a}}^{1}a^{1-\sigma}\mathrm{d}K^*G[a] + \\
&\quad \Omega\left\{\left[\frac{1}{1-1/\sigma}\right]^{2-\sigma} - \left[\frac{1}{1-1/\sigma}\right]^{1-\sigma}\right\}\left(\int_{0}^{\tilde{a}}a^{1-\sigma}\mathrm{d}K^*G[a] + \int_{0}^{1}a^{1-\sigma}\mathrm{d}KG[a]\right) + \\
&\quad \left\{\varphi\,\Omega^*\left[\left(\frac{1}{1-1/\sigma}\right)^{1-\sigma} - \left(\frac{1}{1-1/\sigma}\right)^{-\sigma}\right] + \Omega\left[\left(\frac{1}{1-1/\sigma}\right)^{1-\sigma} - \left(\frac{1}{1-1/\sigma}\right)^{-\sigma}\right]\right\} \\
&\quad \left(\int_{0}^{\tilde{a}}a^{1-\sigma}\mathrm{d}K^*G[a] + \int_{0}^{1}a^{1-\sigma}\mathrm{d}KG[a]\right) \\
&= (1-s)\,K^w\varphi\Omega\Lambda\lambda(1-\tilde{a}^{1-\sigma+\rho}) + K^w(\Omega\Lambda + \varphi\,\Omega^*\Theta + \Omega\Theta)\,\lambda\left[(1-s)\tilde{a}^{1-\sigma+\rho} + s\right]
\end{aligned}
\tag{8-44}
$$

根据命题 8-3 和以上推导，南方城市和北方城市的福利之比为

$$
\begin{aligned}
\frac{\text{welf}}{\text{welf}^*} &= \frac{(1-s)\varphi\Lambda(1-\tilde{a}^{1-\sigma+\rho}) + (\Lambda + \varphi\Theta + \Theta)((1-s)\tilde{a}^{1-\sigma+\rho} + s)}{(1-s)(\Lambda + \Theta + \varphi\Theta)(1-\tilde{a}^{1-\sigma+\rho}) + \varphi\Lambda((1-s)\tilde{a}^{1-\sigma+\rho} + s)} \\
&= \frac{(1-s)\varphi\dfrac{\Lambda}{\Theta}(1-\tilde{a}^{1-\sigma+\rho}) + \left(\dfrac{\Lambda}{\Theta} + \varphi + 1\right)((1-s)\tilde{a}^{1-\sigma+\rho} + s)}{(1-s)\left(\dfrac{\Lambda}{\Theta} + 1 + \varphi\right)(1-\tilde{a}^{1-\sigma+\rho}) + \varphi\dfrac{\Lambda}{\Theta}((1-s)\tilde{a}^{1-\sigma+\rho} + s)}
\end{aligned}
\tag{8-45}
$$

将（8-6）式代入（8-45）式并化简，可得

$$
\frac{\text{welf}}{\text{welf}^*} = \frac{\varphi\dfrac{\Lambda}{\Theta}(1-s-s\varphi) + \left(\dfrac{\Lambda}{\Theta} + \varphi + 1\right)(s\varphi - \varphi + s)}{\left(\dfrac{\Lambda}{\Theta} + 1 + \varphi\right)(1-s-s\varphi) + \varphi\dfrac{\Lambda}{\Theta}(s\varphi - \varphi + s)}
\tag{8-46}
$$

由 $s > 1/2$，可以证明（8-46）式大于 1，因此可得命题 8-7。

命题 8-7

资本份额更大的城市（文中即南方城市），总福利也更大。

由于不知道城市的相对人口规模，因此难以比较人均社会福利。大体上，南方

城市的人口份额应当与其资本份额和支出份额接近，即约为 s。此处令其为 s，那么根据（8-46）式，可得南方城市和北方城市的人均社会福利之比：

$$\frac{\text{pwelf}}{\text{pwelf}^*} = \frac{\varphi\frac{\Lambda}{\Theta}(1-s-s\varphi)+\left(\frac{\Lambda}{\Theta}+\varphi+1\right)(s\varphi-\varphi+s)}{\left(\frac{\Lambda}{\Theta}+1+\varphi\right)(1-s-s\varphi)+\varphi\frac{\Lambda}{\Theta}(s\varphi-\varphi+s)}\frac{1-s}{s} \quad (8-47)$$

化简（8-47）式，可得

$$\frac{\text{pwelf}}{\text{pwelf}^*} = \frac{\varphi\frac{\Lambda}{\Theta}(1-s)(1-s-s\varphi)+(1-s)\left(\frac{\Lambda}{\Theta}+\varphi+1\right)(s\varphi-\varphi+s)}{s\varphi\frac{\Lambda}{\Theta}(s\varphi-\varphi+s)+s\left(\frac{\Lambda}{\Theta}+\varphi+1\right)(1-s-s\varphi)}$$

$$= \frac{\varphi\frac{\Lambda}{\Theta}[(1-s)(1-s-s\varphi)-s(s\varphi-\varphi+s)]+\left(\frac{\Lambda}{\Theta}+\varphi+1\right)[(1-s)(s\varphi-\varphi+s)-s(1-s-s\varphi)]}{s\varphi\frac{\Lambda}{\Theta}(s\varphi-\varphi+s)+s\left(\frac{\Lambda}{\Theta}+\varphi+1\right)(1-s-s\varphi)}+1$$

$$= \frac{\varphi(\varphi+1)(2s-1)}{s\varphi\frac{\Lambda}{\Theta}(s\varphi-\varphi+s)+s\left(\frac{\Lambda}{\Theta}+\varphi+1\right)(1-s-s\varphi)}+1>1 \quad (8-48)$$

进一步，可得

$$\frac{\text{pwelf}}{\text{pwelf}^*} \propto \frac{1}{s}\frac{2s-1}{\frac{\Lambda}{\Theta}(1-\varphi)(1-s)+1-s-s\varphi} \quad (8-49)$$

$$\text{sign}\left[\partial\frac{\text{pwelf}}{\text{pxwelf}^*}/\partial s\right]=\text{sign}\left[(2s^2-2s)\left(\frac{\Lambda}{\Theta}-\frac{\Lambda}{\Theta}\varphi+\varphi+1\right)+\frac{\Lambda}{\Theta}(1-\varphi)+1\right]$$
$$(8-50)$$

其中，$2s^2-2s>-1/2$，所以

$$(2s^2-2s)\left(\frac{\Lambda}{\Theta}-\frac{\Lambda}{\Theta}\varphi+\varphi+1\right)+\frac{\Lambda}{\Theta}(1-\varphi)+1>-1/2\left(\frac{\Lambda}{\Theta}-\frac{\Lambda}{\Theta}\varphi+\varphi+1\right)+\frac{\Lambda}{\Theta}(1-\varphi)+1$$

$$=1/2(1-\varphi)(1+\Lambda/\Theta)>0 \quad (8-51)$$

因此，$\partial\frac{\text{pwelf}}{\text{pwelf}^*}/\partial s>0$。

命题 8-8

资本份额更大的城市（本书中即南方城市），人均福利也更好，而且随着资本份额的提升，人均福利相对会更好。

命题 8-7 和命题 8-8 从福利的角度揭示了南方城市不仅相对于北方城市有更高的总产值和劳动生产率，也有更高的（人均）社会福利水平。由于南北地区城市的总福利及总产出与 s 有关，因此通过适当的政策手段改变 s 进而促进南北地区均衡发展是可行的。

8.6 南北资本影子价格

近年来，投资行业出现"资本不过山海关"的说法，这在一定程度上反映了南北资本流动的不平衡，而其他要素往往是追逐资本而流动的，因此这就可能进一步扩大南北经济差距。根据8.5节的理论模型推导，南北经济差距在很大程度上是因为南方地区资本份额更大，这是南北"马太效应"的主要原因。那么，为什么资本更愿意流入南方地区而不是北方地区？从资源配置的角度看，资本应该流向边际产出更大的区域，这是否意味着南方地区的资本边际产出（影子价格）更高？如果是，那么就需要提升北方地区的资本利用效率；如果不是，那么就意味着存在所谓的"卢卡斯之谜"，探索深层次的原因就尤为迫切。

根据第6章的SBM-DDF迭代法可以估计出 $\Delta Y_{K,t\to t+1}$。$\Delta Y_{K,t\to t+1}$ 表示在其他要素和技术水平不变的条件下，从第 t 期到第 $t+1$ 期，因为资本增加而多生产的产出，因此资本的影子价格为 $\Delta Y_{K,t\to t+1}/\Delta K$。据此，本书估计出各省（自治区、直辖市）的资本影子价格，如表8-2所示。

表8-2 资本影子价格（1998—2018 年）

时间	全国	北方地区	南方地区	时间	全国	北方地区	南方地区
1998—1999 年	0.266 3	0.256 6	0.277 3	2008—2009 年	0.303 4	0.327 2	0.276 7
1999—2000 年	0.268 3	0.266 4	0.274 4	2009—2010 年	0.302 7	0.326 2	0.276 3
2000—2001 年	0.265 6	0.263 1	0.272 0	2010—2011 年	0.292 2	0.307 1	0.277 7
2001—2002 年	0.264 1	0.263 5	0.269 3	2011—2012 年	0.259 0	0.277 9	0.239 4
2002—2003 年	0.275 7	0.290 6	0.269 2	2012—2013 年	0.239 5	0.242 6	0.238 1
2003—2004 年	0.270 1	0.281 3	0.265 6	2013—2014 年	0.217 0	0.195 5	0.241 5
2004—2005 年	0.266 3	0.273 3	0.264 4	2014—2015 年	0.186 9	0.148 3	0.221 6
2005—2006 年	0.263 0	0.267 5	0.263 1	2015—2016 年	0.151 8	0.107 4	0.185 4
2006—2007 年	0.343 7	0.335 0	0.357 2	2016—2017 年	0.124 9	0.076 9	0.151 8
2007—2008 年	0.309 9	0.333 1	0.283 7	2017—2018 年	0.119 5	0.073 3	0.141 3

从表8-2中我们可以看出，南北地区的资本影子价格的变化趋势基本一致，但2011年后资本影子价格大幅下跌，尤其是在北方地区。2013年后，北方地区的资本影子价格明显低于南方，2018年北方地区的资本影子价格（0.073 3）只有南方地区（0.141 3）的一半左右，因此资本大量流入南方就不足为奇了。2011年后资本影子价格的大幅下跌，可能是因为以"四万亿计划"为代表的经济刺激计划扩大了行业投资、加重了产能过剩，使得资本的冗余程度大幅提升。至于为什么北方地区的资本影子价格下跌得更多，则有可能是因为北方的产业结构以工业和重工

业为主,受经济刺激计划的影响更大。在增长速度换挡期、结构调整阵痛期、前期刺激政策消化期的 "三期叠加" 阶段,资本影子价格下跌是可以预见的。此外,从表 8-2 可以看出,实施供给侧结构性改革以来,降杠杆并没有显著提升资本影子价格。那么,要吸引资本流向北方地区进而缩小南北经济差距,提升资本利用效率是关键。一方面,要通过产业转型升级,改变传统生产和组织模式,将工业化和信息化有机结合起来,提升资本利用效率;另一方面,要完善市场经济制度,发挥银行等金融机构的中介作用,增强资本的流动性并完善风险防控制度。

8.7　南北资源配置情况

造成南北经济差距的一个重要原因可能是南北资源配置效率的不同及南北地区创新资源的集聚程度不同。对此本节将进行简要分析。

8.7.1　创新型企业的南北集聚程度

本书认为,传统的内生增长理论以研发投入作为影响内生增长的核心变量,这并不准确,创新的主体在很大程度上是企业,企业是否具有创新能力直接制约了一个地区的经济发展速度和潜力,正如熊比特和吴敬琏指出的,企业家精神的本质和核心就是创新精神(Schumpeter,1911;吴敬琏,2018)。而且,与常规的城市政策相比,直接的企业政策更具有可操作性,是解决南北经济差距问题更为具体的政策抓手。为此,本书从创新型企业集聚的角度简要分析南北经济差距。

正如管理学大师德鲁克(Drucker)在《创新与企业家精神》一书中提出的疑问:夫妇俩在美国的某郊区开了一家熟食店或一家墨西哥餐馆,他们当然冒了一点风险。但是,他们是企业家吗?很显然,不是所有创业者都是企业家,也不是所有企业都能被称为创新型企业。本书认为只有创新型企业的集聚,才能反映经济内生增长动力,从而揭示南北经济差距的长期演变问题。为此,本书利用大数据与人工智能技术进行创新型企业数据的搜集。具体地,本书基于国家企业信息公示系统各年份登记注册的公司信息,按照以下五个维度进行创新型企业筛选:

(1)获得主流媒体有关创新的正面报道。基于中国 160 余家主流媒体的新闻报道,利用人工智能无监督学习聚类算法,对海量文本数据向量化,按照向量间距离及相似度进行机器自动分类,最终筛选出涉及 "创新" "新产品" 等关键词的企业。

(2)在行业分析报告或政府相关报告中被提及。搜集公开行业分析报告[如万得(Wind)金融情报]及政府门户网站公开信息(如各级政府的高新技术企业名单)中涉及的企业。

（3）具有活跃的招聘行为。通过与前程无忧、BOSS 直聘、智联招聘、拉勾网、51Job 等主流招聘平台的企业信息进行比对，筛选出具有招聘行为的、活跃的高新技术企业。

（4）吸引了外部投资。基于主流金融媒体对企业融资信息的披露及企业工商登记信息中股东信息的变化，对当年成立的所有企业进行筛选，选出追加了外部投资的高新技术企业。

（5）获得投资经理青睐。在北京企名片科技有限公司平台上活跃着 12 万风险投资机构的投资经理。基于这些用户在平台上的搜索行为，作者筛选出受到投资经理关注的企业。

本书将满足以上五个标准中任意一个的企业界定为创新型企业，据此从国家企业信息公示系统可获取的 6 000 多万条工商主体信息中筛选出注册时间为 2012 年至 2017 年的创新型企业，共计 219 847 家。

结果显示，创新型企业主要位于南方，尤其是珠三角地区和长三角地区。结合前文关于南北经济差距的描述，创新型企业在南方地区的集聚或许在一定程度上扩大了南北经济差距，因为相对提升了南方地区的创新能力。将创新型企业的数量与当地的专利授予数量进行比较，两者的简单相关系数为 0.75 且高度显著，表明创新型企业的集聚与创新产出确有密切的关系。

从 2012 年到 2017 年，决定南北地区长期内生增长动力的核心要素——创新型企业的南北分布格局并无明显变化，那么即便短期内供给侧结构性改革显著提升了北方地区的内生增长率，但长期内，要真正实现北方地区的健康发展，光靠供给侧结构性改革远远不够，必须以改革为契机吸引优质要素（如创新型企业）向北方地区集聚。从理论上看，根据 8.6 节推导的 BO 模型，企业尤其是高效率企业倾向于往资本份额更大的城市集聚，进而出现城市之间的"马太效应"，即南方地区的经济份额和经济增长率越来越高，而北方地区的经济份额和经济增长率越来越低，同时南方地区的劳动生产率及社会福利水平也更高。此时，如果完全依靠市场，必然会出现失灵和南北经济差距拉大的问题，因此本书认为解决南北经济差距问题还得依靠政府调控和市场配置的共同作用，政府调控的作用在于创造条件、引导资源配置，从而实现区域平衡发展。

除了创新型企业的集聚呈现出南北差异外，私营企业数量、专利数量及创新型企业的占比也都呈现出南北差异。因此，与南方地区相比，北方地区在整体上缺乏活力，尤其是缺乏创新活力。正因为如此，从长期来看南北经济差距问题目前仍然没有得到有效解决，如何激发北方地区的微观主体活力是当务之急。

8.7.2　南北地区资源配置效率

关于资源配置效率的测算，一般有两种思路：一种通过当地要素使用效率或

TFP 的变化程度来测度 （Hsieh et al.，2009；Restuccia et al.，2017；Asker et al.，2019），这类文献认为资源配置效率越高的地区，要素使用效率越接近。另一种通过当地要素价格的变化程度来测度 （Foster et al.，2016，2017），这类文献认为资源配置效率越高的地区，要素价格越接近。本章认为第一种测度存在不足，因为要素本身存在质量高低的区别，高质量的要素其使用效率自然更高；同理，第二种测度也存在不足，因为要素质量不同也会导致要素价格不同。考虑到实证研究过程中往往不能完全排除要素质量的差异性，因此通过单纯比较要素使用效率或要素价格的变化程度来判断当地资源误置程度是不准确的。更为准确的做法是比较要素价格扭曲 （而非要素价格本身） 的变化程度。

根据德洛克 （De Loecker，2011） 和福斯特等 （Foster et al.，2016，2017） 的研究，企业 i 的反需求曲线由 （8-52） 式给出。

$$P_i = P\,(Q/\,Q_i)^{\,1-\rho}\,\xi_i \tag{8-52}$$

其中，$0 < \rho < 1$；P 和 P_i 分别表示总体价格水平和企业 i 面临的价格水平；Q 和 Q_i 分别表示总体产量水平和企业 i 生产的产量，假定市场出清，因此产出等于消费，不存在过剩。企业个体层面面临的需求冲击由 $\xi_i > 0$ 刻画，ξ_i 越大表示消费者对企业 i 的产品越偏好，因此愿意支付更高的价格；当然，ξ_i 也可以反映价格规制水平。进一步，给定如下科布-道格拉斯型生产函数：

$$Q_i = A_i \prod_{j=1}^{J} X_{ij}^{\alpha_j} \tag{8-53}$$

其中，X_{ij} 表示企业 i 使用的要素 j 的数量，A_i 为企业 i 的全要素生产率，即用实物量测度的 TFP （Total Factor Physical Productivity，TFPQ），这里假定了希克斯技术中性；α_j 表示要素 j 的产出弹性。

由 （8-52） 式可知，企业 i 的收入水平为 $P_i\,Q_i = P\,Q^{1-\rho}\,\xi_i\,Q_i^{\rho}$，其对数形式可以表示为

$$p_i + q_i = p + (1-\rho)q + \ln \xi_i + \rho\,q_i \tag{8-54}$$

其中，小写字母表示大写字母的对数。由 （8-53） 式可知，生产函数的对数形式为 $q_i = \sum_{j=1}^{J} \alpha_j\,x_{ij} + \ln A_i$。将其代入 （8-54） 式并化简变形，可得

$$p_i + q_i - p - (1-\rho)q - \rho \sum_{j=1}^{J} \alpha_j\,x_{ij} = \ln \xi_i + \rho \ln A_i \tag{8-55}$$

根据收入函数 $P_i\,Q_i = P\,Q^{1-\rho}\,\xi_i\,Q_i^{\rho}$，可得要素的边际收入为

$$\frac{\partial P_i\,Q_i}{\partial X_{ij}} = \rho P\,Q^{1-\rho}\,\xi_i\,Q_i^{\rho-1} \cdot \frac{\partial Q_i}{\partial X_{ij}} \tag{8-56}$$

在没有要素价格扭曲的时候，市场均衡要求要素创造的边际收入等于要素的边际成本，即要素价格，因此满足：

$$\frac{\partial P_i Q_i}{\partial X_{ij}} = \rho \, \alpha_j \, \frac{P_i Q_i}{X_{ij}} = w_j \qquad (8-57)$$

然而，现实中，因为各种原因，要素价格总是具有一定程度的扭曲。这就导致 (8-57) 式只在理论上成立，实际中往往是如下情况：

$$\rho \, \alpha_j \, \frac{P_i Q_i}{X_{ij}} = \tau_{ij} w_j \qquad (8-58)$$

其中，$\tau_{ij} > 0$ 表示企业 i 面临的要素 j 的价格扭曲程度。τ_{ij} 越大，表示企业 i 需要支付的要素 j 的价格越高。当然，如果企业 i 在要素 j 的市场具有较强的买方垄断势力，也可能导致 τ_{ij} 比较低，这也是一种扭曲。对于同一个地方，如果 τ 的波动比较大，那么当地的资源误置程度比较高，因为有的企业面临的要素扭曲程度高，有的企业面临的要素扭曲程度低，这说明要素很难自由流动，因此在配置的过程中可能存在扭曲。与传统做法（依靠 TFP 的变化程度或要素价格的变化程度来测度资源误置程度）相比，本书以要素价格扭曲 τ_{ij} 的变化程度来测度资源误置程度的方法更为合理，因为 τ_{ij} 在一定程度上排除了要素质量引起的生产率和价格差异。

但是，依据这种方式测算资源误置程度存在几点困难：一是 τ_{ij} 的测算很困难，因为要素价格难以被观测，且不同企业、不同要素面临的价格扭曲不同；二是生产函数的识别比较困难，因为 TFP 和产出价格均不可被观测，这是产业函数研究领域的经典难题（Deng et al., 2021a）；三是企业使用不止一种要素，即便 τ_{ij} 被估计出来，怎样测算出总的资源误置程度还有待研究。基于这些问题，福斯特等（Foster et al., 2016）和邓等（Deng et al., 2021a）分别定义了综合要素价格扭曲的变化程度，即对不同要素的扭曲进行特殊的加总，如计算几何平均。本书认为邓等（Deng et al., 2021a）的定义更为合理，因为其在不用估计 τ_{ij} 的条件下识别出了综合要素价格扭曲的变化程度，这正好就是本章所说的资源误置程度。具体的识别方法请见邓等（Deng et al., 2021a）的研究。

考虑到新型冠状病毒肺炎疫情，本章利用邓等（Deng et al., 2021a）的方法测算了医疗行业的资源误置程度。由于该方法需要用到微观数据，而医院层面的微观数据难以获取，因此本章仅仅通过大数据技术获取了 2008 年的医院数据，包括 19 712 家医院，其中未分级医院 6 751 家，初级医院 4 989 家，二级医院 6 780 家，三级医院 1 192 家，剔除数据不全的样本后剩余医院 18 038 家。

首先，根据传统文献以 TFP 的变化程度来测度资源误置程度的做法（Asker et al., 2019），图 8-14 展示了各个省（自治区、直辖市）的 TFPQ 和资源误置程度。从图 8-14 可以看出，大体上，北方地区的 TFPQ 较低而资源误置程度较高，南方地区的 TFPQ 较高而资源误置程度较低。因此，总体来看，南方地区的资源配置效率和生产率水平高于北方，这就从资源配置的角度给出了南北经济差距的一种解释。

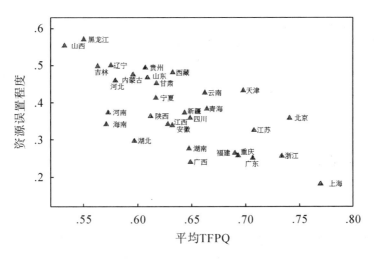

注：这里的资源误置程度由 TFPQ 的对数标准差测度，与图 8-15 不同。

图 8-14　医院资源误置程度测算结果之一（2008 年）

除了传统的资源误置测算方式外，图 8-15 也给出了本书认为更好的资源误置测度指标，即综合要素价格扭曲的变化程度。从图 8-15 看出，除了北京等个别省（自治区、直辖市）外，北方地区的要素价格扭曲程度较低而资源误置程度较高，南方地区的要素价格扭曲程度较高而资源误置程度较低。南方地区的要素价格相对较高，因此得出要素价格扭曲程度较高的结论符合预期。这里得出了与图 8-14 一样的结论，即南方地区的资源误置程度相对较低，因此产生南北经济差距的一个原因就是北方地区的资源配置效率低。当然，从这个角度解释南北经济差距问题还有许多可以研究的地方，如北方市场的体制机制问题，本书就不进一步展开。

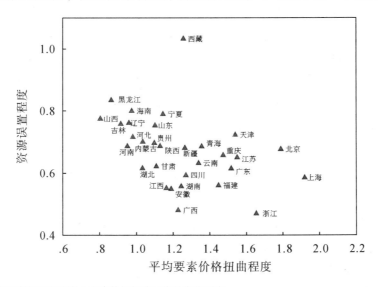

注：这里的资源误置程度由要素价格扭曲程度的离差测度。

图 8-15　医院资源误置程度测算结果之二（2008 年）

需要强调的是，南北经济差距扩大已是不争的事实。要改变这种现状，不管是从创新型企业集聚角度看，还是从资源配置效率提升角度看，最本质的是营造北方地区的要素"生态环境"，使优质要素自发地向北方地区集聚。没有微观要素的流入就很难扭转北方地区经济发展缓慢的趋势。

8.8 本章小结

从理论上看，区域总量分化在一定程度上是要素追求"自身"价值而导致的资源配置的结果，这不一定是坏事，甚至在很多时候是资源有效配置的表现，是好事。但是，如果长期放任这种区域分化自由发展，很可能导致许多问题，不仅是经济层面的问题，还涉及共同富裕、区域协调、人民幸福感等各方面的问题。正是出于对这一问题的思考，8.5节通过理论模型简要地说明如果放任南北经济差距不管，则很可能导致"马太效应"，即南方地区尤其是南方大城市进一步集聚，大量要素流入南方，而北方地区的经济越发疲软。从社会主要矛盾看，发展不平衡问题是比较严峻的，正如习近平总书记2019年8月26日在中央财经委员会第五次会议上指出的，我国区域发展形势是好的，同时出现了一些值得关注的新情况新问题。一是区域经济发展分化态势明显。长三角、珠三角等地区已初步走上高质量发展轨道，一些北方省份增长放缓，全国经济重心进一步南移。这个新情况新问题已经引起了党中央、国务院的高度重视，建设雄安新区、黄河经济带等重大战略也都有拉动北方经济的考量。从人口流动看，根据百度地图慧眼等联合发布的人口吸引力指数，2019年人口吸引力排前十位的城市为广州、深圳、北京、上海、东莞、成都、苏州、郑州、杭州和重庆，除北京和郑州外，其余全是南方城市。与此同时，近几年北方地区人才流失比较严重，国字号人才频频被"挖走"。为此，2019年中共中央办公厅和国务院办公厅还专门下发文件，要求发达地区不得片面地通过高薪酬高待遇竞价的方式"抢挖"人才，特别是从中西部地区和东北地区"挖"人才。从资本流动的角度看，情况也是一样，近年来北方地区的民间投资大量萎缩，不仅南方资本不愿意在北方地区尤其是东北地区投资，就连北方本地资本也大量流入南方地区，业界甚至出现"投资不过山海关"的说法。在南北经济总量和增长率差距不断扩大、人才和资本又被南方地区"虹吸"的双重困境之下，解决南北经济差距问题、实现区域经济平衡发展确实是北方地区的当务之急。2015年以来的供给侧结构性改革对于缩小南北内生增长的差距确实有一定的效果，但是需要认识到，目前中国经济正处于增长速度换档期、结构调整阵痛期及前期刺激政策消化期的"三期叠加"阶段，转方式必然要承受一定的阵痛，而北方地区因为产业结构的关系要承受的阵痛更剧烈。具体地，本章做了以下几方面的工作：

首先，本章从经济总量、增长速度和要素投入三方面对南北经济差距扩大问题进行了特征事实描述。可以看出，自 2013 年以来南北经济差异逐渐增大，已经上升为南北经济差距。北方经济在总量和增速方面同时逊色于南方经济，在没有政策干预和外部冲击的条件下，我们可以预见南北经济差距仍将进一步扩大，这不利于地区平衡发展，可能导致北方地区尤其是东北地区的经济增长出现困难。对于城市建设也是一样，北方城市与南方城市的差距可能进一步拉大，要素外流和人口老龄化将成为北方城市今后面临的重要难题。

其次，通过对文献和资料的梳理，本章归纳出可能解释南北经济差距扩大的六种观点，即自然论、文化论、政策论、结构论、集聚论和要素论。这些观点都在一定程度上可以解释中国南北经济差距问题，但是比较笼统，不能明确解释 2013 年以来南北经济差距扩大现象及 2015 年以来南北 TFP 差距缩小现象。为此，本章通过对我国改革开放以来经济增长史的梳理发现，南北经济差距问题在本质上是经济增长方式转型的问题。2013 年南北经济差距扩大在很大程度上是 2008 年经济刺激计划的"后遗症"，而 2015 年南北 TFP 差距缩小得益于供给侧结构性改革。从经济增长方式来看，虽然供给侧结构性改革造成了北方地区经济增长的阵痛，但是有助于北方地区实现内生增长。

再次，本书在鲍德温（Baldwin）城市经济学模型的基础上构建了南北经济差距的理论模型，得出了八个命题。这些命题表明，如果政府不进行宏观调控，单靠市场进行资源配置，会导致市场失灵，使南北经济差距进一步拉大，南方地区在经济总量、劳动生产率和社会福利等方面都将进一步优于北方。因此，为了解决南北经济差距问题，中央政府和地方政府需要进行适当的干预，通过适当引导资源配置协调好南北地区的发展，实现区域平衡发展，避免南北地区陷入"马太效应"的恶性循环。

最后，关于政府如何干预的问题，本章从两方面进行了探索。一是创新型企业的集聚方面。北方地区应该通过制度保障、优化营商环境、放管服改革等方式吸引创新型企业在北方地区集聚，从而实现北方地区的长期内生增长。二是资源配置方面。优化资源配置效率，打破要素流动限制，对于区域经济发展至关重要，北方经济缺乏活力很大程度上在于资源配置效率低下，因此北方地区应该从这方面着手进行改善。从空间布局角度看，雄安新区和黄河经济带是带动北方地区经济发展的有利抓手，北方城市的建设应该积极融入这两个重大战略，实现区域协同发展和城市群高质量建设。

第 9 章　城市新旧动能转换

9.1　本章概述

当前新一轮科技革命和产业变革正在蓬勃兴起，深刻改变着经济发展方式、企业组织形式和城市竞争方式。中央的高质量发展要求、五大发展理念及创新驱动战略指明，在转变发展方式、优化经济结构、转换增长动力的攻关期，我国必须将新经济培育与新动能塑造有机地结合起来，走出一条依靠技术扩散和渗透催生新产业、新业态和新商业模式的道路来。2018 年 3 月 7 日，习近平总书记在参加十三届全国人大一次会议广东代表团审议时指出，如果不走创新驱动发展道路，新旧动能不能顺利转换，我国就不可能真正强大起来。2019 年 3 月 5 日，在十三届全国人大二次会议开幕式上，李克强总理在政府工作报告中再次强调，要促进深化大数据、人工智能等研发应用，培育新一代信息技术、高端装备、生物医药、新能源汽车、新材料等新兴产业集群，壮大数字经济。这一系列以重技术（尤其是信息技术）、重数据（主要是大数据）、重市场（体现在社会的广泛参与）、重共享（资源、技术、福利等方面共享）为主要特征的新技术、新业态、新商业模式被各界形象地称为新经济（邓忠奇，2019）。毋庸置疑，发展新经济已然是现在及未来相当长一段时间内世界发展的大势所趋，正在掀起新一轮工业技术革命和产业革命的浪潮。同时，在党和政府的高度重视和一系列有利举措的扶持之下，新经济也必将成为引领我国新时代经济建设的新动能。

从中央顶层设计来看，党的十九大报告明确指出加快建设制造强国，加快发展先进制造业，推动互联网、大数据、人工智能和实体经济深度融合，在中高端消费、创新引领、绿色低碳、共享经济、现代供应链、人力资本服务等领域培育新增长点、形成新动能。因此，发展以绿色低碳、共享经济、现代供应链等为代表的新经济是我国未来相当长一段时期内的工作重心，这给城市经济建设指明了方向、提供了抓手，同时也提出了较高的工作要求。在 2020 年政府工作报告中，李克强总理再次强调了发展新兴产业。目前，我国新经济产业势头强劲，前瞻产业研究院公布的《2018 年中国独角兽企业背后行业分布与企业成长趋势报告》显示，2018 年我国 203 家独角兽企业几乎全部是新经济企业，或者是传统产业与新技术的组合形式。财新数联发布的中国数字经济指数报告显示，2016 年以来我国数字经济指数呈平稳上升趋势，2018 年 4 月相比 2016 年 1 月上涨了 280%。

从我国重点城市的新经济建设情况来看，几乎所有大中城市都出台了一系列新经济扶持措施，在技术、人才、企业、专利等各方面展开激烈"争夺战"。其中，一线城市北京、上海、广州和深圳的新经济企业集聚现象明显，北京、上海和深圳的上市新经济企业数量也较其他城市高出一个数量级。新一线城市为了尽快融入第一梯队，也纷纷探索各自的新经济建设模式和比较优势。例如，全国首个跨境电子商务综合试验区——中国（杭州）跨境电子商务综合试验区，历经四年的发展，重构了国际贸易制度体系，从刚开始的一枝独秀到后来的与第二批、第三批综合试验区齐头并进，目前已成为跨境电子商务产业发展的高地。天津市建立了促进大数据发展的联席会议制度，并且成立了大数据管理中心和大数据协会，颁布了《天津市促进大数据发展应用条例》和《天津市大数据发展规划（2019—2022 年）》，组建起天津市大数据产业联盟，为加快数字经济建设和大数据产业及应用建设打好坚实基础。成都市则在全国率先成立新经济发展委员会和新经济发展研究院，探索出新经济六大形态和七大应用场景，致力成为新经济的话语引领者、场景培育地、要素集聚地和生态创新区。

总体来看，目前我国各主要城市在发展新经济方面都具有良好势头和进行前瞻布局，但仍然处于摸索阶段，发展情况参差不齐，在取得显著成效的同时也暴露出一些不足，如产业雷同布局、虚拟经济异化①、行业标准与规范不健全。因此，对我国重点城市新经济发展现状进行比较分析，进而指导未来的新经济建设就具有重要的现实意义。

9.2　新经济内涵与实践

新经济是一种从技术到经济的演进范式，从虚拟经济到实体经济的生成连接，也是技术与资本的深度黏合及科技创新与制度创新的相互作用形式。新经济不仅仅是一种经济现象，也不完全是一种技术现象，在理论和实务界都属新概念，目前尚无明确定义，各城市对新经济的界定也存在差异。本书认为新经济具有如下内涵：首先，新经济的典型特征是高人力资本水平、高科技投入、轻资产，尤其是轻固定资产，往往以新产业、新业态、新商业模式为载体；其次，新经济具有聚合共享、

---

①　关于虚拟经济异化的一点思考，请见附录 8。

跨界融合、快速迭代、高速增长的特征，是当下经济增长的重要拉动力；最后，新经济往往借助大数据、云计算等网络信息技术，同时与创新创业紧密联系，可以被概括为"五新"——以新技术为驱动，以新组织为主体，以新业态为引擎，以新产业为支撑，以新模式为突破。

2015 年国家制造强国建设战略咨询委员会将新一代信息技术产业、高档数控机床和机器人、航空航天装备、海洋工程装备及高技术船舶、先进轨道交通装备、节能与新能源汽车、电力装备、农机装备、新材料、生物医药及高性能医疗器械和与之配套的生产性服务业定义为需要突破性发展的重点领域。近年来，党中央、国务院对加快发展"三新"（新产业、新业态、新商业模式）作出了一系列指示和提出要求。为了响应党中央和国务院的要求，也为了满足新经济日益发展的数据需求，国家统计局于 2018 年制定了《新产业新业态新商业模式统计分类（2018）》。该分类的制定参照了《战略性新兴产业（产品）发展指导目录（2017 年）》《高技术产业（制造业）分类（2017）》《高技术产业（服务业）分类（2018）》《国家科技服务业统计分类（2015）》等相关统计分类标准，重点体现先进制造业、"互联网+"、创新创业、跨界综合管理等"三新"活动。相比之下，诺贝尔经济学奖得主诺德豪斯（Nordhaus，2001）在研究新经济时仅仅界定了机械、电气设备、电话电报和软件行业，而这种界定现在已经有些过时，不能反映时下的新经济全貌。根据《新产业新业态新商业模式统计分类（2018）》，新经济行业可以界定为以下九大类：现代农林牧渔业、先进制造业、新型能源活动、节能环保活动、互联网与现代信息技术服务、现代技术服务与创新创业服务、现代生产性服务活动、新型生活性服务活动及现代综合管理活动。

9.2.1 北京新经济实践

北京一直把新经济建设和新旧动能转换作为城市高质量发展的重要内容，以中关村国家自主创新示范区、北京市文化创意产业功能区、中国（北京）跨境电子商务综合试验区、怀柔科学城等产业园区和科研基地为新经济抓手。北京在人工智能、芯片制造、文创产业等方面立意高远、目标明确，相关政策措施也比较具体，有较强的针对性，起到了明显效果。北京充分利用自身作为政治经济文化中心的优势，以国家战略需求引导创新方向，尝试突破体制机制障碍，整合创新资源，打通创新链条，组建起北京量子信息科学研究院、北京智源人工智能研究院、北京脑科学与类脑研究中心等新型研发机构，涌现出马约拉纳任意子、新型超低功耗晶体管等重大标志性原创成果，在基础科学领域有重大突破。

通过对基础研发和重点技术领域的合理引导和支持，北京在新经济技术创新方面已经占据国际领先地位，具有相对长远的目光和广阔的市场前景。在具体产业建设方面，北京深入实施了《加快科技创新发展新一代信息技术等十个高精尖产业的指导意见》，出台了第五代移动通信技术（5G）、人工智能、医药健康、智能网联汽车、无人机等产业的具体发展计划和方案，精心谋划布局各区主导产业和重点产业。在配套制度方面，北京落实了土地、财政、人才、资金等各项扶持政策，推动土地弹性年期出让，出台了中关村国际人才 20 条新政。此外，在金融服务方面，北京为新经济建设提供了良好的营商环境，设立了北京金融街服务局，着力提升国家金融管理中心的服务能力；启动建设了北京金融科技与专业服务创新示范区；制定了防控金融风险的三年行动计划，对非法集资和互联网金融风险进行了专项整治。

9.2.2　上海新经济实践

从新经济建设和新旧动能转换来看，除了常规做法外，上海最具有特色的做法是集中优势力量进行"五个中心"和"四大品牌"的建设。在"五个中心"（国际金融中心、经济中心、贸易中心、航运中心和科创中心）的建设方面，目前均取得了显著成绩，为新经济企业赋能和提供良好的营商环境，使上海成为国内其他城市难以比拟的新经济场景培育地和要素集聚地，同时在国际上也举足轻重。与北京一样，上海也注重世界领先科技和基础科学，先后建立了硬 X 射线自由电子激光装置、软 X 射线自由电子激光装置、超强超短激光等大科学设施，在新型基础设施建设方面已经走在前列。同时，通过国家集成电路创新中心、上海脑科学与类脑研究中心等一批科研机构的建设，上海集中了一大批优质的科技要素。在"四大品牌"的建设方面，上海制定了实施打响"上海服务""上海制造""上海购物""上海文化"品牌的若干意见，出台了三年行动计划以及 43 个专项行动。在产业建设方面，上海深化落实实体经济 50 条，细化落实文创产业 50 条。

此外，上海在发展新经济具体产业方面具有相对明晰的路线图和政策细则，对比其他城市而言，在比较成体系地发展新经济，这也是其他城市可以借鉴的地方。以人工智能行业为例，上海着力建设新一代人工智能创新体系，加快微软−仪电人工智能创新院、上海人工智能研究院、上海自主智能无人系统科学中心等重大创新平台建设运作；推动相关企业和机构建设人工智能产业创新中心和应用创新中心，布局开源开放平台、技术测试认证平台等创新支撑平台，形成了"技术−人才−产品−应用"的创新链条；在智能化基础设施建设上，聚焦人工智能+集成电路（AI+IC）、AI+5G、AI+无人驾驶等技术业态新方向，促进智能路网和 AI 算力平台优化布局。

9.2.3　深圳新经济实践

新经济主要靠创新，目前深圳已经基本构建起基础研究+技术攻关+成果产业化+科技金融的全过程创新生态链。从具体做法看，深圳发展新经济有以下四点：

一是做优做强新经济。深圳出台了一系列加快高新技术产业高质量发展的措施，制订了加快发展战略性新兴产业的实施方案，设立起全国首个50亿元天使投资引导基金。尤其值得借鉴的是，深圳在出台各项政策措施的时候会相应地列上该政策的期号，这样可以避免政策在出台前后不一致的情况，也可以方便企业查询相关政策。相比之下，其他城市出台的政策比较混乱，不同部门频繁出台政策措施，以至于连政府部门自己都不清楚相关政策有哪些，对企业而言更是增加了搜寻政策的成本。

二是加快提升自主创新能力。深圳制定了加强基础研究的实施办法，开展芯片、医疗器械等关键零部件重点技术攻关，开工合成生物研究、脑解析与脑模拟等重大科技基础设施项目，启动建设了肿瘤化学基因组学国家重点实验室、第三代半导体研究院等新型基础科学研究机构。

三是持续优化创新和产业生态。深圳组织制定了自主创新33条、创新驱动发展"1+10"文件、国家创新型城市建设"1+4"文件，构建起较为完备的战略性新兴产业政策体系，以科技创新支撑产业发展，建立了覆盖科技创新、成果转化、产业发展的全链条生态体系；促进知识、技术、人才、资金等要素的集聚和整合，推动创新链、产业链、资金链、政策链融合互动；构建起有利于高水平科研成果层出、创新企业高速成长、新技术新业态蓬勃涌现的产业生态。

四是不断培育和引进新经济人才。深圳出台了"鹏城英才计划"等政策，成立了国家级人力资源服务产业园，同时非常注重培育具有国际视野的创新型企业家群体，发挥企业家对新经济的建设性作用。目前，深圳在新经济建设方面已经形成一定的规模效应和比较优势，这与深圳坚持抓创新就是抓发展、谋创新就是谋未来的创新引领理念密不可分。此外，深圳市政府深化"放管服"改革，政府部门增强服务意识，着力优化新经济营商环境，完善新经济创新生态链，充分激发微观市场主体的活力和创造力。

9.2.4 杭州新经济实践

杭州坚持新兴产业培育与传统产业升级并重、制造业发展与服务业发展并举、实体经济与虚拟经济并进，借助工业互联网建设推动新一代信息技术向全行业渗透，构建起1个万亿级产业+9个千亿级产业+10个以上百亿级产业的"1910"产业体系。在具体的新经济建设方面，杭州一方面大力发展战略性新兴产业，另一方面加快改造提升传统制造业，同时积极培育未来产业，打算通过3到5年的努力，形成1个新一代信息技术及应用的万亿级产业集群，5个千亿级主导产业集群（主要涉及高端装备、生物医药、节能环保、数字安防、新能源新材料五个方面），并在人工智能、工业互联网、5G应用、航空航天、智能网联汽车、机器人、增材制造、工业设计等领域培育10个以上百亿级产业。

除了一些常规性的产业扶持和规划政策以外，杭州在新经济建设方面相对具有特色和借鉴意义的做法是，注重产业链条、平台基础、资金支持及技术渗透之间的密切配合，同时以做强做优大企业大集团为抓手，针对具体问题出台专项行动方案（如"鲲鹏计划""凤凰行动"等专项行动），避免政策措施太泛而难以落实落地。

9.2.5　成都新经济实践

成都是全国最早明确提出新经济概念的城市，虽然地处西部，但在新经济建设方面一直保持前列。具体来看，首先，成都实施新经济企业梯度培育计划和"双百工程"，发布了"城市机会清单"，推进成都造"首台套"示范应用，比较有针对性地对新经济微观主体进行培育。其次，成都提炼出新经济的七大应用场景，大力推动共享停车、共享办公、社区消费、人工智能、区块链、虚拟现实等新兴技术发展与应用。再次，成都建设了独角兽岛等空间载体，对独角兽企业进行了跟踪培养，并完善了新经济天使投资基金和知识产权运营基金的管理，鼓励本市优秀科技型企业在科创板上市。最后，成都也大力推动5G、超高清视频产业8K关键技术、人工智能、物联网、氢能等全产业链发展。但是与北京、上海、深圳和杭州相比，成都的新经济建设仍然存在不足，这一方面是由于成都的地理区位因素的限制（比如，成渝城市群的建设比起长江三角洲城市群、珠江三角洲城市群和京津冀城市群而言，还存在明显不足），另一方面是因为成都本身的科研实力相对较弱，创新资源集聚相对不足。

除了以上五座城市外，几乎所有一二线城市（甚至是三四线城市）都在积极布局新经济，各自出台了一系列措施。然而，从学术研究的角度看，目前还没有学者对我国重点城市的新经济建设情况进行深入研究，而新经济恰恰是我国城市在今后一段时间内重点发展的方向。

综合考虑代表性、数据可得性及城市之间的可比性，本章选择两类重点城市作为研究样本。一是国家中心城市。2010 年，住房和城乡建设部出版的《全国城镇体系规划（2006—2020 年）》，明确提出建设五大国家中心城市（北京、天津、上海、广州、重庆）的规划和定位。2016 年 5 月至 2018 年 2 月，国家发展和改革委员会及住房和城乡建设部发函支持成都、武汉、郑州、西安建设国家中心城市。至此，国家中心城市有九座，即北京、天津、上海、广州、重庆、成都、武汉、郑州、西安。二是万亿俱乐部城市，即地区生产总值超万亿元的城市。从 2017 年的数据看，这些城市包括上海、北京、深圳、广州、重庆、天津、苏州、成都、武汉、杭州、南京、青岛、无锡和长沙。

本书以国家中心城市和万亿俱乐部城市为研究样本，长沙因数据缺失严重而暂不被考虑，具体研究对象包括北京、上海、深圳、广州、重庆、天津、苏州、成都、武汉、杭州、南京、青岛、无锡、郑州、西安（共计 15 座）。图 9-1 展示了上述城市 2018 年的地区生产总值和常住人口数据。从图 9-1 可以看出，除西安外其余 14 座城市 2018 年地区生产总值均超过万亿元，北京和上海已超过 3 万亿元。从常住人口看，除无锡、南京、青岛和杭州外，其余 11 座城市的人口均超过千万人，其中重庆的常住人口最多（达 3 102 万人），这主要是重庆多次行政区划改革的结果（Deng et al.，2020b）。从城市层面经济发展的各项指标看，除了北京和上海在经济体量方面具有绝对优势外，本章所选择的重点城市具有一定的横向可比性。从 2018 年人均 GDP 来看，以上 15 座城市的排序依次为深圳、无锡、苏州、广州、南京、北京、杭州、上海、武汉、青岛、天津、郑州、成都、西安和重庆；从 2018 年服务业增加值的增长率来看，以上 15 座城市的排序依次为武汉、南京、重庆、成都、上海、郑州、西安、青岛、杭州、北京、无锡、苏州、广州、深圳和天津。

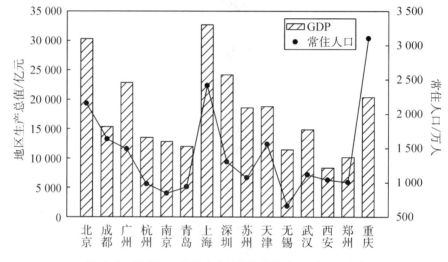

图 9-1　部分城市地区生产总值和常住人口（2018 年）

数据来源：各城市 2018 年的统计公报。

9.3　研究方案与方法

学术界关于新经济的研究，主要是针对特殊领域进行的。例如，博斯特罗姆等（Bostrom et al.，2014）、帕克斯等（Parkes et al.，2015）、拉塞尔等（Russell et al.，2015）、阿西莫格鲁等（Acemoglu et al.，2017，2018）关注人工智能领域；安纳夫等（Einav et al.，2014）、乔治等（George et al.，2014）、瓦里安（Varian，2014）关注大数据领域；阿伊杰等（Adjei et al.，2010）、梅里利斯等（Merrilees et al.，2011）、李等（Li et al.，2014）关注 B2B、B2C、C2C 等电子商务模式；卡里克等（Carrick，2016）、伯梅等（Böhme et al.，2015）关注区块链和比特币；梵阿

克（Van Ark，2016）关注数字经济；戈斯等（Ghose et al.，2014）关注平台竞争。与这些研究相比，本章旨在进行更加综合的分析，在重点城市开展关于新经济的调研活动，借助调研数据、统计数据和大数据技术分析我国新经济发展现状，即站在新经济总体的角度，从发展成效、发展环境、发展效率和发展潜力四个方面对各城市的新经济发展情况进行比较。具体研究方案如图 9-2 所示。

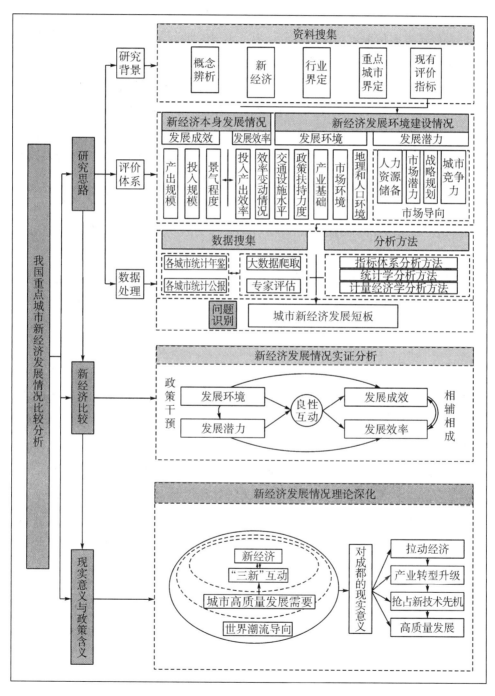

图 9-2　本章研究方案

由图 9-2 看出，世界潮流倒逼城市高质量发展，城市高质量发展迫切需要新技术、新业态、新商业模式的良性互动。在这一过程中，城市都需要找到政策着力点。本章将通过城市间横向比较的方式对此进行探讨，主要采用指标体系分析方法、统计学分析方法和计量经济学分析方法。对于部分指标的测算方法，9.4 节有详细说明。

具体地，本章从发展成效、发展环境、发展效率和发展潜力四个方面来对重点城市的新经济发展情况进行比较研究。为了实现这四个方面的比较，本章在查阅大量文献资料的基础上构建如表 9-1 所示的三级指标体系，共有 46 项指标。

（1）发展成效方面。由于新经济企业多为小微企业，目前国内缺乏相关统计数据，企业总产值和增加值数据不易获取①，因此本章利用大数据技术，从各大招聘网站获取新经济企业数量、用工情况、工资水平等数据，这是目前条件下相对准确的关于新经济发展情况的微观测度指标。此外，本章也利用已有官方统计数据（主要是各城市统计年鉴和各城市统计公报）进行补充。具体来看，新经济发展成效包括三项二级指标，分别是产出规模、投入规模和景气程度。除此以外，如果考虑新经济发展质量水平（如新经济企业存活寿命、创新实力等），那么本章的指标将更加完善。但目前受数据可获得性的限制，本书尚不能实现这方面的评价。

①产出规模主要测度新经济企业产出情况（包括新经济企业数量、新经济上市企业数量、独角兽企业数量），同时考虑到服务业中新经济产业占比较高，本章也将第三产业增加值增长率纳入评价体系。

②投入规模主要测度新经济企业投入情况，包括劳动力投入、资本投入和技术投入，其中劳动力投入用新经济企业总招聘人数测度，资本投入用新经济企业总融资额测度，技术投入用城市 2018 年获得的国家级课题数测度②。本章投入规模的测度基本与现有的新经济指数（NEI）类似，但后者是新经济相对于传统经济的相对指标。

③景气程度反映当地新经济行业的景气水平，本章从四个方面进行评价，分别是新经济从业人员平均工资溢价③、劳动力青睐程度④、网络上新经济等词汇出现次数、新经济产业专业化程度⑤。其中，新经济从业人员平均工资溢价和劳动力青睐程度反映新经济劳动力市场的景气程度，网络上新经济等词汇出现次数反映社会

---

① 目前，国家统计局和部分地方统计部门正在开展有关"三新"的统计工作，随着该统计工作的推进，未来有关新经济发展成效的评价将进一步完善。

② 国家课题（包括国家自然科学基金和国家社会科学基金）的审批相对严格，不仅要考虑项目本身的技术含量和可行性等因素，还要考虑申请人和申请人所在单位的知识积累情况，因此用获得的国家级课题数测度城市的技术水平是相对合理的。此外，每个国家课题都有相对充裕的经费支持，因此获得的国家级课题数也可以被看作是一定程度上的技术投入。

③ 用新经济企业平均工资除以城镇居民人均可支配收入来测度。

④ 用招聘网站上的职位应聘人数除以招聘人数来测度。

⑤ 用区位熵进行测算。

对新经济的参与程度，新经济产业专业化程度反映产业景气程度。

（2）发展环境方面。近几年，营商环境、产业生态等概念被提到了新高度。与传统制造业不同，新经济的属性决定了其对发展环境有极大的偏好（比如，新经济企业一般不会离消费市场太远），因此我们需要对此进行评价。这部分评价包括五项二级指标：交通设施水平、政策扶持力度、产业基础、市场环境及地理和人口环境。

表 9-1　重点城市新经济发展情况指标体系

一级指标	二级指标	三级指标	数据来源与说明
发展成效	产出规模	新经济企业数量	从各大招聘网站爬取
		新经济上市企业数量	上市企业数据库
		独角兽企业数量	《2018 年中国独角兽企业背后行业分布与企业成长趋势报告》
		第三产业增加值增长率	各城市统计公报
	投入规模	劳动力投入	从各大招聘网站爬取
		资本投入（新经济企业总融资额）	清科研究中心数据库
		技术投入	从各大招聘网站爬取
	景气程度	新经济从业人员平均工资溢价	从各大招聘网站爬取、各城市统计公报
		劳动力青睐程度	从各大招聘网站爬取
		网络上新经济等词汇出现次数	网站检索
		新经济产业专业化程度	两种区位熵的公因子
发展环境	交通设施水平	市内交通便捷程度	《2018 年度中国主要城市交通分析报告》
		城际交通便捷程度	从 12306 网站爬取
		航空客运便捷程度	搜集民航信息
	政策扶持力度	当地政府对新经济的扶持力度	梳理政策、对比、打分
		当地政府对新经济的组织管理制度的完善程度	梳理政策、对比、打分
		公共财政支出中科技支出的占比	各城市统计年鉴、各城市统计公报
	产业基础	第三产业增加值占地区生产总值的比重	各城市统计年鉴、各城市统计公报
		规模以上工业总产值	各城市统计年鉴、各城市统计公报
		现代化物流体系发展情况	各城市统计年鉴、各城市统计公报
	市场环境	人均地区生产总值	各城市统计年鉴、各城市统计公报
		当年实际使用外资金额	各城市统计年鉴、各城市统计公报
		融资约束程度（负向指标）	建模测算
		市场开放程度（进出口总额/地区生产总值）	各城市统计年鉴、各城市统计公报
		金融机构存贷款总额	各城市统计年鉴、各城市统计公报
	地理和人口环境	贸易自由度	利用空间经济学模型测算
		城市化率	各城市统计公报

表9-1（续）

一级指标	二级指标	三级指标	数据来源与说明
发展效率	投入产出效率	新经济企业劳动生产率	基于上市新经济企业数据建模测算
		新经济企业全要素生产率	基于上市新经济企业数据建模测算
		新经济总体全要素生产率	基于发展成效数据建模测算
	效率变动情况	新经济企业劳动生产率变动	基于上市新经济企业数据建模测算
		新经济企业全要素生产率变动	基于上市新经济企业数据建模测算
		新经济企业资源错配程度（负向指标）	由谢等（Hsieh et al., 2009）的方法估计
发展潜力	人力资源储备	普通高等学校数量	各城市统计年鉴、各城市统计公报
		普通高等学校在校学生人数	各城市统计年鉴、各城市统计公报
		普通高等学校专任教师人数	各城市统计年鉴、各城市统计公报
	市场潜力	地区生产总值	各城市统计年鉴、各城市统计公报
		经济增长波动（负向指标）	各城市统计年鉴、各城市统计公报
		房地产固定投资额	各城市统计年鉴、各城市统计公报
	战略规划	新经济发展规划的科学、有效、合理与可操作性	梳理政策、打分
		新经济监管部门建设情况	梳理政策、打分
		地方政府工作报告中新经济等关键词的提及次数	文字检索
	城市竞争力	授权发明专利数	各城市统计年鉴、各城市统计公报
		城市全要素生产率	利用产业经济学模型测算
		上市企业数量	上市企业数据库
		平均空气质量指数（负向指标）	空气质量指数（AQI）

①交通基础设施完善程度是产业尤其新经济产业发展的先决条件，本章从市内交通、城际交通及航空客运三方面进行评价。市内交通数据来自《2018年度中国主要城市交通分析报告》①，利用因子分析法从路网高峰行程延时指数和高峰平均速度中提出公因子，测度市内交通不便捷程度（负向指标）。作者从12306网站爬取城际交通数据，计算出每个城市到其他城市乘坐高铁所需时间（允许换乘1次），给出如表9-2所示的各城市高铁往来所需时间矩阵，进一步通过负指数化处理将表9-2中的时间换成城际交通便捷程度。航空客运便捷程度利用各机场2018年吞吐量测度，有多个机场的城市（如北京、上海）以其总吞吐量测算②。

① 由高德地图联合中国社会科学院社会学研究所发布。
② 苏州和无锡比较特殊，除了具有苏南硕放国际机场外还非常靠近浦东国际机场，因此本章在计算机场吞吐量时从浦东国际机场的吞吐量中分一半给苏州和无锡。

表9-2 部分城市间高铁往来所需时间（2018年） 单位：分钟

城市	北京	上海	深圳	广州	重庆	天津	成都	武汉	杭州	南京	苏州	无锡	郑州	西安	青岛
北京	0.0	331.8	575.5	563.8	624.7	33.6	528.5	313.2	340.4	251.7	324.3	316.0	188.9	321.7	275.5
上海	331.8	0.0	476.0	466.5	670.7	324.6	649.4	266.3	60.7	102.6	29.6	43.9	291.7	413.8	376.6
深圳	575.5	476.0	0.0	57.0	697.4	609.1	811.2	295.0	423.0	464.8	505.6	520.6	425.3	563.5	788.8
广州	563.8	466.5	57.0	0.0	659.7	597.4	759.1	257.3	408.6	427.1	494.0	500.6	388.4	521.3	751.1
重庆	624.7	670.7	697.4	659.7	0.0	708.5	96.2	402.3	648.0	572.1	639.0	645.6	474.1	331.8	867.2
天津	33.6	324.6	609.1	597.4	708.5	0.0	562.1	346.8	333.1	238.0	308.1	298.0	222.5	361.8	241.8
成都	528.5	649.4	811.2	759.1	96.2	562.1	0.0	498.5	724.9	567.7	633.4	616.6	368.4	235.6	763.8
武汉	313.2	266.3	295.0	257.3	402.3	346.8	498.5	0.0	279.6	169.7	236.7	232.5	130.2	263.1	493.8
杭州	340.4	60.7	423.0	408.6	648.0	333.1	724.9	279.6	0.0	109.9	98.2	105.3	311.1	442.0	438.9
南京	251.7	102.6	464.8	427.1	572.1	238.0	567.7	169.7	109.9	0.0	75.8	62.8	201.2	332.1	329.0
苏州	324.3	29.6	505.6	494.0	639.0	308.1	633.4	236.7	98.2	75.8	0.0	14.3	271.9	395.3	347.0
无锡	316.0	43.9	520.6	500.6	645.6	298.0	616.6	232.5	105.3	62.8	14.3	0.0	257.6	381.0	361.3
郑州	188.9	291.7	425.3	388.4	474.1	222.5	368.4	130.2	311.1	201.2	271.9	257.6	0.0	132.8	381.7
西安	321.7	413.8	563.5	521.3	331.8	361.8	235.6	263.1	442.0	332.1	395.3	381.0	132.8	0.0	514.5
青岛	275.5	376.6	788.8	751.1	867.2	241.8	763.8	493.8	438.9	329.0	347.0	361.3	381.7	514.5	0.0

②政策扶持力度是新经济活动和创新创业活动的推动力，尤其是在其他城市竞相出台各种优惠政策的背景下，政策的相对吸引力成为当地新经济发展的重要方面。本章从三个方面评价政策扶持情况，包括当地政府对新经济的扶持力度、对新经济的组织管理制度的完善程度、公共财政支出中科技支出的占比。为了客观公正地评价各城市的政策扶持力度和组织管理制度的完善程度，作者搜集了近年来所有城市针对新经济所出台的政府文件，然后设计评分表，由专家进行打分。

③产业发展情况是新经济建设的客观基础，本章从三个方面来进行比较分析。一是产业结构，用第三产业增加值占地区生产总值的比重度量，从工业演进的霍夫曼比例来看，第三产业增加值占比的提升是产业结构升级的体现；二是产业体量，用规模以上工业总产值度量，产业体量越大的城市越容易支撑起新经济的供求；三是基础产业建设情况，由于各城市水电煤气等基础产业建设情况比较类似，因此本章主要从现代化物流体系发展情况的角度进行比较，即从两个物流产业发展程度指标（物流产业增加值占地区生产总值的比重和客运总量）中提取公因子。

④根据区位理论，新经济对自然资源的依赖较少而对市场环境和产业环境比较看重，企业选址也更加偏好考虑需求端市场，因此城市化率也是分析新经济发展环境的重要内容。城市化率越高的地区，城市人口越集中，越容易形成培育新经济的土壤。此外，从传统经济地理的角度看，贸易自由度是影响城市经济的重要方面。尽管随着经济全球化的日益加深和交通技术的飞速发展，贸易自由度的概念已经被弱化，但作者仍然对其进行了一定程度的考虑（赋予了相对较低的权重）。

（3）发展效率方面。这部分评价包括两项二级指标，即投入产出效率和效率变动情况。效率分析是经济分析必不可少的内容，新经济如果不能实现高效率发展，那么就是粗放式的，就不符合我国五大发展理念和高质量发展的内在要求。本章从两个角度考察效率，一是劳动生产率，二是全要素生产率。劳动生产率主要测度劳动力创造产出的能力，而全要素生产率则测度所有投入要素创造产出的能力。由于微观数据的缺失，本章只能利用上市新经济企业的数据进行效率测算。在测算企业层面的全要素生产率时，选择营业收入作为产出变量，选择营业成本、固定资产净值和员工人数作为投入变量。此外，本章也考虑新经济总体全要素生产率，即以指标体系中产出规模总得分为产出变量，以投入规模总得分为投入变量，以两者之比测度新经济总体全要素生产率①。

（4）发展潜力方面。这部分评价包括四项二级指标：人力资源储备、市场潜力、战略规划和城市竞争力。

①人才是创新创业的主体，是新经济成败的关键，人力资源的储备情况直接制约了新经济的发展潜力。本章从普通高等学校数量、普通高等学校在校学生人数、普通高等学校专任教师人数三个方面对城市人才储备情况进行评价。

②新经济发展离不开良好的营商环境，市场潜力越大的城市，其未来的新经济发展倾向于越好。本章从地区生产总值、经济增长波动（负向指标）、房地产固定投资额三个方面评价新经济市场潜力。其中，地区生产总值测度市场规模大小，经济增长波动反映市场稳定性，房地产固定投资额测度市场预期。

③政府对新经济的战略规划是否适宜是新经济能否实现快速发展和可持续发展的重要影响因素。本章从新经济发展规划的科学、有效、合理与可操作性，新经济监管部门建设情况，地方政府工作报告中新经济等关键词的提及次数三个方面对政府战略规划进行评价。前两项通过查阅相关政策和政府门户网站进行主观评价，最后一项直接对政府工作报告进行文字检索②。之所以要考虑政府工作报告中新经济等关键词的提及次数，是因为政府工作报告直接反映了当地政府过去一年的工作情况与未来一年的工作安排。如果政府工作报告中提及新经济相关词汇的次数较多，则在直观上反映出当地政府对发展新经济的重视程度较高。

④城市竞争力是城市发展潜力的重要体现，也是城市中新经济发展潜力的重要影响因素。由于城市经济指标和人才指标等因素已经在其他方面进行了体现，因此这里仅仅从授权发明专利数、城市全要素生产率、上市企业数量、平均空气质量指数（负向指标，测度方法见后文）四个方面对城市竞争力进行评价。授权发明专利数和城市全要素生产率反映城市技术竞争力，上市企业数量反映城市企业竞争力，平均空气质量指数反映城市环境状况（环境友好是城市高质量发展的重要内容）。

---

① 没有将投入产出进行细分是为了减少变量维度。

② 检索关键词包括新经济、新动能、新业态、大数据、物联网、互联网、人工智能、生物医药、新能源、5G、无人机、装备制造、电子商务（电商）、软件、芯片、生态农业等。

9.4 部分指标测算方法

9.4.1 贸易自由度

参考第 3 章的理论模型，本章假定城市 υ 的消费预算约束满足：

$$\iint C(\upsilon,\ i,\ \zeta) p(i,\ \zeta)\ \tau_{iv} \mathrm{d}\zeta \mathrm{d}i \leqslant E_\upsilon \tag{9-1}$$

其中，E_υ 为城市 υ 的总消费支出，$C(\upsilon,\ i,\ \zeta)$ 为城市 υ 消费的城市 i 生产的产品 ζ 的数量，$p(i,\ \zeta)$ 为城市 υ 从城市 i 购买产品 ζ 的离岸价格，τ_{iv} 为城市 i 和城市 υ 之间的冰山成本。

根据鲍德温等（Baldwin et al.，2003）、雷丁等（Redding et al.，2004）、海德等（Head et al.，2006）的研究，$\tau_{iv}^{1-\sigma}$ 为贸易自由度，其中 $\sigma > 1$ 为产品替代弹性。贸易自由度是国际贸易领域的基础指标之一，度量了一个地区与其他地区开展贸易的难易程度。

进一步，根据奥弗曼等（Overman et al.，2003）、海德等（Head et al.，2004，2006）、梅尔等（Mayer et al.，2014）的研究，城市 j 生产的产品 ζ 的反需求函数为

$$p(j,\ \zeta) = \mathrm{MP}_j^{1/\sigma}\ (Y_{j,\ \zeta})^{-1/\sigma} \tag{9-2}$$

其中，MP_j 是城市 j 的需求规模指数，度量了所有其他城市对城市 j 的产品的偏好强度。具体地，$\mathrm{MP}_j = \int E_\upsilon I_\upsilon \tau_{iv}^{1-\sigma} \mathrm{d}\upsilon$，其中 I_υ 是复合价格指数，在其他条件不变时贸易自由度越高，需求规模指数（MP）越大。

9.4.2 全要素生产率

全要素生产率（Total Factor Productivity，TFP）度量了企业、行业或地区的投入产出效率，被认为是技术水平的一种较好的测度，党的十九大报告也提出要提高全要素生产率。从全要素生产率的测算方法看，目前有参数、非参数和半参数方法三大类。通过对稳健性、收敛性和准确性的考虑，本章采用基于冗余测度（SBM）的方向距离函数对城市层面全要素生产率进行测算，这属于非参数方法，测算公式如下（详见第 6 章的介绍）：

$$\mathrm{TFP} = 1 - \overrightarrow{SBM}(z;\ v) \tag{9-3}$$

$$\overrightarrow{SBM}(z;v) = \max\{vs : (z+s)\ ' = (x+s_x, y+s_y, b+s_b) \in \mathbb{T}^{SBM}\} \tag{9-4}$$

$$\mathbb{T}^{SBM} = \Big\{(x,y,b) : \sum\nolimits_{k=1}^{K}(\rho^k x^k) \leqslant x; \sum\nolimits_{k=1}^{K}(\rho^k y^k) \geqslant y; \sum\nolimits_{k=1}^{K}(\rho^k b^k) \leqslant b;$$

$$\rho = (\rho^1, \cdots, \rho^K) \geqslant 0, \|\rho\|_1 = 1\Big\} \tag{9-5}$$

其中，(x, y, b) 分别表示投入、期望产出和非期望产出向量，加权系数 v 按照邓等（Deng et al., 2021b）的方法确定。本章涉及三个维度的全要素生产率，一是城市层面的，二是城市新经济行业层面的，三是城市新经济企业层面的，需要利用各维度的投入产出数据分别进行估计。

9.4.3　产业专业化程度

参考陈国亮等（2012）、杨仁发（2013）的思路，构建城市 i 的产业 j 的区位熵指数：

$$LQ_{ij} = \frac{e_{ij}/E_j}{e_i/E} \tag{9-6}$$

其中，e_{ij} 为城市 i 的产业 j 的从业人员数（或增加值），E_j 为全国产业 j 的从业人员总数（或行业总增加值），e_i 为城市 i 所有产业的从业人员数（或地区生产总值），E 为全国所有产业的从业人员总数（或国内生产总值）。

9.4.4　企业融资约束

假定企业的投资方程为

$$y_{it} = X_{it}\beta - \mu_{it} + \varepsilon_{it} \tag{9-7}$$

其中，y_{it} 表示企业 i 在第 t 年的投资额，X_{it} 为投资的影响因素，μ_{it} 为融资约束程度，ε_{it} 为随机扰动项。利用随机边界分析法可以估计出融资约束程度（支燕 等，2014）。进一步，本书令 $\exp(-\mu_{it})$ 为融资便捷程度。

9.4.5　资源错配程度

根据谢等（Hsieh et al., 2009）、阿斯克等（Asker et al., 2019）的研究，资源错配程度可以用 TFP 的离散系数测度：

$$M_{jkt} = \frac{\sqrt{\sum_i (\mathrm{TFP}_{ijkt} - \overline{\mathrm{TFP}_{jkt}})^2/(I-1)}}{\overline{\mathrm{TFP}_{jkt}}}, \tag{9-8}$$

其中，下标 i、j、k、t 分别表示企业、产业、城市和时间维度，I 表示特定城市的样本企业个数。TFP 由（9-3）式进行估计。

9.4.6　空气质量指数

根据国家环境保护标准《环境空气质量指数（AQI）技术规定（试行）》的定义，污染物项目 P 的空气质量分指数计算公式为

$$\mathrm{IAQI}_P = \frac{\mathrm{IAQI}_{Hi} - \mathrm{IAQI}_{Lo}}{\mathrm{BP}_{Hi} - \mathrm{BP}_{Lo}}(C_P - \mathrm{BP}_{Lo}) + \mathrm{IAQI}_{Lo} \tag{9-9}$$

其中，$IAQI_P$ 表示污染物项目 P 的空气质量分指数；C_P 表示污染物项目 P 的质量浓度值；BP_{Hi} 表示与 C_P 相近的污染物浓度限值的上限；BP_{Lo} 表示与 C_P 相近的污染物浓度限值的下限；$IAQI_{Hi}$ 表示与 BP_{Hi} 对应的空气质量分指数；$IAQI_{Lo}$ 表示与 BP_{Lo} 对应的空气质量分指数。

本章选取 PM2.5、PM10、SO_2、CO、NO_2、O_3 几种常见污染物计算空气质量分指数，再取平均值得到空气质量指数。空气质量指数越高，表示当地空气质量越差，因此在指标体系中空气质量指数是负向指标。

9.5　评估结果

9.5.1　数据来源与指标权重

本章参考了欧盟新经济统计指标体系、欧盟数字经济和社会指数指标体系、美国新经济统计指标体系、经济合作与发展组织（OECD）数字经济统计指标体系、英国全球创新指数、中国科学技术发展战略研究院发布的国家创新指数报告、国家统计局设计的中国创新指数、中关村指数及财智 BBD 中国新经济指数（NEI）。这些已有的指标体系主要偏重对技术创新的考察，对新经济中的大数据、共享经济、人工智能等考虑不足。事实上，国际上所谓的新经济主要是以 20 世纪 90 年代以后的计算机及其相关领域为代表，与本章所说的新经济概念存在明显不同。在这些指标体系的基础上，本章结合经济学理论和专家评分，给出了表 9-1 中三级指标的权重（见表 9-3）。

指标数据来源包括：利用大数据技术爬取、从城市统计年鉴和城市统计公报中搜集、基于原始数据建模测算等，少量数据来自权威机构的研究报告。大数据爬取方式获得的新经济数据可以弥补目前微观数据匮乏和年鉴数据时效性差的缺陷。详细的数据来源请见表 9-1。

由于不同指标的量纲不同，为了增强可比性，本章对所有数据进行了标准化处理，将其转化成均值为 0、方差为 1 的数据。由于数据进行了标准化处理，因此存在负值情况，这不影响城市之间的横向比较。对于指标体系中存在的负向指标（数值越低越好），在进行数据标准化之前，本章先对其取相反数，从而将负向指标转化成正向指标（数值越大越好）。对于三级指标下设四级指标的情况，本章直接利用因子分析法提出公因子，再将公因子作为对应的三级指标。

表 9-3 给出了指标体系的权重得分。发展成效、发展环境、发展效率和发展潜力四项一级指标的权重分别是 0.45、0.25、0.15 和 0.15。14 项二级指标按权重得分降序排列，依次为产出规模（0.157 5）、投入规模（0.157 5）、景气程度

（0.135 0）、投入产出效率（0.090 0）、政策扶持力度（0.062 5）、市场环境（0.062 5）、效率变动（0.060 0）、交通设施水平（0.050 0）、产业基础（0.050 0）、人力资源储备（0.045 0）、战略规划（0.045 0）、市场潜力（0.030 0）、城市竞争力（0.030 0）、地理和人口环境（0.025 0）。总体上，本章给出的评价体系相对合理，注重对城市新经济综合发展情况的考察，因此本书将基于表9-1和表9-3得出的评价指数称为新经济综合指数（NECI）。

表9-3　新经济发展情况指标体系权重

一级指标	权重	二级指标	权重	三级指标	权重
发展成效	0.45	产出规模	0.35	新经济企业数量	0.35
				新经济上市企业数量	0.35
				独角兽企业数量	0.10
				第三产业增加值增长率	0.20
		投入规模	0.35	劳动力投入	0.40
				资本投入（新经济企业总融资额）	0.35
				技术投入	0.25
		景气程度	0.30	新经济从业人员平均工资溢价	0.35
				劳动力青睐程度	0.35
				网络上新经济等词汇出现次数	0.15
				新经济产业专业化程度	0.15
发展环境	0.25	交通设施水平	0.20	市内交通便捷程度	0.35
				城际交通便捷程度	0.30
				航空客运便捷程度	0.35
		政策扶持力度	0.25	当地政府对新经济的扶持力度	0.40
				当地政府对新经济的组织管理制度的完善程度	0.40
				公共财政支出中科技支出的占比	0.20
		产业基础	0.20	第三产业增加值占地区生产总值的比重	0.40
				规模以上工业总产值	0.30
				现代化物流体系发展情况	0.30
		市场环境	0.25	人均地区生产总值	0.25
				当年实际使用外资金额	0.25
				融资约束程度（负向指标）	0.20
				市场开放程度（进出口总额/地区生产总值）	0.15
				金融机构存贷总额	0.15
		地理和人口环境	0.10	贸易自由度	0.50
				城市化率	0.50
发展效率	0.15	投入产出效率	0.60	新经济企业劳动生产率	0.30
				新经济企业全要素生产率	0.50
				新经济总体全要素生产率	0.20
		效率变动情况	0.40	新经济企业劳动生产率变动	0.30
				新经济企业全要素生产率变动	0.40
				新经济企业资源错配程度（负向指标）	0.30

表9-3（续）

一级指标	权重	二级指标	权重	三级指标	权重
发展潜力	0.15	人力资源储备	0.30	普通高等学校数量	0.30
				普通高等学校在校学生人数	0.35
				普通高等学校专任教师人数	0.35
		市场潜力	0.20	地区生产总值	0.30
				经济增长波动（负向指标）	0.40
				房地产固定投资额	0.30
		战略规划	0.30	新经济发展规划的科学、有效、合理与可操作性	0.30
				新经济监管部门建设情况	0.30
				地方政府工作报告中新经济等关键词的提及次数	0.40
		城市竞争力	0.20	授权发明专利数	0.20
				城市全要素生产率	0.20
				上市企业数量	0.30
				平均空气质量指数（负向指标）	0.30

资料来源：结合经济学理论和专家评分得出。

对表9-3中的46项三级指标按权重得分降序排列，排前十位的是劳动力投入（0.063）、新经济企业数量（0.055 125）、新经济上市企业数量（0.055 125）、资本投入（0.055 125）、新经济从业人员平均工资溢价（0.047 25）、劳动力青睐程度（0.047 25）、新经济企业全要素生产率（0.045）、技术投入（0.039 375）、第三产业增加值增长率（0.031 5）、新经济企业劳动生产率（0.027）。这些指标都是与新经济发展情况直接相关的，因此本书给出的指标体系虽然考虑了较多城市层面的因素，但仍然是重在考察新经济本身的发展情况。

9.5.2 新经济综合指数比较

根据前文给出的指标体系（表9-1和表9-3），本章从发展成效、发展环境、发展效率及发展潜力四个方面对我国15座重点城市（北京、上海、深圳、广州、重庆、天津、苏州、成都、武汉、杭州、南京、青岛、无锡、郑州、西安）的新经济发展情况进行了评价。核心指标的数据均为2018年的数据，部分城市层面的基础数据来自各城市2018年的统计年鉴（数据截至2017年），但这并不影响本章的比较分析，因为基础数据存在一定的滞后是正常现象，而且本章重在进行横向比较，短期内城市基础数据的相对水平不会发生大的改变。

表9-4给出了15座重点城市2018年的新经济综合指数（NECI）。15座重点城市按新经济综合指数进行排名，由高到低为北京、上海、深圳、广州、杭州、武汉、成都、南京、重庆、苏州、郑州、无锡、天津、青岛和西安。北京、上海、广州、深圳作为原一线城市位居前四，杭州、武汉和成都表现出强劲势头，南京、重庆、苏州、郑州和无锡的新经济发展情况相对较差，而天津、青岛和西安的新经济

发展相比其余 12 座城市而言出现一定程度的滞后。

表 9-4　部分城市新经济综合指数（2018 年）

城市	北京	上海	深圳	广州	杭州	武汉	成都	南京
NECI 值	1.022	0.786	0.474	0.177	0.079	-0.016	-0.017	-0.095
排名	1	2	3	4	5	6	7	8
城市	重庆	苏州	郑州	无锡	天津	青岛	西安	
NECI 值	-0.101	-0.218	-0.241	-0.343	-0.417	-0.466	-0.623	
排名	9	10	11	12	13	14	15	

注：指数为负值是数据的标准化处理导致的。

更为严谨地，利用统计学系统聚类分析法，本章将以上 15 座城市依据新经济综合指数聚类成以下三个梯队：

北京、上海、深圳为第一梯队，平均新经济综合指数达到 0.761。北京、上海和深圳是公认的一线城市，在新经济方面起步较早，已经形成了较大的规模，在世界上也具有一定的新经济话语权。不仅如此，北京、上海、深圳在城市资源、技术积累、产业集聚等方面都表现出色，具有得天独厚的政治和区位优势。那么，其他城市在选择自身新经济发展模式的过程中，应该走差异化竞争道路，避免与北京、上海、深圳的直接竞争。

广州、杭州、武汉、成都、南京、重庆、苏州和郑州为第二梯队，平均新经济综合指数为 -0.054。这 8 座城市近几年在新经济发展方面势头强劲，竞争激烈，上马了一系列"三新"项目，先后出台了多项新经济规划方案和扶持措施（例如，杭州市仅 2018 年出台的有关新经济的政策文件就超过 15 项）。同时，广州和杭州尽管在新经济综合指数方面稍逊北京、上海、深圳，但在某些新经济产业的特定方面已经形成了各自的比较优势和特色，如广州的新能源汽车、杭州的电子商务与互联网金融。

无锡、天津、青岛、西安为第三梯队，平均新经济综合指数仅为 -0.462。西安新经济发展情况相对滞后与其地理区位不占优势和城市综合实力不强有一定的关系。虽然近年来，无锡、天津、青岛和西安也在积极探索新经济发展路径，但是目前仍然缺乏具有代表性的新经济特色产业和企业，有关政策的吸引力相对其他城市而言也不强，因此还需要转换发展思路，从传统代工模式向产业链高端演进。

从区域发展角度看，长三角、珠三角、京津冀和成渝地区的新经济发展情况不尽相同，当然这与本书研究的城市样本有一定的关系。

（1）长三角地区新经济的空间集聚效应比较明显，上海、杭州、武汉、南京、苏州、无锡彼此在新经济建设方面可以协同共进，产生一定的集聚优势，而且这种优势正是新经济企业尤为看重的方面。

（2）在珠三角地区，广州和深圳的新经济发展都比较成功，随着粤港澳大湾区的建设，考虑周边港澳地区的经济辐射效应，珠三角地区在新经济建设方面将体现出更大的地理区位优势。

（3）在京津冀地区，北京一枝独秀，天津相对滞后，因此天津在新经济建设过程中应当充分利用其靠近北京的地理优势，避免人才"虹吸"现象。需要指出的是，随着雄安新区的建设，京津冀城市群格局将会有所改变。2020 年 4 月，法定数字人民币（DCEP）在雄安试点，雄安新区在数字货币、区块链、智能城市、数字金融、无人机等新经济领域后来居上，未来发展前景十分可观，由于本章的样本未包括雄安新区，因此这部分内容只能留待以后讨论。

（4）西部的成渝地区处于相对弱势的地位，即使考虑贵阳近年来在新经济建设方面取得的成绩，西部地区仍然缺乏新经济建设的区位优势及代表性企业和技术，还需要进一步加强营造和培育。2020 年提出的成渝地区双城经济圈建设将为此提供重要机遇。

9.6　城市高质量发展助推新经济建设

为了挖掘新经济发展潜力，需要促进城市高质量发展，这体现在新经济发展潜力的下设指标中，即在经济增长层面，需要促进经济平稳增长（涉及地区生产总值、经济增长波动两项三级指标）；在发展规划方面，需要做到科学、合理且具有可操作性（涉及规划的科学有效和可操作性、监管部门建设情况两项三级指标，当然这两项指标是从新经济角度评价的，不能代表城市总体的规划情况）；在技术层面，需要提升城市总体技术水平（涉及三类专利数量、城市全要素生产率两项三级指标）；在环境质量方面，要坚持绿色友好（涉及平均空气质量指数一项三级指标）。由以上八项三级指标及其对应的权重系数，本章可以对城市高质量发展情况进行初步分析，从而指出城市新经济建设和高质量发展的共通性。部分城市高质量发展情况展示在表 9-5 中。

从表 9-5 可以看出，深圳的高质量发展总得分遥遥领先（1.061 8），其次是成都、上海、重庆和广州，北京、杭州、天津和武汉居中，苏州、南京、无锡、西安、青岛和郑州相对靠后。当然，这里的得分仅仅是 15 座城市横向比较的结果，与全国其他中小城市相比，这 15 座城市应该具有明显优势。党的十八大以来，随着"五位一体"总体布局的统筹推进和五大发展理念的深入贯彻落实，环境质量成为城市新经济建设和高质量发展的重点关注方面。表 9-5 中，2018 年环境质量由优到劣的城市排序为深圳、重庆、青岛、上海、广州、苏州、无锡、杭州、南京、武汉、成都、北京、天津、郑州和西安。从规划的科学有效和可操作性来看，这 15 座城市的排序为深圳、天津、成都、重庆、杭州、上海、广州、武汉、苏州、无锡、西安、郑州、北京、南京和青岛。

表 9-5　部分城市高质量发展情况（2018 年）

城市	高质量发展总得分	经济增长		战略规划		技术水平		环境质量
		地区生产总值	稳定的经济增长预期	规划的科学有效和可操作性	监管部门建设情况	三类专利数量	城市全要素生产率	平均空气质量指数
深圳	1.061 8	0.113 6	-0.042 7	0.308 2	0.240 9	0.059 3	0.094 3	0.288 2
成都	0.424 0	-0.050 2	0.103 3	0.203 1	0.341 3	-0.030 1	-0.116 4	-0.027 0
上海	0.334 7	0.268 7	-0.317 8	-0.007 0	0.140 5	0.073 6	0.094 3	0.082 5
重庆	0.251 8	0.056 7	0.298 3	0.098 1	-0.160 6	-0.045 3	-0.087 7	0.092 3
广州	0.243 7	0.094 8	-0.039 4	-0.007 0	0.040 2	-0.019 1	0.094 3	0.080 0
北京	0.112 9	0.218 8	-0.313 0	-0.217 1	0.140 5	0.281 4	0.094 3	-0.092 0
杭州	0.100 0	-0.074 6	-0.127 6	0.098 1	0.240 9	-0.014 8	-0.041 1	0.019 1
天津	0.057 9	0.038 6	0.206 2	0.308 2	-0.261 0	-0.047 7	-0.044 2	-0.142 2
武汉	0.035 8	-0.059 3	0.085 4	-0.007 0	0.040 2	-0.026 4	0.001 2	0.001 8
苏州	-0.030 6	0.015 2	-0.061 8	-0.007 0	-0.060 2	-0.000 5	0.058 1	0.025 7
南京	-0.216 1	-0.091 5	0.029 1	-0.217 1	0.040 2	-0.024 4	0.042 6	0.005 1
无锡	-0.408 0	-0.114 5	-0.084 5	-0.007 0	-0.261 0	-0.056 0	0.094 3	0.020 7
西安	-0.603 1	-0.172 3	0.141 6	-0.007 0	-0.160 6	-0.030 9	-0.134 6	-0.239 3
青岛	-0.627 7	-0.104 5	-0.036 7	-0.427 3	-0.060 2	-0.047 8	-0.036 2	0.084 9
郑州	-0.737 1	-0.139 6	0.159 6	-0.112 0	-0.261 0	-0.071 3	-0.113 0	-0.199 8

9.7　基于成都的案例分析

9.5 节和 9.6 节分析了我国 15 座重点城市的新经济发展情况，构造了新经济综合指数（NECI）。发展新经济对成都"五位一体"建设中国特色社会主义，完成习近平总书记 2018 年来蓉视察期间提出的"五个着力"任务具有重要战略意义。因此，本章除了科学评估我国重点城市新经济发展情况之外，也以成都为例进行案例分析。

2017 年 11 月 30 日，成都正式印发《关于营造新生态发展新经济培育新动能的意见》，聚焦新经济"六大形态"——数字经济、绿色经济、智能经济、流量经济、创意经济、共享经济，构建新经济"七大应用场景"——实体经济能力提升工程、智慧城市建设示范工程、人力资本协同示范工程、"双创"平台提升增效工程、消费提档升级工程、现代供应链创新应用工程以及绿色低碳建设示范工程。围绕着这"六大形态"和"七大应用场景"，成都还逐一出台了配套方案，明确了各大形态的发展目标、发展路径、空间格局和重点企业，并制定了支持新经济发展的18 条措施，初步构建起较为完整的发展目标、多层次实施路径和系统化保障措施。此外，成都也出台了《成都市新经济梯度培育企业认定办法（试行）》，正在着力建设新经济企业的数据统计系统和平台，不断挖掘发展速度快、竞争力强、发展前景好的新经济企业入库跟踪，形成了成都市新经济重点企业目录和成都市人工智能重点企业目录，按照领域、行业、层级等标签分类，动态掌握企业融资、企业并购和市场拓展等关键信息。此外，成都还专门成立了成都市新经济发展委员会和各区县的新经济局，在新经济发展方面进行了重点谋划。

从表 9-4 可以看出，成都新经济综合指数为 -0.017，在 15 座城市中排第 7位。从综合指数的各个维度来看，成都的发展潜力较大，排第 3 位，但发展环境相对不佳，排第 10 位；发展成效和发展效率的排名与综合指数的排名近似，都处于15 座城市的中游。总体来看，成都在相对不占优势的发展环境之下实现了相对突出的发展成效和相对较高的发展效率，而且表现出了比较大的发展潜力，因此成都在新经济发展方面是较为成功的。从成都市新经济发展委员会公布的数据来看，2018 年上半年，成都新增 6 807 家新经济企业、26.8 万户市场主体、各类创新创业载体 36 个，累计建成市级以上科技企业孵化器以及众创空间 200 家；全市新经济百家重点企业中的 71 户规模以上企业创收 105.4 亿元，同比增长 50.5%。

9.7.1　成都新经济建设优势

图 9-3 展示了成都在新经济发展情况指标体系中的所有一、二级指标得分及其在 15 座城市中的排序。从图 9-3 可以看出，成都新经济建设的优势主要体现在投入产出效率相对较高（排第 1 位），战略规划相对合理（排第 1 位），同时政策扶持力度大（排第 4 位），人力资源储备多（排第 5 位），景气程度高（排第5 位）。成都地处西南内陆，在交通和地理区位方面不占优势（交通设施水平排第13 位，地理和人口环境排第 14 位），如果不能加大扶持力度，完善战略规划，则很难在新经济建设过程中占到先机。

具体而言，成都在新经济建设过程中具有以下几点优势：首先，相对较高的投入产出效率体现了集约性，这是五大发展理念和城市高质量发展的内在要求，因此成都需要进一步保持，并且要探索投入产出效率持续提升的有效路径。其次，成都对新经济的战略规划相对科学有效，政策扶持力度也相对较大，且政策有操作性，但是政策的吸引力是相对的，政府部门只有不断完善、不断改进，才能源源不断地为城市新经济建设和高质量发展提供优质要素。再次，景气程度相对较高，发展潜力相对较大，有助于吸引新经济企业和技术人才来成都创业就业，这得益于成都市人民政府近年来对城市营商环境的大力培育。根据恒大研究院公布的《2019 年中国城市发展潜力 100 强》，成都城市发展潜力综合指数得分为 80.6，仅次于北京、上海、广州、深圳，位居第5位，可见本章得出的成都发展潜力较大的判断比较客观。最后，成都地处西南，具有广阔的西部市场空间，相比之下，东部城市虽然占据沿海优势，但彼此间的竞争也尤为激烈，而成都可以充分利用西部地区的资源和市场优势，结合陆上丝绸之路经济带和长江经济带的建设，提升自身在新经济建设过程中的区域地位乃至国际地位。

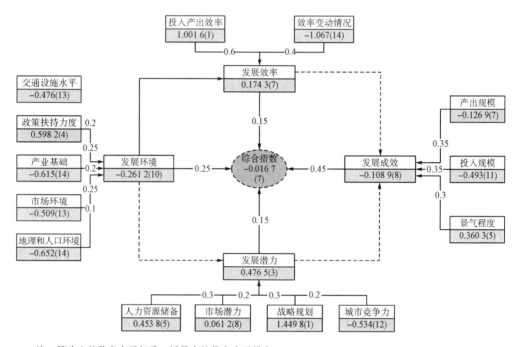

注：箭头上的数字表示权重，括号内的数字表示排名。

图9-3　成都新经济发展情况

9.7.2　成都新经济建设短板

图9-4中，下侧的发展潜力是成都新经济建设的优势，需要继续保持；左侧的发展环境是成都新经济建设的短板，需要进一步补齐；右上侧的发展成效与发展效率既不是成都新经济建设的优势，也不是短板，需要进一步探索提升空间。总的来看，成都发展新经济的短板不在新经济本身，而在城市所提供的新经济环境。任何产业的发展都离不开其所根植的环境，新经济也不例外，尤其是市场环境和技术环境。然而，与其余14座城市相比，成都的产业基础和市场环境都不占优势，这将制约成都的新经济建设。同时，成都的交通条件，尤其是城际交通也存在改进空间，因此相关部门需要加快构建现代综合交通新体系，打造国际门户枢纽。从新经济建设本身看，促进效率持续提升，吸引人力、资本和技术向新经济行业流入也是成都需要思考和探索的方面。

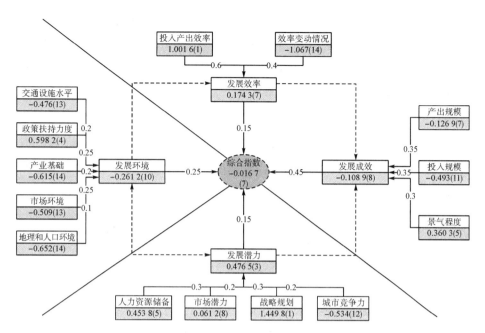

注：箭头上的数字表示权重，括号内数字表示排名。

图 9-4 成都发展新经济的优势与短板

9.7.3 对成都发展新经济的建议

成都在发展新经济培育新动能方面有强劲势头，密集出台了一系列针对性措施，但是与北京、上海、深圳和杭州相比，还存在一定的差距。结合前文指标分析及北京等城市的新经济实践经验，本章为成都建设新经济给出一些建议，相关建议也可供其他城市参考。

首先，"谋创新才是谋未来"，成都在支持新经济创新方面缺乏针对性和有效抓手，在基础研究+技术攻关+成果产业化+科技金融的创新链中存在基础研究的短板。具体来看，北京有量子信息科学研究院、北京智源人工智能研究院、北京脑科学与类脑研究中心等新型研发机构；上海有硬/软 X 射线自由电子激光装置、超强超短激光等大科学设施，以及国家集成电路创新中心、上海人工智能研究院、上海脑科学与类脑研究中心等科研机构；深圳有合成生物研究、脑解析与脑模拟等重大科技基础设施项目，以及肿瘤化学基因组学国家重点实验室、第三代半导体研究院等新型基础研究机构；杭州有城西科创大走廊的南湖科学中心、之江实验室首批五个研究中心、阿里达摩院"4+X"实验室、西湖大学、北大信息技术高等研究院、北京航空航天大学杭州创新研究院、中乌航空航天研究院等前沿技术中心。相比之下，成都虽然高校资源也较为丰富，但是专注于"四新"基础技术的科研机构较少，短期内要在基础技术和重大技术领域实现突破的可能性很小，因此就目前情况看，成都要在新经济领域赶超北京、上海、深圳、杭州比较困难。那么，成都应推动在蓉高校和科研院所勇闯"无人区"，制定科技攻关路线图，在基础算法、核心芯片、脑机融合、开源框架等重点领域布局，组织启动新经济重大专项，鼓励域外科研机构在成都设立分支机构，促进技术创新中心和国家重点实验室建设，突破一批基础科学、前沿理论和关键技术。

其次，北京、上海、深圳、杭州均有"头部"新经济企业，如深圳的华为、杭州的阿里巴巴。大型支柱企业的引领带动和赋能作用是巨大的，也是打造新经济应用场景的核心要素，而这正是成都目前所欠缺的。观察成都新经济建设实践可以看出，成都发展新经济培育新动能的各项措施尚缺乏这方面的考量，尤其是忽略了对支柱企业和创新型企业家的培养，"双百工程"、"独角兽"计划等发展中小企业的做法虽然有助于繁荣市场、提升潜力，但是对新经济整体的带动作用毕竟有限。如果说新经济的核心在于创新与突破，那么地方政府发展新经济的方式方法就首先需要创新与突破，不能保守、盲从，要敢于尝试，突破体制机制障碍，整合创新资源，打通创新链条，探索并灵活运用财政、土地、人才等各项政策。

最后，要注重营造新经济生态环境、搭建新经济交易平台。北京、上海、深圳、杭州之所以能在新经济方面取得较好的成效，是因为良好的新经济生态环境。新经济重技术、轻资产的特性决定了其倾向往产业生态较好的地方集聚，产业生态好了企业自然"不请自来"，否则任何不营造新经济生态环境、不搭建新经济交易平台而单纯依靠优惠政策来吸引新经济企业的做法都必将落空。营造新经济生态环境、搭建新经济交易平台的重要内容是制定好行业规范、规划好行业愿景。在新经济起步阶段，谁抓住了行业标准与规范制定这个"牛鼻子"，谁就能在未来的新经济发展中掌握主动权和话语权。因此，成都应率先将域内新经济行业标准规范化，必要时可以向上级部门申请试点。同时，针对新经济领域容易出现的技术垄断、寻租等现象，成都要发挥市场竞争激励创新的根本性作用，一方面通过行业规范不让企业"钻空子"，另一方面也要避免政府过度干预而造成逆向选择问题。

具体来看，一是加强产业基础和市场基础建设，为新经济发展提供产业生态和平台。2018年成都第三产业增加值占地区生产总值的比重为54%，在15座重点城市中排倒数第4位。同时，尽管2018年成都经济总量已经超过1.5万亿元，但人均地区生产总值仅有9.4万元，在15座重点城市中排倒数第3位，仅超过西安和重庆。产业结构升级和人均生产总值提升既是新经济发展壮大的表现，也是新经济发展的重要基础。没有强有力的产业结构和市场基础来支撑，新经济建设只会是空中楼阁。为此，成都需要继续加强供给侧结构性改革，促进产业结构转型升级，在电子信息、食品饮料、能源化工、先进材料和装备制造五大支柱产业的基础上走技术升级、模式创新和"智能+"的新路子；充分发挥劳动力禀赋优势，创造就业岗位，增加居民收入，扩大城市内需，以需求拉动新经济供给，以有效供给促进新经济市场繁荣；将新经济融入城市建设和市民生活的方方面面，城市建设的微观主体始终是人，只有鼓励全体大众参与新经济、共享新经济、共建新经济，才能持续培育出新经济发展的肥沃土壤。

二是壮大新经济人才队伍，构建基础研究+技术攻关+成果产业化+科技金融的全过程创新生态链。新经济人才队伍建设需要加强人才培养和鼓励人才引进"两手抓"。成都有普通高等学校 56 所，有在校大学生 80 余万人，长期内完全可以实现新经济人力资本的精准匹配。例如，2017 年成都开展"独角兽"企业进校园推介引才活动，促进 400 多个岗位供需对接，对类似的项目还可以进一步加大支持力度。在人才培养方面应该注重理论与实践的结合，开展系列与新经济相关的创新创业大赛和金点子大赛，鼓励学生和社会各界广泛参与，同时在高校引入天使投资计划，对一些有想法的点子给予启动资金。同时，新经济人才队伍建设不能忽视企业家的作用，要有意识地培育和发挥企业家的能动性和积极性。

当然，鼓励探索和创新的目的是要面向市场，抢占先机，但与此同时也要立足长远，不能过度关注短平快产品，而要鼓励世界领先的核心技术尤其是基础性技术的突破，避免关键技术受制于西方发达国家。由于市场调节机制的存在，在新经济发展过程中必然会产生大量的死亡企业，这是正常现象，没有企业死亡就不会有企业脱颖而出，但普遍过短的企业寿命并不是新经济发展良好的表现，会导致资源浪费。成都市中小企业协会公布的数据显示，成都中小企业的平均寿命仅有 2.5 年。这既是市场优胜劣汰机制的重要表现，也是资源浪费和不可持续的表现，因此成都在发展新经济过程中不能单看新经济主体的增量，还要鼓励新经济主体持续经营，做优做强。

三是继续保持政策扶持力度和战略规划优势，探索成都新经济发展模式。从前文的指标评价结果可以看出，成都在政府扶持力度和战略规划方面相对比较突出，需要进一步保持，并且根据实际情况及时动态调整。从目前梳理文件的情况来看，各城市在新经济发展规划和政策扶持方面存在趋同和不当竞争现象。例如，在人才引进方面大搞"争夺战"，在新经济布局方面纷纷瞄准大数据、人工智能和生物医药等热门领域的热门方向，既缺乏独特性，也不符合比较优势原则。同时，在建设新经济时既要以必要的政策措施加以扶持，在短期内实现重大项目攻关和相关要素的集聚，又不能过度干预市场机制的有效运行，同时政策措施成败的关键在于是否真正调动了微观主体的活力，因此，包括成都在内的各城市应当以前些年光伏产业的产能过剩为前车之鉴，在出台各项措施和规划之前首先对自身新经济产业发展进行定位和布局，立足长远，突出优势，确保新经济市场机制有效、微观主体有活力、政策扶持有度。

四是走绿色集约和开放共享的发展道路。成都在深入推进生态文明建设和美丽宜居公园城市建设等方面，要持续推进"三治一增"，抓好绿色发展这个治本之策，把绿色概念融入新经济中，以"智能+"的方式节约人力和资源，让程序多跑路、人力少跑路。同时，成都应利用卫星实时监控环境污染情况，靶向治理，通过生态农业、现代旅游等方式将绿水青山变为金山银山。成都应鼓励资源的循环利用，注重变废为宝等绿色技术的研发，将传统污染治理技术应用于小功率家电，方便家庭安装，实现家庭环境和城市公共环境绿色双赢。成都应通过智慧交通、新能源汽车等新经济方式实现低碳出行，探索低空交通等新型交通技术，推广智能共享停车，提高停车位综合利用率，大力推进无感支付，便利交通出行。成都地处西南，既是区位劣势，也是区位优势，应当充分利用西部经济建设相对滞后因而市场空间广阔和潜力巨大的优势，立足西部，服务全国，放眼全球，不断深化对外开放水平，充分发挥成都在"一带一路"、长江经济带和成渝地区双城经济圈建设上的重要节点作用，高水平建设西部国际门户枢纽和内陆开放高地。伴随经济全球化的深化，新经济已经突破地域限制，我们不能闭门造车，必须引进来、走出去，加强国际交流，分享发展成果。此外，共享也有几层意思，既包括坚持发展为了人民、发展依靠人民、发展成果由人民共享；也包括与国际社会共享发展经验，建设人类命运共同体，实现共同繁荣；还包括资源（尤其是数字资源）和技术共享，通过共享提升资源利用效率，在共享的过程中产生新的观点，实现规模经济、范围经济和协同创新。

五是走实体经济和虚拟经济协调发展道路。根据国家统计局制定的《新产业新业态新商业模式统计分类（2018）》，新经济并非特指九大战略性新兴产业，而是三次产业都有广泛涉及。然而，绝大部分城市在新经济布局时聚焦大数据、人工智能、移动支付等热门领域，尤其是虚拟经济领域，不符合比较优势原则，暴露出一系列问题。比如，大量资金流入共享自行车等领域，造成资源浪费和人行道拥堵；大量资金在区块链、比特币等虚拟经济中"空转"，流向不明；部分互联网金融平台以新经济为幌子行圈钱之实，而且朝生暮死，很容易引发系统性金融风险。因此，成都的新经济布局必须符合城市高质量发展的大局，注重实体经济和虚拟经济协调发展，坚持高技术产业化和产业高技术化两手抓，避免把新经济跟虚拟经济、服务经济画等号。从成都目前的发展情况看，在新经济建设过程中虚拟新经济的发展形势相对较好，而实体新经济的发展相对滞后，因此后者还需要进一步推进，实现新技术、新模式与传统制造业有机结合。

9.8 基于商汤科技的案例分析

作为全球领先的人工智能（AI）平台公司，商汤科技（SenseTime）被中国科学技术部授予"智能视觉国家新一代人工智能开放创新平台"称号并授牌。自2014年10月在中国香港成立以来，商汤科技迅速发展，现已成为亚洲领先的AI

算法提供商和朝气蓬勃的 "独角兽" 企业。商汤科技在人脸识别、图像识别、文本识别、医疗影像识别、视频分析、无人驾驶和遥感等 AI 技术方面具有较高的市场占有率，已与国内外 1 100 多家世界知名企业和机构建立合作关系。本节简要分析商汤科技的业务版图和商业模式，剖析商汤科技的业务前景和潜在风险，为我国城市 AI 产业生态圈培育及类似企业发展提供借鉴经验。

9.8.1　业务版图

商汤科技的业务开展思路是，用 AI 帮助各行业构建起完整的行业生态圈，携手上下游合作伙伴，提供全链条一站式解决方案，构建智能城市应用生态，加速智慧城市建设，用 AI 技术强势赋能行业与场景，最大化地发挥 AI 技术在智慧城市场景中的应用价值。以安防领域为例，商汤科技计划把包括前端摄像头、门禁机、后端云平台甚至芯片在内的整个链条打通，做成最大的行业技术平台。商汤科技主要业务如表 9-6 所示。

表 9-6　商汤科技主要业务

板块	细分领域	代表性产品
智慧城市	城市安全	SenseFoundry 商汤方舟城市级开放平台、SenseSpring 商汤深泉模型生产平台、SenseUnity 智能一体机
	智慧交通	SenseTraffic 商汤睿途智慧交通平台
	运营商	SenseID 身份验证服务
	智能设备	SensePass 考勤一体机、SensePass Pro 商汤智行考勤一体机、SenseID 身份验证一体机、SenseNebula - AIC 商汤星云智能摄像机、SenseNebula-AIS 商汤星云 AI 服务器园区版、SenseNebula-AIE 商汤星云智能筛查终端、SenseNebula-AIE 商汤星云智能边缘节点
	遥感	SenseRemote 遥感影像智能解译解决方案
	视频大数据	SenseRadar 互联网视图解析预警系统
智能手机		SenseMatrix 人脸 3D 重建方案、SensePhoto 手机图像处理解决方案、SensePostures 人体骨架检测、SenseID 手机人脸解锁方案、SenseMoji 表情模拟方案、SenseAR 平台、SenseVideo 智能视频解决方案
泛文化娱乐		SenseMARS 特效引擎、SenseMedius 智慧媒资能力平台、SenseAsteria 智能模组、SenseMARS 数字人
智慧文旅		SenseMARS 城市级 AI 智慧文旅解决方案、SenseMARS 智慧博物馆解决方案、SenseMARS 智慧机场解决方案、SenseMARS 智慧景区解决方案、SenseMARS 智慧商超解决方案、SenseMARS 智慧展馆解决方案

表9-6（续）

板块	细分领域	代表性产品
智能汽车	智能驾驶	SenseDrive 高级驾驶辅助系统、商汤科技 L4 级无人驾驶解决方案
	智能车舱	人脸识别认证、驾驶员分析系统、手势识别、DMS 后装软硬件一体方案、数据平台解决方案
智能物联网 AIoT		智能门锁人脸解决方案、移动机器人解决方案、SenseAsteria 智能大屏解决方案
智慧健康	基础平台	SenseCare 智慧诊疗平台
	智慧健康	SenseCare 骨肿瘤智能手术规划解决方案、SenseCare 心脏冠脉智能临床解决方案、SenseCare 胸部 X 线智能分析解决方案、SenseCare 肝脏 CT 智能临床解决方案等
企业业务	智慧地产	SenseCommunity 智慧社区解决方案
	智能身份认证	SenseID 云服务
	金融	SenseStudio-ID 身份核验、SenseChar 文字识别、SensePay 支付终端、SenseAR 智能客服、SenseMeteor-S 金融外拓、SenseData 金融大数据
	企业数字化	SenseOffice 智慧办公平台、SensePrint 商汤智印终端等
教育		AI 基础教育、智慧校园解决方案、AI 职业教育

数据来源：商汤科技官方网站，数据截至 2021 年 7 月 31 日。

目前，商汤科技的业务主要涵盖智慧城市、智能手机、泛文化娱乐、智慧文旅、智能汽车、智慧健康、企业业务、教育等板块，其中智慧城市（尤其是城市安全）是其最具竞争力的优势板块。2019 年，智慧城市的毛利率达到 57.8%。在智慧城市方面，商汤科技以城市"新基建"为契机，提出四大主攻方向：布局"新基建"，打造 AI 算法"发电厂"；定义智能城市操作系统，构建智能城市应用生态；汇集 AI 智慧，探索智慧交通；AI"智慧防疫"多场景落地，助力疫情防控。

在商汤科技的系列产品中，最能体现其在计算机视觉领域优势的是SenseFoundry 商汤方舟城市级开放平台。该平台也是商汤科技智慧城市"视觉中枢"系统的核心。通过加载深度学习自训练引擎，其可利用业务系统的真实数据进行训练，并在无监督的情况下进行数据反馈，提升实际场景的表现。该平台可扩展至支撑十万路级别、千亿级别非结构化特征和结构化信息的融合处理和分析，从而解决海量数据的分析问题，并且支持人脸、行人、车辆、非机动车的识别和分析，以及人群分析、事件检测和分析、行为姿态识别分析等。

9.8.2　商业模式

与大多数搭建在已有底层系统上的 AI 公司不同，商汤科技最大的特点是原创了底层算法平台，再用技术赋能行业应用。商汤科技探索出独具特色的"1（基础研究）+1（产品及解决方案）+X（行业）"模式，即"以商汤驱动，赋能百业"，并在多个垂直领域的市场占有率位居首位。

搭建 AI 算法平台：深度学习是推动人工智能技术成熟的核心引擎，商汤科技是亚洲深度学习研究的首批企业之一。商汤科技自主研发的原创深度学习平台、基础算法工具链、大数据标注仿真平台，对超大的网络规模、深度的数据学习及复杂的关联应用等支持更具优势；商汤科技还自主搭建了深度学习超算中心，大幅降低了各类 AI 技术的研发成本，并且缩短了开发深度学习算法模型的时间。

赋能行业应用：商汤科技利用其深度学习平台推动产业升级，构建人工智能生态。近年来，商汤科技的各类计算机视觉技术快速在各行业得到应用。在行业落地方向上，商汤科技专注安防监控、金融、手机、移动互联网和深度学习芯片五大领域；在核心技术上，商汤科技主攻人脸识别、视频监控识别、增强现实、文字识别、自动驾驶和医疗影像识别几项技术；在应用场景上，商汤科技针对智慧城市、智慧交通、智慧商业、智慧社区、智慧景区、智慧教育、智慧办公、智慧广告等提出了具体解决方案。

持股相关企业：为了打通整个产业链，做成最大的行业技术平台，除了依靠自身的核心技术外，商汤科技也遵循新经济企业的一贯做法，通过相关企业的持股辅助其布局垂直行业。目前，商汤科技已通过这种方式投资了房地产服务、医疗健康、轿车交通、智能机器人、文化娱乐等行业的多家企业（包括成都智元汇信息技术股份有限公司和成都新舟锐视科技有限公司），有助于在这些领域开展技术平台业务。

9.9　本章小结

2016 年，新经济一词被写入了政府工作报告，李克强总理指出：当前我国发展正处于这样一个关键时期，必须培育壮大新动能，加快发展新经济。近几年来，各城市的新经济发展势头非常强劲，大数据、互联网金融、生物医药、人工智能等领域发展迅速。国家统计局对外公布的数据显示，2017 年全国"三新"经济增加值约为 129 578 亿元，占当年 GDP 的 15.7%，按照现价计算的增速为 14.1%，比同期 GDP 现价增速高出 2.9 个百分点。新时代，要培育好新产业、新载体、新要素、新主体，共营产业生态新体系，推动制造业质量变革、效率变革和动力变革。这不仅是经济增长的重要引擎，也是高质量发展的主要抓手，还关系到能否抢占未来相当长一段时期内的技术高点和世界市场，具有重要的战略意义。在中美贸易战的背景下，发展新经济也是避免受制于人、增强"四个自信"的重要方面。

一方面，新一代信息技术、智能制造技术、新能源技术及新材料技术的快速突破将催生与其有高相关度的新产业、新业态、新商业模式和新产品。在此背景下，各城市依托我国广泛的国内需求市场，完全可以打造出新的经济增长点。另一方面，科技创新带来的新技术可以促进传统产业转型升级，完成新旧动能转换。新的信息化技术、智能制造技术与传统制造业中的资本、劳动等生产要素相结合，使得生产过程从标准化向个性化、智能化迈进，提升了生产要素的配置效率和全要素生产率，同时新能源技术在传统高能耗行业的广泛应用也将有效降低能耗水平，实现绿色发展。

根据本章的评估结果，我国15座重点城市按照新经济综合指数（NECI）由高到低的顺序进行排名，依次为北京、上海、深圳、广州、杭州、武汉、成都、南京、重庆、苏州、郑州、无锡、天津、青岛和西安。其中，北京、上海、深圳为第一梯队，平均新经济综合指数达到0.761，新经济产业已经初具规模。广州、杭州、武汉、成都、南京、重庆、苏州、郑州为第二梯队，平均新经济综合指数为-0.054。无锡、天津、青岛、西安为第三梯队，平均新经济综合指数为-0.462。

从全国来看，新经济既包括新产业，也包括传统产业与新技术、新模式的结合，因此孤立地发展新经济是缘木求鱼。首先，必须将新经济建设与城市高质量发展结合起来，以新经济为抓手，助推城市高质量发展，以城市高质量发展营造新经济产业生态，如此才能实现新经济持续高效发展。其次，发展新经济必须牢固树立并切实贯彻创新、协调、绿色、开放、共享五大发展理念，在新经济建设过程中鼓励创新创业，协调产业结构、区域经济、实体经济和虚拟经济，走绿色发展、开放包容道路，实现共享共赢。最后，各城市应当培育自己的比较优势，走差异化发展道路，避免城市之间的恶性竞争和产业雷同布局，同时应当立足长远，不能过度关注短平快产品，要鼓励新经济主体持续经营、做优做强，鼓励在基础技术领域和核心技术领域进行研发。

从本章的案例城市——成都的新经济来看，新经济的发展在给成都带来机遇的同时也带来了一定的困难和挑战，相比其他14座重点城市，成都的市场环境有待改善，产业基础相对薄弱，城市竞争力不够，交通设施水平相对不高，而且地理区位不占优势，新经济投入尤其是资本和技术的投入，与沿海城市相比还有很大差距。因此，成都发展新经济也需要新思路的引领：通过保持政策扶持力度和战略规划优势，进一步强化产业基础、市场基础与新型基础设施建设，吸引相关领域的高端人才和潜力企业来蓉发展，健全全过程创新链；牢牢抓住五个重点——培育重点企业，引进重点人才，攻克重点技术，把握重点方向，发展重点产业，实现差异化竞争，形成动态比较优势，并且以点带面，加强由重点向全面的辐射；树立典型，鼓励创新，走绿色集约、开放共享、实体经济与虚拟经济相互协调的高质量发展道路。

从本章的案例企业——商汤科技来看，明确的业务版图和商业模式是新经济企业成功的关键。商汤科技成立仅七年时间，能在新经济大浪淘沙之后脱颖而出，必然有值得同类企业学习借鉴之处。商汤科技以"坚持原创，让 AI 引领人类进步"为使命和愿景，以原创技术成就业务及服务，这是商汤科技的业务具有竞争力的核心，是其"1（基础研究）+1（产品及解决方案）+X（行业）"模式具有发展动力的关键。当然，目前新经济行业的竞争仍在加剧。以商汤科技所在的 AI 行业为例，根据搜狐科技联合天眼查共同发布的《2019 中国 AI 创新报告》，中国 AI 企业总量近 82 万家，约 84% 的企业的成立时间在 5 年以内。除了阿里巴巴、腾讯等巨头企业开展有 AI 业务外，2013 年至 2016 年一大批 AI 企业纷纷成立，企业数量年增 40% 以上。这给城市政府在引培新经济企业时提了一个醒，新经济行业随息万变，企业竞争尤为激烈，巨大潜在收益的背后是巨大风险。

新时代呼唤新动能，新经济引领新趋势，新业绩实现新梦想。据中国宏观经济研究院预测，到 2025 年，数字经济、智能经济、生物经济、海洋经济和绿色经济五大新经济占 GDP 的比重有望超过 50%，对经济增长的贡献率有望超过 80%。可以说，谁抓住了新经济这个"牛鼻子"，谁就能在未来的经济发展中掌握主动权和话语权。正是基于这样的考虑，全国各主要城市都相继出台了培育和发展新经济的相关措施和行动方案，制定了中期发展规划。可以预见，在未来的"十四五"和"十五五"期间，新经济将大放异彩。那么，立足当下，展望未来，以科学合理的政策措施助推新经济发展，抢占即将繁荣的新经济市场将大有可为。

第 10 章　公私合营与城市新型基础设施建设

10.1　本章概述

大量经济学研究表明，基础设施对地区和城市的经济增长和经济发展具有明显的促进作用（Démurger，2001；Duflo et al.，2007；Kremer et al.，2011；Duranton et al.，2012；McRae，2015；Banerjee et al.，2020）。我国作为世界上最大的发展中国家，基础设施建设情况是城市承载力的重要体现，对城市长远发展至关重要。2013 年习近平提出"一带一路"重大构想，主要就是落脚于基础设施建设。自 2015 年成立到 2018 年的两年多时间里，由我国发起的亚洲基础设施投资银行已经为"一带一路"沿线 26 个基础设施项目提供了超过 45 亿美元的贷款，为沿线国家的经济起步提供了条件。随着以交通基础设施为代表的传统基建日渐完善，中央开始密集部署新型基础设施建设（简称新基建）。

早在 2018 年 12 月，中央经济工作会议就提出了新基建的概念，中央在统筹推进疫情防控和经济社会发展中更是将新基建提到战略高度。所谓新基建，是指战略性网络型的基础设施建设，新一代信息基础设施是新基建的重要组成部分。就信息技术（IT）领域而言，新基建是指 5G 网络、数据中心、人工智能（AI）、工业互联网等基础设施，还有为这些基础设施提供支撑的基于互联网协议第 6 版（IPv6）的下一代互联网及网络安全软硬件。这些基础设施有很长的产业链，合起来构成从数据采集到决策的全过程，彼此之间构成产业的上下游并相互交叉。根据第 9 章的分析，新经济的发展是城市工作重心，那么新基建可谓重中之重。

然而，新基建与传统基建不同，单靠政府主导远远不够，许多核心技术掌握在企业手中，如华为的 5G 技术，政府很难直接介入。与此同时，由于"补贴陷阱"（McRae，2015）、私人供应不足和道德风险等问题的存在，新基建又不能完全依靠企业主导，而且新基建事关我国未来经济建设的大方向和国家安全，因此政府必须掌握话语权。只有政府部门和私营部门进行协作，才能保证新基建顺利推进。20

世纪 90 年代，公私合营（Public-Private Partnership，PPP）模式的广泛运用在一定程度上为新基建的协作提供了理论和实践支撑。目前，公私合营已经成为发展中国家和发达国家日益流行的基础设施提供模式（Besley，2001）。在 2014 年亚太经济合作组织（APEC）会议期间，亚太国家联合通过了"APEC-PPP"决议，这标志着公私合营模式已经拓展至国际合作领域，其未来的长足发展可以预见。

综上所述，新基建是我国城市建设的主要内容之一，公私合营模式为新基建提供了具体建设和运营思路。为此，本章对有关问题进行理论分析，通过理论推导揭示公私合营达到双赢的经济学本质。具体地，10.2 节是我国新基建的基本情况。10.3 节对公私合营相关背景和理论进行简单介绍。10.4 节对公私合营问题研究的实证策略进行讨论。10.5 节为公私合营进行新基建的利得分析。第 10.6 节为"一带一路"理论解析与新基建。10.7 节为本章小结。

10.2　我国新基建的基本情况

根据国家发展和改革委员会的界定，新型基础设施建设（简称新基建）主要包括三个方面：信息基础设施、融合基础设施和创新基础设施。其中，信息基础设施包括通信网络基础设施（如 5G、物联网、工业互联网、卫星互联网等）、新技术基础设施（如人工智能、云计算、区块链等）及算力基础设施（如数据中心、算力平台、智能计算中心等）；融合基础设施包括智能交通基础设施、智能安防基础设施、智能能源基础设施等；创新基础设施包括重大基础设施、科教基础设施和产业技术创新基础设施等。总的来看，新基建是拉动有效投资的关键力量，是实现创新引领的现实基础，是赋能百业的必然要求，是释放经济活力的强劲引擎，是提高发展质量的重要支撑，因此其战略意义不言而喻。如图 10-1 所示，自 2018 年 12 月中央经济工作会议将新基建作为 2019 年重点工作任务起，新基建在顶层设计层面就一直是重中之重。

在顶层设计之下，各地方政府也及时出台了新基建行动方案。比如，北京出台了《北京市加快新型基础设施建设行动方案（2020—2022 年）》，上海出台了《上海市推进新型基础设施建设行动方案（2020—2022 年）》，吉林出台了《吉林省新基建"761"工程实施方案》。在强有力的政策推动下，新型基础设施建设情况如何？图 10-2 展示了 2016 年至 2019 年新基建和传统基建主要行业研发投入占全国规模以上工业企业总研发投入之比。从图 10-2 可以看出，2018 年以来新基建研发投入明显增加，较 2016 年和 2017 年上升了约 1 个百分点。

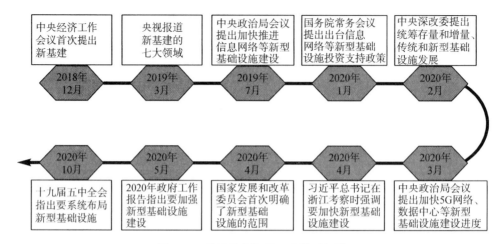

图 10-1 "新基建"顶层设计时间轴

资料来源：人民网。

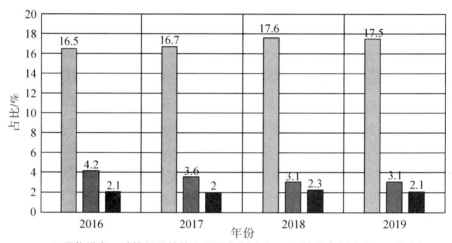

图 10-2 新基建和传统基建主要行业研发投入占全国规模以上工业企业

总研发投入之比（2016—2019 年）

资料来源：2017 年至 2020 年的科技统计年鉴。

从新基建的发展趋势看，未来十年相关领域的投资规模必然还会进一步扩大。地区层面，东部沿海地区将发挥更大的引领作用；企业层面，某些专业领域的中小型科技公司将异军突起，如第 9 章的案例分析提到的商汤科技；场景层面，智慧城市建设加快，城市治理重点关注居民体验感和获得感，以此带动新基建在城市大量布局；产业层面，除了新基建行业本身得以快速发展外，新基建大幅提升数据存储、传输和运算能力，赋能传统行业转型升级，即"数字产业化、产业数字化"进程加快。2020 年 4 月，赛迪顾问股份有限公司发布了国内第一份针对城市新基建的研究报告——《2020 城市新基建布局与发展白皮书》。图 10-3 展示了该白皮书预测的新基建重点领域投资规模，从中可以看出，未来五年新基建投资将主要聚焦高速铁路及城市轨道交通、5G 基站、数据中心和人工智能领域。根据赛迪顾问股份有限公司的调研资料，纳入省级重点投资计划的新基建项目在东部、中部、西部和东北地区的占比分别为 40.7%、37.4%、21.7% 和 0.2%，因此未来五年我国新基建将呈现出东部引领、中西部协调的区域格局。此外，根据海通证券、国金证券、中泰证券等券商的研究报告，未来五年新基建领域投资前景比较乐观，预计直接投资规模在 10 万亿元左右。

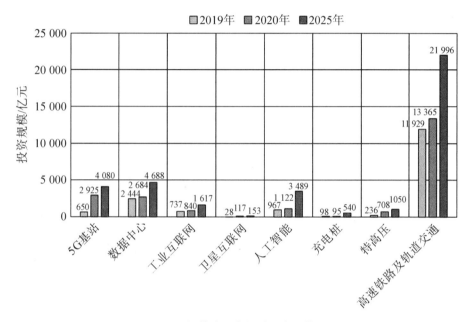

图 10-3　新基建重点领域投资规模预测

资料来源：《2020 城市新基建布局与发展白皮书》。

从文献来看，经济学界对新基建的研究还处在讨论阶段，学理研究比较缺乏。在少数有关新基建的研究中，一部分聚焦在新基建的内涵与特征上，如刘艳红等（2020）、李晓华（2020）的研究；另一部分聚焦在新基建的投资拉动效应上，如姜卫民等（2020）测算了新基建的投资乘数。新基建作为智慧城市和数字经济的基础，在今后很长一段时间内将成为城市建设的重点任务，因此本章也对其进行简要介绍。但与以上文献不同，本章主要从公私合营（PPP）的角度分析如何有效推进新基建。正如，《2020 城市新基建布局与发展白皮书》主要负责人王高翔所说，PPP 是激发民营资本参与城市新基建积极性的重要模式。

10.3　公私合营相关背景和理论

关于公私合营的定义，不同国家和地区，甚至不同的项目，都有不一致的概念（Grimsey et al.，2004），因此很难给出准确的定义（Milosavljevic et al.，2009）。广义而言，PPP 是指私人部门投资本应由政府提供的公共商品或服务（Hemming，2006），即公私部门共同出资，世界银行私人参与基础设施（PPI）数据库也倾向于此种定义。狭义而言，PPP 除了要求公私部门共同出资外，对公私部门的行为和责任承担也有具体规定（Rabin，2005）。此外，霍普等（Hoppe et al.，2013）、约萨等（Iossa et al.，2012）定义 PPP 模式和传统模式的区别如下：PPP 模式下相同的代理公司（私人部门）承担两阶段任务（第一阶段负责项目设计和建设，第二阶段负责项目运营）；而在传统模式下，两阶段任务分别由不同代理公司承担。根据邓忠奇等（2018a）的观点，霍普等（Hoppe et al.，2013）的定义仅仅是建造-运营-移交（BOT）类型的 PPP，因此本章的分析以 PPP 的广义概念为准，即私人部门参与公共基础设施项目。

图 10-4 展示了 1990 年至 2012 年四大基础设施部门的 PPP 项目数量，从中可以看出，PPP 项目数量呈明显的递增趋势，尤其是能源行业，但电信部门的变化趋势不明显。

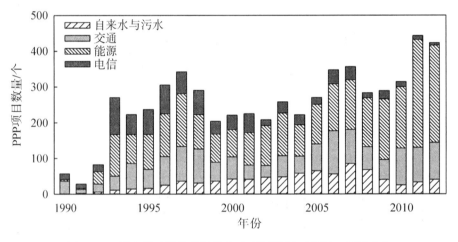

图 10-4　四大基础设施部门的 PPP 项目数量（1990—2012 年）

资料来源：世界银行 PPI 数据库。

10.3.1　PPP 模式的两种效应

PPP 项目一般通过一个联合公司来经营管理，该联合公司由公共部门和私人部门共同出资（Weber et al.，2010；Iossa et al.，2012），出资占比反映了参与者的决策能力及参与管理的程度（Moszoro，2010）。在德国和法国的 PPP 项目中，私人份额一般为 9%~13%；在英国和美国的 PPP 项目中，私人份额相对较高，达到了 47%~71%；而在中国，私人份额更高，很多 PPP 项目都在 80% 以上。随着合约理论研究和相关实践的不断推进，PPP 模式的具体类型和私人入股方式、入股程度也随之多元化，如常见的建造-运营-移交（BOT）、改造-运营-移交（ROT）和建造-运营-拥有（BOO）等 PPP 类型，不同类型 PPP 对应的私人部门参与程度和风险分担程度如图 10-5 所示。从图 10-5 可以看出，PPP 项目的类型与私人部门参与程度之间存在紧密联系，因此研究最优的私人部门参与程度，进而明确 PPP 的最优运营方式是比较重要的。

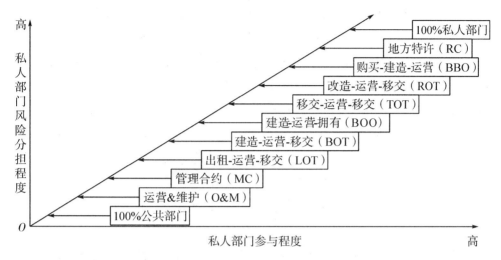

图 10-5　不同类型 PPP 对应的私人部门参与程度和风险分担程度

资料来源：学者（Tiger Shan，2015）在第六届海外华人交通协会-交通运输部-世界银行之中国交通运输业论坛上做的报告。

　　一方面，私人部门相比于公共部门有更高的生产率水平和管理效率（Karpoff，2001；Fitzgerald，2004；Afonso et al.，2013；Moszoro，2014），因为私人部门更了解行业特点，对具体技术有更专业的知识，有更强的激励动机和更高的决策效率（Chu et al.，2010），尤其是在一些复杂的商品或服务（如信息技术）上（Saussiers et al.，2009）。另一方面，公共部门倾向于有更低的融资成本和融资约束（Grout，2003；LEP，2007），因为公共部门有政府作为后盾，有财政支持并且更容易以低利息成本获得贷款。或许在一些国家，公共部门存在资金短缺，因而不得不引入私人资本（Fitzgerald，2004），但是对中国等部分发展中国家而言，公共部门的资金相对充裕，相反私人部门往往面临较大的融资约束（Allen et al.，2005；Cull et al.，2005；Long et al.，2011）。即便某些国家的公共部门确实存在资金不足的问题，但公共部门的融资成本仍然倾向于低于私人部门（Samuelson，1964；Solow，1965；Baumol，1968）。成都市国有资产监督管理委员会的数据显示，2020 年市属国企的综合资本成本率不到 6%，这是私人企业难以想象的。既然公共部门和私人部门各有所长，那么公私合营就存在各取所需进而实现优势互补和双赢的可能性。

　　综上所述，较纯公共模式和纯私人模式而言，PPP 模式至少存在两种效应——成本增加效应（cost increase effect）和知识转移效应（knowledge transfer effect）。成本增加效应是指，随私人部门参与程度的提高，PPP 项目成本增加，这是因为私人部门的参与拉高了融资成本；知识转移效应是指，随私人部门参与程度的提高，PPP 项目成本降低，这是因为私人部门的参与促进了整体效率水平的提升。尽管在实证分析前难以断言哪种效应占主导地位，但可以肯定的是，两种效应的相对大小与私人部门参与程度相关（Moszoro，2010）。进一步，由于这两种效应此消彼长，因此我们可以预计 PPP 项目成本与私人部门参与程度之间存在"U"形或倒"U"形关系，这一推断被邓忠奇等（2018a）的研究所证实。

从文献来看，截至目前，实证分析还着眼在纯公共模式和纯私人模式的比较上（Besley et al.，2001；Karpoff，2001；Behaghel et al.，2014），鲜有文献涉及混合类型，仅有的文献中以霍普等（Hoppe et al.，2013）的研究最突出。霍普等（Hoppe et al.，2013）在约萨等（Iossa et al.，2012）及马赫蒂摩等（Martimort et al.，2012）的研究基础上，率先通过不完全信息序贯博弈的方法，分析了政府在传统采购模式和 PPP 模式之间的选择偏好，并给出了 PPP 占优的条件。然而，霍普等（Hoppe et al.，2013）也仅仅做的是纯理论研究，前提假设较多而结论的政策含义不足。

另外，班纳特等（Bennett et al.，2006）在对称情况下研究了公共物品提供模式与所有权结构的相互关系，他们的研究主要关注私人主动融资（Private Finance Initiative，PFI）项目，PFI 项目基本等同于 PPP 项目（Milosavljevic et al.，2009）。归纳起来，目前大多数有关 PPP 项目的研究关注合约构建，主要使用博弈论和案例分析的方法分析不同参与者的策略选择和收益，很少有文献涉及私人部门参与程度，这为本章的研究留下空间，即 PPP 项目中是否存在最优私人部门参与程度？如果不存在，那么纯公共模式或纯私人模式将更加可取，此时所有的 PPP 模式都将无效率，但这明显有悖常理，因此我们可以粗略推测，在 PPP 项目中私人部门参与程度（股权份额）倾向于存在最优值。

10.3.2 理论分析

本部分理论分析的目的在于明确 PPP 项目成本与私人股权份额之间的关系，并揭示 10.3.1 节提出的成本增加效应和知识转移效应。假定在纯私人模式下，项目的总投资取决于项目所提供的商品或服务的数量、质量及项目存续期限，即 $I(s, q, t)$，其中 s 表示商品或服务的数量，q 表示商品或服务的质量，偏导数满足 $I_s > 0$，$I_q > 0$；t 定义项目的持续时间。考虑到行业异质性的问题，引入质量参数（q）也可用来区别行业类型，以便行业产出具有可比性。定义私人部门的参与程度（股权份额）为 $\theta(0 \leqslant \theta \leqslant 1)$，因此公共部门的参与程度为 $1-\theta$。那么，在纯公共模式下 $\theta = 0$，在纯私人模式下 $\theta = 1$，而在 PPP 模式下 $0 < \theta < 1$。

根据折现现金流法，在分析项目成本时，须考虑时间成本。为简化分析，采用莫斯佐罗（Moszoro，2014）的处理方式，即假定各期投资相同，定义为 $f(s, q)$。那么项目总投资为（10-1）式，其中 r 为折现率。

$$I(s,\ q,\ t) = f(s,\ q)\ \frac{1 - (1 + r)^{-t}}{r} \qquad (10\text{-}1)$$

对（10 - 1）式变形可得 $f(s,\ q) = rI(s,\ q,\ t) / [1 - (1 + r)^{-t}]$，再由泰勒（Taylor）展开式，可得 $1 / [1 - (1 + r)^{-t}] \approx 1 + 1/(tr)$，因此有（10-2）式。（10-2）式的经济含义表明，项目各期的投资等于利息成本与平均投资之和。

$$f(s,\ q) = I(s,\ q,\ t)\ (r + t^{-1}) \qquad (10\text{-}2)$$

从（10-2）式看出，折现率越大，各期平均成本（投资）越高。萨缪尔森（1964）、索洛（1965）、鲍莫尔（1968）及阿罗（1970）都认为公共部门的折现率比私人部门更低，公共部门有更低的融资成本和更小的融资约束。因此，在 PPP 项目中私人部门可以因公共部门的参与而缓解融资约束；公共部门也可以因私人部门的参与而提升项目整体的效率水平，进而降低项目总成本（European Investment Bank，2004）。PPP 效率水平的提升主要来自前述知识转移效应，即知识由私人部门扩散至公共部门（Chu et al.，2010；Moszoro，2014），因为私人部门对项目真实情况及具体的操作技术更加了解，更擅长搜集信息，且面临更激烈的竞争环境（Ivanov et al.，2009；Hope et al.，2013）。以北京地铁 4 号线为例，在该 PPP 项目中，90% 的资本来自国有资本，剩下 10% 的资本来自香港铁路有限公司。事实上，北京市政府并不缺 7.5 亿元的私人投资，引入香港铁路有限公司正是因为其拥有先进的管理技术。

在（10-2）式的基础上，当 $\theta = 1$（纯私人模式）时，平均成本函数由（10-3）式给出，r_{pr} 为私人部门折现率；当 $\theta = 0$（纯公共模式）时，平均成本函数由（10-4）式给出，r_{pu} 为公共部门折现率。

$$f_{pr}(s,\ q) = I(s,\ q,\ t)\ (r_{pr} + t^{-1}) \qquad (10\text{-}3)$$

$$f_{pu}(s,\ q) = [I(s,\ q,\ t) - h(\theta)\ J(I)\ ]\ (r_{pu} + t^{-1}) \qquad (10\text{-}4)$$

在（10-4）式中，$h(\theta)\ J(I)$ 表示知识转移程度，其中 $J(I)$ 为知识转移系数（有多少知识可以转移），$h(\theta)$ 为知识转移函数（单位知识转移多少），$\partial J / \partial I > 0$。由前文关于知识转移效应的理论分析可知，$h(\theta)$ 为增函数，且满足（10-5）式。因此，当 $\theta = 1$ 时（10-4）式退化为（10-3）式；当 $\theta = 0$ 时，（10-4）式可变形为 $f_{pu}(s,\ q) = [I(s,\ q,\ t) + J(I)\ ]\ (r_{pu} + t^{-1})$。

$$h(\theta) = \begin{cases} -1,\ \text{当}\ \theta = 0 \\ 0,\ \text{当}\ \theta = 1 \end{cases} \qquad (10\text{-}5)$$

进一步，当 $0 < \theta < 1$（PPP 模式）时，平均成本函数为

$$f(s, q, \theta) = \theta I(s, q, t)\ (r_{pr} + t^{-1}) + (1 - \theta)\ [I(s, q, t) - h(\theta)\ J(I)\ ]\ (r_{pu} + t^{-1})$$

$$(10\text{-}6)$$

为简化分析，设定知识转移函数为 $h(\theta) = -(\theta - 1)^2$。这样设定，除了满足（10-5）式外，还要求知识转移效应存在边际递减现象，因此更符合实际情况。由于折现率

数据难以获得，在不考虑具体数据的条件下，直接对（10-6）式求解关于私人份额（θ）的最小化问题，可知二阶条件大于零，因此，令一阶条件为零即可求出最优私人部门参与份额，即求解 $\partial f / \partial \theta = I(r_{pr} - r_{pu}) - 3(1 - \theta)^2 J(r_{pu} + t^{-1}) = 0$。为了避免角点解，施加如下假设：

$$(r_{pr} - r_{pu}) / (r_{pu} + t^{-1}) \leqslant 3J/I \tag{10-7}$$

根据前文对成本增加效应的说明，$r_{pr} > r_{pu}$。在（10-7）式的条件下，（10-6）式的最优解为

$$\theta^* = 1 - \sqrt{I(r_{pr} - r_{pu}) / [3J(r_{pu} + t^{-1})]} \tag{10-8}$$

由（10-8）式可知，$\partial \theta^* / \partial (J/I) > 0$、$\partial \theta^* / \partial (r_{pr} - r_{pu}) < 0$ 和 $\partial \theta^* / \partial t < 0$，因此最优私人股权份额（参与程度）随知识转移程度（J/I）的提高而提升，随相对融资成本（$r_{pr} - r_{pu}$）和项目期限（t）的增加而降低。当（10-7）式不成立时，成本增加效应远大于知识转移效应，此时纯公共模式（$\theta^* = 0$）更可取。据此可得命题 10-1。

命题 10-1

在给定（10-7）式的条件下，私人部门最优参与程度与折现率、项目期限及知识转移程度相关。一般而言，私人部门最优参与程度随知识转移程度的提高而提升，随私人相对融资成本的增加而降低。

由命题 10-1 可知，当知识转移效应较大时，私人部门最优参与程度较高；当成本增加效应较大时，私人部门最优参与程度较低，这与直观感受相符。对（10-7）式进一步细化，可得以下两个推论：

假如 $J/I \leqslant (r_{pr} - r_{pu}) / (r_{pu} + t^{-1}) \leqslant 3J/I$（记为条件 1），可得公私合营模式的有效区间为 $\theta \in (0, \bar{\theta})$，其中 $\bar{\theta} = \dfrac{3}{2} - \dfrac{1}{2}\sqrt{4I(r_{pr} - r_{pu}) / [J(r_{pu} + t^{-1})] - 3}$，因此可得 $\partial \bar{\theta} / \partial (J/I) > 0$、$\partial \bar{\theta} / \partial (r_{pr} - r_{pu}) < 0$ 和 $\partial \bar{\theta} / \partial t < 0$。

假如 $(r_{pr} - r_{pu}) / (r_{pu} + t^{-1}) < J/I$（记为条件 2），可得公私合营模式的有效区间为 $\theta \in (\bar{\bar{\theta}}, 1)$，其中 $\bar{\bar{\theta}} = 1 - \sqrt{I(r_{pr} - r_{pu}) / [J(r_{pu} + t^{-1})]}$，因此可得 $\partial \bar{\bar{\theta}} / \partial (J/I) > 0$、$\partial \bar{\bar{\theta}} / \partial (r_{pr} - r_{pu}) < 0$ 和 $\partial \bar{\bar{\theta}} / \partial t < 0$。

由此可见，在条件 1 下，命题 10-1 中的比较静态分析也适用于最优区间。不同条件下的成本函数及 PPP 模式的有效区间由图 10-6 给出。从图 10-6 看出，不管是在条件 1 下还是在条件 2 下，成本函数皆为凸函数，因此总存在 $\theta^* [\theta^* \in (0, 1)]$ 使成本最低。

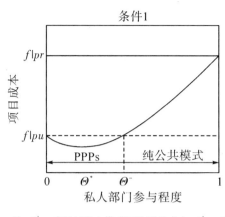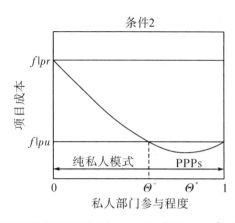

注：$f|pr$ 表示纯私人模式下的项目成本，$f|pu$ 表示纯公共模式下的项目成本；$\theta \in (0, \bar{\theta})$ 和 $\theta \in (\bar{\theta}, 1)$ 对应了 PPP 模式的有效区间，$\theta \in (\bar{\theta}, 1]$ 对应了纯公共模式的有效区间，$\theta \in [0, \bar{\bar{\theta}})$ 对应了纯私人模式的有效区间。

图 10-6　项目成本随私人部门参与程度的变化

命题 10-2

（1）假定 $J/I \leqslant (r_{pr} - r_{pu}) / (r_{pu} + t^{-1}) \leqslant 3J/I$，定义 $\bar{\theta} = \dfrac{3}{2} - \dfrac{1}{2}\sqrt{4I(r_{pr} - r_{pu}) / [J(r_{pu} + t^{-1})] - 3}$，那么当 $\theta \in (0, \bar{\theta})$ 时，PPP 模式相比纯公共模式和纯私人模式更有效，当 $\theta \in (\bar{\theta}, 1]$ 时，纯公共模式更加有效。

（2）假定 $(r_{pr} - r_{pu}) / (r_{pu} + t^{-1}) < J/I$，定义 $\bar{\bar{\theta}} = 1 - \sqrt{I(r_{pr} - r_{pu}) / [J(r_{pu} + t^{-1})]}$，那么当 $\theta \in (\bar{\bar{\theta}}, 1)$ 时，PPP 模式相比纯公共模式和纯私人模式更有效，当 $\theta \in [0, \bar{\bar{\theta}})$ 时，纯私人模式更有效。

（3）假定 $(r_{pr} - r_{pu}) / (r_{pu} + t^{-1}) > 3J/I$，那么纯公共模式更有效，此时 $\theta^* = 0$。

10.4　关于公私合营模式的讨论

随着公私合营模式的快速发展，如何以尽可能低的成本和尽可能高的效率向社会提供公共商品和服务，成为不得不思考的理论问题（Vallaincourt-Rosenau，2001；Maskin et al.，2007；Iossa et al.，2012；Hope et al.，2013）。通过 10.3 节关于成本增加效应、知识转移效应及 "U" 形关系的论证可以看出，PPP 模式下存在最优的私人部门参与程度，由（10-8）式给出。根据欧洲投资银行（European Investment Bank，2004）、莫斯佐罗（Moszoro，2014）、邓等（Deng et al.，2016）的研究，J/I 约等于 20%，即纯私人模式可以节约 20% 左右的总投资，将此关系代入（10-8）式中，可得

$$\theta^* = 1 - \sqrt{5(r_{pr} - r_{pu}) / [3(r_{pu} + t^{-1})]} \qquad (10\text{-}9)$$

因此，根据（10-9）式可以大体估计出一个最优私人部门参与份额。参考长期贷款利率和 10 年期国债利率数据（各地不一样），假如 r_{pu} 和 r_{pr} 分别为 7% 和 4%，那么对于一个 10 年期的 PPP 项目，最优私人部门参与份额约为 40%。当然，这种估算是极为简略的，但是这样一个最优私人部门参与份额肯定是存在的。关于成本增加效应和知识转移效应，邓忠奇等（2018a）利用随机边界分析法和世界银行 PPI 数据进行了实证检验，证实了其存在性，本书不再展开分析，但是可以对他们采用的实证策略进行简要介绍，以便在今后具有新基建项目数据时可以进行实证分析。

在（10-6）式的基础上，代入知识转移函数，在不考虑项目质量（ q ）时，（10-6）式化简为

$$f(s,\theta) = \theta I(s,t)\left(r_{pr} + \frac{1}{t}\right) + (1-\theta)I(s,t)\left(r_{pu} + \frac{1}{t}\right) + (1-\theta)^3 J(I)\left(r_{pu} + \frac{1}{t}\right)$$

$$(10\text{-}10)$$

由于每个项目面临的折现率都不一样，因此难以直接估计（10-10）式。根据对（10-9）式的介绍，$J(I)$ 可能存在近似的线性关系，因此令 $J(I) = \varphi I$，其中 φ 为某一常数，那么项目总投资满足关系式：$I^T = \theta I + (1-\theta)[I + (1-\theta)^2 \varphi I] = I[1 + (1-\theta)^3 \varphi]$，其中 I 是 s 和 t 的函数，那么 $I^T \equiv I^T(s, t, \theta)$，$I^T(\cdot)$ 为未知函数形式，我们可以通过多项式估计、核密度估计等方法进行逼近。

邓忠奇等（2018a）根据 $I^T \equiv I^T(s, t, \theta)$ 给出了如下成本导向型随机边际分析模型：

$$I_i^T = \beta_0 + \beta_1 s_i + \beta_2 t_i + \beta_3 \theta_i + X_i \beta + u_i + v_i$$

$$v_i \sim N(0, \sigma_v^2), \ u_i = |U_i|, \ U_i \sim N(\mu_i, \sigma_u^2) \qquad (10\text{-}11)$$

$$\mu_i = \alpha_0 + \alpha_1 \theta_i + \alpha_2 \text{bot}_i + \alpha_3 \text{city}_i + \alpha_4 \text{year}_i \qquad (10\text{-}12)$$

其中，v_i 为经典的随机扰动项，服从独立同分布 $N(0, \sigma_v^2)$。无效率项 u_i 服从截断正态分布 $|N(\mu_i, \sigma_u^2)|$，且与 v_i 独立，其期望满足关系式：$\mu_i = \alpha_0 + \alpha_1 \theta_i + \alpha_2 \text{bot}_i + \alpha_3 \text{city}_i + \alpha_4 \text{year}_i$，其中 bot_i 刻画 PPP 项目的类型；city_i 刻画城市层面的异质性；year_i 为项目的金融封闭年份，用以区分时间固定效应。X_i 为控制变量组成的向量。

根据成本增加效应，私人部门参与程度的提升将增加总成本，则由（10-11）式可以预期 β_3 为正值；又根据前文提到的知识转移效率，私人部门参与程度的提升会提高效率水平，则由（10-12）式可以预期 α_1 为负值。据此，可以对这两种效应进行实证检验。然而，需要指出的是，邓忠奇等（2018a）给出的实证策略没有考虑贴现因素，因此从项目投融资管理的角度看并不严谨。即便如此，私人部门参与 PPP 项目所带来的成本增加和效率提升作用仍然得以验证。

10.5　公私合营进行新基建的利得分析

考虑一个由 A 和 B 两个主体形成的动态博弈，A 为某城市，B 为新基建企业。城市 A 和新基建企业 B 具有如下特征：

（1）城市 A 需要进行新基建，但是存在一个问题，即不掌握新基建的核心技术，因此难以独立进行大型新基建，需要通过招投标的方式选择企业进行合作建设。

（2）新基建企业 B 为高新技术企业，具有丰富的新型基础设施建设和运营经验，项目建设成本较低，因此在招投标的过程中容易中标。

10.5.1　基准模型设定

城市 A 拟通过 BOT 的公私合营方式建设新型基础设施项目。在合作过程中，新基建企业 B 一方面投入规模为 b 的资金进行项目建设，另一方面在项目建设完成后也参与项目运营。项目结束后，新基建企业 B 获取建设收入，并且以运营的方式与城市 A 分享项目带来的收益。假设城市 A 与新基建企业 B 合作项目的总投资规模为 E。那么，资本结构可以分解为来自新基建企业 B 的部分 b 和来自城市 A 的部分 $(E - b)$。以上设定可以进一步被理解为 E 表示新基建资金规模，b/E 表示该 PPP 项目中的私人部门参与程度。在项目运营过程中，新基建企业 B 与城市 A 关于项目收益的分配结构为 $(\beta, 1 - \beta)$，其中 $\beta \in (0, 1)$ 为新基建企业 B 占有的利益份额（称为利益分配系数）。分配结构由 PPP 项目的双方谈判确定（为了简化处理，假定其为 Nash 讨价还价问题）。物理规模为 q 的项目（q 表示新型基础设施项目自然量，如 5G 的基站个数）为城市 A 和新基建企业 B 带来的净收益 π_A 和 π_B 分别为

$$\pi_A = (1 - \beta) H (\lambda q)^{\alpha} - br(1 - m) - \sigma(E - b) \tag{10-13}$$

$$\pi_B = \beta H (\lambda q)^{\alpha} + b(r - \sigma) - brm \tag{10-14}$$

其中，$H (\lambda q)^{\alpha}$ 表示规模为 q 的项目所创造的产出。参数 α 表示项目在城市 A 的产出弹性，给定条件 $0 < \alpha < 1$，即现实中项目规模过大时会出现产出效益降低、边际产出递减的现象。参数 H 表示城市 A 的生产率水平（受科技水平和经营水平的影响），可以被理解为城市 A 吸收转化该项目为经济产出的能力。参数 λ 表示新型基础设施性能，与新基建企业 B 的建造能力和施工经验等因素有关。参数 r 为新基建企业 B 的建设回报率，即建设该项目给新基建企业 B 带来 br 的净收益，相应地，导致城市 A 发生净支出 br。σ 表示资金的机会成本率，因此 $\sigma(E - b)$ 表示城市 A 的机会成本，即城市 A 不进行该项目建设时，将 $E - b$ 单位的资金挪作他用所能获

得的收益；σb 为新基建企业 B 的资金机会成本。与纯私人模式相比，新基建企业 B 享受了两点好处，一是不用垫支全部成本，二是可以参与项目运营，因此在建设费用上新基建企业 B 必须适当减免；否则，在招标过程中新基建企业 B 就不会中标。减免比例用参数 m 表示。

PPP 项目形成之后，由新基建企业 B 进行建设并参与运营，记项目建设单价为 p，那么项目建设性价比为 $\tau \equiv \lambda/p$。由于项目实行公开招标，因此在项目初始阶段城市 A 就已经知晓建设单价为 p，性能为 λ，也就意味着项目建设性价比 τ 对城市 A 而言是可观察变量（通过招标等方式来观察）。因为 E 表示建设规模为 q 的总投入，所以 $E = pq$，那么（10-13）式和（10-14）式可改写为

$$\pi_A = (1 - \beta) H (\tau E)^\alpha - br(1 - m) - \sigma(E - b) \tag{10-15}$$

$$\pi_B = \beta H (\tau E)^\alpha + b(r - \sigma) - brm \tag{10-16}$$

10.5.2　决策分析

首先，考虑城市 A 的决策行为。采用逆向归纳法，在利益分配率 β 给定的情况下，城市 A 会调整项目总投资规模 E 和私人部门参与程度 b 来实现自身净收益的最大化，即

$$\max_{E,\ b} \pi_A = (1 - \beta) H (\tau E)^\alpha - br(1 - m) - \sigma(E - b) \tag{10-17}$$

根据巴德罕（Bardhan，1973）、查特吉等（Chatterjee et al.，2003）、阿代西等（Addessi et al.，2012）、梅冬州等（2011a）及陈甬军等（2019）的思路，本章假设 r 由市场行情决定，满足如下条件：

$$r = \sigma + \delta b/E \tag{10-18}$$

其中，$\delta > 0$ 为风险溢价系数，与城市 A 和新基建企业 B 的多种因素相关，如公私关系密切时，δ 就可能比较小；项目建设难度比较大时，δ 就可能比较大。（10-18）式表示，当私人部门参与程度（b/E）较大时，回报率就比较高，因为此时新基建企业 B 需要承担更大的风险。此外，（10-18）式也表示回报率必须高于无风险利率 σ，否则在没有附加条件的情况下，企业 B 一般不愿意进行建设（除非许以较高的利益分配系数 β）。令 $\gamma \equiv b/E \geqslant 0$ 表示私人部门参与份额，当 $\gamma = 1$ 时，项目建设完全由新基建企业承担，即是前文所谓的纯私人模式而不再是 PPP 模式。

将（10-18）式代入（10-17）式，可得

$$\max_{E,\ \gamma} \pi_A = (1 - \beta) H (\tau E)^\alpha - E[\sigma - \sigma\gamma m + \delta(1 - m)\gamma^2] \tag{10-19}$$

观察上式，对于规模为 E 的项目，平均成本可以被视为 $\sigma - \sigma\gamma m + \delta(1 - m)\gamma^2$，因此阿代西等（Addessi et al.，2012）、陈甬军等（2019）首先通过该平均成本的最小化来确定 γ，即

$$\gamma^* = \frac{\sigma m}{2\delta(1 - m)} \tag{10-20}$$

从这里也可以看出，项目平均成本与私人部门参与程度之间存在"U"形关系，这也印证了命题 10-1 和命题 10-2。

将（10-20）式代入（10-19）式中并求解，可得

$$E^{*} = \left[\frac{\alpha(1-\beta) H \tau^{\alpha}}{\sigma\left(1-\sigma\dfrac{m^{2}}{4\delta(1-m)}\right)} \right]^{\frac{1}{1-\alpha}} \quad (10\text{-}21)$$

$$r^{*} = \frac{\sigma}{2}\frac{2-m}{1-m}, \quad b^{*} = E^{*}\frac{\sigma m}{2\delta(1-m)}, \quad \pi_{A}^{*} = \sigma E^{*}\left(1-\sigma\frac{m^{2}}{4\delta(1-m)}\right)\left(\frac{1}{\alpha}-1\right) \quad (10\text{-}22)$$

在实际中，项目贷款规模 b^{*} 不会超过项目总融资规模 E^{*}，因此 $\sigma m \leq 2\delta(1-m)$，换言之，减免比例 m 不会太高，如果太高，那么企业就没有参与 PPP 项目的动力。从（10-22）看出，当 $m=0$ 时，回报率 r^{*} 正好为 σ，即新基建企业 B 不会通过建设项目来赚钱，而主要通过运营项目来赚钱。这体现出通过 PPP 项目把城市和企业的利润绑在一起的好处，即可以减少委托代理问题。

由（10-21）式和（10-22）式可知，$\partial E^{*}/\partial \tau > 0$，$\partial \pi_{A}^{*}/\partial \tau > 0$。这说明城市 A 的项目总规模和净收益是新基建企业 B 供给基础设施的性价比 τ 的增函数，由此可以得到如下命题：

命题 10-3

新基建企业提供的基础设施项目的性价比越高，越能激励城市扩大项目总规模并获得更多净收益。

命题 10-4

城市在选择合作企业时，倾向于选择性价比高的新基建企业以创造更多的净收益。因此，在项目竞标过程中，性价比高的企业容易中标。

其次，考虑新基建企业 B 的决策行为。给定城市 A 的信贷需求，假定城市 A 和新基建企业 B 通过谈判来确定利益分配率 β 和减免率 m。β 越高，新基建企业 B 在项目运营阶段获利越多；m 越低，新基建企业 B 在项目建设阶段获利越多，因此同时谈判 β 和 m 不存在唯一解，因为企业总是可以通过在一个阶段让利而在另一个阶段索利来实现自身利益最大化。因此，不妨固定参数 m，只通过谈判确定分配率 β。假定该谈判为一个纳什叫价（Nash bargaining）问题，那么在满足五个纳什公理（个体理性、对称性、帕累托强有效性、等价盈利描述的不变性及无关选择的独立性）的条件下，纳什叫价问题存在唯一解，即求解纳什积的最大化问题。

$$\max_{\beta}\ \pi_{A}^{*}(E^{*}, r^{*}, b^{*})\ \pi_{B}(E^{*}, r^{*}, b^{*}) = \sigma E^{*}\left(1-\frac{\sigma m^{2}}{4\delta(1-m)}\right)\frac{1-\alpha}{\alpha}$$
$$\left(\beta H \tau^{\alpha}(E^{*})^{\alpha} - E^{*}\frac{\sigma^{2}}{4\delta}\frac{m^{2}}{1-m}\right) \quad (10\text{-}23)$$

其中，E^* 满足（10-21）式。求解（10-23）式，可得

$$\beta^* = \frac{1}{2} \frac{(3\alpha - 1)\, \sigma\, m^2 + 4\delta(1 - \alpha)(1 - m)}{4\delta(1 - m) - (1 - \alpha)\, \sigma\, m^2} \tag{10-24}$$

在给定前述 $\sigma m \leqslant 2\delta(1 - m)$ 的条件下，可以证明 $0 \leqslant \beta^* \leqslant 1$。进一步，用 β^* 对 δ 求导，可得

$$\frac{\partial \beta^*}{\partial \delta} = \frac{2\alpha\, m^2 \sigma(m - 1)(\alpha + 1)}{[4\delta(1 - m) - (1 - \alpha)\, m^2 \sigma]^2} < 0 \tag{10-25}$$

根据（10-25）式可得如下命题：

命题 10-5

当风险溢价较高时，新基建企业在项目建设阶段获得的收益较高，那么在谈判过程中会降低自身的利益分配率来给东道城市让利；反之，当风险溢价较低时，合作新基建企业在项目建设阶段获得的收益较低，那么在谈判过程中会提高自身的利益分配率以补偿收益。

10.5.3　均衡结果讨论

将（10-24）式代入（10-21）式至（10-23）式可得，当城市 A 与新基建企业 B 以 BOT 方式进行公私合营时，均衡结果为

$$r^* = \frac{\sigma}{2} \frac{2 - m}{1 - m}, \quad \gamma_B^* = \frac{\sigma}{2\delta_B} \frac{m}{1 - m} \tag{10-26}$$

$$\beta_B^* = \frac{1}{2} \frac{(3\alpha - 1)\, m^2 \sigma + 4\delta_B(1 - \alpha)(1 - m)}{4\delta_B(1 - m) - (1 - \alpha)\, m^2 \sigma} \tag{10-27}$$

$$\hat{E}_B = \left[\frac{2(1 - m)\, \delta_B\, (\tau_B)^\alpha H\alpha(1 + \alpha)}{4\delta_B \sigma(1 - m) - (1 - \alpha)\, m^2 \sigma^2} \right]^{\frac{1}{1 - \alpha}} \tag{10-28}$$

$$\hat{b}_B = \left[\frac{2(1 - m)\, \delta_B\, (\tau_B)^\alpha H\alpha(1 + \alpha)}{4\delta_B \sigma(1 - m) - (1 - \alpha)\, m^2 \sigma^2} \right]^{\frac{1}{1 - \alpha}} \frac{\sigma}{2\delta_B} \frac{m}{1 - m} \tag{10-29}$$

$$\hat{\pi}_A = \sigma \left[\frac{2(1 - m)\, \delta_B\, (\tau_B)^\alpha H\alpha(1 + \alpha)}{4\delta_B \sigma(1 - m) - (1 - \alpha)\, m^2 \sigma^2} \right]^{\frac{1}{1 - \alpha}} \left(1 - \sigma \frac{m^2}{4\delta_B(1 - m)} \right) \left(\frac{1}{\alpha} - 1 \right) \tag{10-30}$$

$$\hat{\pi}_B = \frac{1}{2}(1 - \alpha) H (\tau_B)^\alpha \left[\frac{2(1 - m)\, \delta_B\, (\tau_B)^\alpha H\alpha(1 + \alpha)}{4\delta_B \sigma(1 - m) - (1 - \alpha)\, m^2 \sigma^2} \right]^{\frac{\alpha}{1 - \alpha}} \tag{10-31}$$

根据以上分析可知，当城市 A 与新基建企业 B 进行 PPP 项目建设时，项目总投资规模为 $\hat{E}_B$，其中新基建企业 B 出资 $\hat{b}_B$，占比为 γ_B^*；在项目建设阶段，新基建企业 B 的报酬率为 r^*；在项目运营阶段，新基建企业 B 分享 β_B^* 份额的净收益；最终城市 A 和新基建企业 B 的净收益分别为 $\hat{\pi}_A$ 和 $\hat{\pi}_B$。

10.5.4　数值模拟分析

根据卡斯特罗姆等（Carlstrom et al., 1997）、福冈（Fukunaga, 2002）、梅冬州等（2011b）的已有研究，风险溢价系数的取值一般在 [0, 0.4]，因此此处的基准参数选取 $\delta_B = 0.07$。根据阿肖尔（Aschauer, 1989）、阿代西等（Addessi et al., 2002）、裘骏峰（2015）等学者的已有研究，项目产出弹性的取值在 [0.1, 0.8]，因此此处选取 $\alpha = 0.4$。参照查特吉等（Chatterjee et al., 2003）的研究，机会成本率选取 $\sigma = 0.06$。根据亚仕都等（Asiedu et al., 2002）的研究，利息补贴率的取值范围为 [0.21，1]，因此此处选取 $m = 0.5$。以城市 A 的技术水平为参照，故生产率 $H = 1$。假定新基建企业 B 提供的基础设施性价比为 $\tau_B = 2$。

在基准模型下确定的各指标分别为 $\hat{\pi}_A = 1.857\,0$，$\hat{\pi}_B = 1.390\,1$，$\hat{b}_B = 9.904\,1$，$\hat{E}_B = 23.109\,6$，$\hat{E}_B - \hat{b}_B = 13.205\,5$，$\gamma_B^* = 0.428\,6$，$\beta_B^* = 0.332\,1$，$r^* = 0.09$。可见，在 BOT-PPP 合作框架下，城市 A 和新基建企业 B 联合建造新型基础设施项目，项目总投资规模为 23.109\,6 单位，其中企业出资 9.904\,1 单位（占比为 42.86%），城市 A 出资 13.205\,5 单位（占比为 57.14%）。在项目建设阶段，新基建企业 B 的报酬率为 9%，但是减免了一半，所以净报酬率为 4.5%；在项目运营阶段，新基建企业 B 和城市 A 的利益分配机制为 (0.332\,1，0.667\,9)。最终，城市 A 获得净收益 1.857\,0 单位，新基建企业 B 获得净收益 1.390\,1 单位，实现了双赢。

图 10-7 展示了性价比变化对项目投资规模、资本结构及净收益的影响。随着项目建设性价比的提升，项目总投资规模增加，城市投资额和新基建企业的投资额也都明显增加，因此项目性价比的提升刺激了项目规模的扩大，有助于大型新基建项目的开展。随着项目建设性价比的提升，城市和新基建企业的净收益都增加，因此公私合营项目创造了双赢的效果。

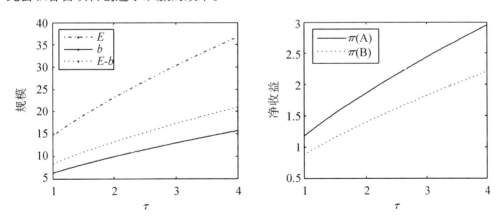

图 10-7　关于项目性价比的比较静态分析

我们在前文求解纳什叫价问题时，假定 m 外生，对此可以进行一定的修正。根据 10.4 节关于最优私人部门参与程度的分析，通过（10-9）式可以估计出 γ^*，即（10-9）式中的 θ^*，因此不妨将 γ^* 视为外生变量，那么根据（10-20）式可知双方设定的最优 m 为

$$m^* = \frac{2\gamma^*\delta}{\sigma + 2\gamma^*\delta} \tag{10-32}$$

在此设定下，私人部门参与份额有助于降低 PPP 项目的平均成本。将（10-32）式代入（10-26）式至（10-31）式的均衡解中，可得新的均衡结果，即

$$m^* = \frac{2\gamma^*\delta_B}{\sigma + 2\gamma^*\delta_B}, \quad r^* = \sigma + \delta_B\gamma^*, \quad \gamma_B^* = \gamma^* \tag{10-33}$$

$$\beta_B^* = \frac{1}{2}\frac{(3\alpha-1)m^2\sigma + 4\delta_B(1-\alpha)(1-m)}{4\delta_B(1-m) - (1-\alpha)m^2\sigma} \tag{10-34}$$

$$\hat{E}_B = \left[\frac{2(1-m)\delta_B(\tau_B)^\alpha H\alpha(1+\alpha)}{4\delta_B\sigma(1-m) - (1-\alpha)m^2\sigma^2}\right]^{\frac{1}{1-\alpha}} \tag{10-35}$$

$$\hat{b}_B = \left[\frac{2(1-m)\delta_B(\tau_B)^\alpha H\alpha(1+\alpha)}{4\delta_B\sigma(1-m) - (1-\alpha)m^2\sigma^2}\right]^{\frac{1}{1-\alpha}}\frac{\sigma}{2\delta_B}\frac{m}{1-m} \tag{10-36}$$

$$\hat{\pi}_A = \sigma\left[\frac{2(1-m)\delta_B(\tau_B)^\alpha H\alpha(1+\alpha)}{4\delta_B\sigma(1-m) - (1-\alpha)m^2\sigma^2}\right]^{\frac{1}{1-\alpha}}\left(1 - \sigma\frac{m^2}{4\delta_B(1-m)}\right)\left(\frac{1}{\alpha}-1\right) \tag{10-37}$$

$$\hat{\pi}_B = \frac{1}{2}(1-\alpha)H(\tau_B)^\alpha\left[\frac{2(1-m)\delta_B(\tau_B)^\alpha H\alpha(1+\alpha)}{4\delta_B\sigma(1-m) - (1-\alpha)m^2\sigma^2}\right]^{\frac{\alpha}{1-\alpha}} \tag{10-38}$$

在新的均衡结果下，主要结论保持不变，原来的均衡把 m 视为外生变量，而新的均衡将 γ 视为外生变量，即根据（10-9）式提前决定。维持前文数值模拟时其他参数的取值不变，根据 10.4 节的简单估算，不妨取 $\gamma^* = 0.4$，那么 $m^* = 0.48$。据此计算的模拟结果为 $\hat{\pi}_A = 1.8560$，$\hat{\pi}_B = 1.3839$，$\hat{b}_B = 9.1402$，$\hat{E}_B = 22.8504$，$\hat{E}_B - \hat{b}_B = 13.7102$，$\gamma_B^* = 0.4000$，$\beta_B^* = 0.3287$，$r^* = 0.0880$，与原来的模拟结果差异不大。

10.6 "一带一路"理论解析与新基建

"一带一路"倡议自提出以来在国际国内引起强烈反响和认同，已经成为改善全球治理和共建人类命运共同体的抓手[①]，但学术界对此的研究仍然停留在"套套

---

① 2016 年底，第 71 届联合国大会决议就写入"一带一路"倡议获得 193 个会员国一致赞同。2017 年 3 月 17 日，联合国安理会通过第 2344 号决议，呼吁通过"一带一路"建设等加强区域经济合作。

逻辑"和"泛泛而谈",对其多方共赢的经济学逻辑缺乏必要分析。鉴于此,本节简要地说明"一带一路"建设的"双赢"或"三赢"逻辑。基于这一逻辑,在新基建方面,除了前面提到的国内城市与企业可以进行公私合营建设之外,中国企业也完全可以走出去,与"一带一路"沿线国家或地区联合开展新型基础设施建设项目。

为了简化分析,本节把企业抽象为具体国家,企业收益即国家收益,从而分析各个国家的利得。项目涉及的国家有三个,分别是项目东道国和项目参与国:中国和其他参与国[①]。在其他参与国不进行技术合作的情况下,中国和其他参与国通过竞标的方式决定由谁承担项目东道国的项目建设任务,其他参与国即使不中标也可以通过亚洲基础设施投资银行等赚取投资收益;在其他参与国进行技术合作的情况下,中国和其他参与国可以组成联合企业,共同投标,分享项目建设收益。以下作者将分别对这两种情况进行说明。

10.6.1　情况 1:项目参与国不进行技术合作

本节利用图 10-8 直观地说明"一带一路"建设的双赢乃至三赢机制,其中横坐标 n 表示中国国内的产能富余程度。

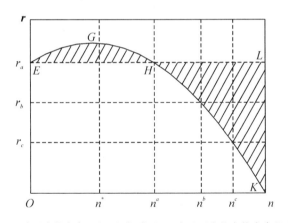

注:横坐标 n 为中国国内的产能富余程度,根据附录 9,中国国内的产能富余程度也可以被视为中国企业中标具体"一带一路"建设项目的概率 σ;纵坐标 r 为项目东道国通过丝路基金或亚洲基础设施投资银行进行贷款时的利息率。r_a、r_b 和 r_c 分别表示项目东道国、其他参与国和中国的国内利率。

图 10-8　"一带一路"建设的双赢乃至三赢机制

由附录 9 可知,中国国内的产能富余程度越高,中国企业在"一带一路"建设具体项目招投标中中标的概率 σ 越高。假定其他国家的基建项目成本不受中国国内的产能富余程度的影响,那么总存在 n^*,当 $n > n^*$ 时中国企业一定能中标。之所以存在 n^*,是因为中国企业的去产能任务紧迫到一定程度后,中国企业只要

---

① 主要是欧美发达国家。

按照其他国家企业的最低成本进行报价，那么总能中标；不妨考虑极端情况，当 n 无穷大时，中国基建相关产品的价格将降至极低水平，因此基建成本也极低，中国企业基本能成功中标，这还不包括中国企业除成本优势以外的质量和效率等优势（陈甬军 等，2019）。

当 $n = 0$ 时中国和其他参与国只要以略低于东道国国内利率（r_a）的利息放贷，就能够促使贷款合约成立，此时东道国获得资金用以弥补基础设施缺口，创造一定的经济社会效益[①]，但是该项目并不由中国企业承建，因为中国没有富余产能。中国尽管没有提升产能利用率（事实上，此时并不存在富余产能，产能利用率已经达到最优水平），但是和其他参与国一道因为利差获得收益，据此图 10-8 中的曲线由（0，r_a）点开始。

随着中国国内的产能富余程度提高，该项目的期望建设成本（中标价）降低，因为 n 增大导致中国企业建设项目的成本降低，并且由附录 9 可知，n 增大会增加中国企业中标的概率，那么该项目中标价的期望值会降低。因此，对于给定的项目（项目建成之后的经济社会收益给定），n 增大将降低项目中标价的期望值，因此项目东道国更有动力实施项目，此时中国和其他参与国可以适当提升贷款利率 r，据此图 10-8 中的曲线在 n 较小时有一段上升趋势[②]。之所以只能适当提升利率，是因为当利率提升到一定程度后，项目东道国的基础设施建设创造的价值低于资金成本，因此项目东道国会放弃该项目。需要注意的是，图 10-8 中曲线最高点对应的利率应当低于项目东道国从其他渠道能够获得的最低利率，否则项目东道国就没有贷款的必要。

随着 n 继续增加，当 $n > n^*$ 时中国企业因为明显的成本优势一定能中标项目，但是中国企业的报价不会再降低，因为根据拍卖理论，中国企业的最终报价等于成本次低企业的报价（假定不考虑中国企业与中国企业的恶性竞争），因此项目东道国不能再享受中标价降低的好处。那么，中国政府只能通过降低贷款利息的方式鼓励项目东道国开展项目，让渡部分利益给项目东道国[③]。随着 n 增加，中国企业提升产能利用率的收益和迫切程度提高，因此中国政府降低利息的意愿越强。据此，当 $n > n^*$ 时图 10-8 中的曲线呈现下降趋势，甚至出现贴息（或免息）贷款。这似乎存在中国政府为了提升产能利用率而刻意降低贷款利息的情况，因此可能损害

---

① 假定项目东道国的基础设施缺口相对较大，那么基础设施建设的经济价值大于利率为 r_a 时的资金成本。

② 正是因为中国企业参与竞标，才促使中标价的期望值下降，因此中方可以用不参与竞标作为筹码，以此适当提升贷款利率。

③ 之所以需要让渡利益给项目东道国，是因为中国为了去产能在谈判中逐渐成为缺乏弹性的一方，项目东道国可以用项目不公开招标或设置针对性竞标门槛的方式施压，因为此时招不招标对项目东道国的影响不大，但是却对中国的产能利用率能否提升产生较大影响。

其他参与国的利益[①]。

由图 10-8 看出，当中国国内的产能富余程度超过 n^b 后，按照中国方面的意图放贷会损害其他参与国的利益，此时中国只能通过丝路基金或其他自有资金池进行放贷，其他参与国退出，三赢模式退化为双赢模式。需要说明的是，可能在 $n < n^*$ 的某个位置，图 10-8 中的曲线就开始下降，这并不影响本章的分析。

根据以上分析，我们可以归纳出表 10-1。根据表 10-1 和图 10-8，当中国国内的产能富余程度高于 n^a 时，项目东道国既能获得低息贷款（节约资金成本），还能享受中国企业较低的项目报价，因此会将项目完全承包给中国企业，即采取传统政府采购模式（Hope et al.，2013），此时没有公私合营的必要；当中国国内的产能富余程度低于 n^a 时，项目东道国需要支付更高的利息，综合损益之后项目东道国仍有净收益，否则中国和其他参与国就会降低利息以促成贷款合约。然而，后者忽略了一个重要的现实情况——公私合营，即项目东道国可以部分贷款，用贷款资金雇佣中国企业承接部分项目，这近似于一种转换，将中国企业的中标概率 σ 转换为中国企业在具体项目中的资本份额。

表 10-1　具体"一带一路"建设项目中各国潜在获利（损失）来源

中国国内的产能富余程度	中国	项目东道国	其他参与国
$0 \leqslant n < n^a$	利息收入、潜在的去产能收益	超额利息、可能面临项目中标价较高的成本、基础设施的经济社会收益	利息收入
$n^a \leqslant n < n^b$	利息收入、提升产能利用率带来的收益	低息贷款、中国企业较低的项目报价、基础设施的经济社会收益	利息收入
$n^b \leqslant n < n^c$	利息收入、提升产能利用率带来的收益	低息贷款、中国企业较低的项目报价、基础设施的经济社会收益	—
$n^c \leqslant n$	贴息损失、提升产能利用率带来的收益	低息贷款、中国企业较低的项目报价、基础设施的经济社会收益	—

命题 10-6

当中国国内的产能富余程度低于 n^b 时，"一带一路"倡议可以实现中国、项目东道国和其他参与国的三赢；当中国国内的产能富余程度高于 n^b 时，"一带一路"倡议可以实现中国和项目东道国的双赢，其他参与国因退出放贷而使收益为零。

---

① 这是部分国家诋毁亚洲基础设施投资银行的主要借口。从图 10-8 看出，当中国国内的产能富余达到一定程度后，的确有这种可能性，但仅仅是一种可能性。一方面中国国内的产能富余程度到底多高尚不清楚；另一方面中国政府若想用低息捆绑去产能，完全可以借助丝路基金或软贷款+附带条件等方式实现，并不需要通过亚洲基础设施投资银行。此外，根据亚洲基础设施投资银行现有章程，决策投票权分两部分（一部分是亚洲区域内国家和地区占有的75%，另一部分是亚洲区域外国家和地区占有的25%），亚洲区域内国家和地区的投票权由GDP、人口等一系列指标来决定，因此对具体项目放不放贷、以多少利息放贷不由中国单方面决定。

10.6.2 情况2：项目参与国进行技术合作

从"一带一路"建设的实际情况看，发达国家因为具有先进的研发、管理、运营等技术，也可能或渴望通过技术合作的方式参与"一带一路"建设。与情况1相比，中国和其他参与国的企业可以组成联合公司，共同投标并承建项目东道国的项目，这与情况1并不矛盾，此时表10-1中其他参与国获得的潜在收益增加了技术输出的部分，因此其他参与国可容忍的贷款利率下限将低于 r_b，那么三赢效果更容易出现。

当参与国进行技术合作时，PPP模式也容易实现，甚至可能由三国企业共同参与。回到图10-8，如果中国以低于 r_a 的利率提供资金，同时提供项目建设的廉价原料及优质的施工队伍，其他参与国提供比项目东道国和中国更先进的技术，那么项目东道国倾向于将项目完全承包给由中国企业和其他参与国企业组成的联合公司；如果联合公司提供先进技术、低价原料和优质施工队伍的条件是利率略高于 r_a，那么项目东道国除了将项目完全承包给联合公司外，还可能直接参与项目，出现三国同时参与PPP的情况。因此，实际中PPP模式可能存在以下几种：中国企业和项目东道国政府组成的合营、中国企业和其他参与国企业组成的合营、三国企业（政府）共同组成的合营。

命题10-7

当其他参与国企业与中国企业进行技术合作时，命题10-6中的三赢效果更容易出现，其他参与国即便不参与放贷也可能取得技术输出的收益。

10.6.3 国际合作下的新基建

10.5节分析了国内城市与企业通过PPP模式联合开展新基建的情况，本节则进一步分析了"一带一路"背景下中国企业与项目东道国联合开展新基建的可能。从项目建设的角度看，传统基建与新基建并无太大区别，因此依托"一带一路"倡议的自洽逻辑和多赢模式联合开展新基建完全是可行的。但是，新基建的技术要求较高，在一定程度上关系到项目东道国的国家安全问题，正因为如此，部分国家诋毁中国5G建设的安全性。因此，在国际范围内进行新基建时，需要加强与项目东道国的交流与沟通，一方面不断提高中国企业建设项目的性价比，另一方面不断提升核心技术。除此以外，部分新技术目前还缺乏国际规范和行业标准，中国企业通过国际合作的方式进行新基建时，要积极掌握相关技术领域的话语权，避免今后受制于人。

10.7　本章小结

受新冠肺炎疫情的影响，部分人士认为此时需要中央政府进行适当的经济刺激。但与此同时，在增长速度换挡期、结构调整阵痛期和前期刺激政策消化期的"三期叠加"阶段，传统的刺激手段并不可取。因此，新型基础设施建设成为一剂良方。目前，国内各大城市已将新经济和新型基础设施建设作为重点经济工作在抓，出台了相应的行动方案。从城市规模的角度看，新基建与传统基建一样，有助于从供给侧提升城市承载力；从产业结构的角度看，新基建是众多产业得以发展的基础，完善新基建有助于产业结构转型升级和交易成本节约；从城市发展的角度看，人们的生活水平和出行便捷程度越来越受制于新基建的完善程度；从城市经济增长的角度看，在传统基建已经较为饱和的情况下，传统刺激手段容易导致产能过剩（吴意云 等，2015；邓忠奇 等，2020），而对于新基建，该问题相对较轻；此外，新基建的大量投入必将带动相关企业（产业）的发展，这些企业（产业）正是朝阳企业（产业），能在国际市场上抢占先机。根据各研究机构和证券公司的预测，2020 年至 2025 年我国新基建的直接投资额将在 10 万亿元左右，因此不管是从顶层设计和地方政府行动看，还是从经济学理论和微观企业策略看，新基建都将在今后一段时间内取得快速发展，有关新基建的问题非常值得研究。

本章从公私合营的角度对新基建模式进行了简要探讨，论证了城市政府和新基建企业通过公私合营模式开展项目的双赢机制，进一步拓展到"一带一路"背景下的国际新基建合作。本章得出了以下几点结论：第一，在公私合营模式下，项目成本与私人部门参与程度之间存在"U"形关系，而且最优私人部门参与程度与折现率、项目期限、知识转移程度相关。最优私人部门参与程度随知识转移程度的提高而提升，但随私人相对融资成本的增加而降低。第二，在公私合营模式下，合作企业提供的基础设施项目的性价比越高，越能激励城市扩大项目总规模，并使双方获得更多净收益。因此，城市选择合作企业时，倾向于选择性价比高的企业以创造更多的净收益，这就要求新基建企业不断提升自身的技术水平。第三，关于项目建设和运营的谈判问题，当风险溢价较高时，合作企业在项目建设阶段的收益较高，在谈判过程中会降低自身利益分配率；反之，当风险溢价较低时，合作企业在项目建设阶段的收益较低，在谈判过程中会提高自身利益分配率。第四，在"一带一路"建设的国际合作中，根据中国国内的产能富余程度的不同，参与主体的收益也有所不同，但是总能保证双赢或三赢状况的出现，因此这具有利益创造和利益分享的好处。

基于上述研究结论，本章给出几点有关新基建的建议：第一，在以公私合营方式联合开展新基建时，要设定好私人部门参与方式和程度，避免以利润最大化为决策动机的私人部门做出短视行为，同时也要避免公共部门既是"运动员"又是"裁判员"；第二，在国际合作开展新基建时，中方的核心是提升项目建设性价比，但必须关注风险与收益的权衡问题及项目东道国的具体情况，争取以建设合作或运营合作的方式把中国新基建推向世界，掌握相关领域的话语权，避免因为技术标准等问题受制于人；第三，新基建的根本目的是支撑新技术和新经济，而不是为了达到短期的投资拉动经济的效果，因此在开展过程中必须做好远景规划，设计好新基建未来的支撑能力和范围，监督施工过程，避免盲目建设、重复建设和低质量建设。

参考文献

安虎森，蒋涛，2006. 块状世界的经济学：空间经济学点评 [J]. 南开经济研究 (5)：92-103.

毕秀晶，宁越敏，2013. 长三角大都市区空间溢出与城市群集聚扩散的空间计量分析 [J]. 经济地理，33 (1)：46-53.

蔡昉，王德文，1999. 中国经济增长可持续性与劳动贡献 [J]. 经济研究 (10)：62-68.

蔡昉，都阳，2000. 中国地区经济增长的趋同与差异：对西部开发战略的启示 [J]. 经济研究 (10)：30-37，80.

蔡昉，都阳，王美艳，2001. 户籍制度与劳动力市场保护 [J]. 经济研究 (12)：41-49，91.

蔡昉，王德文，2002. 比较优势差异、变化及其对地区差距的影响 [J]. 中国社会科学 (5)：41-54，204.

蔡昉，2020. 如何开启第二次人口红利？[J]. 国际经济评论 (2)：4，9-24.

陈龙，2002. 我国南北地区经济差距扩大化研究 [J]. 重庆大学学报（社会科学版）(2)：7-10.

陈广桂，2004. 房价、农民市民化成本和我国的城市化 [J]. 中国农村经济 (3)：43-47.

陈国亮，陈建军，2012. 产业关联、空间地理与二三产业共同集聚：来自中国 212 个城市的经验考察 [J]. 管理世界 (4)：82-100.

陈佳贵，黄群慧，吕铁，等，2012. 中国工业化进程报告（1995—2010）[M]. 北京：社会科学文献出版社.

陈耀，汪彬，2016. 大城市群协同发展障碍及实现机制研究 [J]. 区域经济评论，(2)：37-43.

陈斌开，张川川，2016. 人力资本和中国城市住房价格 [J]. 中国社会科学 (5)：43-64，205.

陈甫军，邓忠奇，张记欢，2019. "一带一路"倡议实现合作共赢的经济学分析：

基于利益创造与共享机制的视角 [J]. 厦门大学学报（哲学社会科学版）(5)：83-97.

成思危，2009. 虚拟经济的基本理论及研究方法 [J]. 管理评论，21（1）：3-18.

程必定，2009. 产业转移"粘性"及安徽的战略选择 [J]. 江淮论坛（5）：17-21.

程俊杰，2015. 转型时期中国地区产能过剩测度：基于协整法和随机前沿生产函数法的比较分析 [J]. 经济理论与经济管理（4）：13-29.

戴宾，2014. 城市群及其相关概念辨析 [J]. 财经科学（6）：101-103.

戴德颐，2020. 基于资源异质性的南北经济发展差距研究 [J]. 技术经济与管理研究（1）：94-98.

邓忠奇，陈甫军，2015. 中国城镇化进程中经济增长方式评价 [J]. 经济理论与经济管理（12）：94-109.

邓忠奇，陈甫军，2018a. "一带一路"背景下融资方公私合营模式的资本结构分析 [J]. 产业经济研究（3）：90-102.

邓忠奇，刘美麟，庞瑞芝，2018b. 中国钢铁行业产能过剩程度测算及去产能政策有效性研究 [J]. 中国地质大学学报（社会科学版），18（6）：131-142.

邓忠奇，王亮，庞瑞芝，2018c. 减排与增长：服务业如何实现绿色均衡发展？[J]. 南方经济（12）：78-97.

邓忠奇，于潇宇，2018d. 合理引导城市间人才流动 [N]. 中国社会科学报，7-11（4）.

邓忠奇，2019. 发展新经济、培育新动能 [N]. 中国社会科学报，09-11.

邓忠奇，宋顺锋，曹清峰，2019. 中国城市规模之谜：一个综合分析框架 [J]. 财贸经济，40（9）：102-116.

邓忠奇，高廷帆，朱峰，2020. 地区差距与供给侧结构性改革："三期叠加"下的内生增长 [J]. 经济研究，55（10）：22-37.

董敏杰，梁泳梅，2013. 1978—2010 年的中国经济增长来源：一个非参数分解框架 [J]. 经济研究，48（5）：17-32.

董敏杰，梁咏梅，张其仔，2015. 中国工业产能利用率：行业比较、地区差距及影响因素 [J]. 经济研究，50（1）：84-98.

范剑勇，2006. 产业集聚与地区间劳动生产率差异 [J]. 经济研究（11）：72-81.

范剑勇，冯猛，李方文，2014. 产业集聚与企业全要素生产率 [J]. 世界经济，37（5）：51-73.

方创琳，2012. 中国城市群形成发育的政策影响过程与实施效果评价 [J]. 地理科学，32（3）：257-264.

方创琳，2014. 中国城市群研究取得的重要进展与未来发展方向 [J]. 地理学报，69（8）：1130-1144.

冯俏彬，贾康，2014. 投资决策、价格信号与制度供给：观察体制性产能过剩[J]. 改革（1）：17-24.

冯奎，2020. 为何这次没提成渝"城市群"[N]. 中国科学报，01-06（1）.

付金存，赵洪宝，李豫新，2014. 新经济地理理论视域下地区差距的形成机制及政策启示[J]. 经济体制改革（5）：43-47.

傅志华，石英华，封北麟，等，2015. "十三五"推动京津冀协同发展的主要任务[J]. 经济研究参考（62）：89-100.

辜胜阻，李华，易善策，2010. 城镇化是扩大内需实现经济可持续发展的引擎[J]. 中国人口科学（3）：2-10，111.

辜胜阻，刘江日，2012. 城镇化要从"要素驱动"走向"创新驱动"[J]. 人口研究，36（6）：3-12.

国家计委宏观经济研究院课题组，2002. 我国资源型城市的界定与分类[J]. 宏观经济研究（11）：37-39，59.

国家发改委国地所课题组，2009. 我国城市群的发展阶段与十大城市群的功能定位[J]. 改革（9）：5-23.

国务院发展研究中心《进一步化解产能过剩的政策研究》课题组，2015. 当前我国产能过剩的特征、风险及对策研究：基于实地调研及微观数据的分析[J]. 管理世界（4）：1-10.

郭庆旺，贾俊雪，2005. 中国全要素生产率的估算：1979—2004[J]. 经济研究（6）：51-60.

顾朝林，2011. "十二五"期间需要注重巨型城市群发展问题[J]. 城市规划，35（1）：16-18.

韩国高，高铁梅，王立国，等，2011. 中国制造业产能过剩的测度、波动及成因研究[J]. 经济研究，46（12）：18-31.

韩立岩，杜春越，2012. 收入差距、借贷水平与居民消费的地区及城乡差异[J]. 经济研究，47（S1）：15-27.

何蕾，2015. 中国工业行业产能利用率测度研究：基于面板协整的方法[J]. 产业经济研究（2）：90-99.

洪银兴，2009. 虚拟经济及其引发金融危机的政治经济学分析[J]. 经济学家（11）：5-12.

侯伟丽，方浪，刘硕，2013. "污染避难所"在中国是否存在：环境管制与污染密集型产业区际转移的实证研究[J]. 经济评论（4）：65-72.

简新华，黄锟，2010. 中国城镇化水平和速度的实证分析与前景预测[J]. 经济研究，45（3）：28-39.

江曼琦，席强敏，2015. 中国主要城市化地区测度：基于人口聚集视角 [J]. 中国社会科学 (8)：26-46，204-205.

贾俊雪，张超，秦聪，等，2016. 纵向财政失衡、政治晋升与土地财政 [J]. 中国软科学 (9)：144-155.

姜卫民，范金，张晓兰，2020. 中国"新基建"：投资乘数及其效应研究 [J]. 南京社会科学 (4)：20-31.

克里斯塔勒，2010. 德国南部中心地原理 [M]. 商务印书馆.

柯善咨，向娟，2012. 1996—2009 年中国城市固定资本存量估算 [J]. 统计研究，29 (7)：19-24，115.

柯善咨，赵曜，2014. 产业结构、城市规模与中国城市生产率 [J]. 经济研究，49 (4)：76-88，115.

兰日旭，张永强，2011. 历次经济危机中实体经济与虚拟经济关系的量化分析 [J]. 广东外语外贸大学学报，22 (2)：15-22.

李怀，2000. "东北现象"：问题的实质与根源 [J]. 管理世界 (4)：206-207，216.

李江涛，2006. 产能过剩：问题、理论及治理机制 [M]. 北京：中国财政经济出版社.

李强，2006. 如何看待我国的城市化现象 [N]. 人民日报，12-08.

李强，陈宇琳，刘精明，2012. 中国城镇化"推进模式"研究 [J]. 中国社会科学 (7)：82-100，204-205.

李光勤，曹建华，邵帅，2017. 语言多样性与中国对外开放的地区差异 [J]. 世界经济，40 (3)：144-168.

林毅夫，2007. 潮涌现象与发展中国家宏观经济理论的重新构建 [J]. 经济研究 (1)：126-131.

林毅夫，巫和懋，邢亦青，2010. "潮涌现象"与产能过剩的形成机制 [J]. 经济研究，45 (10)：4-19.

刘鹤，2008. 没有画上句号的增长奇迹 [G] //中国经济 50 人看三十年：回归与分析. 北京：中国经济出版社.

刘修岩，2009. 集聚经济与劳动生产率：基于中国城市面板数据的实证研究 [J]. 数量经济技术经济研究，26 (7)：109-119.

刘修岩，李松林，秦蒙，2017. 城市空间结构与地区经济效率：兼论中国城镇化发展道路的模式选择 [J]. 管理世界 (1)：51-64.

刘珺，丁橙，马岩，2010,. 从股票市场指数高波动性观察虚拟经济发展对新经济周期理论的悖离 [J]. 金融研究 (3)：144-154.

刘军，徐康宁，2010. 产业聚集、经济增长与地区差距—基于中国省级面板数据的实证研究 [J]. 中国软科学，(7)：91-102.

刘瑞明，2011. 所有制结构、增长差异与地区差距：历史因素影响了增长轨迹吗？[J]. 经济研究，46（S2）：16-27.

刘常青，李磊，卫平，2017. 中国地级及以上城市资本存量测度 [J]. 城市问题（10）：67-72.

刘智勇，李海峥，胡永远，等，2018. 人力资本结构高级化与经济增长：兼论东中西部地区差距的形成和缩小 [J]. 经济研究，53（3）：50-63.

李永友，张帆，2019. 垂直财政不平衡的形成机制与激励效应 [J]. 管理世界，35（7）：43-59.

李晓华，2020. 面向智慧社会的"新基建"及其政策取向 [J]. 改革（5）：34-48.

梁婧，张庆华，龚六堂，2015. 城市规模与劳动生产率：中国城市规模是否过小：基于中国城市数据的研究 [J]. 经济学（季刊），14（3）：1053-1072.

刘家强，刘昌宇，唐代盛，2020. 新中国70年城市化演进逻辑、基本经验与改革路径 [J]. 经济学家（1）：33-43.

刘艳红，黄雪涛，石博涵，2020. 中国"新基建"：概念、现状与问题 [J]. 北京工业大学学报（社会科学版），20（6）：1-12.

陆旸，2012. 从开放宏观的视角看环境污染问题：一个综述 [J]. 经济研究，47（2）：146-158.

陆铭，冯皓，2014. 集聚与减排：城市规模差距影响工业污染强度的经验研究 [J]. 世界经济，37（7）：86-114.

陆铭，2016. 大国大城：当代中国的统一、发展与平衡 [M]. 上海：上海人民出版社.

陆铭，2017a. 城市化和城市发展：我们在争论什么？[J]. 比较（2）：47-49.

陆铭，2017b. 空间的力量：地理、政治与城市发展 [M]. 2版. 上海：格致出版社，上海人民出版社.

陆铭，2017c. 城市、区域和国家发展：空间政治经济学的现在与未来 [J]. 经济学（季刊），16（4）：1499-1532.

陆铭，2019. 也谈南北差距：在人口流出地要进行减量规划 [N]. 21世纪经济报道，04-03.

陆铭，李鹏飞，钟辉勇，2019. 发展与平衡的新时代：新中国70年的空间政治经济学 [J]. 管理世界，35（10）：11-23，63，219.

马艳，2009. 金融危机与经济危机相互关系的理论分析：基于马克思主义经济学的视角 [J]. 华南师范大学学报（社会科学版）(5)：110-114，159.

梅冬州，龚六堂，2011a. 货币错配、汇率升值和经济波动 [J]. 数量经济技术经济研究，28（6）：37-51.

梅冬州，龚六堂，2011b. 新兴市场经济国家的汇率制度选择 [J]. 经济研究，

46（11）：73-88.

乔彬，李国平，2006. 城市群形成的产业机理［J］. 经济管理（22）：78-83.

覃成林，张华，张技辉，2011. 中国区域发展不平衡的新趋势及成因：基于人口加权变异系数的测度及其空间和产业二重分解［J］. 中国工业经济（10）：37-45.

仇娟东，赵景峰，2013. 要素与经济非协同集聚视角下的中国地区差距分析［J］. 中国经济问题（2）：65-75.

裘骏峰，2015. 国际储备积累、实物与资产价格通胀及货币政策独立性［J］. 经济学（季刊），14（2）：677-702.

孙铁山，李国平，卢明华，2009. 京津冀都市圈人口集聚与扩散及其影响因素：基于区域密度函数的实证研究［J］. 地理学报，64（8）：956-966.

沈体雁，劳昕，2012. 国外城市规模分布研究进展及理论前瞻：基于齐普夫定律的分析［J］. 世界经济文汇（5）：95-111.

孙三百，黄薇，洪俊杰，等，2014. 城市规模、幸福感与移民空间优化［J］. 经济研究，49（1）：97-111.

孙元元，张建清，2015. 中国制造业省际间资源配置效率演化：二元边际的视角［J］. 经济研究，50（10）：89-103.

申兵，党丽娟，2016. 区域经济分化的特征、趋势与对策［J］. 宏观经济管理（10）：33-36.

沈坤荣，金刚，方娴，2017. 环境规制引起了污染就近转移吗？［J］. 经济研究，52（5）：44-59.

盛来运，郑鑫，周平，等，2018. 我国经济发展南北差距扩大的原因分析［J］. 管理世界，34（9）：16-24.

涂正革，肖耿，2006. 中国经济的高增长能否持续：基于企业生产率动态变化的分析［J］. 世界经济（2）：3-10，95.

汤放华，汤慧，孙倩，等，2013. 长江中游城市集群经济网络结构分析［J］. 地理学报，68（10）：1357-1366.

谭浩俊，2015. 区域分化新趋势观察［J］. 决策（10）：52-54.

谭皓方，任太增，谭征，2019. 基于城镇要素集聚能力的河南省区域发展空间非均衡性研究［J］. 地域研究与开发，38（6）：34-39.

王小鲁，夏小林，1999. 优化城市规模 推动经济增长［J］. 经济研究（9）：22-29.

王小鲁，2000. 中国经济增长的可持续性与制度变革［J］. 经济研究（7）：3-15，79.

王小鲁，2010. 中国城市化路径与城市规模的经济学分析［J］. 经济研究，45（10）：20-32.

吴殿廷，2001. 试论中国经济增长的南北差异［J］. 地理研究（2）：238-246.

闻潜，2006. 经济高位运行中的产能过剩及其成因分析 [J]. 经济经纬 (5)：19-23.

吴群刚，杨开忠，2010. 关于京津冀区域一体化发展的思考 [J]. 城市问题 (1)：11-16.

万广华，2013. 城镇化与不均等：分析方法和中国案例 [J]. 经济研究，48 (5)：73-86.

吴振宇，2013. 基于省际数据的潜在增长率测算：前瞻至 2020 年 [J]. 改革 (9)：20-25.

魏后凯，2014. 中国城镇化进程中两极化倾向与规模格局重构 [J]. 中国工业经济 (3)：18-30.

吴敬琏，2014. 新型城镇化不可恋"旧" [J]. 决策探索 (下半月) (1)：13.

王俊，李佐军，2014. 拥挤效应、经济增长与最优城市规模 [J]. 中国人口·资源与环境，24 (7)：45-51.

吴健生，刘浩，彭建，等，2014. 中国城市体系等级结构及其空间格局：基于 DMSP/OLS 夜间灯光数据的实证 [J]. 地理学报，69 (6)：759-770.

王文甫，明娟，岳超云，2014. 企业规模、地方政府干预与产能过剩 [J]. 管理世界 (10)：17-36，46.

吴意云，朱希伟，2015. 中国为何过早进入再分散：产业政策与经济地理 [J]. 世界经济，38 (2)：140-166.

魏守华，周山人，千慧雄，2015. 中国城市规模偏差研究 [J]. 中国工业经济 (4)：5-17.

吴福象，段巍，2017. 国际产能合作与重塑中国经济地理 [J]. 中国社会科学 (2)：44-64，206.

王书斌，徐盈之，魏莎，2017. 逃离"北上广深"背景下一线城市房价涟漪效应研究 [J]. 系统工程理论与实践，37 (2)：339-352.

汪彬，2018. 国内外城市群理论发展演进及研究动向 [J]. 区域经济评论 (1)：97-107.

吴敬琏，2018. 企业家精神的本质和核心就是创新精神 [J]. 商业观察 (3)：39.

王乾，冯长春，甘霖，2019. 中国城市规模的空间分布演进及其动力机制 [J]. 城市问题 (6)：14-23.

魏后凯，年猛，李功，2020. "十四五"时期中国区域发展战略与政策 [J]. 中国工业经济 (5)：5-22.

徐康宁，陈丰龙，刘修岩，2015. 中国经济增长的真实性：基于全球夜间灯光数据的检验 [J]. 经济研究，50 (9)：17-29，57.

徐现祥，刘毓芸，肖泽凯，2015. 方言与经济增长 [J]. 经济学报，2 (2)：1-32.

肖挺，2016. 环境质量是劳动人口流动的主导因素吗："逃离北上广"现象的一种解读 [J]. 经济评论 (2)：3-17.

徐鹏杰，2018. 环境规制、绿色技术效率与污染密集型行业转移［J］. 财经论丛（2）：11-18.

习近平，2020. 国家中长期经济社会发展战略若干重大问题［J］. 求是（21）：4-10.

叶玉瑶，张虹鸥，刘凯，等，2010. 地理区位因子对建设用地扩展的影响分析：以珠江三角洲为例［J］. 地理科学进展，29（11）：1433-1441.

叶伟春，2013. 推进城镇化扩大内需的误区与对策［J］. 宏观经济管理（5）：36-38.

杨仁发，2013. 产业集聚与地区工资差距：基于我国 269 个城市的实证研究［J］. 管理世界（8）：41-52.

姚洋，2013. 户籍制度改革与城镇化若干问题［R］. 2013 春季 CMRC 中国经济观察（33）：3-8.

于立，张杰，2014. 中国产能过剩的根本成因与出路：非市场因素及其三步走战略［J］. 改革（2）：40-51.

原倩，2016. 城市群是否能够促进城市发展［J］. 世界经济，39（9）：99-123.

尤济红，陈喜强，2019. 区域一体化合作是否导致污染转移：来自长江三角洲城市群扩容的证据［J］. 中国人口·资源与环境，29（6）：118-129.

殷德生，吴虹仪，金桩，2019,. 创新网络、知识溢出与高质量一体化发展：来自长江三角洲城市群的证据［J］. 上海经济研究（11）：30-45.

周一星，史育龙，1993. 解决我国城乡划分和城镇人口统计的新思路［J］. 统计研究（2）：55-61.

周一星，史育龙，1995. 建立中国城市的实体地域概念［J］. 地理学报（4）：13.

周牧之，2004. 鼎：托起中国的大城市群［M］. 北京：世界知识出版社.

张吉鹏，吴桂英，2004. 中国地区差距：度量与成因［J］. 世界经济文汇（4）：60-81.

周业樑，盛文军，2007. 转轨时期我国产能过剩的成因解析及政策选择［J］. 金融研究（2）：183-190.

周建波，聂志红，2009. 商品经济、虚拟经济与帝国主义：当代经济危机的生成结构解析［J］. 理论月刊（6）：79-82.

中国经济增长前沿课题组，2011. 城市化、财政扩张与经济增长［J］. 经济研究，46（11）：4-20.

周劲，付保宗，2011. 产能过剩的内涵、评价体系及在我国工业领域的表现特征［J］. 经济学动态（10）：58-64.

赵向阳，李海，ANDREAS，等，2012. 创业活动的国家（地区）差异：文化与国家（地区）经济发展水平的交互作用［J］. 管理世界（8）：78-90，188.

张剑，柳小妮，谭忠厚，等，2012. 基于 GIS 的中国南北地理气候分界带模拟［J］. 兰州大学学报（自然科学版），48（3）：28-33.

祝尔娟，2014. 推进京津冀区域协同发展的思路与重点［J］. 经济与管理，28（3）：10-12.

朱滢，2014. 检验"水稻理论"［J］. 心理科学，37（5）：1261-1262.

支燕，白雪洁，邓忠奇，2014. 资本约束、效率激励与所有制歧视：中国金融发展对企业价值提升的有效性研究［J］. 财贸研究，25（1）：116-124.

张学良，李培鑫，2014. 城市群经济机理与中国城市群竞争格局［J］. 探索与争鸣（9）：59-63.

赵勇，魏后凯，2015. 政府干预、城市群空间功能分工与地区差距：兼论中国区域政策的有效性［J］. 管理世界（8）：14-29，187.

钟卫华，2016. 周期性产能过剩：市场经济的常态现象［J］. 管理学刊，29（6）：19-24.

张俊，2017. 高铁建设与县域经济发展：基于卫星灯光数据的研究［J］. 经济学（季刊），16（4）：1533-1562.

周晓波，陈璋，王继源，2019. 中国南北方经济分化的现状、原因与对策：一个需要重视的新趋势［J］. 河北经贸大学学报，40（3）：1-9，39.

赵茜宇，张占录，2019. 中国县级农地利用效率的变化特征及原因解析［J］. 中国人口·资源与环境，29（4）：77-86.

ALONSO W, 1964. Location and land use ［M］. Cambridge Mass.：Harvard University Press.

ASCHAUER D A, 1989. Is public expenditure productive? ［J］. Journal of monetary economics, 23（2）：177-200.

ASIEDU E, VILLAMIL A P, 2002. Imperfect enforcement, foreign investment and foreign aid ［J］. Macroeconomic dynamics, 6（4）：476-495.

ANTRÀS P, 2003. Firms, contracts, and trade structure ［J］. Quarterly journal of economics, 118（4）：1375-1418.

ALLEN F, QIAN J, QIAN M, 2005. Law, finance, and economic growth in China ［J］. Journal of financial economics, 77（1）：57-116.

AU C, HENDERSON J V, 2006. Are Chinese cities too small? ［J］. Review of economic studies, 73（3）：549-576.

AGHION P, HOWITT P, 2009. The economics of growth ［M］. Cambridge：MIT Press.

ADJEI M T, NOBLE S M, NOBLE C H, 2010. The influence of C2C communications in online brand communities on customer purchase behavior ［J］. Journal of the academy of marketing science, 38（5）：634-653.

ANG J B, MADSEN J B, 2011. Can second-generation endogenous growth models explain the productivity trends and knowledge production in the Asian miracle economies? ［J］. Review of economics and statistics, 93（4）：1360-1373.

ACEMOGLU D, AGHION P, BURSZTYN L, et al, 2012. The environment and directed technical change [J]. American economic review, 102 (1): 131-166.

ADDESSI W, SALTARI E, 2012. The perverse effect of debt tax benefits on firm investment decisions [J]. Economic notes, 41 (3): 101-114.

AFONSO A, ST AUBYN M, 2013. Public and private inputs in aggregate production and growth: a cross-country efficiency approach [J]. Applied economics, 45 (32): 4487-4502.

AGHION P, CAI J, DEWATRIPONT M, et al, 2015. Industrial policy and competition [J]. American economic journal: macroeconomics, 7 (4): 1-32.

ACKERBERG D A, CAVES K, FRAZER G, 2015. Identification properties of recent production function estimators [J]. Econometrica, 83 (6): 2411-2451.

AFRIDI F, LIN S X, REN Y, 2015. Social identity and inequality: the impact of China's hukou system [J]. Journal of public economics, 123: 17-29.

ATKINSON S E, TSIONAS M G, 2016. Directional distance functions: optimal endogenous directions [J]. Journal of econometrics, 190 (2): 301-314.

ADLER N, VOLTA N, 2016. Accounting for externalities and disposability: a directional economic environmental distance function [J]. European journal of operational research, 250 (1): 314-327.

ACEMOGLU D, RESTREPO P, 2017. Robots and jobs: evidence from US labor markets [R]. NBER Working Paper, No. 23285.

ACEMOGLU D, RESTREPO P, 2018. Artificial intelligence, automation and work [R]. NBER Working Paper, No. 24196.

ASKER J, COLLARD-WEXLER A, DE LOECKER J, 2019. (Mis) Allocation, market power, and global oil extraction [J]. American economic review, 109 (4): 1568-1615.

ANAND K S, GIRAUD CARRIER F C, 2020. Pollution regulation of competitive markets [J]. Management science, 66 (9): 3799-4358.

BAUMOL W J, 1968. On the social rate of discount [J]. American Economic Review, 58: 788-802.

BARDHAN P K, 1973. On terms of foreign borrowing [J]. American economic review, 63 (3): 458-461.

BALLARD K, ROBERTS J, 1978. Empirical estimation of the capacity utilization rates of fishing vessels in 10 major pacific coast fisheries [R]. Office of Scientific and Technical Services, Washington.

BERNDT E R, MORRISON C J, 1981. Capacity utilization measures: underlying economic theory and an alternative approach [J]. American economic review, 71 (2): 48-52.

BATTESE G E, COELLI T J, 1992. Frontier production functions, technical efficiency and panel data: with application to paddy farmers in India [J]. journal of productivity analysis, 3 (1-2): 153-169.

BATTESE G E, COELLI T J, 1995. A model for technical inefficiency effects in a stochastic frontier production function for panel data [J]. Empirical economics, 20 (2): 325-332.

BLACK D, HENDERSON J V, 1999. A theory of urban growth [J]. Journal of political economy, 107 (2): 252-284.

BESLEY T, GHATAK M, 2001. Government versus private ownership of public goods [J]. Quarterly journal of economics, 116 (4): 1343-1372.

BALDWIN R, FORSLID R, MARTIN P, et al, 2003. Economic geography and public policy [M]. Princeton: Princeton University Press.

BENNETT J, IOSSA E, 2006. Building and managing facilities for public services [J]. Journal of public economics, 90 (10): 2143-2160.

BALDWIN R E, OKUBO T, 2006. Heterogeneous firms, agglomeration and economic geography: spatial selection and sorting [J]. Journal of economic geography, 6 (3): 323-346.

BAUM-SNOW N, 2007. Suburbanization and transportation in the monocentric model [J]. Journal of urban economics, 62 (3): 405-423.

BEHRENS K, DURANTON G, ROBERT-NICOUD F, 2007. Productive cities: sorting, selection, and agglomeration [J]. Journal of political economy, 2014, 122 (3): 507-553.

BANERJEE A, MOLL B, 2010. Why does misallocation persist? [J]. American economic journal: macroeconomics, 2 (1): 189-206.

BETTENCOURT L M A, 2013. The origins of scaling in cities [J]. Science, 340 (6139): 1438-1441.

BATTY M, 2013. A theory of city size [J]. Science, 340 (6139): 1418-1419.

BELOTTI F, DAIDONE S, ILARDI G, et al, 2013. Stochastic frontier analysis using stata [J]. Stata journal, 13 (4): 719-758.

BEHAGHEL L, CRÉPON B, GURGAND M, 2014. Private and public provision of counseling to job seekers: evidence from a large controlled experiment [J]. American economic journal, 6 (4): 142-174.

BEHRENS K, DURANTON G, ROBERT-NICOUD F, 2014. Productive cities: sorting, selection, and agglomeration [J]. Journal of political economy, 122 (3): 507-553.

BOSTROM N, YUDKOWSKY E, 2014. The ethics of artificial intelligence [G] // Cambridge handbook of artificial intelligence. Cambridge University Press.

BÖHME R, CHRISTIN N, EDELMAN B, et al, 2015. Bitcoin: economics, technology, and governance [J]. Journal of economic perspectives, 29 (2): 213-238.

BANERJEE A, DUFLO E, QIAN N, 2020. On the road: access to transportation infrastructure and economic growth in China [J]. Journal of development economics, 145: 102442.

CHAMBERLIN E H, 1933. The theory of monopolistic competition [M]. Cambridge: Harvard University Press.

CHAMBERS R, CHUNG Y, FÄRE R, 1996. Benefit and distance functions [J]. Journal of economic theory, 70 (2): 407-419.

CARLSTROM C T, FUERST T S, 1997. Agency costs, net worth, and business fluctuations: a computable general equilibrium analysis [J]. American economic review, 87 (5): 893-910.

COOPER W W, PARK K S, PASTOR J T, 1999. RAM: a range adjusted measure of inefficiency for use with additive models, and relations to other models and measures in DEA [J]. Journal of productivity analysis, 11 (1): 5-42.

CAZALS C, FLORENS J, SIMAR L, 2002. Nonparametric frontier estimation: a robust approach [J]. Journal of econometrics, 106 (1): 1-25.

CHOW G, LIN A, 2002. Accounting for economic growth in Taiwan and mainland China: a comparative analysis [J]. Journal of comparative economics, 30 (3): 507-530.

CHATTERJEE S, SAKOULIS G, TURNOVSKY S J, 2003. Unilateral capital transfers, public investment, and economic growth [J]. European economic review, 47 (6): 1077-1103.

CULL R, XU L C, 2005. Institutions, ownership, and finance: the determinants of profit reinvestment among Chinese firms [J]. Journal of financial economics, 75 (1): 117-146.

CHU L, SAPPINGTON D E M, 2010. Contracting with private knowledge of signal quality [J]. RAND journal of economics, 41 (2): 244-269.

CHEN Y, EBENSTEIN A, GREENSTONE M, et al, 2013. Evidence on the impact of sustained exposure to air pollution on life expectancy from China's Huai River policy [J]. Proceedings of the national academy of sciences of the United States of American, 110 (32): 12936-12941.

CHRISTIN C, NICOLAI J P, POUYET J, 2013. Pollution permits, imperfect competition and abatement technologies [R/OL]. https://ssrn.com/abstract=2360018, 10-06/07-01.

COMBES P, GOBILLON L, 2014. The empirics of agglomeration economies [R]. PSE Working Paper, No. 31.

CHEN Z, LU M, XU L, 2014. Returns to dialect: identity exposure through language in the Chinese labor market [J]. China economic review, 30 (9): 27-43.

CARSWELL C, 2015. California fogs are thinning [J]. Science, 347 (6227): 1184-1185.

CHENG L, JIANG P, CHEN W, et al, 2015. Farmland protection policies and rapid urbanization in China: a case study for Changzhou city [J]. Land use policy, 48: 552-566.

CARRICK J, 2016. Bitcoin as a complement to emerging market currencies [J]. Emerging markets finance & trade, 52 (10): 2321-2334.

CHEN W, YE X, LI J, et al, 2019. Analyzing requisition-compensation balance of farmland policy in China through telecoupling: a case study in the middle reaches of Yangtze River urban agglomerations [J]. Land use policy, 83: 134-146.

DIXIT A K, STIGLITZ J E, 1977. Monopolistic competition and optimum product diversity [J]. American economic review, 67 (3): 297-308.

DÉMURGER S, 2001. Infrastructure development and economic growth: an explanation for regional disparities in China? [J]. Journal of comparative economics, 29 (1): 95-117.

DURANTON G, PUGA D, 2001. Nursery cities: urban diversity, process innovation, and the life cycle of products [J]. American economic review, 91 (5): 1454-1477.

DURANTON G, PUGA D, 2004. Micro-foundations of urban agglomeration economies [G] //Handbook of Regional and Urban Economics. Amsterdam: North-Holland.

DENG X, HUANG J, ROZELLE S, et al, 2006. Cultivated land conversion and potential agricultural productivity in China [J]. Land use policy, 23: 372-384.

DUFLO E, PANDE R, 2007. Dams [J]. Quarterly journal of economics, 122 (2): 601-646.

DE LOECKER J, 2011. Product differentiation, multiproduct firms, and estimating the impact of trade liberalization on productivity [J]. Econometrica, 79 (5): 1407-1451.

DURANTON G, TURNER M A, 2012. Urban growth and transportation [J]. Review of economic studies, 79 (4): 1407-1440.

DESMET K, ROSSI-HANSBERG E, 2013. Urban accounting and welfare [J]. American economic review, 103 (6): 2296-2327.

DENG Z, SONG S, CHEN Y, 2016. Private participation in infrastructure project and its impact on the project cost [J]. China economic review, 39: 63-76.

DOEPKE M, ZILIBOTTI F, 2017. Parenting with style: altruism and paternalism in inter-generational preference transmission [J]. Econometrica, 85 (5): 1331-1371.

DENG Z, QIN M, SONG S, 2020a. Re-study on Chinese city size and policy formation [J]. China economic review, 60: 101390.

DENG Z, ZHANG Y, YU A, 2020b. The new economy in China: an intercity comparison [J]. SAGE open, 10 (4): 1-16.

DENG Z, JIANG N, SONG S, et al, 2021a. Misallocation and price distortions: a revenue decomposition of medical service providers in China [J]. China economic review, 65: 101574.

DENG Z, JIANG N, PANG R, 2021b. Factor-analysis-based directional distance function: the case of New Zealand hospitals [J]. Omega, 98 (1): 102111.

EUROPEAN INVESTMENT BANK, 2004. The EIB's role in public-private partnerships [R]. European Investment Bank.

EECKHOUT J, 2004. Gibrat's law for (all) cities [J]. American economic review, 94 (5): 1429-1451.

ELVIDGE C D, CINZANO P, PETTIT D R, et al, 2007. The nightsat mission concept [J]. International journal of remote sensing, 28 (12): 2645-2670.

EHRHART K M, HOPPE C, LÖSCHEL R, 2008. Abuse of EU emissions trading for tacit collusion [J]. Environmental and resource economics, 41 (3): 347-361.

EINAV L, LEVIN J, 2014. The data revolution and economic analysis [J]. Innovation policy and the economy, 14 (1): 1-24.

EECKHOUT J, PINHEIRO R, SCHMIDHEINY K, 2014. Spatial sorting [J]. Journal of political economy, 122 (3): 554-620.

FUJITA M, KRUGMAN P, VENABLES A J, 1999. The spatial economy: cities, regions, and international trade [M]. Cambridge: MIT Press.

FUKUNAGA I, 2002. Financial accelerator effects in Japan's business cycles [R]. Bank of Japan Working Paper, No. 2-6.

FUJITA M, THISSE J, 2002. Economics of agglomeration: cities, industrial location, and globalization [M]. Cambridge: Cambridge University Press.

FITZGERALD P, 2004. Review of partnerships Victoria provided infrastructure [R]. Melbourne: Growth Solutions Group.

FOLEY J A, DEFRIES R, ASNER G P, et al, 2005. Global consequences of land use [J]. Science, 309 (5734): 570-574.

FÄRE R, GROSSKOPF S, NOH D, et al, 2005. Characteristics of a polluting technology: theory and practice [J]. Journal of econometrics, 126 (2): 469-492.

FUKUYAMA H, WEBER W L, 2009. A directional slacks-based measure of technical inefficiency [J]. Socio-economic planning sciences, 43 (4): 274-287.

FLEISHER B, LI H, ZHAO M Q, 2010. Human capital, economic growth, and regional inequality in China [J]. Journal of development economics, 92 (2): 215-231.

FUENTES J R, MORALES M, 2011. On the measurement of total factor productivity: a latent variable approach [J]. Macroeconomic dynamics, 15 (2): 145-159.

FÄRE R, GROSSKOPF S, WHITTAKER G, 2013. Directional output distance functions: endogenous directions based on exogenous normalization constraints [J]. Journal of productivity analysis, 40 (3): 267-269.

FENG G, SERLETIS A, 2014. Undesirable outputs and a primal Divisia productivity index based on the directional output distance function [J]. Journal of econometrics, 183 (1): 135-146.

FOSTER L S, HALTIWANGER J C, SYVERSON C, 2008. Reallocation, firm turnover, and efficiency: selection on productivity or profitability? [J]. American economic review, 98 (1): 394-425.

FOSTER L S, GRIM C, HALTIWANGER J, et al, 2016. Firm-level dispersion in productivity: is the devil in the details? [J]. American economic review: papers and proceedings, 106 (5): 95-98.

FOSTER L S, GRIM C A, HALTIWANGER J, et al, 2017. Macro and micro dynamics of productivity: from devilish details to insights [R]. NBER Working Paper, No. 23666.

GABAIX X, 1999. Zipf's law for cities: an explanation [J]. Quarterly journal of economics, 114 (3): 739-767.

GOODKIND D, WEST L A, 2002. China's floating population: definitions, data and recent findings [J]. Urban studies, 39 (12): 2237-2250.

GROUT P A, 2003. Public and private sector discount rates in public-private partnerships [J]. Economic journal, 113 (486): 62-68.

GABAIX X, IOANNIDES Y M, 2004. The evolution of city size distributions [G] // Handbook of regional and urban economics. Amsterdam: North-Holland.

GREENE W, 2005. Reconsidering heterogeneity in panel data estimators of the stochastic frontier model [J]. Journal of econometrics, 126 (2): 269-303.

GRIMSEY D, LEWIS M K, 2005. The economics of public private partnerships [M]. Herndon: Edward Elgar Publishing.

GLAESER E, 2011. Cities, productivity, and quality of life [J]. Science, 333 (6042): 592-594.

GABAIX X, IBRAGIMOV R, 2011. Rank-1/2: a simple way to improve the OLS estimation of tail exponents [J]. Journal of business & economic statistics, 29 (1): 24-39.

GHOSE A, HAN S P, 2014. Estimating demand for mobile applications in the new economy [J]. Management science, 60 (6): 1351-1616.

GEORGE G, HAAS M R, PENTLAND A, 2014. Big data and management [J]. Academy of management journal, 57 (2): 321-326.

GUBINS S, VERHOEF E T, 2014. Dynamic bottleneck congestion and residential land use in the monocentric city [J]. Journal of urban economics, 80: 51-61.

GUAN X, WEI H, LU S, et al, 2018. Assessment on the urbanization strategy in China: achievements, challenges and reflections [J]. Habitat international, 71: 97-109.

HENDERSON J V, 1974. The size and types of cities [J]. American economic review, 64 (4): 640-656.

HENDERSON J V, 1988. Urban development: theory, fact and illusion [M]. Oxford: Oxford University Press.

HELSLEY R, STRANGE W, 1990. Matching and agglomeration economies in a system of cities [J]. Journal of urban economics, 20 (2): 189-212.

HANSEN N, 1990. Impacts of small- and intermediate-sized cities on population distribution: issues and responses [J]. Regional development dialogue, 11 (1): 60-79.

HELSLEY R W, Sullivan M, 1991. Urban subcenter formation [J]. Regional science and urban economics, 21 (2): 255-275.

HENDERSON J V, 1996. The size and types of cities [J]. American economic review, 1974, 64 (4): 640-656.

HENDERSON J V, 2000. How urban concentration affects economic growth [R]. World Bank Working Paper, No. 2326.

HENDERSON J V, SHALIZI Z, VENABLES A J, 2001. Geography and development [J]. Journal of economic geography, 1 (1): 81-105.

HEAD K, MAYER T, 2004. The empirics of agglomeration and trade [G] //Handbook of regional and urban economics. Amsterdam: North-Holland: 2609-2669.

HEAD K, MAYER T, 2006. Regional wage and employment responses to market potential in the EU [J]. Regional science and urban economics, 36 (5): 573-594.

HEMMING R, 2006. Public-private partnerships, government guarantees, and fiscal risk [J]. Washington DC: International Monetary Fund.

HA J, HOWITT P, 2007. Accounting for trends in productivity and R&D: a Schumpeterian critique of semi-endogenous growth theory [J]. Journal of money, credit and banking, 39 (4): 733-774.

HSIEH C T, KLENOW P J, 2009. Misallocation and manufacturing TFP in China and India [J]. Quarterly journal of economics, 124 (4): 1403-1448.

HENDERSON J V, 2010. Cities and development [J]. Journal of regional science, 50 (1): 515-540.

HOPPE E I, SCHMITZ P W, 2013. Public – private partnerships versus traditional procurement: innovation incentives and information gathering [J]. RAND journal of economics, 44 (1): 56-74.

HUANG Z, HE C, ZHU S, 2017. Do China's economic development zones improve land use efficiency? The effects of selection, factor accumulation and agglomeration [J]. Landscape and urban planning, 162: 145-156.

HENSELER M, SCHUMACHER I, 2019. The impact of weather on economic growth and its production factors [J]. Climatic change, 154 (4): 417-433.

IMBENS G, KALYANARAMAN K, 2009. Optimal bandwidth choice for the regression discontinuity estimator [J]. Review of economic studies, 79 (3): 933-959.

IVANOV A, LEVIN D, PECK J, 2009. Hindsight, foresight, and insight: an experimental study of a small – market investment game with common and private values [J]. American economic review, 99 (4): 1484-1507.

IOSSA E, MARTIMORT D, 2012. Risk allocation and the costs and benefits of public–private partnerships [J]. RAND journal of economics, 43 (3): 442-474.

JACOBS J, 1969. The economy of cities [M]. New York: Random House.

JEFFERSON G H, SINGHE I, 1998. Enterprise reform in China: ownership transition and performance [M]. Oxford: Oxford University Press.

JIANG L, DENG X, SETO K C, 2012. Multi–level modeling of urban expansion and cultivated land conversion for urban hotspot counties in China [J]. Landscape and urban plan, 108 (2): 131-139.

KALDOR N, 1935. Market imperfection and excess capacity [J]. Economica, 2 (5): 33-50.

KRUGMAN P, 1996. Confronting the mystery of urban hierarchy [J]. Journal of the Japanese and the international economies, 10 (4): 399-418.

KARPOFF J M, 2001. Public versus private initiative in arctic exploration: the effects of incentives and organizational structure [J]. Journal of political economy, 109 (1): 38-78.

KIRKLEY J, PAUL C J M, SQUIRES D, 2002. Capacity and capacity utilization in common–pool resource industries [J]. Environmental & resource economics, 22 (1): 71-97.

KREMER M, LEINO J, MIGUEL E, et al, 2011. Spring cleaning: rural water impacts, valuation, and property rights institution [J]. Quarterly journal of economics, 126 (1): 145-205.

KOEN V, HERD R, WANG X, et al, 2013. Policies for inclusive urbanization in China [R]. OECD Working Paper, No. 1090.

KUMBHAKAR S C, WANG H J, HORNCASTLE A P, 2015. A practitioner's guide to stochastic frontier analysis using stata [M]. Cambridge: Cambridge University Press.

KRÜGER J J, 2017. Revisiting the world technology frontier: a directional distance function approach [J]. Journal of economic growth, 22 (1): 67-95.

KARAKAPLAN M U, KUTLU L, 2017a. Handling endogeneity in stochastic frontier analysis [J]. Economics bulletin, 37 (2): 889-901.

KARAKAPLAN M U, KUTLU L, 2017b. Endogeneity in panel stochastic frontier models: an application to the Japanese cotton spinning industry [J]. Applied economics, 49 (59): 5935-5939.

LEVINSOHN J A, PETRIN A, 2003. Estimating production functions using inputs to control for unobservables [J]. Review of economic studies, 70 (2): 317-340.

LONDON ENERGY PARTNERSHIP, 2007. Making ESCOs work: guidance and advice on setting up & delivering an ESCO [M]. London: London Energy Partnership.

LEVY M, 2009. Gibrat's law for (all) cities: comment [J]. American economic review, 99 (4): 1672-1675.

LONG C, ZHANG X, 2011. Cluster-based industrialization in China, financing and performance [J]. Journal of international economics, 84 (1): 112-123.

LEE C Y, 2014. Meta-data envelopment analysis: finding a direction towards marginal profit maximization [J]. European journal of operational research, 237 (1): 207-216.

LI C, GIBSON J, 2014a. Are Chinese cities really too small? [R/OL]. http://econfin. massey.ac.nz/school/seminar%20papers/albany/2014/Gibson.pdf, 03-01/07-01.

LI Z, PENARD T, 2014b. The role of quantitative and qualitative network effects in B2B platform competition [J]. Managerial and decision economics, 35 (1): 1-19.

LEVIN N, ZHANG Q, 2017. A global analysis of factors controlling VIIRS nighttime light levels from densely populated areas [J]. Remote sensing of environment, 190 (1): 366-382.

LAGAKOS D, MOBARAK A M, WAUGH M E, 2018. The welfare effects of encouraging rural-urban migration [R]. NBER Working Paper, No. 24193.

LIU Y, 2018. Introduction to land use and rural sustainability in China [J]. Land use policy, 74: 1-4.

LIU L, LIU Z, GONG J, et al, 2019. Quantifying the amount, heterogeneity, and pattern of farmland: implications for China's requisition-compensation balance of farmland policy [J]. Land use policy, 81: 256-266.

MASHALL A, 1890. Principles of economics ［M］. London：Macmillan Press.

MURPHY K M, TOPEL R H, 1985. Estimation and inference in two-step econometric models ［J］. Journal of business and economic statistics, 3 （4）：370-379.

MELITZ M J, 2003. The impact of trade on intra-industry reallocations and aggregate industry productivity ［J］. Econometrica, 71 （6）：1695-1725.

MASKIN E, TIROLE J, 2007. Public-private partnerships and government spending limits ［J］. International journal of industrial organization, 26 （2）：412-420.

MILOSAVLJEVIC M, BENKOVIC S, 2009. Modern aspects of public private partnership ［J］. Perspectives of innovations, economics and business, 3 （3）：25-28.

MOSZORO M, 2010. Efficient public-private partnerships ［R］. University of Navarra Working Paper, No. 884.

MALGARINI M, PARADISO A, 2010. Measuring capacity utilization in the Italian manufacturing sector：a comparison between time series and survey models in light of the actual economic crisis ［R］. ISAE Working Paper, No. 129.

MADSEN J B, SAXENA S, ANG J B, 2010. The Indian growth miracle and endogenous growth ［J］. Journal of development economics, 93 （1）：37-48.

MERRILEES B, RUNDLE-THIELE S, LYE A, 2011. Marketing capabilities：antecedents and implications for B2B SME performance ［J］. Industrial marketing management, 40 （3）：368-375.

MARTIMORT D, STRAUB S, 2012. How to design infrastructure contracts in a warming world? A critical appraisal of public-private partnerships ［R］. IDEI Working Paper, No. 724.

MOSZORO M, 2014. Efficient public-private capital structures ［J］. Annals of public and cooperation economics, 85 （1）：103-126.

MAYER T, MELITZ M J, OTTAVIANO G I P, 2014. Market size, competition, and the product mix of exporters ［J］. American economic review, 104 （2）：495-536.

MCRAE S, 2015. Infrastructure quality and the subsidy trap ［J］. American economic review, 105 （1）：35-66.

MCDONNELL M J, MACGREGOR-FORS I, 2016. The ecological future of cities ［J］. Science, 352 （6288）：936-938.

NORDHAUS W D, 2001. Productivity growth and the new economy ［R］. NBER Working Paper, No. 8096.

NAUGHTON B, 2017. Is China socialist? [J]. Journal of economic perspectives, 31 (1): 3-24.

OLLEY S G, PAKES A, 1996. The dynamics of productivity in the telecommunications equipment industry [J]. Econometrica, 64 (6): 1263-1297.

O'SULLIVAN A, 1999. Urban economics [M]. 4th ed. Chicago: Irwin Professional Publishing.

OVERMAN H G, REDDING S, VENABLES A J, 2003. The economic geography of trade, production, and income: a survey of empirics [G] //LSE handbook of international trade. Malden: Basil Blackwell.

OECD, 2013. OECD economic surveys: China [R]. Paris: OECD Publishing.

PASTOR J T, LOVELL C A K, 2005. A global Malmquist productivity index [J]. Economics letters, 88 (2): 266-271.

PASTOR J T, ASMILD M, LOVELL C A K, 2011. The biennial Malmquist productivity change index [J]. Socio-economic planning sciences, 45 (1): 10-15.

PASTOR J T, LOVELL C A K, APARICIO J, 2012. Families of linear efficiency programs based on Debreu's loss function [J]. Journal of productivity analysis, 38 (2): 109-120.

PANG R, DENG Z, HU J, 2015. Clean energy use and total-factor efficiencies: an international comparison [J]. Renewable and sustainable energy review, 52: 1158-1171.

PARKES D C, WELLMAN M P, 2015. Economic reasoning and artificial intelligence [J]. Science, 349 (6245): 267-272.

PASTOR J T, LOVELL C A K, APARICIO J, 2020. Defining a new graph inefficiency measure for the proportional directional distance function and introducing a new Malmquist productivity index [J]. European journal of operational research, 281 (1): 222-230.

QUAAS M F, SMULDERS S, 2018. Brown growth, green growth, and the efficiency of urbanization [J]. Environmental & resource economics, 71 (2): 529-549.

REDDING S, VENABLES A, 2004. Economic geography and international inequality [J]. Journal of international economics, 62 (1): 53-82.

RABIN J, 2005. Encyclopedia of public administration and public policy [M]. New York: Taylor and Francis Group.

ROZENFELD H D, RYBSHI D, GABAIX X, et al, 2011. The area and population of cities: new insights from a different perspective on cities [J]. American economic review, 101 (5): 2205-2225.

RESTUCCIA D, ROGERSON R, 2013. Misallocation and productivity [J]. Review of economic dynamics, 16 (1): 1-10.

RAY S C, 2015. Nonparametric measures of scale economies and capacity utilization: an application to U. S. manufacturing [J]. European journal of operational research, 245 (2): 602-611.

RUSSELL S, DEWEY D, TEGMARK M, 2015. Research priorities for robust and beneficial artificial intelligence [J]. AI magazine, 36 (4): 105-114.

RESTUCCIA D, ROGERSON R, 2017. The causes and costs of misallocation [J]. Journal of economic perspectives, 31 (3): 151-174.

SCHUMPETER J A, 1911. The theory of economic development [M]. Cambridge: Harvard University Press.

SOLOW R M, 1956. A contribution to the theory of economic growth [J]. Quarterly journal of economics, 70 (1): 65-94.

SOLOW R M s, 1957. Technical change and the aggregate production function [J]. Review of economics and statistic, 39 (3): 312-320.

SAMUELSON P A, 1964. Principals of efficiency: discussion [J]. American economic review, 81: 191-209.

SOLOW R M, 1965. Capital theory and the rate of return [M]. Chicago: Rand McNally.

SEADE J, 1985. Profitable cost increases and the shifting of taxation: equilibrium responses of markets in oligopoly [R]. Warwick Economic Research Papers, No. 260.

SIMAR L, WILSON P W, 2000. Statistical inference in nonparametric frontier models: the state of the art [J]. Journal of productivity analysis, 13 (1): 49-78.

SHESTALOVA V, 2003. Sequential Malmquist indices of productivity growth: an application to OECD industrial activities [J]. Journal of productivity analysis, 19 (3): 211-226.

SHAIKH A M, MOUDUD J K, 2004. Measuring capacity utilization in OECD countries: a cointegration method [R]. Levy Economics Institute of Bard College Working Paper, No. 415.

SAUSSIERS S, STAROPOLIC C, YVRANDE-BILION A, 2009. Public-private agreements, institutions and competition: when economic theory meets facts [J]. Review of industrial organization, 35 (1-2): 1-18.

SIMAR L, WILSON P W, 2011. Two-stage DEA: caveat emptor [J]. Journal of productivity analysis, 36 (2): 205-218.

SHAN T, 2015. China PPP：progress and case study ［R］. Working Paper of the 6th COTA−MOT−WB China transport forum in CICTP.

SIMAR L, VANHEMS A, KEILEGOM I V, 2015. Unobserved heterogeneity and endogeneity in nonparametric frontier estimation ［J］. Journal of econometrics, 190（2）：360−373.

SHEN X, WANG L, WU C, et al, 2017. Local interests or centralized targets? How China's local government implements the farmland policy of requisition−compensation balance ［J］. Land use policy, 67：716−724.

SHAPIRO J, WALKER R, 2018. Why is pollution from U. S. manufacturing declining? The roles of environmental regulation, productivity, and trade ［J］. American economic review, 108（2）：3814−3854.

TIROLE J, 1944. The theory of industrial organization ［M］. 7th ed. Cambridge：MIT Press.

TIEBOUT C M, 1956. An pure theory of local public expenditures ［J］. Journal of political economy, 64（5）：416−424.

TABUCHI T, 1998. Urban agglomeration and dispersion：a synthesis of Alonso and Krugman ［J］. Journal of urban economics, 44（3）：333−351.

TONE K, 2001. A slacks based measure of efficiency in data envelopment analysis ［J］. European journal of operational research, 130（3）：498−509.

TONE K, TSUTSUI M, 2009. Network DEA：a slacks−based measure approach ［J］. European journal of operational research, 197（1）：243−252.

THIRLWALL A P, 2014. Kaldor's 1970 regional growth model revisited ［J］. Scottish journal of political economy, 61（4）：341−347.

TALHELM T, ZHANG X, OISHI S, et al, 2014. Large−scale psychological differences within China explained by rice versus wheat agriculture ［J］. Science, 344（6184）：603−608.

UNITED NATIONS HUMAN SETTLEMENTS PROGRAMME, 2011. Cities and climate change：policy directions ［M］. Washington DC：Earthscan Press.

UNITED NATIONS DEPARTMENT OF ECONOMIC AND SOCIAL AFFAIRS, 2015. World urbanization prospects：the 2014 revision ［R］. New York：United Nations.

VICKREY W S, 1969. Congestion theory and transport investment ［J］. American economic review, 59（2）：251−260.

VALLAINCOURT－ROSENAU P, 2001. Public－private policy partnerships［M］. Cambridge：MIT Press.

VENABLES A J, 2010. Productivity in cities：self-selection and sorting［R］. University of Oxford Working Paper.

VENTURINI F, 2012. Looking into the black box of Schumpeterian growth theories：an empirical assessment of R&D races［J］. European economic review, 56（8）：1530-1545.

VARIAN H R, 2014. Big data：new tricks for econometrics［J］. Journal of economic perspectives, 28（2）：3-28.

VAN ARK B, 2016. The productivity paradox of the new digital economy［J］. International productivity monitor, 31：3-18.

WANG H, SCHMIDT P, 2002. One-step and two-step estimation of the effects of exogenous variables on technical efficiency levels［J］. Journal of productivity analysis, 18（2）：129-144.

WHALLEY J, ZHANG S, 2007. A numerical simulation analysis of (hukou) labour mobility restrictions in China［J］. Journal of development economics, 83（2）：392-410.

WEBER B, ALFEN H W, 2010. Infrastructure as an Asset Class：investment strategies, project finance and PPP［M］. Chichester：Wiley.

WHALLEY J, XIN X, 2010. China's FDI and non-FDI economies and the sustainability of future high Chinese growth［J］. China economic review, 21（1）：123-135.

WEI Y, YE X, 2014. Urbanization, urban land expansion and environmental change in China［J］. Stochastic environmental research and risk assessment, 28（4）：757-765.

WU C, WEI Y D, HUANG X, et al, 2017a. Economic transition, spatial development and urban land use efficiency in the Yangtze river delta, China［J］. Habitat international, 63：67-78.

WU Y, SHAN L, GUO Z, et al, 2017b. Cultivated land protection policies in China facing 2030：dynamic balance system versus basic farmland zoning［J］. Habitat international, 69：126-138.

WEI S, XIE Z, ZHANG X, 2017. From 'made in China' to 'innovated in China'：necessity, prospect, and challenges［J］. Journal of economic perspectives, 31（1）：49-70.

WANG J, ZHANG Z, LIU Y, 2018. Spatial shifts in grain production increases in China and implications for food security［J］. Land use policy, 74：204-213.

XU Z, 2009. Productivity and agglomeration economies in Chinese cities [J]. Comparative Economic Studies, 51 (3): 284-301.

YANG G, FUKUYAMA H, 2018. Measuring the Chinese regional production potential using a generalized capacity utilization indicator [J]. Omega, 76 (4): 112-127.

ZHOU L, DICKINSON R E, TIAN Y, et al, 2004. Evidence for a significant urbanization effect on climate in China [J]. Proceedings of the national academy of sciences of the United States of American, 101 (26): 9540-9544.

ZOFIO J L, PASTOR J T, APARICIO J, 2013. The directional profit efficiency measure: on why profit inefficiency is either technical or allocative [J]. Journal of productivity analysis, 40 (3): 257-266.

ZHAO H, ZHANG H, MIAO C, et al, 2018. Linking heat source-sink landscape patterns with analysis of urban heat islands: study on the fast-growing Zhengzhou city in central China [J]. Remote sensing, 10 (8): 1268.

ZHANG J, PANG R, DENG Z, 2020. Investment-appreciation anticipation and excess capacity: a DSGE model with signal shocks and financial accelerators [R]. Working Paper.

附录

附录1：相关数据

附表1-1　中国主要城市市辖区户籍人口（2009年和2017年）

编号	城市	2009年		2017年		年末人口增长率/%	年平均人口增长率/%	排序	AQI
		年末人口/万人	年平均人口/万人	年末人口/万人	年平均人口/万人				
1	北京	1 174.63	1 164.51	1 359	1 361	15.7	16.9	104	102
2	天津	802.9	798.38	1 050	1 047	30.8	31.1	78	108
3	石家庄	242.78	245.34	417	416	71.8	69.6	40	134
4	唐山	307	311.33	334	335	8.8	7.6	141	115
5	秦皇岛	82.63	94.56	144	143	74.3	51.2	36	88
6	邯郸	147.4	136.59	379	368	157.1	169.4	15	130
7	邢台	61.48	60.6	89	89	44.8	46.9	58	130
8	保定	106.25	104.81	284	285	167.3	171.9	12	134
9	张家口	89.65	92.19	173	157	93.0	70.3	28	78
10	承德	54.51	52.6	60	60	10.1	14.1	131	79
11	沧州	53.29	50.16	57	57	7.0	13.6	155	112
12	廊坊	81.03	81.5	87	87	7.4	6.7	150	109
13	衡水	31.1	31.39	97	96	211.9	205.8	8	122
14	太原	285.16	283	286	287	0.3	1.4	223	115
15	大同	154.69	153.91	159	159	2.8	3.3	196	80
16	阳泉	68.76	68.39	70	70	1.8	2.4	209	108
17	长治	69.8	69.65	74	74	6.0	6.2	162	105
18	晋城	34.3	33.94	39	39	13.7	14.9	111	114
19	朔州	64.09	63.65	68	73	6.1	14.7	161	96
20	晋中	58.88	58.59	78	66	32.5	12.6	75	109

编号	城市	2009年		2017年		年末人口增长率/%	年平均人口增长率/%	排序	AQI
		年末人口/万人	年平均人口/万人	年末人口/万人	年平均人口/万人				
21	运城	65.89	65.82	69	70	4.7	6.4	171	124
22	忻州	52.86	52.95	55	55	4.0	3.9	180	109
23	临汾	83.3	82.77	82	82	−1.6	−0.9	243	132
24	吕梁	27.45	25.21	28	33	2.0	30.9	206	97
25	呼和浩特	118.79	117.75	135	133	13.6	13.0	112	90
26	包头	141.48	140.97	156	156	10.3	10.7	128	88
27	乌海	48.06	47.1	44	56	−8.4	18.9	269	89
28	赤峰	121.44	120.87	126	126	3.8	4.2	185	69
29	通辽	76.3	76.12	84	84	10.1	10.4	130	69
30	鄂尔多斯	25.31	25.07	30	29	18.5	15.7	97	75
31	呼伦贝尔	26.92	26.74	37	37	37.4	38.4	68	50
32	巴彦淖尔	53.6	53.5	52	52	−3.0	−2.8	251	79
33	乌兰察布	30.37	30.29	31	32	2.1	5.6	202	75
34	沈阳	512.23	510.63	591	589	15.4	15.3	105	91
35	大连	302.01	300.16	400	399	32.4	32.9	76	74
36	鞍山	147.24	147.29	149	149	1.2	1.2	212	87
37	抚顺	139.05	139.32	138	139	−0.8	−0.2	230	83
38	本溪	95.54	95.64	90	91	−5.8	−4.9	265	69
39	丹东	78.93	77.9	78	78	−1.2	0.1	238	64
40	锦州	93.38	93.12	96	96	2.8	3.1	195	89
41	营口	89.28	88.8	93	93	4.2	4.7	179	88
42	阜新	77.59	77.74	75	76	−3.3	−2.2	254	80
43	辽阳	72.7	72.66	86	86	18.3	18.4	98	86
44	盘锦	60.62	60.35	102	102	68.3	69.0	43	81
45	铁岭	44.69	44.64	162	43	262.5	−3.7	3	89
46	朝阳	59.8	59.5	61	61	2.0	2.5	205	83
47	葫芦岛	99.18	98.75	97	97	−2.2	−1.8	247	89
48	长春	362.32	361.6	438		20.9		94	83
49	吉林	185.07	183.29	180		−2.7		250	87
50	四平	60.95	60.92	68	63	11.6	3.4	122	81
51	辽源	47.79	47.76	45	46	−5.8	−3.7	266	78
52	通化	44.93	45.1	44		−2.1		246	64
53	白山	59.33	59.32	54	54	−9.0	−9.0	273	73
54	松原	55.26	54.76	56	57	1.3	4.1	211	77

编号	城市	2009年		2017年		年末人口增长率/%	年平均人口增长率/%	排序	AQI
		年末人口/万人	年平均人口/万人	年末人口/万人	年平均人口/万人				
55	白城	50.89	50.88	49	49	−3.7	−3.7	257	62
56	哈尔滨	474.7	474.9	551	551	16.1	16.0	102	91
57	齐齐哈尔	141.99	141.88	134	135	−5.6	−4.8	264	68
58	鸡西	88.11	88.11	80		−9.2		274	67
59	鹤岗	67.87	67.91	62	63	−8.6	−7.2	270	59
60	双鸭山	50.18	50.13	44	48	−12.3	−4.2	276	63
61	大庆	132.53	130.57	137	137	3.4	4.9	190	66
62	伊春	81.03	81.06	74	74	−8.7	−8.7	271	48
63	佳木斯	81.49	81.95	77	77	−5.5	−6.0	263	64
64	七台河	55.32	54.39	48	48	−13.2	−11.7	278	78
65	牡丹江	79.91	79.65	87	88	8.9	10.5	138	62
66	黑河	19.21	19.15	19	19	−1.1	−0.8	237	46
67	绥化	89.91	89.81	82	82	−8.8	−8.7	272	65
68	上海	1 331.68	1 326.69	1 455	1 453	9.3	9.5	135	84
69	南京	545.97	543.61	681	672	24.7	23.6	88	87
70	无锡	238.12	237.77	259	256	8.8	7.7	142	89
71	徐州	186.22	185.31	338	338	81.5	82.4	32	112
72	常州	226.67	226.27	300	297	32.4	31.3	77	89
73	苏州	240.21	239.21	356	352	48.2	47.2	57	85
74	南通	211.54	211.65	214	214	1.2	1.1	213	83
75	连云港	88.69	84.78	223	223	151.4	163.0	16	78
76	淮安	274.52	276.23	332	334	20.9	20.9	92	90
77	盐城	162.55	162.21	244	243	50.1	49.8	55	81
78	扬州	121.99	121.88	233	233	91.0	91.2	29	96
79	镇江	103.45	103.13	103	103	−0.4	−0.1	228	95
80	泰州	82.07	91.36	164	164	99.8	79.5	26	89
81	宿迁	159.52	158.76	176	176	10.3	10.9	127	98
82	杭州	429.44	426.87	615	607	43.2	42.2	59	85
83	宁波	221.83	220.98	290	287	30.7	29.9	79	75
84	温州	144.77	144.3	170	169	17.4	17.1	99	71
85	嘉兴	83.12	82.84	90	89	8.3	7.4	143	85
86	湖州	108.56	108.54	112	111	3.2	2.3	194	88
87	绍兴	64.9	64.9	221	221	240.5	240.5	6	82
88	金华	92.7	92.54	98	97	5.7	4.8	165	80

编号	城市	2009 年		2017 年		年末人口增长率/%	年平均人口增长率/%	排序	AQI
		年末人口/万人	年平均人口/万人	年末人口/万人	年平均人口/万人				
89	衢州	82.18	82.01	85	85	3.4	3.6	189	71
90	舟山	69.66	69.62	71	71	1.9	2.0	207	64
91	台州	153.77	153.26	161	161	4.7	5.1	173	65
92	丽水	38.46	38.37	41	41	6.6	6.9	158	61
93	合肥	208.58	206.03	270	265	29.4	28.6	82	95
94	芜湖	104.92	105.25	149	148	42.0	40.6	61	90
95	蚌埠	92.52	92.51	115	115	24.3	24.3	90	97
96	淮南	180.77	180.29	182	184	0.7	2.1	219	103
97	马鞍山	63.61	63.35	83	83	30.5	31.0	81	92
98	淮北	109.02	108.7	105	105	-3.7	-3.4	256	109
99	铜陵	44.95	44.52	74	74	64.6	66.2	45	86
100	安庆	73.96	74.11	74	74	0.1	-0.1	224	83
101	黄山	46.66	43.57	46	46	-1.4	5.6	242	54
102	滁州	53.24	53.04	56	55	5.2	3.7	169	93
103	阜阳	204.23	202.66	229	228	12.1	12.5	117	102
104	宿州	183.9	182.25	191	191	3.9	4.8	184	109
106	六安	185.15	184.64	220	220	18.8	19.2	96	82
107	亳州	159.52	157.53	167	167	4.7	6.0	174	108
108	池州	65.81	65.63	67	67	1.8	2.1	208	89
109	宣城	85.76	85.45	87	87	1.4	1.8	210	79
110	福州	187.33	187.01	279	277	48.9	48.1	56	60
111	厦门	177	175.33	231	226	30.5	28.9	80	53
112	莆田	212.98	211.95	239	237	12.2	11.3	115	64
113	三明	28.36	27.37	28	28	-1.3	2.3	241	52
114	泉州	102.94	140.68	112	111	8.8	-21.1	140	62
115	漳州	55.01	54.79	62	61	12.7	11.3	114	68
116	南平	49.27	49.21	86	86	74.5	74.8	35	50
117	龙岩	47.81	47.73	104	103	117.5	115.8	21	50
118	宁德	43.26	43.53	49	49	13.3	12.6	113	60
119	南昌	222.5	222.79	305	304	37.1	36.5	72	76
120	景德镇	45.79	45.69	47	50	2.6	9.4	197	65
121	萍乡	84.97	84.79	89	89	4.7	5.0	170	79
122	九江	63.8	62.12	100	100	56.7	61.0	49	80
123	新余	92.24	91.7	90	86	-2.4	-6.2	248	74

编号	城市	2009 年		2017 年		年末人口增长率/%	年平均人口增长率/%	排序	AQI
		年末人口/万人	年平均人口/万人	年末人口/万人	年平均人口/万人				
124	鹰潭	22.23	20.63	24	24	8.0	16.3	146	70
125	赣州	64.57	64.17	225	204	248.5	217.9	5	72
126	吉安	53.66	53.5	59	59	10.0	10.3	132	79
127	宜春	104.22	103.73	115	115	10.3	10.9	126	76
128	抚州	111.11	107.27	121	112	8.9	4.4	137	71
129	上饶	39.48	39.24	141	140	257.1	256.8	4	71
130	济南	348.24	349.24	484	479	39.0	37.2	66	111
131	青岛	275.47	275.86						82
132	淄博	278.77	278.47	288	288	3.3	3.4	193	110
133	枣庄	219.59	219.49	245	243	11.6	10.7	121	107
134	东营	83.28	83.21	111	111	33.3	33.4	74	104
135	烟台	179.24	179.32	189	189	5.4	5.4	168	76
136	潍坊	181.25	176.68	192	214	5.9	21.1	163	106
137	济宁	119.61	114.74	187	186	56.3	62.1	50	106
138	泰安	159.25	159.66	171	171	7.4	7.1	149	107
139	威海	64.54	64.24	134	134	107.6	108.6	23	68
140	日照	122.83	122.63	137	136	11.5	10.9	123	86
141	莱芜	126.38	126.17	129	129	2.1	2.2	203	109
142	临沂	199.46	198.58	274	271	37.4	36.5	69	107
143	德州	63.44	63.13	124	124	95.5	96.4	27	119
144	聊城	105.02	104.74	127	126	20.9	20.3	93	117
145	滨州	63.23	63.2	109	109	72.4	72.5	39	109
146	菏泽	149.6	148.78	233	231	55.7	55.3	52	114
147	郑州	285.01	280.88	367	360	28.8	28.2	83	97
148	开封	85.38	85.09	171	170	100.3	99.8	25	92
149	洛阳	160.07	159.21	205	205	28.1	28.8	85	101
150	平顶山	101.86	101.28	111	111	9.0	9.6	136	92
151	安阳	107.53	107.14	117	118	8.8	10.1	139	108
152	鹤壁	60.97	58.35	65	65	6.6	11.4	157	96
153	新乡	101.4	101.04	108	107	6.5	5.9	159	101
154	焦作	83.52	83.2	98	73	17.3	-12.3	100	105
155	濮阳	67.14	66.55	72	72	7.2	8.2	153	96
156	许昌	41.17	40.99	134	134	225.5	226.9	7	89
157	漯河	139.17	138.21	134	135	-3.7	-2.3	258	85

编号	城市	2009 年		2017 年		年末人口增长率/%	年平均人口增长率/%	排序	AQI
		年末人口/万人	年平均人口/万人	年末人口/万人	年平均人口/万人				
158	三门峡	29.2	29.1	63	65	115.8	123.4	22	90
159	南阳	185.32	183.77	190	189	2.5	2.8	198	87
160	商丘	173.2	171.71	186	185	7.4	7.7	148	89
161	信阳	145.75	144.66	156	155	7.0	7.1	154	77
162	周口	52.73	52.3	64	64	21.4	22.4	91	88
163	驻马店	66.14	65.12	85	85	28.5	30.5	84	86
164	武汉	514.97	514.6	854	844	65.8	64.0	44	89
165	黄石	71.54	71.66	134	135	87.3	88.4	30	83
166	十堰	52.78	47.86	118	119	123.6	148.6	20	74
167	宜昌	124.79	124.61	126	127	1.0	1.9	215	90
168	襄樊	221.75	220.64	227	226	2.4	2.4	200	101
169	鄂州	107.24	103.4	111	107	3.5	3.5	188	84
170	荆门	67.92	67.52	59	59	−13.1	−12.6	277	83
171	孝感	96.82	93.54	96	96	−0.8	2.6	232	84
172	荆州	116.85	113.2	108	108	−7.6	−4.6	268	86
173	黄冈	36.8	36.74	35	35	−4.9	−4.7	260	85
174	咸宁	59.78	59.65	62	62	3.7	3.9	186	79
175	随州	64.68	64.56	53	53	−18.1	−17.9	280	82
176	长沙	240.95	239.64	340	334	41.1	39.4	63	85
177	株洲	100.21	99	97	97	−3.2	−2.0	253	82
178	湘潭	87.75	87.78	87	87	−0.9	−0.9	233	82
179	衡阳	104.27	103.7	101	101	−3.1	−2.6	252	76
180	邵阳	67.3	66.93	70	70	4.0	4.6	182	81
181	岳阳	87.51	84.41	110	110	25.7	30.3	87	76
182	常德	140.56	140.39	140	141	−0.4	0.4	227	84
183	张家界	49.88	49.68	53	53	6.3	6.7	160	71
184	益阳	132.73	132.19	136	137	2.5	3.6	199	75
185	郴州	66.62	66.47	78	78	17.1	17.3	101	74
186	永州	109.59	109.27	117	118	6.8	8.0	156	69
187	怀化	34.78	34.53	39	39	12.1	12.9	116	70
188	娄底	44.87	44.54	61	55	35.9	23.5	73	69
189	广州	654.68	650.25	898	884	37.2	35.9	71	76
190	韶关	92.09	92.09	92	92	−0.1	−0.1	225	67
191	深圳	245.96		435	410	76.9		33	56

编号	城市	2009年		2017年		年末人口增长率/%	年平均人口增长率/%	排序	AQI
		年末人口/万人	年平均人口/万人	年末人口/万人	年平均人口/万人				
192	珠海	102.65	101.07	119	117	15.9	15.8	103	61
193	汕头	503.43	501.36	558	555	10.8	10.7	125	57
194	佛山	367.63	365.98	420	410	14.2	12.0	108	78
195	江门	137.57	137.08	143	142	3.9	3.6	183	77
196	湛江	151.81	147.64	166	165	9.3	11.8	134	54
197	茂名	130.68	129.8	298	297	128.0	128.8	18	54
198	肇庆	53.19	52.98	141	140	165.1	164.3	13	71
199	惠州	129.02	127.49	155	153	20.1	20.0	95	57
200	梅州	31.49	31.39	97	97	208.0	209.0	9	53
201	汕尾	52.45	52.09	52	52	-0.9	-0.2	234	54
202	河源	29.83	29.79	32	49	7.3	64.5	152	55
203	阳江	66.81	66.51	122	122	82.6	83.4	31	60
204	清远	64.37	60.01	144	143	123.7	138.3	19	73
205	东莞	178.73	176.8						73
206	中山	147.86	147.15						72
207	潮州	34.97	34.91	168	168	380.4	381.2	1	60
208	揭阳	69.48	69.2	210	210	202.2	203.5	11	63
209	云浮	29.63	29.43	68	68	129.5	131.1	17	62
210	南宁	267.14	265.51	375	373	40.4	40.5	64	58
211	柳州	103.83	103.33	180	179	73.4	73.2	38	66
212	桂林	75.79	75.86	130	130	71.5	71.4	41	68
213	梧州	50.06	49.89	79	79	57.8	58.3	48	61
214	北海	60.42	59.86	67	67	10.9	11.9	124	55
215	防城港	51.86	51.31	58	58	11.8	13.0	120	53
216	钦州	134.79	133.19	151	150	12.0	12.6	118	59
217	贵港	185.84	185.04	201	201	8.2	8.6	144	68
218	玉林	97.81	96.85	112	111	14.5	14.6	107	63
219	百色	34.77	34.53	36	36	3.5	4.3	187	64
220	贺州	107.17	105.76	120	120	12.0	13.0	119	64
221	河池	33.12	32.78	101	101	205.0	208.1	10	58
222	来宾	105.27	104.48	113	113	7.3	8.2	151	73
223	崇左	35.8	35.41	37	37	3.4	4.5	191	57
224	海口	158.24	157.03	171	169	8.1	7.6	145	44
225	三亚	55.71	55.14	59	59	5.9	7.0	164	38

附表1-1（续）

编号	城市	2009年		2017年		年末人口增长率/%	年平均人口增长率/%	排序	AQI
		年末人口/万人	年平均人口/万人	年末人口/万人	年平均人口/万人				
226	重庆	1 542.77	1 426.28	2 451	2 450	58.9	71.8	47	81
227	成都	520.86	515.51	812	793	55.9	53.8	51	99
228	自贡	150.58	150.14	149	150	−1.0	−0.1	236	99
229	攀枝花	69.2	69.19	66	67	−4.6	−3.2	259	62
230	泸州	145.53	145.07	152	152	4.4	4.8	176	84
231	德阳	65.9	65.77	94	95	42.6	44.4	60	90
232	绵阳	122.31	121.38	173	174	41.4	43.4	62	77
233	广元	93.24	92.95	93	93	−0.3	0.1	226	65
234	遂宁	150.84	150.76	149	151	−1.2	0.2	239	71
235	内江	141.73	141.5	140	141	−1.2	−0.4	240	83
236	乐山	115.01	115.16	116	116	0.9	0.7	216	90
237	南充	193.35	192.93	194	195	0.3	1.1	222	77
238	眉山	85.5	85.22	120	121	40.4	42.0	65	90
239	宜宾	80.03	79.83	128	128	59.9	60.3	46	87
240	广安	126.1	125.76	127	127	0.7	1.0	217	71
241	达州	44.21	42.72	178	179	302.6	319.0	2	76
242	雅安	35.19	35.2	62	62	76.2	76.1	34	77
243	巴中	143.25	142.78	136	136	−5.1	−4.7	261	60
244	资阳	108.65	108.21	108	108	−0.6	−0.2	229	78
245	贵阳	218.79	218.11	251	248	14.7	13.7	106	55
246	六盘水	52.95	47.39	48	48	−9.3	1.3	275	64
247	遵义	85.3	84.61	221	211	159.1	149.4	14	55
248	安顺	84.7	84.52	129	129	52.3	52.6	53	54
249	昆明	250.24	333.3	312	311	24.7	−6.7	89	56
250	曲靖	69.47	69.19	119	96	71.3	38.7	42	56
251	玉溪	42.06	41.86	73	73	73.6	74.4	37	52
252	保山	89.05	89.03	94	94	5.6	5.6	167	52
253	昭通	81.69	81.12	93	92	13.8	13.4	110	62
254	丽江	15.33	15.33	16	16	4.4	4.4	178	45
255	思茅	21.76	25.79	23	23	5.7	−10.8	166	46
256	临沧	30.69	30.61	33	32	7.5	4.5	147	46
258	拉萨	21.67		30	30	38.4		67	59
259	西安	561.58	558.15	771	760	37.3	36.2	70	124
260	铜川	75.72	75.89	73	74	−3.6	−2.5	255	95

编号	城市	2009 年		2017 年		年末人口增长率/%	年平均人口增长率/%	排序	AQI
		年末人口/万人	年平均人口/万人	年末人口/万人	年平均人口/万人				
261	宝鸡	141.37	140.26	140	141	−1.0	0.5	235	100
262	咸阳	89.7	89.38	58	58	−35.3	−35.1	282	131
263	渭南	96.8	96.43	96	91	−0.8	−5.6	231	123
264	延安	44.87	44.54	68	68	51.5	52.7	54	83
265	汉中	55.26	54.84	113	113	104.5	106.1	24	89
266	榆林	50.93	50.38	58	58	13.9	15.1	109	85
267	安康	99.89	99.38	101	101	1.1	1.6	214	73
268	商洛	54.89	54.74	56	57	2.0	4.1	204	68
269	兰州	210.47	210.24	207	206	−1.6	−2.0	244	103
270	嘉峪关	20.87	19.9						89
271	金昌	21.53	21.47	21	23	−2.5	7.1	249	87
272	白银	49.66	49.53	50	50	0.7	0.9	218	87
273	天水	126.06	125.63	132	132	4.7	5.1	172	83
274	武威	103.57	103.21	104	104	0.4	0.8	221	90
275	张掖	51.87	51.75	51	52	−1.7	0.5	245	84
276	平凉	49.99	49.81	52	52	4.0	4.4	181	76
277	酒泉	40.12	38.27	41	41	2.2	7.1	201	100
278	庆阳	35.57	35.07	39	39	9.6	11.2	133	79
279	定西	46.73	46.65	47	47	0.6	0.8	220	82
280	陇南	55.16	54.97	57	57	3.3	3.7	192	63
281	西宁	114.13	113.17	98	130	−14.1	14.9	279	85
282	银川	91.42	90.13	116	114	26.9	26.5	86	99
283	石嘴山	45.42	45.29	43	43	−5.3	−5.1	262	95
284	吴忠	38.11	37.74	42	42	10.2	11.3	129	89
285	固原	44.06	43.77	46	46	4.4	5.1	177	79
286	中卫	39.24	39.14	41	41	4.5	4.8	175	94
287	乌鲁木齐	231.88	229.41	217	239	−6.4	4.2	267	109
288	克拉玛依	39.35	38.99	31	31	−21.2	−20.5	281	71
	平均值					30.7	30.5		

注：根据年末人口增长率进行降序排列；AQI 是 2017 年的平均空气质量指数，计算方法请见生态环境部《环境空气质量指数（AQI）技术规定（试行）》。

数据来源：《中国城市统计年鉴 2010》和《中国城市统计年鉴 2018》及中国空气质量在线监测分析平台（https://www.aqistudy.cn/historydata/）。

附表 1-2 中国主要城市市辖区常住人口数（2000年和2010年）

编号	城市	常住人口/万人 2000年	常住人口/万人 2010年	增长率/%	排序	编号	城市	常住人口/万人 2000年	常住人口/万人 2010年	增长率/%	排序
1	北京	1 151	1 883	64	41	144	聊城	95	123	29	95
2	天津	750	1 109	48	57	145	滨州	60	68	14	178
3	石家庄	197	283	44	68	146	菏泽	128	135	5	221
4	唐山	171	319	86	31	147	郑州	259	425	64	40
5	秦皇岛	82	103	26	112	148	开封	80	90	13	184
6	邯郸	133	145	9	200	149	洛阳	149	193	29	97
7	邢台	54	67	25	118	150	平顶山	90	103	15	168
8	保定	90	114	26	110	151	安阳	77	115	49	55
9	张家口	90	106	17	158	152	鹤壁	50	63	28	99
10	承德	44	63	45	64	153	新乡	78	105	35	80
11	沧州	44	54	21	136	154	焦作	75	87	16	163
12	廊坊	72	87	21	132	155	濮阳	45	66	46	60
13	衡水	42	52	24	126	156	许昌	37	50	33	84
14	太原	256	343	34	83	157	漯河	30	129	326	5
15	大同	153	174	14	176	158	三门峡	29	33	13	183
16	阳泉	66	72	10	193	159	南阳	158	181	14	169
17	长治	65	76	18	152	160	商丘	143	154	8	208
18	晋城	30	48	57	48	161	信阳	126	123	-2	248
19	朔州	56	71	26	115	162	周口	32	51	56	49
20	晋中	53	64	19	148	163	驻马店	34	72	114	21
21	运城	60	68	13	185	164	武汉	831	979	18	156
22	忻州	50	54	10	195	165	黄石	65	69	6	216
23	临汾	72	94	30	89	166	十堰	59	77	30	90
24	吕梁		32			167	宜昌	71	141	98	24
25	呼和浩特	141	198	41	71	168	襄樊	87	220	152	15
26	包头	167	210	25	117	169	鄂州	102	105	2	235
27	乌海	43	53	25	119	170	荆门	58	63	8	201
28	赤峰	115	133	16	165	171	孝感	88	91	3	232
29	通辽	79	90	13	180	172	荆州	118	115	-2	247
30	鄂尔多斯		58			173	黄冈	37	37	-2	246
31	呼伦贝尔		34			174	咸宁	57	51	-10	256
32	巴彦淖尔		54			175	随州	160	62	-61	261
33	乌兰察布		36			176	长沙	212	309	46	61
34	沈阳	530	626	18	151	177	株洲	88	106	20	143
35	大连	325	409	26	111	178	湘潭	71	96	36	79
36	鞍山	156	154	-1	244	179	衡阳	88	113	29	98

编号	城市	常住人口/万人		增长率/%	排序	编号	城市	常住人口/万人		增长率/%	排序
		2000年	2010年					2000年	2010年		
37	抚顺	143	143	0	242	180	邵阳	61	75	24	125
38	本溪	98	109	12	188	181	岳阳	91	123	35	81
39	丹东	78	87	11	192	182	常德	135	146	8	203
40	锦州	86	109	27	109	183	张家界	45	49	9	199
41	营口	70	103	48	58	184	益阳	123	125	1	237
42	阜新	79	79	1	240	185	郴州	66	82	26	116
43	辽阳	73	79	8	202	186	永州	98	102	5	223
44	盘锦	60	68	12	186	187	怀化	35	55	59	45
45	铁岭	43	45	4	224	188	娄底	40	50	25	120
46	朝阳	48	63	32	86	189	广州	852	1 107	30	93
47	葫芦岛	90	97	8	207	190	韶关	54	99	85	32
48	长春	323	419	30	91	191	深圳	701	1 036	48	59
49	吉林	195	198	1	238	192	珠海	83	156	87	30
50	四平	49	61	25	121	193	汕头	127	533	320	6
51	辽源	46	47	2	236	194	佛山	77	720	836	1
52	通化	46	51	10	194	195	江门	54	182	240	8
53	白山	34	62	85	33	196	湛江	135	161	19	147
54	松原	54	61	14	175	197	茂名	64	122	89	28
55	白城	48	52	7	211	198	肇庆	51	64	27	108
56	哈尔滨	348	588	69	39	199	惠州	59	234	296	7
57	齐齐哈尔	154	155	1	239	200	梅州	31	38	21	133
58	鸡西	91	86	−5	254	201	汕尾	41	49	20	140
59	鹤岗	69	66	−4	250	202	河源	23	46	104	22
60	双鸭山	49	50	3	229	203	阳江	54	68	26	114
61	大庆	138	165	20	146	204	清远	51	81	60	43
62	伊春	81	73	−10	258	205	东莞	645	822	28	104
63	佳木斯	86	88	3	234	206	中山	236	312	32	85
64	七台河	49	62	28	103	207	潮州	36	45	24	122
65	牡丹江	81	97	20	145	208	揭阳	63	75	18	153
66	黑河	19	21	10	196	209	云浮	26	32	22	131
67	绥化	80	88	10	197	210	南宁	177	343	94	27
68	上海	1 435	2 232	56	50	211	柳州	122	144	18	155
69	南京	362	717	98	25	212	桂林	80	98	21	134
70	无锡	143	354	149	16	213	梧州	38	53	39	74
71	徐州	168	197	17	159	214	北海	56	67	20	144
72	常州	108	329	204	9	215	防城港	42	52	23	129

编号	城市	常住人口/万人		增长率/%	排序	编号	城市	常住人口/万人		增长率/%	排序
		2000年	2010年					2000年	2010年		
73	苏州	134	407	203	10	216	钦州	104	120	16	164
74	南通	77	227	195	11	217	贵港	141	149	6	217
75	连云港	69	105	53	52	218	玉林	92	106	15	166
76	淮安	56	264	375	3	219	百色		37		
77	盐城	68	162	136	19	220	贺州		101		
78	扬州	71	139	96	26	221	河池		33		
79	镇江	70	120	73	36	222	来宾		91		
80	泰州	61	88	45	66	223	崇左		32		
81	宿迁	24	144	488	2	224	海口	83	205	146	17
82	杭州	245	624	155	13	225	三亚	48	69	42	69
83	宁波	157	349	123	20	226	重庆	969	1 569	62	42
84	温州	192	304	59	46	227	成都	433	742	71	38
85	嘉兴	88	120	36	78	228	自贡	105	126	20	142
86	湖州	115	129	13	181	229	攀枝花	69	79	14	172
87	绍兴	63	88	40	73	230	泸州	125	137	9	198
88	金华	42	108	154	14	231	德阳	63	74	17	160
89	衢州	29	81	182	12	232	绵阳	116	136	17	162
90	舟山	72	84	18	154	233	广元	91	86	−5	253
91	台州	149	190	28	105	234	遂宁	136	130	−4	251
92	丽水	35	45	30	94	235	内江	139	125	−10	257
93	合肥	166	331	100	23	236	乐山	112	121	8	205
94	芜湖	70	131	87	29	237	南充	177	186	5	222
95	蚌埠	81	97	20	139	238	眉山	80	82	3	233
96	淮南	136	167	23	128	239	宜宾	81	84	3	227
97	马鞍山	57	74	31	88	240	广安	109	86	−21	260
98	淮北	74	111	50	54	241	达州	38	48	24	123
99	铜陵	36	47	31	87	242	雅安	33	36	6	214
100	安庆	58	78	34	82	243	巴中	119	113	−5	252
101	黄山	41	46	13	179	244	资阳	102	91	−11	259
102	滁州	49	56	14	173	245	贵阳	237	303	28	102
103	阜阳	172	177	3	230	246	六盘水	100	111	12	187
104	宿州	160	165	3	231	247	遵义	69	109	58	47
105	巢湖	78	78	0	241	248	安顺	77	77	0	243
106	六安	156	164	5	219	249	昆明	304	354	17	161
107	亳州	135	141	4	226	250	曲靖	65	74	14	170
108	池州	56	60	7	210	251	玉溪	41	50	21	135

编号	城市	常住人口/万人		增长率/%	排序	编号	城市	常住人口/万人		增长率/%	排序
		2000年	2010年					2000年	2010年		
109	宣城	82	77	-6	255	252	保山		94		
110	福州	212	292	38	76	253	昭通		79		
111	厦门	205	353	72	37	254	丽江		21		
112	莆田	44	195	340	4	255	普洱		30		
113	三明	34	38	11	190	256	临沧		32		
114	泉州	119	144	20	137	259	西安	448	650	45	63
115	漳州	57	71	24	124	260	铜川	40	74	84	34
116	南平	49	47	-4	249	261	宝鸡	60	144	139	18
117	龙岩	54	66	22	130	262	咸阳	95	115	20	138
118	宁德	40	43	7	209	263	渭南	89	88	-1	245
119	南昌	184	236	28	101	264	延安	40	48	18	157
120	景德镇	44	47	6	212	265	汉中	50	53	6	215
121	萍乡	78	89	14	171	266	榆林	45	64	41	70
122	九江	55	70	28	100	267	安康	84	87	3	228
123	新余	78	84	8	206	268	商洛		53		
124	鹰潭	18	21	20	141	269	兰州	209	263	26	113
125	赣州	49	64	30	92	270	嘉峪关	16	23	45	62
126	吉安	47	54	14	174	271	金昌	20	23	12	189
127	宜春	92	105	14	177	272	白银	46	49	6	218
128	抚州	101	109	8	204	273	天水	115	120	4	225
129	上饶	33	42	27	107	274	武威		101		
130	济南	300	434	45	67	275	张掖		51		
131	青岛	272	372	37	77	276	平凉		50		
132	淄博	282	313	11	191	277	酒泉		43		
133	枣庄	200	213	6	213	278	庆阳		38		
134	东营	79	100	27	106	279	定西		42		
135	烟台	172	223	29	96	280	陇南		56		
136	潍坊	138	204	48	56	281	西宁	85	120	40	72
137	济宁	105	124	18	150	282	银川	81	129	60	44
138	泰安	154	174	13	182	283	石嘴山	31	47	50	53
139	威海	61	84	39	75	284	吴忠	36	54	53	51
140	日照	115	132	15	167	285	固原		41		
141	莱芜	123	130	5	220	286	中卫		38		
142	临沂	194	230	19	149	287	乌鲁木齐	175	303	73	35
143	德州	55	68	23	127	288	克拉玛依	27	39	45	65

注：附表1-2根据常住人口增长率进行降序排列。

数据来源：第五次全国人口普查数据和第六次全国人口普查数据。

附表 1-3　全国百城交通拥堵指数（2018 年和 2019 年）

排名	编号	城市	通勤高峰拥堵指数 2019 年	通勤高峰拥堵指数 2018 年	同比变动/%	排名	编号	城市	通勤高峰拥堵指数 2019 年	通勤高峰拥堵指数 2018 年	同比变动/%
1	226	重庆	2.165	1.824	18.70	51	287	乌鲁木齐	1.517	1.574	-3.60
2	1	北京	2.040	1.917	6.44	52	207	潮州	1.505	1.437	4.77
3	245	贵阳	1.979	1.731	14.31	53	206	中山	1.504	1.422	5.75
4	56	哈尔滨	1.905	1.898	0.35	54	7	邢台	1.504	1.424	5.63
5	48	长春	1.777	1.819	-2.33	55	13	衡水	1.502	1.328	13.11
6	189	广州	1.744	1.569	11.16	56	119	南昌	1.499	1.440	4.07
7	68	上海	1.739	1.818	-4.34	57	6	邯郸	1.494	1.352	10.47
8	259	西安	1.730	1.506	14.86	58	211	柳州	1.487	1.446	2.83
9	25	呼和浩特	1.725	1.685	2.37	59	204	清远	1.484	1.466	1.22
10	164	武汉	1.716	1.604	6.97	60	73	苏州	1.483	1.395	6.29
11	93	合肥	1.712	1.624	5.43	61	197	茂名	1.474	1.516	-2.76
12	69	南京	1.705	1.649	3.38	62	149	洛阳	1.472	1.424	3.40
13	11	沧州	1.705	1.480	15.20	63	196	湛江	1.472	1.448	1.69
14	4	唐山	1.702	1.433	18.77	64	114	泉州	1.465	1.375	6.55
15	194	佛山	1.696	1.571	7.97	65	258	拉萨	1.450	1.480	-2.02
16	176	长沙	1.687	1.615	4.49	66	70	无锡	1.443	1.298	11.20
17	130	济南	1.684	1.663	1.24	67	16	阳泉	1.437	1.510	-4.83
18	34	沈阳	1.677	1.683	-0.36	68	84	温州	1.427	1.376	3.73
19	249	昆明	1.676	1.651	1.51	69	237	南充	1.414	1.318	7.27
20	111	厦门	1.666	1.550	7.46	70	239	宜宾	1.414	1.578	-10.38
21	35	大连	1.659	1.648	0.69	71	85	嘉兴	1.412	1.254	12.60
22	12	廊坊	1.655	1.519	8.94	72	282	银川	1.391	1.418	-1.87
23	236	乐山	1.654	1.625	1.78	73	87	绍兴	1.391	1.297	7.27
24	192	珠海	1.650	1.588	3.93	74	125	赣州	1.386	1.341	3.33
25	5	秦皇岛	1.646	1.487	10.68	75	132	淄博	1.384	1.376	0.55
26	82	杭州	1.627	1.578	3.11	76	135	烟台	1.383	1.326	4.32
27	179	衡阳	1.625	1.535	5.84	77	138	泰安	1.383	1.322	4.60
28	110	福州	1.613	1.529	5.49	78	159	南阳	1.382	1.353	2.11
29	2	天津	1.612	1.588	1.54	79	83	宁波	1.380	1.327	3.98
30	227	成都	1.610	1.503	7.14	80	15	大同	1.379	1.392	-0.95
31	137	济宁	1.605	1.585	1.28	81	195	江门	1.370	1.350	1.46
32	9	张家口	1.600	1.462	9.45	82	209	云浮	1.370	1.369	0.05
33	191	深圳	1.600	1.467	9.05	83	262	咸阳	1.363	1.341	1.65
34	3	石家庄	1.593	1.443	10.38	84	136	潍坊	1.361	1.332	2.17
35	205	东莞	1.588	1.508	5.28	85	76	淮安	1.349	1.294	4.22
36	147	郑州	1.580	1.503	5.11	86	281	西宁	1.348	1.353	-0.40
37	190	韶关	1.577	1.486	6.12	87	198	肇庆	1.343	1.407	-4.52
38	257	大理	1.576	1.575	0.09	88	115	漳州	1.340	1.305	2.71
39	131	青岛	1.574	1.489	5.72	89	91	台州	1.335	1.296	3.01

排名	编号	城市	通勤高峰拥堵指数 2019年	通勤高峰拥堵指数 2018年	同比变动/%	排名	编号	城市	通勤高峰拥堵指数 2019年	通勤高峰拥堵指数 2018年	同比变动/%
40	199	惠州	1.569	1.528	2.70	90	74	南通	1.323	1.230	7.57
41	8	保定	1.561	1.394	11.95	91	78	扬州	1.322	1.307	1.19
42	193	汕头	1.551	1.555	-0.25	92	75	连云港	1.314	1.364	-3.64
43	212	桂林	1.550	1.539	0.75	93	153	新乡	1.283	1.280	0.22
44	269	兰州	1.548	1.453	6.54	94	77	盐城	1.281	1.290	-0.73
45	232	绵阳	1.534	1.579	-2.84	95	143	德州	1.279	1.295	-1.23
46	224	海口	1.528	1.501	1.81	96	79	镇江	1.273	1.319	-3.48
47	142	临沂	1.527	1.395	9.43	97	72	常州	1.248	1.274	-2.04
48	210	南宁	1.526	1.571	-2.89	98	86	湖州	1.238	1.172	5.66
49	14	太原	1.523	1.469	3.66	99	88	金华	1.238	1.284	-3.60
50	71	徐州	1.519	1.449	4.85	100	225	三亚	1.232	1.254	-1.76

数据来源：百度地图等联合发布的《2019年度中国城市交通报告》。

附表1-4　市辖区固定资本存量估算结果（2000—2016年）　　　　单位：亿元

编号	城市	2000年	2002年	2004年	2006年	2008年	2010年	2012年	2014年	2016年
1	北京	2 776	4 820	7 429	10 571	13 845	18 056	22 108	26 688	31 750
2	天津	2 083	2 859	4 245	5 970	8 917	14 953	21 642	26 766	39 557
3	石家庄	562	765	1 091	1 626	2 239	3 359	4 668	6 947	9 848
4	唐山	483	531	730	1 169	1 952	3 784	5 105	7 003	9 111
5	秦皇岛	263	308	393	515	673	937	1 299	1 656	2 121
6	邯郸	336	393	501	703	1 035	1 615	2 110	2 717	3 724
7	邢台	93	131	198	281	355	473	630	845	1 116
8	保定	146	217	353	493	735	1 141	1 528	1 817	2 642
9	张家口	145	200	250	329	444	620	825	1 078	1 598
10	承德	61	80	137	198	295	473	652	871	1 052
11	沧州	131	180	234	359	556	951	1 166	1 800	2 864
12	廊坊	102	153	243	344	494	653	827	1 046	1 391
13	衡水	101	137	207	274	293	361	463	632	954
14	太原	411	537	780	1 232	1 767	2 373	3 122	4 289	5 597
15	大同	113	167	274	437	609	985	1 338	1 682	1 986
16	阳泉	139	141	168	229	306	469	589	760	902
17	长治	81	126	217	239	296	392	550	795	1 103
18	晋城	77	100	161	259	271	359	496	766	1 087
19	朔州	35	64	126	165	264	401	401	726	938
20	晋中	39	51	80	120	190	260	362	522	746
21	运城	32	45	79	120	186	322	448	638	858
22	忻州	15	33	48	70	99	155	207	279	363

编号	城市	2000 年	2002 年	2004 年	2006 年	2008 年	2010 年	2012 年	2014 年	2016 年
23	临汾	33	53	77	110	159	261	394	615	796
24	吕梁	25	39	63	76	98	118	149	210	311
25	呼和浩特	128	227	450	814	1 257	1 705	2 249	2 857	3 199
26	包头	199	291	670	1 195	1 907	3 137	4 471	6 237	7 525
27	乌海	28	66	147	227	306	512	776	1 059	1 166
28	赤峰	102	111	180	313	465	690	1 065	1 442	1 802
29	通辽	35	74	157	297	476	691	1 034	1 225	1 646
30	鄂尔多斯	49	59	94	206	444	929	1 416	1 881	2 114
31	呼伦贝尔	18	32	50	74	109	174	323	582	751
32	巴彦淖尔	19	43	67	123	196	307	431	593	670
33	乌兰察布	15	35	62	85	116	157	290	411	452
34	沈阳	605	1 038	2 015	3 845	6 422	9 749	13 038	16 851	16 975
35	大连	635	959	1 628	2 856	4 598	7 109	10 078	13 649	13 421
36	鞍山	273	360	513	768	1 177	1 639	2 145	2 711	2 698
37	抚顺	178	234	308	462	687	1 138	1 740	2 288	2 158
38	本溪	150	196	296	434	569	857	1 260	1 772	1 779
39	丹东	113	132	170	215	362	634	969	1 243	1 243
40	锦州	100	142	198	245	333	571	879	1 326	1 311
41	营口	90	136	253	496	910	1 594	2 329	2 942	2 903
42	阜新	75	107	153	224	306	474	707	950	835
43	辽阳	179	188	239	315	414	633	927	1 236	1 217
44	盘锦	478	544	635	734	881	1 046	1 177	1 340	1 604
45	铁岭	60	85	102	141	288	569	701	761	677
46	朝阳	29	53	81	105	159	298	424	542	500
47	葫芦岛	88	118	162	225	342	471	560	658	644
48	长春	397	623	1 071	1 855	3 060	4 896	6 332	8 371	11 129
49	吉林	333	485	712	1 087	1 729	2 504	3 217	4 100	5 334
50	四平	36	59	93	154	279	403	486	626	832
51	辽源	28	43	83	160	344	578	691	862	1 103
52	通化	30	50	81	170	294	417	493	600	724
53	白山	37	43	49	97	230	376	493	591	808
54	松原	134	186	253	383	598	872	1 066	1 294	1 567
55	白城	26	47	83	128	212	274	335	421	529
56	哈尔滨	681	1 009	1 458	2 091	2 995	4 799	7 205	9 863	12 754
57	齐齐哈尔	93	151	199	257	342	578	865	1 113	1 232
58	鸡西	50	62	79	100	144	243	387	469	532
59	鹤岗	69	83	102	129	184	297	406	443	439

编号	城市	2000 年	2002 年	2004 年	2006 年	2008 年	2010 年	2012 年	2014 年	2016 年
60	双鸭山	33	46	68	121	174	267	415	475	444
61	大庆	920	1 065	1 201	1 466	1 887	2 554	3 252	3 543	3 183
62	伊春	38	52	65	87	123	218	330	413	402
63	佳木斯	59	79	93	115	136	177	262	375	526
64	七台河	53	73	99	144	218	368	420	476	459
65	牡丹江	105	137	156	165	204	364	555	717	929
66	黑河	14	27	43	50	56	87	116	148	170
67	绥化	17	24	30	33	46	90	126	186	259
68	上海	8 936	10 699	13 190	16 497	19 984	23 542	25 743	28 305	31 701
69	南京	1 004	1 595	2 978	4 580	6 221	8 516	11 424	15 661	19 569
70	无锡	712	934	1 784	2 841	3 932	5 584	7 171	9 145	11 317
71	徐州	307	530	743	1 058	1 496	2 358	3 541	5 079	6 982
72	常州	636	689	1 248	2 066	3 099	4 502	5 998	7 792	10 146
73	苏州	852	1 020	1 846	2 791	3 683	4 727	6 515	9 165	11 487
74	南通	315	388	563	800	1 119	2 051	3 008	4 240	5 746
75	连云港	152	307	460	628	861	1 194	1 584	2 357	3 711
76	淮安	176	263	492	776	1 278	2 039	2 489	3 193	4 451
77	盐城	134	166	299	547	898	1 428	1 830	2 413	3 954
78	扬州	233	313	498	735	1 052	1 477	2 447	3 484	5 027
79	镇江	285	347	551	854	1 229	1 913	2 549	3 489	4 869
80	泰州	97	159	271	438	702	1 089	1 448	2 356	3 736
81	宿迁	62	94	165	296	528	898	1 183	1 651	2 288
82	杭州	1 098	1 750	2 967	4 293	5 692	7 594	9 929	13 288	17 546
83	宁波	1 080	1 301	2 158	3 346	4 421	5 636	6 707	8 265	10 679
84	温州	394	649	1 001	1 352	1 679	1 909	2 468	3 322	4 564
85	嘉兴	327	499	778	1 103	1 371	1 699	1 941	2 313	2 865
86	湖州	142	210	451	762	988	1 285	1 589	1 968	2 504
87	绍兴	132	232	499	700	852	1 064	1 308	2 910	4 667
88	金华	85	164	368	496	604	721	885	1 165	1 543
89	衢州	68	134	261	404	541	693	839	1 093	1 776
90	舟山	103	143	242	399	610	874	1 284	2 002	3 014
91	台州	176	261	543	824	1 061	1 278	1 545	2 024	2 619
92	丽水	26	74	143	215	278	355	450	602	775
93	合肥	262	306	499	870	1 654	2 912	3 900	5 144	6 629
94	芜湖	135	209	356	562	934	1 675	2 479	3 645	5 108
95	蚌埠	68	116	196	297	432	715	1 079	1 757	2 395
96	淮南	165	182	238	397	580	869	1 204	1 689	2 094

附表1-4(续)

编号	城市	2000 年	2002 年	2004 年	2006 年	2008 年	2010 年	2012 年	2014 年	2016 年
97	马鞍山	113	163	307	539	818	1 261	1 829	2 533	3 406
98	淮北	103	130	188	280	425	681	990	1 483	2 044
99	铜陵	83	115	169	237	304	521	836	1 336	2 246
100	安庆	97	126	215	268	369	560	722	996	1 278
101	黄山	25	55	118	234	387	616	764	960	1 123
102	滁州	34	48	83	136	205	360	575	848	1 098
103	阜阳	53	69	126	194	276	406	577	879	1 341
104	宿州	28	48	86	152	245	371	424	656	1 241
106	六安	23	42	76	173	278	374	596	897	1 245
107	亳州	37	55	97	158	228	334	457	663	980
108	池州	21	41	85	162	269	457	580	844	1 150
109	宣城	15	29	54	99	176	313	435	645	822
110	福州	453	713	1 113	1 593	2 315	3 579	4 650	6 127	7 971
111	厦门	623	900	1 211	1 899	2 976	3 826	4 795	5 877	7 601
112	莆田	79	114	195	363	650	1 071	1 812	2 996	4 600
113	三明	45	72	131	187	311	552	803	1 091	1 478
114	泉州	158	259	380	511	815	1 096	1 376	1 868	2 539
115	漳州	85	131	174	251	398	609	937	1 242	1 633
116	南平	86	101	136	193	281	419	590	740	1 284
117	龙岩	55	95	149	225	393	679	1 044	1 727	2 715
118	宁德	27	59	98	182	295	396	464	765	1 109
119	南昌	204	303	602	1 229	1 902	3 107	4 267	5 934	8 617
120	景德镇	31	54	127	209	279	499	609	769	990
121	萍乡	30	56	133	239	427	805	1 125	1 515	2 011
122	九江	114	160	255	344	431	622	830	1 151	1 627
123	新余	31	51	121	216	470	1 002	1 391	1 772	2 235
124	鹰潭	14	26	38	78	122	171	235	288	363
125	赣州	43	60	96	145	235	317	567	1 028	1 727
126	吉安	25	36	54	79	115	198	294	407	562
127	宜春	15	28	54	85	131	223	334	481	657
128	抚州	23	40	81	143	246	436	525	671	802
129	上饶	8	23	60	129	234	384	446	483	832
130	济南	528	885	1 289	1 989	2 898	4 123	5 190	6 466	7 943
131	青岛	664	896	1 361	2 122	2 815	3 935	5 602	8 130	11 199
132	淄博	257	394	926	1 522	1 986	2 769	3 728	5 052	6 786
133	枣庄	140	180	346	609	872	1 281	1 769	2 458	3 336
134	东营	516	720	1 024	1 436	1 840	2 494	3 240	4 363	5 634
135	烟台	171	385	876	1 508	2 276	3 177	4 171	5 477	7 256

编号	城市	2000 年	2002 年	2004 年	2006 年	2008 年	2010 年	2012 年	2014 年	2016 年
136	潍坊	134	187	474	832	1 252	1 901	2 636	3 475	4 378
137	济宁	103	182	302	476	588	853	1 202	2 012	2 992
138	泰安	82	139	289	511	686	1 034	1 478	2 076	2 788
139	威海	108	180	387	645	917	1 304	1 655	2 393	3 731
140	日照	95	161	321	531	870	1 429	2 000	2 659	3 541
141	莱芜	100	151	269	420	596	875	1 195	1 585	2 062
142	临沂	189	290	560	846	1 169	1 712	2 273	3 288	4 489
143	德州	77	156	289	414	475	649	834	1 110	1 737
144	聊城	56	93	147	211	251	381	603	943	1 388
145	滨州	25	53	175	445	519	669	894	1 358	2 071
146	菏泽	27	63	148	284	370	465	523	690	955
147	郑州	356	568	1 025	1 497	2 051	3 050	4 481	7 018	10 415
148	开封	58	86	136	186	258	395	544	839	1 460
149	洛阳	189	256	426	751	1 059	1 331	1 594	2 274	3 245
150	平顶山	129	152	192	292	384	451	566	760	971
151	安阳	120	156	230	318	472	679	885	1 140	1 529
152	鹤壁	38	56	93	165	293	497	688	964	1 347
153	新乡	72	119	210	301	441	706	1 017	1 594	2 175
154	焦作	83	130	225	326	418	563	714	1 007	1 440
155	濮阳	193	266	350	423	479	579	689	905	1 220
156	许昌	42	67	97	147	270	386	497	707	1 259
157	漯河	112	121	136	232	372	561	753	1 131	1 659
158	三门峡	59	75	94	138	180	243	368	602	1 099
159	南阳	164	233	359	575	769	1 000	1 171	1 502	1 921
160	商丘	44	93	163	300	404	595	769	1 055	1 473
161	信阳	53	115	171	268	402	630	823	1 192	1 816
162	周口	25	67	96	180	241	322	417	558	695
163	驻马店	36	56	85	151	229	332	449	667	968
164	武汉	1 741	2 290	3 027	4 135	5 656	8 222	10 849	14 284	17 776
165	黄石	88	115	165	229	339	541	787	1 149	1 550
166	十堰	88	111	150	217	283	421	572	954	1 495
167	宜昌	745	933	1 058	1 151	1 276	1 574	1 915	2 512	3 393
168	襄樊	152	199	286	386	591	985	1 605	2 628	3 778
169	鄂州	108	130	170	234	366	638	975	1 520	2 190
170	荆门	81	100	128	192	260	394	625	1 004	1 450
171	孝感	48	64	87	116	171	275	428	691	1 018
172	荆州	78	129	179	231	336	558	910	1 458	2 092
173	黄冈	30	52	82	121	166	289	374	528	716

编号	城市	2000 年	2002 年	2004 年	2006 年	2008 年	2010 年	2012 年	2014 年	2016 年
174	咸宁	23	48	64	90	147	267	441	688	952
175	随州	35	58	90	136	204	294	441	688	1 000
176	长沙	395	653	1 089	1 785	2 752	4 305	6 122	7 915	10 210
177	株洲	111	158	245	354	532	867	1 268	1 990	2 804
178	湘潭	115	145	229	389	570	930	1 354	2 137	3 136
179	衡阳	134	156	193	229	300	486	769	1 202	1 765
180	邵阳	30	42	54	72	111	194	267	417	587
181	岳阳	154	155	250	326	424	583	753	1 096	1 530
182	常德	106	152	207	261	332	532	750	1 158	1 673
183	张家界	19	43	63	82	112	176	217	282	390
184	益阳	66	102	134	188	298	468	668	1 007	1 451
185	郴州	62	102	156	219	277	725	913	1 197	1 630
186	永州	40	66	104	153	237	401	483	698	990
187	怀化	24	36	52	73	92	159	218	350	455
188	娄底	29	52	113	152	176	332	434	710	1 014
189	广州	3 469	4 416	5 464	6 733	8 074	10 409	12 664	15 568	19 683
190	韶关	177	196	244	324	436	595	747	976	1 106
191	深圳	1 787	2 707	3 866	5 033	6 091	7 506	8 971	10 555	13 264
192	珠海	415	530	690	930	1 273	1 678	2 301	3 210	4 000
193	汕头	491	502	595	735	927	1 204	1 659	2 444	3 115
194	佛山	403	636	1 339	2 403	3 660	5 240	6 912	8 777	11 295
195	江门	185	230	324	437	588	820	1 125	1 510	2 073
196	湛江	248	298	382	498	614	780	1 028	1 329	1 781
197	茂名	229	248	271	352	347	388	477	826	1 338
198	肇庆	104	144	180	223	370	562	821	1 006	1 726
199	惠州	139	164	498	801	1 254	1 868	2 510	3 272	4 065
200	梅州	19	36	84	134	166	166	191	340	604
201	汕尾	23	33	60	113	159	240	274	316	357
202	河源	25	36	65	112	174	256	301	415	620
203	阳江	76	100	130	177	237	387	562	2 039	2 128
204	清远	115	121	194	317	639	1 040	1 072	1 262	1 500
205	东莞	296	536	1 060	1 888	2 831	3 859	4 593	5 494	6 341
206	中山	236	541	895	1 245	1 618	2 167	2 847	3 484	4 220
207	潮州	70	90	123	176	226	257	299	548	900
208	揭阳	75	97	121	144	200	318	420	864	1 574
209	云浮	32	47	79	128	190	337	492	731	916
210	南宁	313	413	603	1 017	1 562	2 290	4 066	5 896	8 638
211	柳州	101	166	296	448	715	1 295	2 406	3 402	4 701

编号	城市	2000 年	2002 年	2004 年	2006 年	2008 年	2010 年	2012 年	2014 年	2016 年
212	桂林	84	150	196	261	354	543	786	1 055	1 702
213	梧州	40	60	105	150	200	318	585	949	1 492
214	北海	56	72	119	189	354	771	1 088	1 678	2 409
215	防城港	28	42	62	122	237	535	919	1 181	1 496
216	钦州	41	67	113	208	307	585	905	1 254	1 382
217	贵港	21	41	99	234	368	551	755	964	1 322
218	玉林	36	44	81	188	334	559	853	1 151	1 558
219	百色	16	36	73	165	234	357	462	526	628
220	贺州	27	27	51	113	203	418	693	935	1 276
221	河池	25	34	43	65	98	188	255	303	367
222	来宾	45	48	56	100	175	342	617	808	915
223	崇左	19	21	27	41	74	140	227	289	403
224	海口	409	470	571	705	860	1 126	1 474	2 109	3 136
225	三亚	70	89	128	203	357	649	1 018	1 543	2 174
226	重庆	1 031	1 510	2 589	4 376	6 992	11 084	15 684	22 789	34 470
227	成都	1 145	1 667	2 361	3 580	5 380	7 468	9 867	12 578	15 991
228	自贡	69	91	127	170	252	441	649	942	1 223
229	攀枝花	414	387	410	435	505	674	890	1 158	1 435
230	泸州	67	113	181	251	339	535	795	1 237	1 912
231	德阳	50	75	112	156	221	377	485	671	888
232	绵阳	149	214	278	351	469	765	1 086	1 448	1 939
233	广元	76	86	111	147	202	381	577	792	976
234	遂宁	37	62	99	150	255	485	757	1 131	1 561
235	内江	47	69	102	144	204	339	487	695	968
236	乐山	69	100	158	238	348	586	839	1 184	1 568
237	南充	40	71	125	178	254	467	747	1 149	1 554
238	眉山	40	61	107	154	247	361	461	680	1 093
239	宜宾	83	130	194	262	296	328	460	689	1 016
240	广安	65	73	115	165	218	324	456	689	1 084
241	达州	28	48	84	119	163	224	286	464	882
242	雅安	34	48	62	70	95	157	206	274	379
243	巴中	25	41	57	76	102	165	285	463	876
244	资阳	19	35	56	87	136	249	406	625	809
245	贵阳	289	482	754	1 067	1 446	2 065	3 194	4 836	6 487
246	六盘水	84	96	122	168	223	306	430	706	1 024
247	遵义	36	85	169	216	273	360	595	1 020	1 629
248	安顺	18	31	46	65	91	128	242	400	821
249	昆明	516	688	867	1 168	1 673	2 812	4 122	5 716	7 323

编号	城市	2000 年	2002 年	2004 年	2006 年	2008 年	2010 年	2012 年	2014 年	2016 年
250	曲靖	94	101	128	179	267	425	571	775	1 179
251	玉溪	113	132	159	205	250	316	385	494	725
252	保山	26	34	45	79	119	173	222	293	473
253	昭通	28	36	50	56	82	139	197	276	424
254	丽江	40	39	63	96	123	169	214	268	309
255	思茅	14	22	37	61	95	152	258	382	425
256	临沧	16	40	55	58	62	88	145	223	328
259	西安	498	786	1 337	2 164	3 459	5 630	7 923	11 034	13 433
260	铜川	30	46	69	105	152	229	334	534	787
261	宝鸡	79	120	196	303	540	755	1 095	1 601	2 429
262	咸阳	99	148	229	349	563	959	1 442	2 200	3 311
263	渭南	35	43	58	93	155	311	483	734	1 073
264	延安	22	43	83	116	181	275	407	610	835
265	汉中	28	43	59	77	104	156	230	343	548
266	榆林	35	63	96	150	252	421	654	987	1 138
267	安康	25	38	55	72	96	135	191	302	513
268	商洛	7	14	23	32	48	100	157	240	357
269	兰州	506	671	834	1 027	1 288	1 596	2 296	2 734	3 577
270	嘉峪关	53	77	118	170	207	222	271	349	461
271	金昌	33	45	69	112	140	206	298	421	533
272	白银	105	112	134	174	215	299	444	579	772
273	天水	44	52	81	132	196	283	437	624	870
274	武威	15	29	52	92	150	233	401	619	896
275	张掖	20	43	61	89	108	136	183	250	339
276	平凉	33	45	53	71	108	170	269	332	398
277	酒泉	8	20	45	74	110	173	310	502	721
278	庆阳	10	24	43	67	105	196	337	525	756
279	定西	15	17	22	31	43	73	144	243	352
280	陇南	7	8	11	14	32	103	187	264	336
281	西宁	108	160	222	302	464	727	1 048	1 650	2 442
282	银川	120	181	305	413	507	659	906	1 317	1 866
283	石嘴山	42	75	123	183	270	432	623	873	1 081
284	吴忠	16	27	50	68	104	174	269	455	682
285	固原	8	14	34	51	63	100	149	239	343
286	中卫	10	25	49	91	131	181	240	331	429
287	乌鲁木齐	495	626	765	897	1 108	1 423	1 925	3 037	4 203
288	克拉玛依	282	361	442	597	809	861	973	1 187	1 219

注：以1995年为基期进行价格调整，数据由作者估算。

编号	城市	2000 年	2002 年	2004 年	2006 年	2008 年	2010 年	2012 年	2014 年	2016 年
1	北京	0.723 2	0.723 2	0.723 3	0.723 4	0.723 4	0.723 5	0.723 5	0.723 6	0.723 6
2	天津	0.738 9	0.738 9	0.739 0	0.739 1	0.739 1	0.739 2	0.739 2	0.739 3	0.739 3
3	石家庄	0.449 4	0.449 4	0.449 5	0.449 6	0.449 7	0.449 8	0.449 9	0.450 0	0.450 1
4	唐山	0.647 0	0.647 1	0.647 2	0.647 2	0.647 3	0.647 4	0.647 5	0.647 5	0.647 6
5	秦皇岛	0.446 6	0.446 6	0.446 7	0.446 8	0.446 9	0.447 0	0.447 1	0.447 2	0.447 3
6	邯郸	0.334 6	0.334 7	0.334 8	0.334 9	0.335 0	0.335 1	0.335 1	0.335 2	0.335 3
7	邢台	0.291 0	0.291 1	0.291 2	0.291 3	0.291 4	0.291 5	0.291 6	0.291 6	0.291 7
8	保定	0.393 7	0.393 8	0.393 9	0.394 0	0.394 1	0.394 1	0.394 2	0.394 3	0.394 4
9	张家口	0.403 3	0.403 4	0.403 5	0.403 6	0.403 6	0.403 7	0.403 8	0.403 9	0.404 0
10	承德	0.332 2	0.332 3	0.332 4	0.332 5	0.332 6	0.332 6	0.332 7	0.332 8	0.332 9
11	沧州	0.323 8	0.323 9	0.324 0	0.324 0	0.324 1	0.324 2	0.324 3	0.324 4	0.324 5
12	廊坊	0.394 6	0.394 7	0.394 8	0.394 9	0.395 0	0.395 1	0.395 1	0.395 2	0.395 3
13	衡水	0.308 7	0.308 8	0.308 9	0.309 0	0.309 1	0.309 2	0.309 3	0.309 3	0.309 4
14	太原	0.461 5	0.461 6	0.461 7	0.461 8	0.461 8	0.461 9	0.462 0	0.462 1	0.462 2
15	大同	0.374 6	0.374 7	0.374 8	0.374 9	0.375 0	0.375 0	0.375 1	0.375 2	0.375 3
16	阳泉	0.320 7	0.320 8	0.320 9	0.321 0	0.321 1	0.321 2	0.321 2	0.321 3	0.321 4
17	长治	0.343 6	0.343 6	0.343 7	0.343 8	0.343 9	0.344 0	0.344 1	0.344 2	0.344 3
18	晋城	0.214 7	0.214 8	0.214 9	0.214 9	0.215 0	0.215 1	0.215 2	0.215 3	0.215 3
19	朔州	0.482 3	0.482 4	0.482 5	0.482 6	0.482 7	0.482 8	0.482 8	0.482 9	0.483 0
20	晋中	0.283 2	0.283 3	0.283 4	0.283 4	0.283 5	0.283 6	0.283 7	0.283 8	0.283 9
21	运城	0.261 1	0.261 2	0.261 3	0.261 4	0.261 5	0.261 5	0.261 6	0.261 7	0.261 8
22	忻州	0.228 9	0.229 0	0.229 1	0.229 1	0.229 2	0.229 3	0.229 4	0.229 5	0.229 6
23	临汾	0.384 5	0.384 6	0.384 7	0.384 8	0.384 8	0.384 9	0.385 0	0.385 1	0.385 2
24	吕梁			0.195 9	0.196 0	0.196 1	0.196 2	0.196 3	0.196 3	0.196 4
25	呼和浩特	0.584 9	0.585 0	0.585 0	0.585 1	0.585 2	0.585 3	0.585 3	0.585 4	0.585 5
26	包头	0.594 4	0.594 5	0.594 6	0.594 6	0.594 7	0.594 8	0.594 9	0.594 9	0.595 0
27	乌海	0.413 1	0.413 2	0.413 2	0.413 3	0.413 4	0.413 5	0.413 6	0.413 7	0.413 8
28	赤峰	0.390 5	0.390 6	0.390 7	0.390 8	0.390 9	0.391 0	0.391 1	0.391 2	0.391 3
29	通辽	0.412 0	0.412 1	0.412 1	0.412 2	0.412 3	0.412 4	0.412 5	0.412 6	0.412 7
30	鄂尔多斯		0.552 4	0.552 5	0.552 6	0.552 7	0.552 7	0.552 8	0.552 9	0.553 0
31	呼伦贝尔		0.382 7	0.382 8	0.382 9	0.383 0	0.383 1	0.383 2	0.383 3	0.383 4
32	巴彦淖尔			0.354 6	0.354 7	0.354 8	0.354 9	0.354 9	0.355 0	0.355 1
33	乌兰察布			0.280 0	0.280 0	0.280 1	0.280 2	0.280 3	0.280 4	0.280 5
34	沈阳	0.616 3	0.616 3	0.616 4	0.616 5	0.616 5	0.616 6	0.616 7	0.616 8	0.616 8
35	大连	0.610 7	0.610 8	0.610 9	0.610 9	0.611 0	0.611 1	0.611 1	0.611 2	0.611 3
36	鞍山	0.578 4	0.578 5	0.578 5	0.578 6	0.578 7	0.578 8	0.578 9	0.578 9	0.579 0
37	抚顺	0.458 9	0.459 0	0.459 1	0.459 2	0.459 3	0.459 4	0.459 5	0.459 6	0.459 6

编号	城市	2000 年	2002 年	2004 年	2006 年	2008 年	2010 年	2012 年	2014 年	2016 年
38	本溪	0.442 2	0.442 3	0.442 4	0.442 5	0.442 6	0.442 7	0.442 7	0.442 8	0.442 9
39	丹东	0.299 6	0.299 7	0.299 8	0.299 9	0.300 0	0.300 1	0.300 1	0.300 2	0.300 3
40	锦州	0.467 0	0.467 0	0.467 1	0.467 2	0.467 3	0.467 4	0.467 5	0.467 6	0.467 6
41	营口	0.347 2	0.347 3	0.347 4	0.347 5	0.347 6	0.347 7	0.347 8	0.347 9	0.347 9
42	阜新	0.269 0	0.269 1	0.269 2	0.269 3	0.269 4	0.269 4	0.269 5	0.269 6	0.269 7
43	辽阳	0.394 2	0.394 3	0.394 4	0.394 5	0.394 5	0.394 6	0.394 7	0.394 8	0.394 9
44	盘锦	0.412 8	0.412 9	0.413 0	0.413 1	0.413 2	0.413 2	0.413 3	0.413 4	0.413 5
45	铁岭	0.259 2	0.259 3	0.259 4	0.259 5	0.259 6	0.259 7	0.259 7	0.259 8	0.259 9
46	朝阳	0.326 0	0.326 1	0.326 2	0.326 3	0.326 4	0.326 4	0.326 5	0.326 6	0.326 7
47	葫芦岛	0.442 5	0.442 6	0.442 7	0.442 8	0.442 9	0.443 0	0.443 1	0.443 1	0.443 2
48	长春	0.564 3	0.564 4	0.564 4	0.564 5	0.564 6	0.564 7	0.564 8	0.564 8	0.564 9
49	吉林	0.396 8	0.396 9	0.397 0	0.397 1	0.397 2	0.397 3	0.397 4	0.397 4	0.397 5
50	四平	0.309 1	0.309 2	0.309 2	0.309 3	0.309 4	0.309 5	0.309 6	0.309 7	0.309 8
51	辽源	0.331 6	0.331 7	0.331 8	0.331 9	0.332 0	0.332 1	0.332 2	0.332 3	0.332 3
52	通化	0.333 3	0.333 4	0.333 5	0.333 6	0.333 7	0.333 8	0.333 9	0.333 9	0.334 0
53	白山	0.335 0	0.335 1	0.335 2	0.335 3	0.335 4	0.335 5	0.335 6	0.335 7	0.335 7
54	松原	0.307 0	0.307 1	0.307 2	0.307 3	0.307 3	0.307 4	0.307 5	0.307 6	0.307 7
55	白城	0.234 5	0.234 6	0.234 7	0.234 8	0.234 9	0.234 9	0.235 0	0.235 1	0.235 2
56	哈尔滨	0.473 8	0.473 9	0.473 9	0.474 0	0.474 1	0.474 2	0.474 3	0.474 4	0.474 5
57	齐齐哈尔	0.434 4	0.434 5	0.434 6	0.434 7	0.434 8	0.434 9	0.435 0	0.435 0	0.435 1
58	鸡西	0.302 7	0.302 8	0.302 9	0.303 0	0.303 1	0.303 2	0.303 3	0.303 3	0.303 4
59	鹤岗	0.248 7	0.248 8	0.248 9	0.249 0	0.249 1	0.249 2	0.249 2	0.249 3	0.249 4
60	双鸭山	0.287 8	0.287 9	0.288 0	0.288 1	0.288 2	0.288 3	0.288 4	0.288 4	0.288 5
61	大庆	0.869 9	0.870 0	0.870 0	0.870 0	0.870 1	0.870 1	0.870 1	0.870 2	0.870 2
62	伊春	0.301 8	0.301 9	0.302 0	0.302 0	0.302 1	0.302 2	0.302 3	0.302 4	0.302 5
63	佳木斯	0.549 0	0.549 1	0.549 2	0.549 3	0.549 4	0.549 4	0.549 5	0.549 6	0.549 7
64	七台河	0.296 7	0.296 8	0.296 9	0.297 0	0.297 0	0.297 1	0.297 2	0.297 3	0.297 4
65	牡丹江	0.366 8	0.366 9	0.367 0	0.367 0	0.367 1	0.367 2	0.367 3	0.367 4	0.367 5
66	黑河	0.185 4	0.185 4	0.185 5	0.185 6	0.185 7	0.185 8	0.185 8	0.185 9	0.186 0
67	绥化	0.521 9	0.521 9	0.522 0	0.522 1	0.522 2	0.522 3	0.522 4	0.522 4	0.522 5
68	上海	0.853 2	0.853 2	0.853 2	0.853 3	0.853 3	0.853 3	0.853 4	0.853 4	0.853 4
69	南京	0.651 1	0.651 1	0.651 2	0.651 3	0.651 3	0.651 4	0.651 4	0.651 5	0.651 6
70	无锡	0.692 9	0.692 9	0.693 0	0.693 0	0.693 1	0.693 2	0.693 2	0.693 3	0.693 4
71	徐州	0.585 6	0.585 7	0.585 7	0.585 8	0.585 9	0.586 0	0.586 0	0.586 1	0.586 2
72	常州	0.602 2	0.602 3	0.602 4	0.602 5	0.602 5	0.602 6	0.602 7	0.602 8	0.602 8
73	苏州	0.746 6	0.746 7	0.746 7	0.746 8	0.746 9	0.746 9	0.747 0	0.747 0	0.747 1
74	南通	0.475 1	0.475 2	0.475 3	0.475 4	0.475 5	0.475 6	0.475 6	0.475 7	0.475 8

编号	城市	2000 年	2002 年	2004 年	2006 年	2008 年	2010 年	2012 年	2014 年	2016 年
75	连云港	0.334 0	0.334 1	0.334 2	0.334 3	0.334 3	0.334 4	0.334 5	0.334 6	0.334 7
76	淮安	0.432 0	0.432 1	0.432 2	0.432 3	0.432 4	0.432 5	0.432 6	0.432 6	0.432 7
77	盐城	0.417 4	0.417 5	0.417 6	0.417 7	0.417 8	0.417 9	0.417 9	0.418 0	0.418 1
78	扬州	0.604 8	0.604 9	0.605 0	0.605 1	0.605 1	0.605 2	0.605 3	0.605 4	0.605 4
79	镇江	0.470 1	0.470 1	0.470 2	0.470 3	0.470 4	0.470 5	0.470 6	0.470 7	0.470 7
80	泰州	0.500 3	0.500 4	0.500 5	0.500 5	0.500 6	0.500 7	0.500 8	0.500 9	0.501 0
81	宿迁	0.342 1	0.342 2	0.342 3	0.342 4	0.342 5	0.342 6	0.342 7	0.342 8	0.342 9
82	杭州	0.722 4	0.722 4	0.722 5	0.722 5	0.722 6	0.722 7	0.722 7	0.722 8	0.722 8
83	宁波	0.637 9	0.638 0	0.638 1	0.638 1	0.638 2	0.638 3	0.638 4	0.638 4	0.638 5
84	温州	0.590 7	0.590 7	0.590 8	0.590 9	0.591 0	0.591 1	0.591 1	0.591 2	0.591 3
85	嘉兴	0.356 1	0.356 2	0.356 3	0.356 4	0.356 5	0.356 6	0.356 7	0.356 8	0.356 9
86	湖州	0.527 7	0.527 8	0.527 9	0.528 0	0.528 1	0.528 2	0.528 2	0.528 3	0.528 4
87	绍兴	0.466 7	0.466 8	0.466 9	0.467 0	0.467 1	0.467 2	0.467 3	0.467 3	0.467 4
88	金华	0.459 7	0.459 8	0.459 8	0.459 9	0.460 0	0.460 1	0.460 2	0.460 3	0.460 4
89	衢州	0.375 2	0.375 3	0.375 3	0.375 4	0.375 5	0.375 6	0.375 7	0.375 8	0.375 9
90	舟山	0.451 8	0.451 9	0.452 0	0.452 1	0.452 1	0.452 2	0.452 3	0.452 4	0.452 5
91	台州	0.642 1	0.642 2	0.642 3	0.642 3	0.642 4	0.642 5	0.642 5	0.642 6	0.642 7
92	丽水	0.394 5	0.394 6	0.394 7	0.394 8	0.394 9	0.395 0	0.395 1	0.395 2	0.395 3
93	合肥	0.326 5	0.326 6	0.326 6	0.326 7	0.326 8	0.326 9	0.327 0	0.327 1	0.327 2
94	芜湖	0.434 8	0.434 9	0.435 0	0.435 1	0.435 2	0.435 3	0.435 4	0.435 5	0.435 5
95	蚌埠	0.369 9	0.370 0	0.370 1	0.370 2	0.370 2	0.370 3	0.370 4	0.370 5	0.370 6
96	淮南	0.315 5	0.315 6	0.315 7	0.315 8	0.315 9	0.316 0	0.316 1	0.316 1	0.316 2
97	马鞍山	0.449 7	0.449 8	0.449 9	0.450 0	0.450 1	0.450 2	0.450 2	0.450 3	0.450 4
98	淮北	0.320 5	0.320 6	0.320 7	0.320 8	0.320 9	0.320 9	0.321 0	0.321 1	0.321 2
99	铜陵	0.434 2	0.434 3	0.434 4	0.434 5	0.434 6	0.434 6	0.434 7	0.434 8	0.434 9
100	安庆	0.349 0	0.349 1	0.349 2	0.349 3	0.349 4	0.349 5	0.349 5	0.349 6	0.349 7
101	黄山	0.267 6	0.267 6	0.267 7	0.267 8	0.267 9	0.268 0	0.268 1	0.268 2	0.268 3
102	滁州	0.398 4	0.398 5	0.398 5	0.398 6	0.398 7	0.398 8	0.398 9	0.399 0	0.399 1
103	阜阳	0.360 3	0.360 4	0.360 5	0.360 6	0.360 7	0.360 8	0.360 9	0.361 0	0.361 1
104	宿州	0.474 4	0.474 5	0.474 6	0.474 7	0.474 8	0.474 9	0.474 9	0.475 0	0.475 1
106	六安	0.306 4	0.306 5	0.306 6	0.306 7	0.306 8	0.306 9	0.307 0	0.307 0	0.307 1
107	亳州	0.421 8	0.421 8	0.421 9	0.422 0	0.422 1	0.422 2	0.422 3	0.422 4	0.422 5
108	池州	0.323 5	0.323 6	0.323 7	0.323 8	0.323 9	0.324 0	0.324 1	0.324 1	0.324 2
109	宣城	0.523 9	0.524 0	0.524 1	0.524 2	0.524 2	0.524 3	0.524 4	0.524 5	0.524 6
110	福州	0.520 2	0.520 3	0.520 3	0.520 4	0.520 5	0.520 6	0.520 7	0.520 7	0.520 8
111	厦门	0.573 4	0.573 5	0.573 6	0.573 6	0.573 7	0.573 8	0.573 9	0.574 0	0.574 0
112	莆田	0.530 9	0.530 9	0.531 0	0.531 1	0.531 2	0.531 3	0.531 4	0.531 4	0.531 5

编号	城市	2000 年	2002 年	2004 年	2006 年	2008 年	2010 年	2012 年	2014 年	2016 年
113	三明	0.385 0	0.385 1	0.385 2	0.385 2	0.385 3	0.385 4	0.385 5	0.385 6	0.385 7
114	泉州	0.575 4	0.575 5	0.575 6	0.575 6	0.575 7	0.575 8	0.575 9	0.575 9	0.576 0
115	漳州	0.492 8	0.492 9	0.493 0	0.493 1	0.493 2	0.493 3	0.493 4	0.493 4	0.493 5
116	南平	0.366 9	0.367 0	0.367 1	0.367 2	0.367 3	0.367 4	0.367 4	0.367 5	0.367 6
117	龙岩	0.517 5	0.517 6	0.517 7	0.517 8	0.517 8	0.517 9	0.518 0	0.518 1	0.518 2
118	宁德	0.314 4	0.314 5	0.314 5	0.314 6	0.314 7	0.314 8	0.314 9	0.315 0	0.315 1
119	南昌	0.493 6	0.493 7	0.493 8	0.493 8	0.493 9	0.494 0	0.494 1	0.494 2	0.494 3
120	景德镇	0.360 6	0.360 7	0.360 7	0.360 8	0.360 9	0.361 0	0.361 1	0.361 2	0.361 3
121	萍乡	0.393 9	0.394 0	0.394 1	0.394 2	0.394 2	0.394 3	0.394 4	0.394 5	0.394 6
122	九江	0.455 8	0.455 9	0.456 0	0.456 1	0.456 2	0.456 3	0.456 4	0.456 4	0.456 5
123	新余	0.414 7	0.414 8	0.414 9	0.415 0	0.415 1	0.415 2	0.415 3	0.415 4	0.415 5
124	鹰潭	0.299 2	0.299 3	0.299 4	0.299 5	0.299 6	0.299 7	0.299 7	0.299 8	0.299 9
125	赣州	0.364 8	0.364 9	0.364 9	0.365 0	0.365 1	0.365 2	0.365 3	0.365 4	0.365 5
126	吉安	0.303 7	0.303 8	0.303 9	0.304 0	0.304 1	0.304 2	0.304 3	0.304 3	0.304 4
127	宜春	0.322 3	0.322 4	0.322 5	0.322 6	0.322 7	0.322 8	0.322 8	0.322 9	0.323 0
128	抚州	0.344 1	0.344 2	0.344 3	0.344 4	0.344 5	0.344 5	0.344 6	0.344 7	0.344 8
129	上饶	0.305 9	0.306 0	0.306 0	0.306 1	0.306 2	0.306 3	0.306 4	0.306 5	0.306 6
130	济南	0.694 3	0.694 4	0.694 4	0.694 5	0.694 6	0.694 6	0.694 7	0.694 7	0.694 8
131	青岛	0.728 2	0.728 3	0.728 3	0.728 4	0.728 4	0.728 5	0.728 5	0.728 6	0.728 7
132	淄博	0.769 9	0.770 0	0.770 0	0.770 1	0.770 1	0.770 2	0.770 2	0.770 3	0.770 3
133	枣庄	0.447 9	0.448 0	0.448 0	0.448 1	0.448 2	0.448 3	0.448 4	0.448 5	0.448 6
134	东营	0.605 8	0.605 9	0.606 0	0.606 0	0.606 1	0.606 2	0.606 3	0.606 3	0.606 4
135	烟台	0.582 7	0.582 8	0.582 9	0.583 0	0.583 1	0.583 1	0.583 2	0.583 3	0.583 4
136	潍坊	0.466 0	0.466 0	0.466 1	0.466 2	0.466 3	0.466 4	0.466 5	0.466 6	0.466 7
137	济宁	0.473 2	0.473 3	0.473 4	0.473 5	0.473 6	0.473 7	0.473 8	0.473 8	0.473 9
138	泰安	0.523 5	0.523 6	0.523 7	0.523 8	0.523 8	0.523 9	0.524 0	0.524 1	0.524 2
139	威海	0.449 9	0.450 0	0.450 1	0.450 2	0.450 3	0.450 4	0.450 5	0.450 6	0.450 6
140	日照	0.519 6	0.519 6	0.519 7	0.519 8	0.519 9	0.520 0	0.520 1	0.520 1	0.520 2
141	莱芜	0.469 7	0.469 8	0.469 9	0.470 0	0.470 1	0.470 1	0.470 2	0.470 3	0.470 4
142	临沂	0.481 3	0.481 4	0.481 5	0.481 6	0.481 7	0.481 8	0.481 8	0.481 9	0.482 0
143	德州	0.423 2	0.423 3	0.423 4	0.423 4	0.423 5	0.423 6	0.423 7	0.423 8	0.423 9
144	聊城	0.381 3	0.381 3	0.381 4	0.381 5	0.381 6	0.381 7	0.381 8	0.381 9	0.382 0
145	滨州	0.416 8	0.416 8	0.416 9	0.417 0	0.417 1	0.417 2	0.417 3	0.417 4	0.417 5
146	菏泽	0.348 3	0.348 4	0.348 5	0.348 6	0.348 7	0.348 8	0.348 9	0.348 9	0.349 0
147	郑州	0.486 9	0.486 9	0.487 0	0.487 1	0.487 2	0.487 3	0.487 4	0.487 5	0.487 5
148	开封	0.323 4	0.323 5	0.323 6	0.323 6	0.323 7	0.323 8	0.323 9	0.324 0	0.324 1
149	洛阳	0.480 5	0.480 6	0.480 7	0.480 8	0.480 9	0.481 0	0.481 1	0.481 1	0.481 2

编号	城市	2000 年	2002 年	2004 年	2006 年	2008 年	2010 年	2012 年	2014 年	2016 年
150	平顶山	0.396 5	0.396 6	0.396 7	0.396 8	0.396 9	0.397 0	0.397 1	0.397 2	0.397 3
151	安阳	0.360 7	0.360 8	0.360 8	0.360 9	0.361 0	0.361 1	0.361 2	0.361 3	0.361 4
152	鹤壁	0.310 4	0.310 5	0.310 5	0.310 6	0.310 7	0.310 8	0.310 9	0.311 0	0.311 1
153	新乡	0.355 1	0.355 2	0.355 3	0.355 4	0.355 5	0.355 6	0.355 7	0.355 8	0.355 9
154	焦作	0.282 0	0.282 1	0.282 2	0.282 3	0.282 4	0.282 5	0.282 5	0.282 6	0.282 7
155	濮阳	0.282 8	0.282 9	0.283 0	0.283 1	0.283 1	0.283 2	0.283 3	0.283 4	0.283 5
156	许昌	0.336 2	0.336 3	0.336 4	0.336 5	0.336 6	0.336 7	0.336 8	0.336 9	0.337 0
157	漯河	0.369 3	0.369 4	0.369 5	0.369 5	0.369 6	0.369 7	0.369 8	0.369 9	0.370 0
158	三门峡	0.247 0	0.247 1	0.247 2	0.247 3	0.247 4	0.247 5	0.247 6	0.247 6	0.247 7
159	南阳	0.323 8	0.323 9	0.324 0	0.324 1	0.324 2	0.324 3	0.324 4	0.324 4	0.324 5
160	商丘	0.314 2	0.314 3	0.314 4	0.314 4	0.314 5	0.314 6	0.314 7	0.314 8	0.314 9
161	信阳	0.341 1	0.341 2	0.341 2	0.341 3	0.341 4	0.341 5	0.341 6	0.341 7	0.341 8
162	周口	0.221 5	0.221 6	0.221 7	0.221 8	0.221 9	0.221 9	0.222 0	0.222 1	0.222 2
163	驻马店	0.314 2	0.314 3	0.314 4	0.314 5	0.314 6	0.314 7	0.314 7	0.314 8	0.314 9
164	武汉	0.601 9	0.601 9	0.602 0	0.602 1	0.602 2	0.602 2	0.602 3	0.602 4	0.602 5
165	黄石	0.433 1	0.433 2	0.433 3	0.433 4	0.433 5	0.433 6	0.433 6	0.433 7	0.433 8
166	十堰	0.482 6	0.482 6	0.482 7	0.482 8	0.482 9	0.483 0	0.483 1	0.483 2	0.483 2
167	宜昌	0.337 5	0.337 6	0.337 7	0.337 8	0.337 9	0.338 0	0.338 1	0.338 2	0.338 2
168	襄阳	0.541 8	0.541 9	0.541 9	0.542 0	0.542 1	0.542 2	0.542 3	0.542 4	0.542 4
169	鄂州	0.396 9	0.397 0	0.397 1	0.397 1	0.397 2	0.397 3	0.397 4	0.397 5	0.397 6
170	荆门	0.436 3	0.436 4	0.436 5	0.436 5	0.436 6	0.436 7	0.436 8	0.436 9	0.437 0
171	孝感	0.277 2	0.277 3	0.277 4	0.277 5	0.277 6	0.277 6	0.277 7	0.277 8	0.277 9
172	荆州	0.335 5	0.335 6	0.335 7	0.335 8	0.335 8	0.335 9	0.336 0	0.336 1	0.336 2
173	黄冈	0.236 7	0.236 8	0.236 9	0.236 9	0.237 0	0.237 1	0.237 2	0.237 3	0.237 4
174	咸宁	0.303 0	0.303 1	0.303 2	0.303 3	0.303 4	0.303 5	0.303 6	0.303 7	0.303 7
175	随州	0.503 9	0.503 9	0.504 0	0.504 1	0.504 2	0.504 3	0.504 4	0.504 4	0.504 5
176	长沙	0.544 6	0.544 7	0.544 8	0.544 9	0.545 0	0.545 1	0.545 1	0.545 2	0.545 3
177	株洲	0.461 2	0.461 2	0.461 3	0.461 4	0.461 5	0.461 6	0.461 7	0.461 8	0.461 9
178	湘潭	0.398 1	0.398 2	0.398 3	0.398 4	0.398 5	0.398 6	0.398 7	0.398 8	0.398 9
179	衡阳	0.360 3	0.360 4	0.360 5	0.360 6	0.360 7	0.360 8	0.360 8	0.360 9	0.361 0
180	邵阳	0.337 7	0.337 8	0.337 9	0.337 9	0.338 0	0.338 1	0.338 2	0.338 3	0.338 4
181	岳阳	0.613 3	0.613 4	0.613 4	0.613 5	0.613 6	0.613 7	0.613 7	0.613 8	0.613 9
182	常德	0.713 9	0.714 0	0.714 0	0.714 1	0.714 1	0.714 2	0.714 3	0.714 3	0.714 4
183	张家界	0.362 7	0.362 7	0.362 8	0.362 9	0.363 0	0.363 1	0.363 2	0.363 3	0.363 4
184	益阳	0.330 8	0.330 8	0.330 9	0.331 0	0.331 1	0.331 2	0.331 3	0.331 4	0.331 5
185	郴州	0.361 0	0.361 1	0.361 2	0.361 3	0.361 4	0.361 5	0.361 6	0.361 6	0.361 7
186	永州	0.386 1	0.386 2	0.386 2	0.386 3	0.386 4	0.386 5	0.386 6	0.386 7	0.386 8

编号	城市	2000 年	2002 年	2004 年	2006 年	2008 年	2010 年	2012 年	2014 年	2016 年
187	怀化	0.429 3	0.429 4	0.429 5	0.429 6	0.429 7	0.429 8	0.429 8	0.429 9	0.430 0
188	娄底	0.342 0	0.342 1	0.342 2	0.342 3	0.342 4	0.342 4	0.342 5	0.342 6	0.342 7
189	广州	0.929 8	0.929 9	0.929 9	0.929 9	0.929 9	0.929 9	0.929 9	0.930 0	0.930 0
190	韶关	0.397 6	0.397 7	0.397 8	0.397 8	0.397 9	0.398 0	0.398 1	0.398 2	0.398 3
191	深圳	0.986 3	0.986 3	0.986 4	0.986 4	0.986 4	0.986 4	0.986 4	0.986 4	0.986 4
192	珠海	0.542 8	0.542 9	0.542 9	0.543 0	0.543 1	0.543 2	0.543 3	0.543 3	0.543 4
193	汕头	0.604 2	0.604 2	0.604 3	0.604 4	0.604 5	0.604 5	0.604 6	0.604 7	0.604 8
194	佛山	0.957 8	0.957 8	0.957 8	0.957 8	0.957 8	0.957 8	0.957 8	0.957 9	0.957 9
195	江门	0.690 2	0.690 3	0.690 3	0.690 4	0.690 5	0.690 5	0.690 6	0.690 7	0.690 7
196	湛江	0.625 9	0.626 0	0.626 1	0.626 1	0.626 2	0.626 3	0.626 4	0.626 4	0.626 5
197	茂名	0.724 3	0.724 4	0.724 4	0.724 5	0.724 6	0.724 6	0.724 7	0.724 7	0.724 8
198	肇庆	0.429 2	0.429 3	0.429 4	0.429 5	0.429 5	0.429 6	0.429 7	0.429 8	0.429 9
199	惠州	0.507 0	0.507 1	0.507 2	0.507 2	0.507 3	0.507 4	0.507 5	0.507 6	0.507 7
200	梅州	0.391 8	0.391 8	0.391 9	0.392 0	0.392 1	0.392 2	0.392 3	0.392 4	0.392 5
201	汕尾	0.383 4	0.383 5	0.383 6	0.383 6	0.383 7	0.383 8	0.383 9	0.384 0	0.384 1
202	河源	0.298 1	0.298 2	0.298 3	0.298 4	0.298 5	0.298 5	0.298 6	0.298 7	0.298 8
203	阳江	0.429 5	0.429 6	0.429 7	0.429 8	0.429 9	0.429 9	0.430 0	0.430 1	0.430 2
204	清远	0.311 5	0.311 6	0.311 6	0.311 7	0.311 8	0.311 9	0.312 0	0.312 1	0.312 2
205	东莞	0.991 1	0.991 1	0.991 1	0.991 1	0.991 1	0.991 1	0.991 1	0.991 1	0.991 1
206	中山	0.775 3	0.775 4	0.775 4	0.775 5	0.775 5	0.775 6	0.775 6	0.775 7	0.775 7
207	潮州	0.364 5	0.364 6	0.364 7	0.364 8	0.364 9	0.365 0	0.365 1	0.365 2	0.365 2
208	揭阳	0.536 9	0.536 9	0.537 0	0.537 1	0.537 2	0.537 3	0.537 4	0.537 4	0.537 5
209	云浮	0.282 2	0.282 3	0.282 4	0.282 5	0.282 6	0.282 7	0.282 7	0.282 8	0.282 9
210	南宁	0.467 7	0.467 7	0.467 8	0.467 9	0.468 0	0.468 1	0.468 2	0.468 3	0.468 3
211	柳州	0.557 2	0.557 3	0.557 4	0.557 4	0.557 5	0.557 6	0.557 7	0.557 8	0.557 8
212	桂林	0.463 6	0.463 7	0.463 8	0.463 8	0.463 9	0.464 0	0.464 1	0.464 2	0.464 3
213	梧州	0.445 6	0.445 7	0.445 7	0.445 8	0.445 9	0.446 0	0.446 1	0.446 2	0.446 3
214	北海	0.441 9	0.442 0	0.442 1	0.442 2	0.442 2	0.442 3	0.442 4	0.442 5	0.442 6
215	防城港	0.444 2	0.444 3	0.444 4	0.444 5	0.444 6	0.444 7	0.444 8	0.444 9	0.444 9
216	钦州	0.446 7	0.446 8	0.446 8	0.446 9	0.447 0	0.447 1	0.447 2	0.447 3	0.447 4
217	贵港	0.417 7	0.417 8	0.417 9	0.418 0	0.418 1	0.418 2	0.418 3	0.418 3	0.418 4
218	玉林	0.414 9	0.415 0	0.415 0	0.415 1	0.415 2	0.415 3	0.415 4	0.415 5	0.415 6
219	百色		0.305 1	0.305 1	0.305 2	0.305 3	0.305 4	0.305 5	0.305 6	0.305 7
220	贺州		0.412 2	0.412 2	0.412 3	0.412 4	0.412 5	0.412 6	0.412 7	0.412 8
221	河池		0.295 1	0.295 2	0.295 3	0.295 4	0.295 5	0.295 6	0.295 7	0.295 7
222	来宾		0.446 0	0.446 1	0.446 2	0.446 3	0.446 3	0.446 4	0.446 5	0.446 6
223	崇左		0.356 8	0.356 9	0.357 0	0.357 1	0.357 1	0.357 2	0.357 3	0.357 4

编号	城市	2000 年	2002 年	2004 年	2006 年	2008 年	2010 年	2012 年	2014 年	2016 年
224	海口	0.346 0	0.346 1	0.346 2	0.346 3	0.346 4	0.346 5	0.346 5	0.346 6	0.346 7
225	三亚	0.267 1	0.267 2	0.267 2	0.267 3	0.267 4	0.267 5	0.267 6	0.267 7	0.267 8
226	重庆	0.502 2	0.502 3	0.502 4	0.502 5	0.502 5	0.502 6	0.502 7	0.502 8	0.502 9
227	成都	0.511 2	0.511 3	0.511 4	0.511 5	0.511 6	0.511 7	0.511 7	0.511 8	0.511 9
228	自贡	0.545 1	0.545 2	0.545 3	0.545 4	0.545 4	0.545 5	0.545 6	0.545 7	0.545 7
229	攀枝花	0.318 3	0.318 4	0.318 4	0.318 5	0.318 6	0.318 7	0.318 8	0.318 9	0.319 0
230	泸州	0.404 8	0.404 9	0.405 0	0.405 1	0.405 2	0.405 3	0.405 4	0.405 5	0.405 6
231	德阳	0.424 2	0.424 3	0.424 3	0.424 4	0.424 5	0.424 6	0.424 7	0.424 8	0.424 9
232	绵阳	0.420 4	0.420 4	0.420 5	0.420 6	0.420 7	0.420 8	0.420 9	0.421 0	0.421 1
233	广元	0.259 6	0.259 7	0.259 8	0.259 9	0.259 9	0.260 0	0.260 1	0.260 2	0.260 3
234	遂宁	0.335 2	0.335 3	0.335 4	0.335 5	0.335 6	0.335 7	0.335 7	0.335 8	0.335 9
235	内江	0.419 6	0.419 7	0.419 8	0.419 9	0.420 0	0.420 1	0.420 1	0.420 2	0.420 3
236	乐山	0.389 2	0.389 2	0.389 3	0.389 4	0.389 5	0.389 6	0.389 7	0.389 8	0.389 9
237	南充	0.415 2	0.415 3	0.415 4	0.415 5	0.415 6	0.415 7	0.415 7	0.415 8	0.415 9
238	眉山	0.384 6	0.384 7	0.384 7	0.384 8	0.384 9	0.385 0	0.385 1	0.385 2	0.385 3
239	宜宾	0.406 0	0.406 1	0.406 2	0.406 3	0.406 4	0.406 5	0.406 6	0.406 7	0.406 8
240	广安	0.325 7	0.325 8	0.325 9	0.326 0	0.326 1	0.326 2	0.326 2	0.326 3	0.326 4
241	达州	0.296 8	0.296 9	0.296 9	0.297 0	0.297 1	0.297 2	0.297 3	0.297 4	0.297 5
242	雅安	0.303 2	0.303 3	0.303 4	0.303 5	0.303 6	0.303 6	0.303 7	0.303 8	0.303 9
243	巴中	0.301 2	0.301 3	0.301 4	0.301 5	0.301 6	0.301 7	0.301 8	0.301 9	0.301 9
244	资阳	0.508 4	0.508 5	0.508 6	0.508 6	0.508 7	0.508 8	0.508 9	0.509 0	0.509 1
245	贵阳	0.343 0	0.343 1	0.343 2	0.343 3	0.343 4	0.343 5	0.343 6	0.343 7	0.343 7
246	六盘水	0.298 3	0.298 4	0.298 5	0.298 6	0.298 6	0.298 7	0.298 8	0.298 9	0.299 0
247	遵义	0.470 4	0.470 5	0.470 6	0.470 7	0.470 8	0.470 8	0.470 9	0.471 0	0.471 1
248	安顺	0.334 8	0.334 9	0.335 0	0.335 1	0.335 2	0.335 3	0.335 4	0.335 5	0.335 6
249	昆明	0.485 9	0.486 0	0.486 1	0.486 2	0.486 3	0.486 4	0.486 5	0.486 5	0.486 6
250	曲靖	0.457 0	0.457 1	0.457 2	0.457 3	0.457 4	0.457 5	0.457 5	0.457 6	0.457 7
251	玉溪	0.778 0	0.778 1	0.778 1	0.778 2	0.778 2	0.778 3	0.778 3	0.778 4	0.778 4
252	保山	0.318 9	0.319 0	0.319 1	0.319 2	0.319 3	0.319 4	0.319 5	0.319 5	0.319 6
253	昭通		0.404 3	0.404 4	0.404 5	0.404 6	0.404 7	0.404 8	0.404 8	0.404 9
254	丽江			0.172 9	0.173 0	0.173 1	0.173 1	0.173 2	0.173 3	0.173 3
255	普洱			0.176 1	0.176 2	0.176 2	0.176 3	0.176 4	0.176 5	0.176 5
256	临沧			0.175 2	0.175 3	0.175 3	0.175 4	0.175 5	0.175 6	0.175 6
259	西安	0.417 2	0.417 2	0.417 3	0.417 4	0.417 5	0.417 6	0.417 7	0.417 8	0.417 9
260	铜川	0.288 9	0.289 0	0.289 1	0.289 2	0.289 3	0.289 4	0.289 5	0.289 6	0.289 7
261	宝鸡	0.405 3	0.405 4	0.405 5	0.405 6	0.405 7	0.405 8	0.405 9	0.406 0	0.406 0
262	咸阳	0.307 7	0.307 8	0.307 9	0.308 0	0.308 1	0.308 2	0.308 2	0.308 3	0.308 4

编号	城市	2000 年	2002 年	2004 年	2006 年	2008 年	2010 年	2012 年	2014 年	2016 年
263	渭南	0.262 7	0.262 8	0.262 9	0.263 0	0.263 1	0.263 2	0.263 3	0.263 4	0.263 4
264	延安	0.269 5	0.269 6	0.269 6	0.269 7	0.269 8	0.269 9	0.270 0	0.270 1	0.270 2
265	汉中	0.256 4	0.256 5	0.256 6	0.256 7	0.256 8	0.256 9	0.256 9	0.257 0	0.257 1
266	榆林	0.250 9	0.251 0	0.251 1	0.251 2	0.251 2	0.251 3	0.251 4	0.251 5	0.251 6
267	安康	0.314 6	0.314 7	0.314 8	0.314 9	0.315 0	0.315 1	0.315 2	0.315 2	0.315 3
268	商洛		0.236 6	0.236 7	0.236 8	0.236 9	0.236 9	0.237 0	0.237 1	0.237 2
269	兰州	0.393 5	0.393 5	0.393 6	0.393 7	0.393 8	0.393 9	0.394 0	0.394 1	0.394 2
270	嘉峪关	0.309 0	0.309 1	0.309 2	0.309 3	0.309 4	0.309 4	0.309 5	0.309 6	0.309 7
271	金昌	0.356 3	0.356 4	0.356 5	0.356 6	0.356 7	0.356 8	0.356 9	0.357 0	0.357 1
272	白银	0.312 3	0.312 4	0.312 5	0.312 6	0.312 6	0.312 7	0.312 8	0.312 9	0.313 0
273	天水	0.321 9	0.322 0	0.322 1	0.322 2	0.322 3	0.322 4	0.322 5	0.322 6	0.322 7
274	武威		0.409 9	0.410 0	0.410 1	0.410 2	0.410 3	0.410 4	0.410 5	0.410 6
275	张掖		0.319 4	0.319 5	0.319 6	0.319 7	0.319 8	0.319 9	0.320 0	0.320 1
276	平凉		0.257 0	0.257 1	0.257 2	0.257 3	0.257 4	0.257 4	0.257 5	0.257 6
277	酒泉		0.320 7	0.320 8	0.320 9	0.321 0	0.321 1	0.321 2	0.321 3	0.321 4
278	庆阳		0.259 3	0.259 4	0.259 5	0.259 6	0.259 7	0.259 8	0.259 9	0.259 9
279	定西			0.184 4	0.184 4	0.184 5	0.184 6	0.184 7	0.184 8	0.184 8
280	陇南			0.265 3	0.265 4	0.265 5	0.265 6	0.265 7	0.265 8	0.265 8
281	西宁	0.341 1	0.341 2	0.341 2	0.341 3	0.341 4	0.341 5	0.341 6	0.341 7	0.341 8
282	银川	0.334 6	0.334 7	0.334 8	0.334 9	0.335 0	0.335 1	0.335 2	0.335 3	0.335 3
283	石嘴山	0.296 7	0.296 8	0.296 9	0.297 0	0.297 1	0.297 2	0.297 3	0.297 3	0.297 4
284	吴忠	0.251 9	0.252 0	0.252 0	0.252 1	0.252 2	0.252 3	0.252 4	0.252 5	0.252 6
285	固原		0.216 5	0.216 6	0.216 6	0.216 7	0.216 8	0.216 9	0.217 0	0.217 1
286	中卫			0.259 6	0.259 7	0.259 8	0.259 8	0.259 9	0.260 0	0.260 1
287	乌鲁木齐	0.483 0	0.483 1	0.483 2	0.483 3	0.483 4	0.483 4	0.483 5	0.483 6	0.483 7
288	克拉玛依	0.467 7	0.467 8	0.467 9	0.468 0	0.468 1	0.468 2	0.468 2	0.468 3	0.468 4

注：附表 1-5 中数据为市辖区的测算结果。受篇幅所限，表中只展示了部分年份。

附录 2: 市场潜力估计

利用黑德等（Head et al.，2006）的估计方法，得到的贸易自由度和市场潜力如附表 2-1 和附表 2-2 所示。

附表 2-1　部分城市的贸易自由度（2010 年）

编号	城市	北京	天津	大连	上海	南京	杭州	厦门	青岛
1	北京	0.011 2	0.003 2	0.000 5	0.000 2	0.000 2	0.000 2	0.000 1	0.000 4
2	天津	0.003 2	0.015 4	0.000 6	0.000 2	0.000 2	0.000 2	0.000 1	0.000 5
35	大连	0.000 5	0.000 6	0.029 7	0.000 2	0.000 2	0.000 2	0.000 1	0.000 7
68	上海	0.000 2	0.000 2	0.000 2	0.019 2	0.000 9	0.001 7	0.000 2	0.000 4
69	南京	0.000 2	0.000 2	0.000 2	0.000 9	0.020 3	0.001 1	0.000 2	0.000 5
82	杭州	0.000 2	0.000 2	0.000 2	0.001 7	0.001 1	0.026 6	0.000 3	0.000 3
111	厦门	0.000 1	0.000 1	0.000 1	0.000 2	0.000 2	0.000 3	0.040 3	0.000 1
131	青岛	0.000 4	0.000 5	0.000 7	0.000 4	0.000 5	0.000 3	0.000 1	0.043 2
147	郑州	0.000 3	0.000 4	0.000 2	0.000 2	0.000 4	0.000 2	0.000 1	0.000 3
164	武汉	0.000 2	0.000 2	0.000 2	0.000 3	0.000 5	0.000 4	0.000 2	0.000 2
176	长沙	0.000 1	0.000 1	0.000 1	0.000 2	0.000 3	0.000 3	0.000 3	0.000 2
189	广州	0.000 1	0.000 1	0.000 5	0.000 1	0.000 2	0.000 2	0.000 4	0.000 1
191	深圳	0.000 1	0.000 1	0.000 1	0.000 1	0.000 2	0.000 2	0.000 5	0.000 1
226	重庆	0.000 1	0.000 1	0.000 1	0.000 1	0.000 1	0.000 1	0.000 1	0.000 1
227	成都	0.000 1	0.000 1	0.000 1	0.000 1	0.000 1	0.000 1	0.000 1	0.000 1

编号	城市	郑州	武汉	长沙	广州	深圳	重庆	成都	西安
1	北京	0.000 3	0.000 2	0.000 1	0.000 1	0.000 1	0.000 1	0.000 1	0.000 2
2	天津	0.000 4	0.000 2	0.000 1	0.000 1	0.000 1	0.000 1	0.000 1	0.000 2
35	大连	0.000 2	0.000 2	0.000 1	0.000 1	0.000 1	0.000 1	0.000 1	0.000 1
68	上海	0.000 2	0.000 3	0.000 2	0.000 1	0.000 1	0.000 1	0.000 1	0.000 1
69	南京	0.000 4	0.000 5	0.000 3	0.000 2	0.000 2	0.000 1	0.000 1	0.000 2
82	杭州	0.000 2	0.000 4	0.000 3	0.000 2	0.000 2	0.000 1	0.000 1	0.000 2
111	厦门	0.000 1	0.000 2	0.000 3	0.000 4	0.000 5	0.000 1	0.000 1	0.000 1
131	青岛	0.000 3	0.000 2	0.000 1	0.000 1	0.000 1	0.000 1	0.000 1	0.000 2
147	郑州	0.053 1	0.000 5	0.000 3	0.000 1	0.000 1	0.000 2	0.000 2	0.000 5
164	武汉	0.000 5	0.028 7	0.000 8	0.000 2	0.000 2	0.000 3	0.000 2	0.000 3
176	长沙	0.000 3	0.000 8	0.054 9	0.000 4	0.000 3	0.000 3	0.000 2	0.000 2
189	广州	0.000 1	0.000 2	0.000 4	0.023 1	0.003 6	0.000 2	0.000 1	0.000 1
191	深圳	0.000 1	0.000 2	0.000 3	0.003 6	0.034 8	0.000 2	0.000 1	0.000 1
226	重庆	0.000 2	0.000 3	0.000 3	0.000 2	0.000 2	0.007 0	0.001 0	0.000 4
227	成都	0.000 2	0.000 2	0.000 2	0.000 1	0.000 1	0.001 0	0.033 4	0.000 3

注：因篇幅有限，附表 2-1 只给出了部分城市的数据。

附表 2-2　部分地级市的市场潜力（2010 年）　　　　单位：亿元

编号	城市	市场潜力	编号	城市	市场潜力
1	北京	8 507	145	滨州	4 793
2	天津	8 578	146	菏泽	3 571
3	石家庄	9 047	147	郑州	6 091
4	唐山	7 659	148	开封	4 006
5	秦皇岛	4 795	149	洛阳	4 607
6	邯郸	4 753	150	平顶山	4 321
7	邢台	4 700	151	安阳	4 101
8	保定	6 020	152	鹤壁	3 662
9	张家口	4 121	153	新乡	4 396
10	承德	3 620	154	焦作	3 905
11	沧州	6 736	155	濮阳	4 199
12	廊坊	9 984	156	许昌	4 736
13	衡水	4 196	157	漯河	3 644
14	太原	4 827	158	三门峡	2 954
15	大同	3 048	159	南阳	3 130
16	阳泉	3 617	160	商丘	3 456
17	长治	3 557	161	信阳	3 066
18	晋城	3 715	162	周口	3 466
19	朔州	2 600	163	驻马店	3 264
20	晋中	3 729	164	武汉	7 288
21	运城	2 510	165	黄石	5 306
22	忻州	2 879	166	十堰	3 012
23	临汾	2 565	167	宜昌	2 907
24	吕梁	2 283	168	襄樊	3 168
25	呼和浩特	3 333	169	鄂州	4 810
26	包头	3 777	170	荆门	2 913
27	乌海	1 933	171	孝感	4 157
28	赤峰	2 300	172	荆州	3 078
29	通辽	2 156	173	黄冈	5 680
30	鄂尔多斯	2 547	174	咸宁	3 572
31	呼伦贝尔	1 135	175	随州	3 100
32	巴彦淖尔	1 600	176	长沙	7 881
33	乌兰察布	2 853	177	株洲	5 601
34	沈阳	6 027	178	湘潭	5 296
35	大连	5 924	179	衡阳	3 464
36	鞍山	6 225	180	邵阳	2 825
37	抚顺	5 047	181	岳阳	3 988

编号	城市	市场潜力	编号	城市	市场潜力
38	本溪	4 100	182	常德	3 165
39	丹东	2 547	183	张家界	2 299
40	锦州	3 997	184	益阳	3 386
41	营口	4 047	185	郴州	2 913
42	阜新	2 940	186	永州	2 520
43	辽阳	4 926	187	怀化	2 380
44	盘锦	5 321	188	娄底	3 325
45	铁岭	3 494	189	广州	18 686
46	朝阳	2 666	190	韶关	3 429
47	葫芦岛	3 012	191	深圳	16 806
48	长春	3 341	192	珠海	8 954
49	吉林	2 568	193	汕头	3 887
50	四平	2 477	194	佛山	19 185
51	辽源	2 774	195	江门	9 192
52	通化	2 270	196	湛江	2 948
53	白山	1 902	197	茂名	3 389
54	松原	2 411	198	肇庆	6 169
55	白城	1 590	199	惠州	7 087
56	哈尔滨	2 821	200	梅州	3 075
57	齐齐哈尔	1 649	201	汕尾	3 664
58	鸡西	1 233	202	河源	4 301
59	鹤岗	1 100	203	阳江	3 432
60	双鸭山	1 191	204	清远	6 710
61	大庆	3 110	205	东莞	13 151
62	伊春	1 048	206	中山	11 065
63	佳木斯	1 361	207	潮州	3 754
64	七台河	1 238	208	揭阳	4 232
65	牡丹江	1 384	209	云浮	4 107
66	黑河	789	210	南宁	2 399
67	绥化	1 620	211	柳州	4 151
68	上海	15 095	212	桂林	3 062
69	南京	7 614	213	梧州	3 009
70	无锡	11 531	214	北海	2 241
71	徐州	5 125	215	防城港	1 895
72	常州	9 020	216	钦州	1 983
73	苏州	11 039	217	贵港	2 288
74	南通	8 156	218	玉林	2 564

编号	城市	市场潜力	编号	城市	市场潜力
75	连云港	4 213	219	百色	1 550
76	淮安	4 428	220	贺州	2 726
77	盐城	4 488	221	河池	1 842
78	扬州	7 605	222	来宾	2 254
79	镇江	7 833	223	崇左	1 601
80	泰州	6 732	224	海口	2 173
81	宿迁	4 131	225	三亚	1 402
82	杭州	8 763	226	重庆	3 120
83	宁波	7 104	227	成都	6 257
84	温州	4 573	228	自贡	2 793
85	嘉兴	8 510	229	攀枝花	1 618
86	湖州	7 361	230	泸州	2 626
87	绍兴	7 313	231	德阳	3 168
88	金华	3 838	232	绵阳	2 612
89	衢州	3 430	233	广元	1 846
90	舟山	5 027	234	遂宁	2 570
91	台州	4 152	235	内江	2 764
92	丽水	3 277	236	乐山	2 279
93	合肥	7 514	237	南充	2 455
94	芜湖	6 277	238	眉山	2 906
95	蚌埠	4 508	239	宜宾	2 462
96	淮南	4 203	240	广安	2 720
97	马鞍山	7 779	241	达州	2 399
98	淮北	4 536	242	雅安	1 956
99	铜陵	5 237	243	巴中	1 986
100	安庆	3 916	244	资阳	2 890
101	黄山	3 478	245	贵阳	2 513
102	滁州	5 416	246	六盘水	2 024
103	阜阳	3 398	247	遵义	2 323
104	宿州	3 952	248	安顺	1 762
105	巢湖	4 784	249	昆明	2 391
106	六安	3 680	250	曲靖	1 820
107	亳州	3 358	251	玉溪	2 170
108	池州	3 805	252	保山	926
109	宣城	4 760	253	昭通	1 574
110	福州	5 069	254	丽江	1 087
111	厦门	5 191	255	思茅	932

编号	城市	市场潜力	编号	城市	市场潜力
112	莆田	3 260	256	临沧	920
113	三明	2 816	258	拉萨	587
114	泉州	4 228	259	西安	4 569
115	漳州	4 087	260	铜川	2 628
116	南平	2 646	261	宝鸡	2 290
117	龙岩	2 858	262	咸阳	5 480
118	宁德	2 696	263	渭南	2 961
119	南昌	6 467	264	延安	2 013
120	景德镇	3 602	265	汉中	2 129
121	萍乡	3 429	266	榆林	1 977
122	九江	4 218	267	安康	2 162
123	新余	3 343	268	商洛	2 408
124	鹰潭	3 299	269	兰州	2 509
125	赣州	3 054	270	嘉峪关	1 105
126	吉安	2 772	271	金昌	1 233
127	宜春	3 033	272	白银	1 651
128	抚州	2 940	273	天水	1 680
129	上饶	3 187	274	武威	1 255
130	济南	6 235	275	张掖	1 007
131	青岛	7 742	276	平凉	1 748
132	淄博	5 893	277	酒泉	1 112
133	枣庄	4 313	278	庆阳	1 922
134	东营	4 917	279	定西	1 517
135	烟台	4 565	280	陇南	1 577
136	潍坊	4 437	281	西宁	2 650
137	济宁	4 562	282	银川	2 016
138	泰安	5 005	283	石嘴山	1 780
139	威海	3 894	284	吴忠	1 671
140	日照	4 432	285	固原	1 604
141	莱芜	4 727	286	中卫	1 431
142	临沂	4 533	287	乌鲁木齐	1 070
143	德州	4 646	288	克拉玛依	760
144	聊城	3 944			

附录 3：最优城市规模求解步骤

根据命题3-4及本书3.4节对理论模型的介绍，此处给出最优城市规模的估计方法。为便于理解，现将求解步骤拆分为以下九个步骤：

第一步，用原始数据计算γ/Γ、β/Γ和M，计算公式为

$$\gamma/\Gamma = g/(\text{VMS} + 1)$$

$$\beta/\Gamma = \text{LMS}/(\text{VMS} + 1)$$

$$M = (\text{VMS} + 1)/(\text{VMS} - \text{LMS} + 1 - g)$$

其中，g为当地服务业中生产性服务业占比，$M(\alpha + \vartheta) = \Gamma$，VMS为制造业增加值和服务业增加值之比，LMS为制造业劳动力和服务业劳动力之比。第一步计算这三个参数是为了方便第二步对Y的估计。关于以上公式的证明如下：

因为$\text{VMS} = pY\text{card}\{\varphi\}/(p_x s_x X) - 1 = g\Gamma/\gamma - 1$，所以$\gamma/\Gamma = g/(\text{VMS} + 1)$。因为$\text{LMS} = l\text{card}\{\varphi\}/(s_x l_x) = \beta g/\gamma$，所以$\beta/\Gamma = (\beta g/\gamma) \times \gamma/\Gamma \div g = \text{LMS}/(\text{VMS} + 1)$。令$M \equiv (\text{VMS} + 1)/(\text{VMS} - \text{LMS} + 1 - g)$，那么$\Gamma = \alpha + \vartheta + \beta + \gamma$，$1 = \dfrac{\alpha + \vartheta}{\Gamma} + \dfrac{\beta}{\Gamma} + \dfrac{\gamma}{\Gamma} = \dfrac{\alpha + \vartheta}{\Gamma} + \dfrac{\text{LMS}}{\text{VMS} + 1} + \dfrac{g}{\text{VMS} + 1}$，因此$\Gamma = \dfrac{\alpha + \vartheta}{1 - \dfrac{\text{LMS}}{\text{VMS} + 1} - \dfrac{g}{\text{VMS} + 1}} = \dfrac{(\alpha + \vartheta)(\text{VMS} + 1)}{\text{VMS} + 1 - \text{LMS} - g} = M(\alpha + \vartheta)$。

第二步，利用第一步的计算结果和部分参数估计值测算参数Y。根据Y的定义式，可知$Y \equiv \left[\dfrac{\varepsilon}{M(\alpha + \vartheta)} + \dfrac{\gamma}{\rho\Gamma} + \dfrac{\beta}{\Gamma}\right] / \left(\dfrac{\beta}{\Gamma} + \dfrac{\gamma}{\Gamma}\right)$。由第一步，可知$M$、$\gamma/\Gamma$和$\beta/\Gamma$已经计算出来，而$\varepsilon/(\alpha + \vartheta)$和$1/\rho$可以通过估计以下方程获得：

$$M\ln\text{VA} - M\ln L = b_0 + \sigma^{-1}(M\ln\text{MP}) + \frac{\varepsilon - \alpha - \vartheta}{\alpha + \vartheta}\ln L + \frac{1 - \rho}{\rho}\left(\frac{M\gamma}{\Gamma}\ln L\right) + b_1\ln K +$$

$$b_2\ln E + \sum_{i-3}^{n} b_i h_{i-2} + \ln A + \mu$$

其中，VA为第二和第三产业的总增加值；h为控制变量；A为全要素生产率，可以通过潜在产出法、代理变量法、随机边界分析法等方法加以估计。MP为市场潜力（market potential），本书利用黑德等（Head et al., 2006）的方法对其进行估计（见附录2）。K为资本存量，E为资源投入。该方程的推导可以参见欧等（Au et al., 2006）、李等（Li et al., 2014）的研究。根据（3-40）式，我们也可以通过直接

回归 $\Omega_j N_j = Z_{6j} L_j^Y$ 来估计 Y，但是需要控制较多的因素，因为 Z_{6j} 相对复杂，而且原则上 Y 在城市层面应是异质的。

第三步，修正 Y。第一步和第二步的主要目的是估计 Y，但是这两步容易产生误差，因为第一步假定了厂商利润最大化，与现实情况可能不符，第二步也可能产生一些计量层面的估计误差，因此作者有必要对 Y 进行修正。根据（3-40）式，Y 可以被视为有效劳动力的产出弹性，因此本书基于人均产出对 Y 进行修正。

第四步，记 $\chi \equiv Rb$，那么 χ 可能存在极限值。由假设 3-2 可知，均衡时 $EE \leqslant 1$，因此 $Y[\bar{S}(1-\delta) - Z_5 L^Y] \geqslant \bar{S} - Z_5 L^Y$，即 $L \leqslant \left[\dfrac{(1-\delta)Y\bar{S} - \bar{S}}{(Y-1)Z_5}\right]^{1/Y}$。据此，可以定义 L 的极限值为 $L^m = \left[\dfrac{(1-\delta)Y\bar{S} - \bar{S}}{(Y-1)Z_5}\right]^{1/Y}$。由本书 3.4 节对有效劳动力的介绍，可知 $L = \psi N - 2tB\pi b^{-3}(2 - \chi^2 e^{-\chi} - 2\chi e^{-\chi} - 2e^{-\chi})$，$\psi N = 2B\pi b^{-2}(1 - \chi e^{-\chi} - e^{-\chi})$。

因此，将 L^m 代入以上两个方程，可以解出 χ 的极限值 χ^m（在求解过程中需要舍弃负根和虚根，如果不存在正根，那么令 χ^m 等于 20 或任意一个相对较大的数）。需要说明的是，本书讨论的极限值和最优值是两回事，先测算极限值是为了保证最优值的迭代过程的收敛性。

第五步，赋初值 $\chi_1 = Rb$，其中 R 以初始的模型半径代入，b 取决于各城市的劳动力分布。

第六步，迭代 χ_i 直至收敛，即 $|\chi_i - \chi_{i+1}| < 0.001$，迭代过程如下：

假如 i 为偶数，那么 χ_i 通过求解以下方程组获得：

$\psi N = 2B\pi b^{-2}(1 - \chi_{i-1} e^{-\chi_{i-1}} - e^{-\chi_{i-1}})$（该式用于计算总劳动力）

$L = \psi N - 2tB\pi b^{-3}[2 - e^{-\chi_{i-1}}(\chi_{i-1}^2 + 2\chi_{i-1} + 2)]$（该式用于计算有效劳动力）

$1/EE = Y[(1-\delta)\bar{S} - Z_5 L^Y]/(\bar{S} - Z_5 L^Y)$（该式为 EE 定义式的变形）

$\chi_i^2/(e^{\chi_i} - \chi_i - 1) + \chi_i/EE = 2 + (1/EE - 1)b/t$（该式表示 EE 和 EC 相等）

假如 i 为奇数，那么可令

$$\chi_i = \frac{1}{2}\left\{\begin{array}{l} \max[\min(\chi_{i-1}, \chi_{i-2}), \min(\chi_{i-3}, \chi_{i-4}), \cdots, \min(\chi_2, \chi_1)] \\ + \min[\max(\chi_{i-1}, \chi_{i-2}), \max(\chi_{i-3}, \chi_{i-4}), \cdots, \max(\chi_2, \chi_1), \chi^m] \end{array}\right\}$$

第七步，利用第六步迭代得到的最终 χ 求解最优城市半径，即 $R = \chi/b$。

第八步，利用第七步得到的半径 R 求得最优劳动力数量 ψN，计算公式为

$$\psi N = \int_0^R B\exp(-bx)2\pi x \mathrm{d}x$$

第九步，利用第八步得到的最优劳动力数量 ψN 求解最优城市规模，即 $N^* = \psi N/\psi$。

说明：前三步估计一些基本参数。第四步测算极限规模，之所以在测算最优规模（N^*）之前需要先测算极限规模，是因为在迭代过程中 N^* 必须限定在（0，N^m），否则迭代过程不收敛。正文的理论模型证明了 N^* 确实位于（0，N^m），因此这种限定是合理的。第五步是迭代的初始值设定。第六步是迭代过程，其思路是不断调整 χ 的取值，使最终的 χ 能同时满足公式 $EC(N) = EE(N)$ 及其暗含的四个隐函数条件，从而找到 N^*。第七步至第九步利用迭代结果求解最优城市规模。

附录4：全国主要污染物总量减排情况考核结果

2005年和2010年全国主要污染物总量减排情况考核结果如附表4-1所示。

附表4-1 2005年和2010年全国主要污染物总量减排情况考核结果

省份	化学需氧量				二氧化硫			
	2005年	2010年			2005年	2010年		
	排放量/万吨	排放量/万吨	削减目标/%	实际削减/%	排放量/万吨	排放量/万吨	削减目标/%	实际削减/%
北京	11.60	9.20	-14.7	-20.67	19.10	11.51	-20.4	-39.73
天津	14.60	13.20	-9.6	-9.61	26.50	23.52	-9.4	-11.26
河北	66.07	54.62	-15.1	-17.34	149.60	123.38	-15.0	-17.53
山西	38.70	33.31	-13.2	-13.93	151.60	124.92	-14.0	-17.6
内蒙古	29.73	27.51	-6.7	-7.46	145.60	139.41	-3.8	-4.25
辽宁	64.44	54.16	-12.9	-15.95	119.70	102.22	-12.0	-14.6
吉林	40.70	35.21	-10.3	-13.48	38.20	35.63	-4.7	-6.72
黑龙江	50.37	44.44	-10.3	-11.77	50.80	49.02	-2.0	-3.51
上海	30.40	21.98	-14.8	-27.71	51.30	35.81	-25.9	-30.2
江苏	96.62	78.80	-15.1	-18.44	137.30	105.05	-18.0	-23.49
浙江	59.47	48.68	-15.1	-18.15	86.04	67.83	-15.0	-21.16
安徽	44.37	41.11	-6.5	-7.36	57.10	53.26	-4.0	-6.72
福建	39.40	37.26	-4.8	-5.44	46.10	40.94	-8.0	-11.2
江西	45.73	43.11	-5.0	-5.73	61.30	55.71	-7.0	-9.13
山东	77.03	62.05	-14.9	-19.44	200.30	153.78	-20.0	-23.22
河南	72.08	61.97	-10.8	-14.02	162.45	133.87	-14.0	-17.59
湖北	61.60	57.24	-5.0	-7.08	71.70	63.25	-7.8	-11.78
湖南	89.45	79.90	-10.1	-10.68	91.90	80.13	-9.0	-12.81
广东	105.81	85.83	-15.0	-18.88	129.40	105.05	-15.0	-18.81
广西	106.98	93.69	-12.1	-12.43	102.30	90.38	-9.9	-11.66
海南	9.50	9.23	0.0	-2.84	2.20	2.84	100.0	29.12
重庆	26.90	23.45	-11.2	-12.82	83.70	71.94	-11.9	-14.05
四川	78.32	74.07	-5.0	-5.43	129.90	113.10	-11.9	-12.93
贵州	22.56	20.78	-7.1	-7.89	135.80	114.89	-15.0	-15.39
云南	28.47	26.83	-4.9	-5.76	52.20	50.07	-4.0	-4.08

省份	化学需氧量				二氧化硫			
	2005 年	2010 年			2005 年	2010 年		
	排放量/万吨	排放量/万吨	削减目标/%	实际削减/%	排放量/万吨	排放量/万吨	削减目标/%	实际削减/%
西藏	1.40	2.89	114.0	106.43	0.20	0.29	1 000.0	45.0
陕西	35.04	30.77	−10.0	−12.18	92.20	77.86	−12.0	−15.55
甘肃	18.23	16.76	−7.7	−8.05	56.30	55.18	0.0	−1.99
青海	7.20	8.31	18.0	15.40	12.40	14.34	17.7	15.61
宁夏	14.27	12.17	−14.7	−14.72	34.30	31.08	−9.3	−9.38
新疆	25.67	28.07	10.0	9.35	50.24	56.94	13.9	13.34
兵团	1.43	1.53	10.0	6.74	1.66	1.91	15.1	15.09

数据来源：原环境保护部网站。

附录 5:（6-15）式和（6-16）式的推导

根据正文的设定，可知如下概率密度函数：

$$f(w) = \frac{1}{\sqrt{2\pi}\,\sigma_w}\exp\left(-\frac{w^2}{2\,\sigma_w^2}\right)$$

$$f(u) = \frac{1}{\sqrt{2\pi}\,\sigma_u\left[1-\Phi\left(-\dfrac{\mu}{\sigma_u}\right)\right]}\exp\left[-\frac{(u-\mu)^2}{2\,\sigma_u^2}\right]$$

$$= \frac{1}{\sqrt{2\pi}\,\sigma_u\Phi\left(\dfrac{\mu}{\sigma_u}\right)}\exp\left[-\frac{(u-\mu)^2}{2\,\sigma_u^2}\right]$$

给定 w 和 u 的独立性条件，则

$$f(w,u) = f(w)f(u) = \frac{1}{2\pi\,\sigma_w\,\sigma_u\Phi\left(\dfrac{\mu}{\sigma_u}\right)}\exp\left[-\frac{1}{2}\left(\frac{w^2}{\sigma_w^2}+\frac{(u-\mu)^2}{\sigma_u^2}\right)\right]$$

由于 $e \equiv w - u$，因此

$$f(e+u,u) = \frac{1}{2\pi\,\sigma_w\,\sigma_u\Phi\left(\dfrac{\mu}{\sigma_u}\right)}\exp\left[-\frac{1}{2}\left(\frac{(e+u)^2}{\sigma_w^2}+\frac{(u-\mu)^2}{\sigma_u^2}\right)\right]$$

其中

$$\frac{(e+u)^2}{\sigma_w^2}+\frac{(u-\mu)^2}{\sigma_u^2} = \frac{e^2+u^2+2eu}{\sigma_w^2}+\frac{u^2+\mu^2-2u\mu}{\sigma_u^2}$$

$$= u^2\left(\frac{1}{\sigma_u^2}+\frac{1}{\sigma_w^2}\right)-2u\left(\frac{\mu}{\sigma_u^2}-\frac{e}{\sigma_w^2}\right)+\frac{\mu^2}{\sigma_u^2}+\frac{e^2}{\sigma_w^2}$$

$$= \frac{\sigma_w^2+\sigma_u^2}{\sigma_w^2\,\sigma_u^2}u^2-2u\frac{\mu\,\sigma_w^2-e\,\sigma_u^2}{\sigma_w^2\,\sigma_u^2}+\frac{\mu^2}{\sigma_u^2}+\frac{e^2}{\sigma_w^2}$$

$$= \frac{\sigma_w^2+\sigma_u^2}{\sigma_w^2\,\sigma_u^2}\left(u^2-2u\frac{\mu\,\sigma_w^2-e\,\sigma_u^2}{\sigma_w^2+\sigma_u^2}\right)+\frac{\mu^2}{\sigma_u^2}+\frac{e^2}{\sigma_w^2}$$

定义 $\mu_* = \dfrac{\mu\,\sigma_w^2-e\,\sigma_u^2}{\sigma_w^2+\sigma_u^2}$，$\sigma_*^2 = \dfrac{\sigma_w^2\,\sigma_u^2}{\sigma_w^2+\sigma_u^2}$，则

$$\frac{(e+u)^2}{\sigma_w^2}+\frac{(u-\mu)^2}{\sigma_u^2} = \frac{1}{\sigma_*^2}(u^2-2u\mu_*)+\frac{\mu^2}{\sigma_u^2}+\frac{e^2}{\sigma_w^2}$$

$$= \frac{1}{\sigma_*^2}(u^2-2u\mu_*+\mu_*^2)-\frac{\mu_*^2}{\sigma_*^2}+\frac{\mu^2}{\sigma_u^2}+\frac{e^2}{\sigma_w^2}$$

$$= \frac{(u-\mu_*)^2}{\sigma_*^2} + \frac{(\mu^2\sigma_w^2+e^2\sigma_u^2)(\sigma_w^2+\sigma_u^2)-(\mu\sigma_w^2-e\sigma_u^2)^2}{\sigma_w^2\sigma_u^2(\sigma_w^2+\sigma_u^2)}$$

$$= \frac{(u-\mu_*)^2}{\sigma_*^2} + \frac{(\mu+e)^2}{\sigma_w^2+\sigma_u^2}$$

因此

$$f(e+u,\ u) = \frac{1}{2\pi\sigma_w\sigma_u\Phi\left(\frac{\mu}{\sigma_u}\right)}\exp\left[-\frac{1}{2}\left(\frac{(u-\mu_*)^2}{\sigma_*^2}+\frac{(\mu+e)^2}{\sigma_w^2+\sigma_u^2}\right)\right]$$

那么

$$f(e) = \int_0^\infty f(e+u,\ u)\,\mathrm{d}u$$

$$= \frac{1}{2\pi\sigma_w\sigma_u\Phi\left(\frac{\mu}{\sigma_u}\right)}\exp\left[-\frac{1}{2}\frac{(\mu+e)^2}{\sigma_w^2+\sigma_u^2}\right]\int_0^\infty\exp\left[-\frac{1}{2}\frac{(u-\mu_*)^2}{\sigma_*^2}\right]\mathrm{d}u$$

$$= \frac{1}{\sqrt{2\pi}\sigma_w\sigma_u\Phi\left(\frac{\mu}{\sigma_u}\right)}\exp\left[-\frac{1}{2}\frac{(\mu+e)^2}{\sigma_w^2+\sigma_u^2}\right]\frac{1}{\sqrt{2\pi}}\int_0^\infty\exp\left[-\frac{1}{2}\frac{(u-\mu_*)^2}{\sigma_*^2}\right]\mathrm{d}u$$

$$= \frac{1}{\sigma_w\sigma_u\Phi\left(\frac{\mu}{\sigma_u}\right)}\frac{1}{\sqrt{2\pi}}\exp\left[-\frac{1}{2}\frac{(\mu+e)^2}{\sigma_w^2+\sigma_u^2}\right]\sigma_*\Phi\left(\frac{\mu_*}{\sigma_*}\right)$$

$$= \phi\left(\frac{\mu+e}{\sqrt{\sigma_w^2+\sigma_u^2}}\right)\frac{1}{\sqrt{\sigma_w^2+\sigma_u^2}\Phi\left(\frac{\mu}{\sigma_u}\right)\Big/\Phi\left(\frac{\mu_*}{\sigma_*}\right)}$$

因此，$f(e)$ 的对数为

$$\ln f(e) = -\frac{1}{2}\ln(\sigma_w^2+\sigma_u^2)+\ln\phi\left(\frac{\mu+e}{\sqrt{\sigma_w^2+\sigma_u^2}}\right)+\ln\Phi\left(\frac{\mu_*}{\sigma_*}\right)-\ln\Phi\left(\frac{\mu}{\sigma_u}\right)$$

那么

$$\ln L_{i,y\mid x} = \sum_{t=1}^{t=T_i}\left\{-\frac{1}{2}\ln(\sigma_w^2+\sigma_u^2)+\ln\phi\left(\frac{\mu_{it}+e_{it}}{\sqrt{\sigma_w^2+\sigma_u^2}}\right)+\ln\Phi\left(\frac{\mu_{*it}}{\sigma_{*it}}\right)-\ln\Phi\left(\frac{\mu_{it}}{\sigma_u}\right)\right\}$$

（6-15）式得证。

由于

$$f(e+u,\ u) = \frac{1}{2\pi\sigma_w\sigma_u\Phi\left(\frac{\mu}{\sigma_u}\right)}\exp\left[-\frac{1}{2}\left(\frac{(u-\mu_*)^2}{\sigma_*^2}+\frac{(\mu+e)^2}{\sigma_w^2+\sigma_u^2}\right)\right]$$

$$f(e) = \phi\left(\frac{\mu+e}{\sqrt{\sigma_w^2+\sigma_u^2}}\right)\frac{1}{\sqrt{\sigma_w^2+\sigma_u^2}\Phi\left(\frac{\mu}{\sigma_u}\right)\Big/\Phi\left(\frac{\mu_*}{\sigma_*}\right)}$$

因此

$$f(u \mid e) = \frac{f(e + u, \; u)}{f(e)}$$

$$= \frac{\dfrac{1}{2\pi \sigma_w \sigma_u \Phi\left(\dfrac{\mu}{\sigma_u}\right)} \exp\left[-\dfrac{1}{2}\left(\dfrac{(u - \mu_*)^2}{\sigma_*^2} + \dfrac{(\mu + e)^2}{\sigma_w^2 + \sigma_u^2}\right)\right]}{\phi\left(\dfrac{\mu + e}{\sqrt{\sigma_w^2 + \sigma_u^2}}\right) \dfrac{1}{\sqrt{\sigma_w^2 + \sigma_u^2} \; \Phi\left(\dfrac{\mu}{\sigma_u}\right) \Big/ \Phi\left(\dfrac{\mu_*}{\sigma_*}\right)}}$$

$$= \frac{\sqrt{\sigma_w^2 + \sigma_u^2}}{\sqrt{2\pi} \; \sigma_w \sigma_u \Phi\left(\dfrac{\mu_*}{\sigma_*}\right)} \exp\left[-\dfrac{1}{2} \dfrac{(u - \mu_*)^2}{\sigma_*^2}\right]$$

$$= \frac{1}{\sqrt{2\pi} \; \sigma_* \Phi\left(\dfrac{\mu_*}{\sigma_*}\right)} \exp\left[-\dfrac{1}{2} \dfrac{(u - \mu_*)^2}{\sigma_*^2}\right]$$

效率测度为

$$E[\exp(-u) \mid e] = \int_0^\infty \exp(-u) f(u \mid e) \, \mathrm{d}u$$

$$= \int_0^\infty \frac{1}{\sqrt{2\pi} \; \sigma_* \Phi\left(\dfrac{\mu_*}{\sigma_*}\right)} \exp\left[-\dfrac{1}{2} \dfrac{(u - \mu_*)^2}{\sigma_*^2} - u\right] \mathrm{d}u$$

其中

$$-\frac{1}{2} \frac{(u - \mu_*)^2}{\sigma_*^2} - u = \frac{u^2 + \mu_*^2 - 2u\mu_* + 2u\sigma_*^2}{-2\sigma_*^2}$$

$$= \frac{u^2 - 2(\mu_* - \sigma_*^2) u + \mu_*^2}{-2\sigma_*^2}$$

$$= -\frac{[u - (\mu_* - \sigma_*^2)]^2}{2\sigma_*^2} - \frac{2\mu_* - \sigma_*^2}{2}$$

因此

$$E[\exp(-u) \mid e] = \int_0^\infty \frac{1}{\sqrt{2\pi} \; \sigma_* \Phi\left(\dfrac{\mu_*}{\sigma_*}\right)} \exp\left[-\frac{[u - (\mu_* - \sigma_*^2)]^2}{2\sigma_*^2} - \frac{2\mu_* - \sigma_*^2}{2}\right] \mathrm{d}u$$

$$= \frac{\exp\left[-\dfrac{1}{2}(2\mu_* - \sigma_*^2)\right]}{\sigma_* \Phi\left(\dfrac{\mu_*}{\sigma_*}\right)} \int_0^\infty \frac{1}{\sqrt{2\pi}} \exp\left\{-\frac{[u - (\mu_* - \sigma_*^2)]^2}{2\sigma_*^2}\right\} \mathrm{d}u$$

$$= \frac{\exp\left(-\mu_* + \frac{1}{2}\sigma_*^2\right)}{\Phi\left(\frac{\mu_*}{\sigma_*}\right)} \int_{\frac{-\mu_*}{\sigma_*}+\sigma_*}^{\infty} \frac{1}{\sqrt{2\pi}} \exp\left[-\frac{z^2}{2}\right] dz$$

$$= \exp\left(-\mu_* + \frac{1}{2}\sigma_*^2\right) \frac{\Phi\left(\frac{\mu_*}{\sigma_*} - \sigma_*\right)}{\Phi\left(\frac{\mu_*}{\sigma_*}\right)}$$

即

$$E[\exp(-u_{it}) \mid e_{it}] = \exp\left(-\mu_{*it} + \frac{1}{2}\sigma_{*it}^2\right) \frac{\Phi\left(\frac{\mu_{*it}}{\sigma_{*it}} - \sigma_{*it}\right)}{\Phi\left(\frac{\mu_{*it}}{\sigma_{*it}}\right)}$$

（6-16）式得证。

附录 6：南北地区经济增长方式

1998 年至 2018 年的要素和 TFP 贡献率及要素和 TFP 贡献度如附表 6-1 和附表 6-2 所示。

附表 6-1　要素和 TFP 贡献率 （1998—2018 年）　　　　单位:%

时间	资本贡献率			劳动贡献率			能源贡献率			TFP 贡献率		
	全国	北方	南方	全国	北方	南方	全国	北方	南方	全国	北方	南方
1998—1999 年	73.28	65.78	79.43	0.31	1.09	-0.43	1.37	-2.73	4.31	25.04	35.86	16.70
1999—2000 年	66.13	61.99	69.55	1.16	0.76	1.51	33.09	46.95	22.37	-0.38	-9.70	6.57
2000—2001 年	66.47	61.40	70.73	0.08	0.73	-0.51	26.96	31.40	23.47	6.49	6.48	6.32
2001—2002 年	64.04	60.12	66.90	1.45	0.96	1.80	29.60	30.97	28.78	4.91	7.95	2.53
2002—2003 年	67.63	69.14	66.41	3.40	5.79	1.49	34.51	31.20	37.29	-5.55	-6.14	-5.19
2003—2004 年	62.82	63.12	62.55	7.20	11.12	3.91	36.54	34.30	38.54	-6.56	-8.54	-5.00
2004—2005 年	71.17	70.56	71.74	3.97	6.99	1.03	32.30	24.22	40.06	-7.44	-1.77	-12.83
2005—2006 年	69.82	72.99	66.95	3.58	5.53	1.77	18.32	16.67	19.97	8.28	4.81	11.30
2006—2007 年	58.42	68.80	50.69	2.18	2.64	1.66	14.60	10.54	18.12	24.80	18.01	29.53
2007—2008 年	65.38	82.80	50.68	2.02	2.02	1.89	11.31	8.66	13.84	21.29	6.52	33.60
2008—2009 年	88.63	111.40	68.73	2.44	3.22	1.60	10.43	7.70	12.97	-1.49	-22.33	16.70
2009—2010 年	85.71	110.57	64.86	2.09	2.47	1.58	12.48	8.69	15.87	-0.28	-21.73	17.68
2010—2011 年	80.56	96.65	66.11	2.36	2.67	1.71	9.94	8.03	11.65	7.14	-7.35	20.53
2011—2012 年	90.39	110.83	71.98	2.12	2.89	1.05	7.01	5.76	8.07	0.48	-19.48	18.90
2012—2013 年	99.81	117.30	84.72	7.57	3.79	10.30	-4.82	-7.10	-3.25	-2.56	-14.00	8.23
2013—2014 年	107.12	113.77	101.19	1.45	2.41	0.46	4.13	3.25	4.78	-12.70	-19.43	-6.43
2014—2015 年	97.53	88.13	102.56	0.10	-0.62	0.19	3.34	2.07	4.24	-0.98	10.42	-6.99
2015—2016 年	81.42	64.40	90.93	0.49	-0.04	0.42	4.05	1.87	5.46	14.05	33.77	3.19
2016—2017 年	54.18	31.03	67.46	0.13	-0.81	0.49	4.50	3.59	5.11	41.19	66.19	26.94
2017—2018 年	44.33	21.78	59.31	-1.28	-4.05	0.36	5.80	6.47	5.43	51.15	75.81	34.90

附表 6-2　要素和 TFP 贡献度（1998—2018 年）　　　　　单位:%

时间	资本贡献度			劳动贡献度			能源贡献度			TFP 贡献度		
	全国	北方	南方	全国	北方	南方	全国	北方	南方	全国	北方	南方
1998—1999 年	6.74	5.97	7.42	0.03	0.10	-0.04	0.13	-0.25	0.40	2.30	3.25	1.56
1999—2000 年	6.55	6.11	6.94	0.12	0.07	0.15	3.28	4.63	2.23	-0.04	-0.96	0.66
2000—2001 年	6.47	6.00	6.87	0.01	0.07	-0.05	2.63	3.07	2.28	0.63	0.63	0.61
2001—2002 年	7.00	6.52	7.40	0.16	0.10	0.20	3.24	3.36	3.18	0.54	0.86	0.28
2002—2003 年	8.36	8.47	8.28	0.42	0.71	0.19	4.26	3.82	4.65	-0.69	-0.75	-0.65
2003—2004 年	8.64	8.84	8.50	0.99	1.56	0.53	5.02	4.80	5.24	-0.90	-1.20	-0.68
2004—2005 年	9.31	9.73	9.00	0.52	0.96	0.13	4.23	3.34	5.03	-0.97	-0.24	-1.61
2005—2006 年	9.55	10.19	9.05	0.49	0.77	0.24	2.51	2.33	2.70	1.13	0.67	1.53
2006—2007 年	8.41	9.82	7.37	0.31	0.38	0.24	2.10	1.51	2.63	3.57	2.57	4.29
2007—2008 年	7.80	10.29	5.85	0.24	0.25	0.22	1.35	1.08	1.60	2.54	0.81	3.88
2008—2009 年	10.24	13.38	7.72	0.28	0.39	0.18	1.20	0.93	1.46	-0.17	-2.68	1.88
2009—2010 年	11.13	14.54	8.35	0.27	0.32	0.20	1.62	1.14	2.04	-0.04	-2.86	2.28
2010—2011 年	9.34	11.65	7.39	0.27	0.32	0.19	1.15	0.97	1.30	0.83	-0.89	2.29
2011—2012 年	9.14	11.47	7.11	0.21	0.30	0.10	0.71	0.60	0.80	0.05	-2.02	1.87
2012—2013 年	9.33	10.78	7.99	0.71	0.35	0.97	-0.45	-0.65	-0.31	-0.24	-1.29	0.78
2013—2014 年	8.68	8.64	8.59	0.12	0.18	0.04	0.33	0.25	0.41	-1.03	-1.48	-0.55
2014—2015 年	7.41	5.94	8.52	0.01	-0.04	0.02	0.25	0.14	0.35	-0.07	0.70	-0.58
2015—2016 年	5.71	3.82	7.18	0.03	0.00	0.03	0.28	0.11	0.43	0.99	2.00	0.25
2016—2017 年	3.80	1.90	5.21	0.01	-0.05	0.04	0.32	0.22	0.39	2.89	4.06	2.08
2017—2018 年	2.98	1.34	4.28	-0.09	-0.25	0.03	0.39	0.40	0.39	3.44	4.66	2.52

注：数据加权方式请见本书 6.6 节的介绍。

数据来源：作者依据 SBM-DDF 法测算得到。

附录 7：部分城市新经济综合指数得分

附表 7-1　部分城市新经济综合指数得分（2018 年）

城市	新经济 综合指数	新经济发展 成效指数	新经济发展 环境指数	新经济发展 效率指数	新经济发展 潜力指数
北京	1. 022 2	1. 792 7	0. 415 8	0. 114 4	0. 629 3
上海	0. 785 8	1. 247 9	0. 870 5	−0. 120 8	0. 165 3
深圳	0. 473 9	0. 528 4	0. 590 2	0. 512 5	0. 077 8
广州	0. 176 8	0. 103 3	0. 275 5	−0. 107 4	0. 517 3
重庆	−0. 100 8	−0. 099 4	−0. 662 0	0. 374 2	0. 355 4
天津	−0. 417 5	−0. 677 9	−0. 298 3	−0. 429 5	0. 177 2
成都	−0. 016 7	−0. 108 9	−0. 261 2	0. 174 3	0. 476 5
武汉	−0. 016 0	−0. 125 4	0. 038 9	−0. 060 9	0. 265 6
杭州	0. 079 2	0. 002 3	0. 220 5	0. 220 0	−0. 066 4
南京	−0. 095 4	−0. 062 8	−0. 054 3	−0. 208 9	−0. 148 0
苏州	−0. 217 8	−0. 524 1	0. 277 6	0. 213 4	−0. 555 7
无锡	−0. 342 6	−0. 399 3	−0. 132 9	−0. 029 5	−0. 835 2
郑州	−0. 241 4	−0. 631 3	−0. 310 3	0. 897 7	−0. 096 1
西安	−0. 623 4	−0. 297 1	−0. 533 0	−2. 121 3	−0. 254 9
青岛	−0. 466 5	−0. 748 4	−0. 437 1	0. 571 7	−0. 708 2

附录 8：城市经济发展要避免虚拟经济过度异化

随着城市新经济尤其是互联网金融，如点对点网络借款（P2P）等的壮大，虚拟经济得以快速发展。但是，虚拟经济是一把双刃剑，处理得好可以与实体经济相得益彰，处理得不好则会产生泡沫，甚至酿成经济危机。关于虚拟经济对经济危机的影响，理论研究方面主要分为两派：一派以传统的马克思主义政治经济学进行分析，如成思危（2009）、马艳（2009）、周建波等（2009）、洪银兴（2009）；另一派以现代西方经济学的理论范式来分析，如兰日旭等（2011）。

首先，从政治经济学角度看，虚拟经济本身是依附于实体经济的，具有一定程度的寄生性（成思危，2009）。当虚拟经济脱离实体经济而超越发展时，一些问题就产生了：一方面，虚拟资本的正常循环和周转过程被破坏，造成信用关系紊乱、货币流通收缩，甚至银行破产，同时股票等有价证券的价格因企业利润下降、利息上涨及资本家抛售等原因而推波助澜，最终酿成货币和金融危机；另一方面，资本主义信用制度和虚拟资本的循环给资本主义生产和消费带来伸缩性，使生产和消费可以脱离实体经济而虚假增长，这就会反过来造成资本主义的产能过剩，扰乱市场预期，加速经济危机爆发。政治经济学分析框架如附图 8-1 所示。

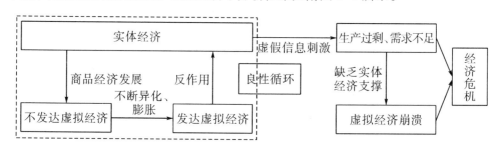

附图 8-1　政治经济学分析框架

附图 8-1 对政治经济学观点做了总结。在商品经济不断发展的条件下，实体经济中逐渐衍生出不发达的虚拟经济，这种虚拟经济经过自身的异化与膨胀而逐渐发达，甚至脱离实体经济，并在这一过程中不断地反作用于实体经济。它一方面通过资本的有效运营促进了实体经济的发展，另一方面又因为虚假信息的刺激而促使实体经济出现生产过剩，当后者成为主导时，实体经济将经历衰退，而缺乏实体经济支撑的虚拟经济也必将崩溃，这最终会导致经济危机的产生。

其次，从现代西方经济学角度看，虚拟经济也可能导致经济危机，但与政治经济学观点不同的是，这种经济危机主要源于金融领域，是虚拟经济波及实体经济的结果（而政治经济学一般认为，危机的根源是生产过剩，是实体经济波及虚拟经济的结果）。就 2008 年的次贷危机来说，可能西方经济学的观点更符合现实，但两种理论都赞成罪魁祸首是虚拟经济的异化。这一异化过程好比马克思所谓的"惊险的一跃"，只是这一跃使得虚拟经济背离了实体经济，也为危机的出现埋下了隐患。为了便于直观分析，此处仍然将西方经济学的这种观点反映在附图8-2所示的框架中。

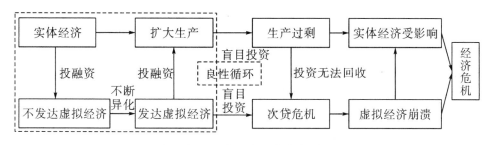

附图8-2　现代西方经济学分析框架

如附图8-2所示，本来实体经济与虚拟经济以投融资为纽带可以相安无事，并且能促进彼此的发展，但随着虚拟经济的不断发展与实体经济的不断扩大生产，信息不对称现象愈演愈烈。在经济平稳运行时期，实体经济和虚拟经济都因过度乐观而盲目投资，结果是实体经济出现生产过剩、企业亏损，而虚拟经济也因投资无法回收而产生次贷危机。次贷危机加剧到金融机构无法承受的地步时就必然导致虚拟经济崩溃，进而使实体经济无法融资，且其自身的存款也被"泡沫"带走，最终经济危机在所难免。

以上从理论层面分析了虚拟经济异化对经济危机的推动作用，不管是从政治经济学的角度看还是从西方经济学的角度看，这种推动作用都能站住脚，但是光从理论层面加以分析显得空洞。因此，此处分别以美国和中国的历史数据进行简单的实证说明。鉴于美国有比较完善的市场经济和100多年的股票市场发展历史，数据也比较全面，因而首先论证美国的虚拟经济异化情况及其对经济危机的影响。

正如国外文献常用的做法，此处以道琼斯工业指数作为美国虚拟经济发展程度的度量指标[①]，以GDP作为美国实体经济发展程度的度量指标，样本期间为1929年至2011年。为了方便观察两者的变化趋势，此处对两个指标进行了标准化处理，处理后的趋势如附图8-3所示。

---

① 除了道琼斯工业指数（Dow Jones Industrial Average，DJIA）外，纳斯达克指数（National Association of Securities Dealers Automated Quotations，NASDAQ）也常被用以度量虚拟经济发展情况，然而这两种指标的变化趋势基本一致（刘珺 等，2010），故此处不予赘述。

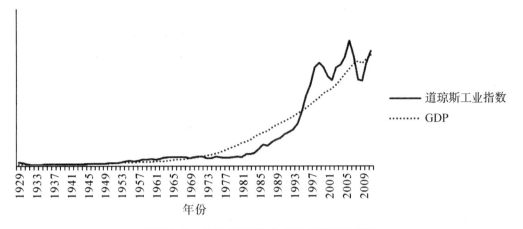

附图8-3 美国虚拟经济与实体经济发展趋势

数据来源：世界银行的官方网站和彭博（Bloomberg）数据库。

从附图8-3可以看出，美国在近一百年的发展过程中，道琼斯工业指数和GDP的走势基本一致，即虚拟经济与实体经济的发展大体相当，直到20世纪70年代初期，两者才开始出现一定程度的偏离，出现了虚拟经济的异化。结合美国经济发展史可以看出，几乎每一次经济危机之前虚拟经济与实体经济都会出现不同程度的背离，而且这种现象在20世纪70年代以后越来越明显。20世纪20年代末，虚拟经济刚一抬头就出现了大萧条，20世纪60年代中后期，虚拟经济快速发展，形成倒"U"形趋势，但紧接着就出现了滞涨现象。到后来的20世纪80年代，相比实体经济而言虚拟经济明显疲软，而这期间爆发了两次经济危机，虽然国际上都将其归咎为石油危机，但或许附图8-3中的背离现象正是经济危机的预警。21世纪初，虚拟经济蓬勃发展，明显快于实体经济，这点从附图8-3中可以明显看出，然而好景不长，次贷危机爆发。通过上面的简要分析，可以粗略地说，在每一次经济危机前虚拟经济与实体经济都出现了一定程度的背离，虚拟经济或是超前于实体经济的发展，或是滞后于实体经济的发展，而这都是经济出现危机的前兆，可见前文的理论分析确实有实证基础。当然这只是美国的情况，下面作者也对中国的情况进行简要分析。

由于中国股票市场的发展时间较短，能够查到的股市数据是从1990年开始的，在分析趋势问题时短样本数据可能不足以说明问题，因此作者采用月度数据（从1992年1月到2012年10月），具体而言是以每月上证大盘指数的收盘价均值作为虚拟经济发展程度的度量指标。但考虑到我国GDP没有月度数据，所以此处以每月的工业增加值作为实体经济发展程度的度量指标，参照附图8-3的做法，将中国虚拟经济与实体经济发展趋势反映在附图8-4中。

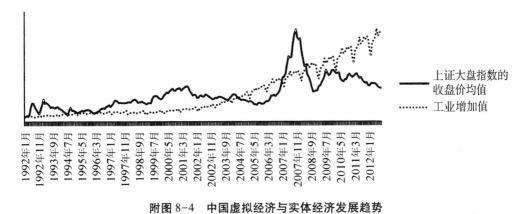

图例:
—— 上证大盘指数的收盘价均值
······ 工业增加值

附图 8-4 中国虚拟经济与实体经济发展趋势

数据来源：新浪财经和国务院发展研究中心信息网。

　　相比附图 8-3 中美国的情况，中国虚拟经济与实体经济背离的现象更为严重，当然这与样本期间不无关系。具体而言，从 1997 年开始，中国虚拟经济的数据就出现虚高，直到 2003 年，虚拟经济才与实体经济比较匹配，尽管这期间的亚洲金融危机对虚拟经济产生过一定的抑制作用，也或许正是这种虚高才促使亚洲金融危机爆发。此后，2003 年 9 月到 2007 年 1 月的虚低和 2007 年 1 月到 2008 年 9 月的虚高最终为 2008 年的世界金融危机埋下了伏笔。

附录 9：产能过剩与中标概率

潜在供给量是指企业在已有固定投资下的最大供给量（度量产能），实际供给曲线是指企业在利润最大化驱使下的实际供给量（度量产量）。假设实际供给曲线为 S_1，潜在供给曲线为 M_1，此时实际产量和潜在产能正好相等（均等于 Q_1），因此中国国内不存在产能富余，即 $n = 0$。随着企业产能的增加（可能是因为企业前期盲目投资的原因），潜在供给曲线移动到 M_2，此时中国国内的产能富余程度为 $Q_2 - Q_1$，逐渐移动 M 线可以得到附图 9-1 中第四象限的线性关系。

企业为了消除富余产能，必须扩大生产并且降价出售，因此 S 线向右平移，基建相关产品的价格 P 下降，正如韩国高等（2011）指出的产能过剩最直接、最明显的后果就是产品的价格大幅度回落。基建相关产品的价格下降将降低中国企业承建基础设施项目的成本，因此在项目东道国的中标概率 σ 会增加，据此本书得到附图 9-1 中第二象限的曲线关系。

根据第一象限、第二象限和第四象限的图形，我们可以画出第三象限中的曲线，该曲线表明中国国内的产能富余程度 n 越大，中国企业在项目东道国中标"一带一路"建设项目的概率 σ 就越大。需要说明的是，当中国国内的产能富余达到一定程度以后（$n \geq n^*$），中国企业的中标概率达到 1，此时中国企业迫切需要提升产能利用率，并且比较容易输出产能，因为相对便宜。

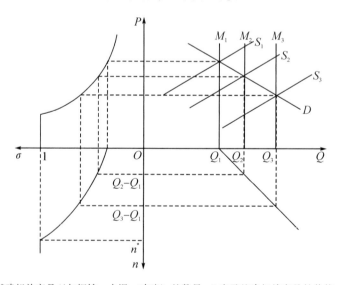

注：Q 表示基建相关产品（如钢铁、水泥、玻璃）的数量，P 表示基建相关产品的价格，σ 表示中国企业在项目东道国中标"一带一路"建设项目的概率，n 表示中国国内的产能富余程度。D 表示中国国内基建相关产品的需求曲线，S_i 表示中国国内基建相关产品的实际供给曲线，M_i 表示中国国内基建相关产品的潜在供给量。

附图 9-1　中国国内的产能富余程度与中国企业中标概率的逻辑关系

后记

　　"嘤其鸣矣，求其友声。"笔者深知本书还存在许多不严谨、不完善的地方，希望读者能够包涵与指正。一方面，本书是笔者第一本研究城市问题的专著，为了使内容尽量丰富，增加了一些近几年的研究热点，因此显得有些冗杂。另一方面，本书对一些城市问题争论的探讨仍是一家之言，不一定准确。

　　回顾全书，笔者有如下两点感悟：

　　一是我国大城市的"围城"现象。不可否认，我国长期存在城乡二元结构。农村地区收入水平不高，生产条件相对较差，成为横亘在社会主义现代化建设道路上的巨石。但从生活质量上看，城市的部分居民或许承受着更大的生活压力，尤其是从农村地区进入城市的非城市原住民。他们的可支配收入有限，而且其中大部分要用于还房贷，城市物价水平和子女教育成本也相对较高。因此，城乡之间、大城市和中小城市之间不断上演着"围城"现象——农村人渴望进城，城市人却渴望回归田园。城市是由于人的聚集而存在的，因此对我国城乡差距和城市发展的研究更应该从人的生活幸福和生活质量角度出发，而单纯从收入角度进行的考察是片面的，并不足以解释我国在经济发展新阶段的城市化相关问题。

　　二是我国区域平衡发展的问题。正因为新时代城市高质量发展需要重点关注居民幸福指数和科技水平，而非片面的经济增长，所以城市格局演变和要素流动不能单靠市场来配置资源。即便市场配置资源可能提升要素使用效率，但这背后所衍生出的众多问题不得不被考虑，如南北经济差距的拉大。事实上，那些以比较优势理论和地理区位理论来为区域差距辩护的观点或许有一定的解释力，但并未触及问题根本，更像是一种存在即合理的循环论证。正如本书提到的蜂王效应，城市的比较优势本身是一个不断自我强化的过程，以比较优势为依据而不去发展中小城市的结果就是这些城市永远不会具有比较优势，本来有希望成为蜂王的幼虫却因为吃的是花粉而沦为了工蜂。完全依靠市场进行资源配置，在很大程度上会导致城市发展的"马太效应"。因此，中央政府的宏观调控和空间战略布局具有重要意义。没有一个强有力的中央政府来协调地方政府之间的利益冲突，中小城市，尤其是中西部地区的中小城市，很容易陷入"历史锁定"效应中。

　　在与研究方向是区域经济学的同事讨论课题时，他提出，现在的区域经济学研究者越来越关注产业问题，而产业经济学研究者越来越关注区域问题。笔者深以为然。一方面，区域经济学的微观基础是产业经济学，因此学者在研究过程中寻求微观基础不足为奇。另一方面，产业经济学脱胎于欧美的产业组织理论，产业组织主要是服务于企业竞争和企业决策的，带有浓厚的"庸俗"色彩；而国内怀抱经世济民信念的产业经济学研究者们，多少有些忧国忧民的情怀，因此转而关注区域和城市问题成为潮流。

　　"旧学商量加邃密，新知培养转深沉。"本书虽然力求以产业经济学理论为基础，在城市经济学研究方法上有所突破，但浅尝辄止，相关问题的研究还任重道远。因此，本书虽然完结，却也是一个新的起点。笔者后续的研究将从三个方面展开：一是城市群的发展问题，主要涉及群内城市的竞合博弈及城市网络效应；二是城市内生经济增长的动力问题，主要涉及城市层面的创新及创新要素的问题；三是以大数据技术完善对城市规模的测度和对城市人口流动的分析。

　　感谢众多前辈对本书的悉心指导！谨以此书献给我的家人和老师们！